台湾
2018
Taiwan 2018

全国台湾研究会 编

台湾对外关系

民进党情况　　　　台湾经济

国民党情况　　　　台湾军事情况

台湾对外贸易与投资　　　　台湾政局

两岸关系　　两岸经贸关系　　　　台湾金融形势

台湾社会情况

台湾当局大陆政策

台湾教育

台湾文学艺术　　　台湾大事记

统计资料

祖国大陆对台重要文献

九州出版社 JIUZHOUPRESS | 全国百佳图书出版单位

图书在版编目（CIP）数据

台湾. 2018 / 全国台湾研究会编. -- 北京 ：九州
出版社，2020.6
ISBN 978-7-5108-9213-4

Ⅰ．①台… Ⅱ．①全… Ⅲ．①台湾－概况－2018
Ⅳ．①K925.8

中国版本图书馆CIP数据核字（2020）第108592号

台湾2018

作　　者	全国台湾研究会　编
出版发行	九州出版社
地　　址	北京市西城区阜外大街甲 35 号（100037）
发行电话	（010）68992190/3/5/6
网　　址	www.jiuzhoupress.com
电子信箱	jiuzhou@jiuzhoupress.com
印　　刷	北京九州迅驰传媒文化有限公司
开　　本	720 毫米 ×1020 毫米　32 开
印　　张	14.875
字　　数	310 千字
版　　次	2020 年 7 月第 1 版
印　　次	2020 年 7 月第 1 次印刷
书　　号	ISBN 978-7-5108-9213-4
定　　价	78.00 元

目 录

综 述

2018 年两岸关系综述·······················刘相平（3）

2018 年台湾政局综述·······················刘世洋（19）

2018 年两岸经贸关系综述·····················苏美祥（35）

2018 年台湾当局大陆政策综述··················肖 杨（52）

2018 年民进党综述························王治国（73）

2018 年国民党综述························李 秘（88）

2018 年岛内"台独"活动述评··················刘佳雁（104）

2018 年台湾"九合一"选举述评··················张文生（123）

2018 年台湾对外关系综述····················童立群（148）

2018 年美台关系综述·······················郭拥军（169）

2018 年台湾军事综述·······················白 纯（195）

2018 年台湾经济综述·······················吴凤娇（212）

2018 年台湾对外贸易与投资综述·················唐永红（230）

2018 台湾社会综述··················陈 星（253）
2018 年涉台法律事务综述··········季 烨（271）
2018 年台湾教育综述··············王 珛（287）
2018 年台湾文学艺术综述··········张 羽（304）

台湾大事记

2018 年台湾大事记················李 砚（325）

祖国大陆对台重要文献

祖国大陆对台重要文献··········郑 三 辑（379）
习近平谈台湾问题················（381）
李克强谈台湾问题················（393）
汪洋谈台湾问题··················（395）
刘结一谈台湾问题················（406）

统计资料

统计资料··················宁 溪 辑（449）
2018 年台湾重要经济指标统计表··········（451）
1977—2018 年台湾经济增长率············（454）
1977—2018 年台湾人口统计表············（455）
1977—2018 年台湾工业增长率············（456）
1977—2018 年台湾农业增长率············（457）

1977—2018 台湾服务业增长率……………………………………（458）

1977—2018 年新台币兑美元汇率………………………………（459）

1974—2018 年台湾三大产业比重表……………………………（460）

1973—2018 年台湾进出口贸易统计表…………………………（462）

2001—2018 海峡两岸间贸易金额之各种统计表……………（464）

1973—2018 年台湾对美国贸易统计表…………………………（465）

1973—2018 台湾对日本贸易统计表……………………………（467）

1973—2018 年台湾对香港贸易统计表…………………………（469）

综　　述

2018 年两岸关系综述

刘相平

摘要： 2018 年，我们深入贯彻党的十九大精神和习近平总书记关于对台工作的重要论述，牢牢掌握两岸关系发展的主导权。坚持一个中国原则和"九二共识"，坚决反对和遏制"台独"，绝不为"台独"分裂活动留下任何空间；采取一系列惠及广大台湾同胞的政策措施，团结两岸同胞共同维护台海和平稳定，巩固和强化国际社会坚持一个中国原则格局，取得决定性的胜利。

2018 年，是我们全面贯彻中共十九大精神的开局之年。蔡英文及民进党当局继续拒不接受体现一个中国原则的"九二共识"，在宣称"维持现状"的同时，在岛内放任纵容"去中国化""渐进台独"活动，阻挠两岸交流合作，破坏两岸关系和平发展，威胁台海和平稳定。正是因为蔡英文及民进党当局推行"柔性台独""暗独"政策，"台独"势力干扰破坏两岸关系的风险变数增多，2018 年的台海形势更加复杂严峻，两岸关系陷入"冷对抗"的局面。海峡两岸为了各自的目标、围绕各自的战略设定目标进行"博弈"。

一、围绕 M503 航线北上航路启用的斗争，两岸"博弈"拉开序幕

2018 年 1 月 4 日，M503 航线北上运行及相关衔接航线 W121、W122、W123 开始启用。M503 航线是一条对外开放的国际民航航线，符合国际民航组织规范，经过了国际民航组织的批准。M503 航线完全位于台湾海峡靠近大陆的一侧，在上海飞行情报区内。设立和启用这条航线是大陆民航空域管理的一项常规工作，是大陆的内部事务，开通该航线不需要台湾方面的同意。即便如此，在大陆启用 M503 北上及相关衔接航线前，也向台方做了通报。

台湾方面却借机"做文章"，干扰或破坏两岸关系。蔡英文污称大陆在未经与其协商的情况下，"片面宣布启用 M503 航路"，"这不仅影响飞安，更冲击了我们一直在努力维持的稳定现状"，期待"国际社会理解台湾'风险最小化，区域合作最大化'目标，支持两岸尽快展开协商"。[1] 台当局的驻外代表也在世界多地投书 120 余份，向国际社会"告洋状"。但国际社会并没有听信蔡英文及台湾当局的谎言，支持者寥寥。蔡英文及民进党当局转而要挟大陆"坐下来谈"，要求大陆"尽速展开协商"，未果，则拒绝批准厦航、东航 176 班两岸春节加班航班，直接影响到 5 万名旅客的出行，即将返台过节的台商们纷纷表达对台当局的不满。

二、大陆坚决反对和遏制"台独"，绝不为各种形式的"台独"分裂活动留下任何空间

2018 年，大陆在反"台独"斗争中展示"坚定的意志、充分的信心"的同时，在较大程度上展示了"足够的能力"。

（一）批判和反制赖清德"台独"言行，全面遏制"台独"气焰

2018 年 3 月 20 日，台"行政院长"赖清德声称："台湾是'主权独立的国家'，'台湾主权独立'的事实不会因为外界而有任何改变。"[2]3 月 30 日，赖清德再次公然宣称其是"台独"工作者，否认"九二共识"。[3] 面对赖清德嚣张的"台独"气焰，大陆对其予以严厉的批判和斥责。国台办发言人直指"赖清德顽固坚持'台独'立场，多次公然发表'台独'言论，狂妄挑战两岸关系现状，严重挑衅两岸主流民意，危害台海和平稳定，危害两岸同胞特别是台湾同胞的根本利益，这是十分危险的，也是自不量力的"。

此外，大陆采取了包括军事演习、航母过台湾海峡、战机"绕岛巡航"在内的一系列措施震慑和遏制"台独"气焰。2018 年 4 月 12 日，解放军海军在南海举行大阅兵，共有 48 艘军舰、76 架军机及万余官兵参与；4 月 18 日 8 时至 24 时，解放军在台湾海峡水域（泉州湾）进行实弹射击军事演习；4 月 18—20 日，解放军空军连续组织多机型、多架战机，包括轰 6K、Su–30、歼 11、侦察机、预警机等开展海上方向实战化军事训练，其中轰 6K 成体系地"绕岛巡航"，提升了机动能力，检验了实战能力。空军官方微博"空军发布"发布中英文版、闽南

语版宣传片，展示绕岛巡航能力。4 月 20 日，航空母舰"辽宁号"经过台湾东部海域返回母港。随后，解放军宣布 4 月 24 至 25 日将在浙江舟山黄大洋海域进行实弹演习。4 月 26 日，解放军空军多型歼击机、多型预警机、多型侦察机和轰 –6K 战机，从空军多个机场起飞，成体系开展海上方向实战化军事训练。轰 –6K 等多型战机编队飞越宫古海峡和巴士海峡，实施了"绕岛巡航"训练课题。

针对这些密集的军事行动，国台办发言人明确表示："赖清德的'台独'言论，进一步对台海和平稳定进行公然挑衅。这个责任必须由民进党当局承担"，"解放军军演传达的信息十分清晰明确。我们有坚定的意志、充分的信心和足够的能力，挫败任何形式的'台独'分裂图谋和行径，捍卫国家主权和领土完整。如果'台独'势力继续恣意妄为，我们将进一步采取行动"。[4] 国台办主任刘结一则点名赖清德"就是个台独"，并强调"举行军演，是为捍卫祖国主权和领土完整的一次行动。"[5] 国防部新闻局局长、发言人吴谦大校表示："我们有坚定的意志、充分的信心和足够的能力，挫败任何形式的'台独'分裂图谋，捍卫国家主权和领土完整。"[6]

（二）粉碎"台独"分子的"东奥正名公投"阴谋

蔡英文当局修改"公投法"大降门槛后，2018 年台湾"公投绑大选"大喷发，总共 10 个"公投案"成案并交付"公投"，其中最引人关注和直接冲击两岸关系发展的是"2020 东京奥运台湾正名公投"（简称"东奥正名公投"）。所谓"正名公投"意图将其代表团名称由"中华台北"变更为"台湾"，并以此名称参加 2020 东京奥运会以及所有国际体育赛事。该项"公投"由台湾"独"派人士于2018年年初发起，得到"喜乐岛联盟"等"台独"团体支持。民进党当局表面上与其"保持距离"但暗地里予以纵容、怂恿和"护航"。

国台办发言人明确指出："国际奥委会对于台湾参加奥运会有明确的规定。'奥运模式'是国际体育组织和两岸体育界人士共同遵循的原则。任何企图改名的政治图谋，注定是一场不可能得逞的闹剧。""台湾极少数人操弄所谓的'正名公投'，撕裂台湾社会，损害同胞利益，挑衅两岸关系，其醉翁之意不在酒。我想强调的是，任何以'公投''正名'的方式搞'台独'分裂的政治图谋都是十分危险的，也是不可能得逞的。"[7] 然而，"台独"势力无视大陆的劝诫与警告，仍然一意孤行。大陆由此采取一系列的措施予以应对。2018年7月24日，东亚奥林匹克委员会（EAOC，简称东亚奥委会）召开临时理事会，决议取消2019年第一届东亚青年运动会（EAYG）台中主办权。[8] 对此，国台办发言人指出："原因在'台独'分子在民进党当局纵容下推动所谓'东奥正名公投'，公然挑战奥运模式，使运动会面临极大政治风险和政治干扰。""民进党和推动公投的'台独'势力难辞其咎。""混淆视听、转移视线无济于事，他们要对自己言行承担全部责任。"[9]

国际奥委会（IOC）则三度致函台北，对所谓"东奥正名公投"表示担忧并进行劝阻。5月4日，国际奥委会致函中华台北奥委会，称不予核准任何中华台北奥委会代表团名称的改变。10月16日，国际奥委会则再度致函表示，关切"公投"的相关进度，并强调是否更改代表团称谓的权利归国际奥委会所有。11月16日，国际奥委会第三度针对台湾即将举行的"东奥正名公投"致函中华台北奥委会以及台湾"体育署长"高俊雄，国际奥委副执行长皮尔·米洛表示："任何试图施压中华台北奥委会的行为将使台湾面临被国际奥委会取消会籍的处罚。"中华台北奥委会以及众多台湾运动员也纷纷表示反对"东奥正名公投"。

2018 年 11 月 25 日凌晨，该项"公投"结果出炉：同意票4763086 票，低于不同意票5774556 票，且未超过投票权人1/4以上，未达到通过门槛。这场闹剧就此收场。"台湾民意再一次用实际行动击碎了'台独'迷梦，更向台湾岛内的当权者发出了明确的告诫。"[10]

三、守望相助，两岸融合发展进入"快车道"

（一）守望相助，"两岸一家亲"情感交融

2018 年 2 月 6 日 23 时 50 分，台湾花莲县附近海域发生6.5级地震，造成重大人员伤亡和财产损失，多处大楼倒塌，17 人遇难。对此，大陆有关方面和社会各界高度关切。国台办、海协会、中国红十字总会、中国地震协会等有关方面第一时间以不同方式向灾区同胞表达慰问，对两岸遇难同胞表示哀悼。国台办与台湾有关方面及花莲县保持密切联系沟通，协调有关方面做好随时赴台救援和提供救助设备的准备。大陆有关方面、地方和台资企业踊跃捐款捐物，据不完全统计，至 2 月 11 日，大陆各界已捐助合计 2087.5 万元人民币。此次震灾中共有 9 名大陆游客不幸遇难、6 名大陆游客受伤。国台办、海协会高度重视，会同公安部、国家旅游局和有关省市迅速启动应急机制，

迅速核实遇难和受伤人员信息，紧急开通"绿色通道"，为伤亡者家属及证件遗失人员加急办理有关证件，全力协助遇难游客家属赴台处理善后。[11]大陆在台机构、企业纷纷表达对罹难者的深切哀悼以及对受灾同胞的关切与慰问，并向花莲县社会救助金专户捐款，截至 13 日 10 时，首批 10 家大陆在台机构、企业共为台湾花莲地震受灾同胞捐款 1035 万元（新台币）。[12]时任国台办主任张志军主动表示"愿意派救援队赴台救灾协助"，[13]但遭到台湾当局拒绝。

2018 年 8 月 5 日 10 时，福建向金门供水工程正式通水，"两岸一家亲，共饮一江水"愿景成为现实。10 月 21 日下午 4 时 50 分许，台湾一列车在宜兰发生出轨翻覆事故，造成 18 人罹难、180 多人受伤。大陆有关方面高度关切。国台办、海协会负责人向事故中罹难的同胞表达深切哀悼，向遇难者家属和受伤同胞表达诚挚慰问。[14]

在海外，大陆积极救助台胞。9 月 4 日，日本关西机场因"燕子"台风过境淹水停摆，导致数千人受困。中国驻大阪总领事馆协调、派车帮助撤离超过 1000 名同胞，其中包含台湾旅客 32 人。相较于台湾驻日机构、人员的无所作为，大陆帮助台湾同胞脱困的义举在岛内得到高度赞赏。对此，国台办主任刘结一表示："对待海外受困有难的台胞，大陆历来感同身受，全力救助。大陆的所作所为'一以贯之'都是为广大台胞增进福祉"，"大陆是广大台湾同胞的坚强后盾"。[15]

（二）大陆积极推进推出《关于促进两岸经济文化交流合作的若干措施》惠及全体台湾同胞，深得人心

2018 年 2 月 28 日，为深入贯彻党的十九大精神和习近平总书记对台工作重要论述，秉持"两岸一家亲"理念，从率先同台湾同胞分享大陆发展的机遇、扩大两岸经济文化交流合作、实现互利互惠的良好愿望出发，国务院台办、国家发展改革委经商中央组织部等29个部门发布实施《关于促进两岸经济文化交流合作的若干措施》（以下简称《若干措施》）。在总共31条具体措施中，12条措施涉及加快给予台资企业与大陆企业同等待遇，主要包括：明确台资企业参与"中国制造2025"、享受税收优惠政策、参与国家重点研发计划项目、基础设施建设、政府采购和国有企业混合所有制改革等享有与大陆企业同等待遇，明确台资企业用地、向中西部和东北地区转移、台资农业企业可享受的相关政策，并支持两岸业者在小额支付、征信服务、银团贷款等方面深化金融合作。另外，有19条措施涉及逐步为台湾同胞在大陆学习、创业、就业、生活提供与大陆同胞同等待遇，主要包括，向台湾同胞开放134项国家职业资格考试，为台湾人士取得从业资格和在大陆应聘提供更多便利，台湾同胞可申请"千人计划""万人计划"和各类基金项目，参与中华优秀传统文化传承发展工程和评奖项目、荣誉称号评选，加入专业性社团组织、行业协会，参与大陆基层工作，并放宽台湾影视、图书等市场准入限制。

31条政策措施对台企台胞开放范围之广、力度之大、措施之实，前所未有，引发包括台湾同胞在内的海内外中华儿女的广泛关注，受到广大台湾同胞的热烈欢迎。台湾舆论和学者盛赞大陆对台胞、台企送出的"大礼包"是"全覆盖式"的，每一条都打动人心，体现了"两岸一家亲"的精神。"每一条举措都确确实实地表明，两岸本是同胞，不再分你我；每一条举措都是大陆打开大门，给同胞的关爱和拥抱。"[16]岛内各种民意调查结果也显示31条政策措施得到台湾民众的广泛关注和普遍欢迎。

　　然而，时任台"行政院长"的赖清德却认为，"31条惠台措施""最后目标就是并吞台湾"。[17]台陆委会则称这是"对台政治统战"，成立由陆委会主委陈明通担任召集人的"因应大陆对台三十一项措施项目小组"，"定期搜集、监控与追踪研析"和提出对策。[18]3月16日，台"行政院"宣布将"从优化就学就业、强化留才揽才、维持台湾在全球供应链的优势、深化资本市场、强化文化影视产业等四大面向，推动八大强台策略，严肃面对，务实因应"，同时宣布让其"征信机构可与大陆征信机构合作之措施，不予开放"，"大陆各项国家基金及国家重点研发计划，属官方性质，我公私立科研机构及大学院校现职专任教师及相关人员，未经许可不得参与。此外，我现职公私立专任教师，如应聘赴大陆任教，依现行法规，仍属禁止"。[19]

　　"31条惠台措施"在台湾的影响力并未因台湾当局的污蔑、阻挠而受损，台湾民众"登陆"意愿有持续保持和增强的趋势。大陆各省市、地区以"同等待遇"为核心，结合自身的地方特点和产业需求，不断推出各种"惠台"措施，进一步强化了台湾同胞"登陆"的意愿。截至2018年底，"随着24个省区市及所辖市县共65个地方推出具体落实举措，已经有2000多家台资企业享受高新技术企业等各类税收优惠，100多家台企获得工业转型升级、绿色制造、智能制造等专项资金的支持，一批优质台企中标若干大型政府采购项目，800多名台胞考取大陆诸多热门行业职业资格，100多名台胞获得各类荣誉称号。海峡两岸青年就业创业基地和示范点今年又新增 23 个，累计达到 76 个，共入驻或服务台企及团队约 2000 个，逾万名台湾青年在此逐梦、圆梦。各类企事业单位今年共为台湾青年提供超过了 2.5 万个就业实习机会"。[20]

（三）大陆推行台湾居民居住证制发工作，为台胞享受"同等待遇"提供了便利条件

2018 年 8 月 6 日，国务院办公厅印发《港澳台居民居住证申领发放办法》，并于 2018 年 9 月 1 日正式实施。台湾居民居住证全称为中华人民共和国台湾居民居住证，其形制和大陆居民身份证一样，其公民身份号也是 18 位编码。（以"83"开头，香港为"81"，澳门为"82"），持证台胞能享受国家和居住地提供的 3 项权利、6 项基本公共服务和 9 项便利。

台湾居民居住证制发工作是回应广大台胞诉求、为台胞排忧解难、切实解决多年困扰台胞实际困难和问题的重要举措，为台湾同胞共享大陆发展机遇、使台胞享受大陆同胞"同等待遇"提供了便利条件，因此受到台胞们的广泛欢迎。台胞们不顾台湾当局的污蔑、威胁、恐吓，积极申领。2018 年 9 月 1 日，广西南宁台协会长周代祥仅用 3 个小时即完成申办手续并领取证件，成为全大陆"名副其实的 001 号持证者"。[21]

四、两岸民间交流密切，间有杂音，但总体成效显著

由于种种原因，2017、2018 连续两年"国共论坛"未能举行，但两岸经贸文化和各项交流持续深化，大陆与台湾政党、

团体及各界人士联系紧密、互动密切，更多台湾同胞来大陆就业、创业、学习、生活。两岸经济合作和两岸融合进入"快车道"。

两岸贸易往来再创历史新高，全年贸易额为 2262 亿美元，同比增长 13.2%。台商投资稳步增长，全年共批准台商投资项目 4911 个，同比增长 41.8%。截至 2018 年底，累计批准台资项目 107190 个，占实际使用外资项目总数的 11.2%。有 73 家台企参加首届中国国际进口博览会，台湾工商界参加两岸企业家峰会年会人数已超过了往年。2018 年两岸人员往来超过 905 万人次，同比增长 3.2%。其中台湾同胞来往大陆首次突破 600 万人次，"首来族"达到了 40 万人，均创历史新高。截至 2018 年底，台湾居民来大陆累计超过 1 亿人次。今年有 8000 多名台湾基层民众热情参与第十届海峡论坛。1800 多人参与了两岸青年运动会，第二届两岸学生棒球联赛继续掀起新热潮。报考大陆高校的台生也成倍增长。[22]

国民党、新党等党派人士频繁来大陆参访。国民党前主席、新北市市长朱立伦率团前来南京、苏州、昆山、上海等地进行城市交流，国民党前主席洪秀柱和新党主席郁慕明带领 200 多名台湾青年参加了"戊戌（2018）年清明公祭轩辕黄帝典礼"，洪秀柱赴昆明出席了第七届"云台经济文化交流合作研讨会"，国民党前主席吴伯雄赴银川参访，中台办、国台办主任刘结一分别予以会见。台湾两岸共同市场基金会荣誉董事长萧万长一行出席了博鳌亚洲论坛 2018 年年会，4 月 10 日，习近平会见了萧万长一行。

7 月中旬，中国国民党前主席连战率领台湾各界人士参访团来大陆参访，是本年两岸交流的一件大事。7月13日，习近平总书记在人民大会堂会见他时强调，我们有充分的信心和足够的能力，牢牢把握正确方向，坚定不移推动两岸关系和平发展、推进祖国和平统一进程。希望两岸同胞共同努力，坚持体现一个中国原则的"九二共识"，坚决反对和遏制"台独"，扩大深化两岸各领域交流合作，增进同胞亲情福祉，在新时代携手同心书写中华民族伟大复兴新篇章。连战则提出"一个中国、两岸和平、互利融合、振兴中华"四点主张。他表示，两岸应在"九二共识"基础上巩固政治互信，重启对话，循序渐进处理历史所遗留的政治分歧。同时，通过经济合作、文化交流、民间往来，不断扩大互利，厚植两岸人民的同胞情谊、兄弟情怀，持续增进融合，共同促成振兴中华、民族复兴的美好未来。[23]

全国政协主席汪洋也会见了连战一行。汪洋强调，两岸同胞是命运与共的骨肉兄弟，是血浓于水的一家人。民进党当局处心积虑设置障碍，阻挡不住两岸同胞交往交流的脚步。我们秉持"两岸一家亲"理念，愿意率先同台湾同胞分享大陆发展机遇，落实促进两岸经济文化交流合作的各项措施，为台湾同胞前来大陆学习、创业、就业、生活提供更多便利，逐步享有与大陆企业、大陆同胞同等的待遇，促进两岸同胞心灵契合。连战表示，所有中华儿女不能沉默无为，应共担民族大义，致力追求台海和平稳定，共谋民族复兴。[24]

随后，海峡两岸关系研究中心与两岸和平发展基金会共同主办"共担民族大义、共谋民族复兴"座谈会，探讨当前形势下两岸同胞共同致力于实现中华民族伟大复兴的主题。刘结一在致辞中就当前两岸关系形势和两岸同胞共担民族复兴使命谈四点看法：第一，携手同心担大义；第二，把握大势看主流；第三，齐心协力反"台独"；第四，以民为本谋福祉。

五、"台独"与反"台独"斗争呈现"大众化"趋势

8月13日，蔡英文赴中南美洲活动、过境美国洛杉矶时，造访了85°C咖啡店洛杉矶分店，该店员工招待了蔡英文并请她签字留念。消息传出，大陆民众质疑该企业具有"台独"嫌疑并抵制消费。85°C大陆官网立即发出声明，表示坚定支持"九二共识"信念等，[25]然而85°C台湾总部态度暧昧，绿营政治人物及媒体趁机炒作，引发广泛争议。8月16日，国台办副主任龙明彪表示，"已注意到最近涉事公司的相关声明"，"绝对不允许任何企业一方面在大陆赚钱，一方面去支持'台独'势力和活动"。[26]

11月17日，第55届金马奖颁奖典礼在台举行。夺得"最佳纪录片"奖的导演傅榆在致辞时公开表达了希望"台湾独立"的愿望。随后上台的大陆演员涂们（上届金马影帝）回应说："特别荣幸再次来到中国台湾金马做颁奖嘉宾"，"我感到两岸一家亲"，台下多次响起欢呼与掌声。获得本届金马奖"最佳男主角"奖的大陆演员徐峥则表示："我们聚在这里像一家人一样，我相信中国电影会越来越好！"两个人的发言，有力地回击了傅榆的"台独"言论，得到现场和广大网友的热烈支持。但台"文化部部长"郑丽君却"力挺"傅榆，蔡英文则强调"我们从来没接受过中国台湾的说法，台湾就是台湾"，"欢迎电影工作

者到台湾交流创作，但要提醒他们到台湾来，要尊重台湾人民的感受"。[27] "85°C 事件""金马奖风波"反映了台湾当局"台独"社会化的倾向，"台独"与反"台独"斗争出现"大众化"趋势，值得关注和思考。

注释：

[1]　崔慈悌：《蔡盼国际理解　支持两岸协商》，台《中国时报》2018 年 1 月 10 日报道。

[2]　《国台办发言人：搞"台独"分裂必将自食恶果》，中国新闻网 2018 年 3 月 20 日报道，http://www.chinanews.com/tw/2018/03-20/8472210.shtml.

[3]　《国台办发言人：搞"台独"分裂必将自食恶果》，中国新闻网 2018 年 3 月 20 日电。

[4]　《国台办新闻发布会辑录（2018-04-25）》，中共中央台办、国务院台办网站 2018 年 4 月 25 日，http://www.gwytb.gov.cn/xwfbh/201804/t20180425_11948547.htm.

[5]　周佑政：《陆称 18 日军演针对"台独"陆委会："恫吓"台湾、绝不屈服》，台《联合报》2018 年 4 月 16 日报道。

[6]　张亦驰、郭媛丹：《空军多机型出击再度绕台飞行　轰 6K 挂载巡航导弹》，《环球时报》2018 年 4 月 27 日报道。

[7]　国台办 2018 年 3 月 28 日新闻发布会文字实录，http://www.taiwan.cn/xwzx/xwfbh/gtbxwfbh/fbhwb/201803/t20180328_11937651.htm.

[8]　李晋玮：《东亚青运停办过程还原　台湾投反对票日本弃权》，台"中央社"2018 年 7 月 24 日报道，http://www.cna.com.tw/news/firstnews/201807245004-1.aspx.

[9] 陈柏廷:《国台办指"公然挑战奥运模式"》,台《中国时报》2018 年 7 月 26 日报道,http://www.chinatimes.com/newspapers/20180726000546-260118.

[10] 石龙洪、陈键兴:《"台独"图谋不得人心 注定失败——评"东京奥运正名公投"闹剧收场》,新华社 2018 年 11 月 25 日。

[11] 章林:《国台办:期盼花莲地震遇难大陆游客善后获妥善处理》,央视新闻客户端 2018 年 2 月 12 日报道,http://www.chinanews.com/tw/2018/02-12/8447507.shtml.

[12] 李慧颖、李凯:《大陆在台机构、企业为花莲受灾同胞捐款已逾千万元新台币》,新华社台北 2018 年 2 月 13 日电。

[13] 蓝孝威:《陆慰问灾民 愿派救援队来台》,台《中国时报》2018 年 2 月 8 日报道。

[14]《国台办、海协会对台湾列车出轨事故伤亡人员表达哀悼和慰问》,新华社北京 2018 年 10 月 22 日电。

[15] 陈柏廷:《批绿委反制台胞居住证 刘结一:广大民心挡不住》,台《中国时报》2018 年 9 月 12 日报道,http://www.chinatimes.com/realtimenews/20180912001804-260409.

[16] 李慧颖、李凯:《台湾舆论和学者高度评价大陆 31 条惠台措施》,新华社台北 2018 年 3 月 1 日电。

[17] 郑郁、杨孟立、陈柏廷:《"赖揆"批惠台"目标是并吞台湾"》,台《中国时报》2018 年 3 月 7 日报道。

[18] 施晓光:《"因应中国对台 31 条"陆委会成立小组》,台《自由时报》2018 年 4 月 21 日报道。

[19]《"政院":四大面向及八大强台策略 务实因应中国大陆对台 31 项措施》,台"行政院"2018 年 3 月 16 日,https://www.ey.gov.tw/

Page/9277F759E41CCD91/70ea5798-56c6-4fbc-ba06-730ac87264df.

[20]《国台办新闻发布会辑录（2019-01-16）》，中共中央台办、国务院台办网站 2019 年 1 月 16 日，http://www.gwytb.gov.cn/xwfbh/201901/t20190116_12132608.htm.

[21] 林劲杰：《全大陆第一张　广西南宁发出！陆居住证申请 台商忙抢头香》，台《中国时报》2018 年 9 月 2 日报道。

[22]《国台办新闻发布会辑录（2019-01-16）》，中共中央台办、国务院台办网站 2019 年 1 月 16 日，http://www.gwytb.gov.cn/xwfbh/201901/t20190116_12132608.htm.

[23] 陈键兴：《习近平会见连战一行》，新华社北京 2018 年 7 月 13 日电。

[24] 刘欢：《汪洋会见连战一行》，新华社北京 2018 年 7 月 13 日电

[25] 邱文秀：《求生欲旺盛 被打成"台独"85°C 一天内发声明打脸蔡英文》，台"中时电子报"2018 年 8 月 15 日报道，http://www.chinatimes.com/realtimenews/20180815001630-260407.

[26] 许依晨：《国台办：不允许在陆赚钱又支持"台独"》，台《联合报》2018 年 8 月 17 日报道。

[27]《金马奖冒出"中国台湾"　蔡英文："台湾就是台湾"》，台《联合报》2018 年 11 月 18 日报道，https://udn.com/news/story/6656/3487830.

（作者单位：南京大学台湾研究所）

2018 年台湾政局综述

刘世洋

摘要：回首 2018 年台湾政坛，蔡英文当局利用执政权大肆追杀国民党，国民党打赢"九合一"选举后止跌回升，社会民心思变形成"反蔡反民进党"风潮。这是民进党执政下台湾全面停滞倒退、新媒体新政治新民意快速崛起、两岸及中美关系等因素综合作用的结果，并将对蓝绿各党转型、社会民情走向及 2020"大选"态势产生深远影响。

2018 年，岛内政局围绕蔡当局施政、蓝绿政争，特别是"九合一"选举展开激烈攻防。蔡当局"舍经济、拼政治、重分配、蛮改革"引发强烈民怨，民进党借助执政权加紧清算追杀国民党，国民党则抓住"民心思变"潮流一举翻转地方政治版图，但蓝绿各党在内部改革方面乏善可陈。这些结构性变化，将对岛内政局未来发展产生广泛深远影响。

一、贯穿全年政局的四大主线及特点

2018 年岛内政局发展脉络，主要围绕地方选举、施政攻防、党务改革、社情民意等四条轴线展开。

（一）核心线索："九合一"选举引发激战并颠覆地方版图

年底"九合一"选举是贯穿岛内政局发展的最核心议题。这不仅是地方政权的更迭换代，还是蔡当局执政的"期中考"，更是 2020 "大选"的"前哨战"，堪称岛内政局发展的"风向标"，因而引发各方高度重视和激烈争夺。

首先，民进党策略"前倨后恭"，末期调整"无力回天"。一是提名策略失当。民进党自恃掌握行政、立法及多数地方执政权，加之已经习惯"一党独大"思维，吃定民众支持"本土政党"，认定国民党已失去挑战能力，因而评估将平稳度过选举考验。在轻敌心态下，提名包括民调常年全台倒数的嘉义市市长涂醒哲等所有现任争取连任；甚至不惜与台北市市长柯文哲分手，在"独派"压力及蔡连任算计下自提姚文智参选；对台南市、嘉义县、新竹市等分裂参选情况也不认真处理。二是老人再上战场。蔡英文力邀"新系"大佬陈菊北上接任"总统府秘书长"，负责幕后折冲及督战，并预设"败选防火墙"和"党主席备胎"。还派出"天王"苏贞昌偷袭新北市，企图牵制国民党本已窘迫的资源战力。三是损招回天乏力。利用司法手段打压国民党选情，陆续判刑收押云林县县长候选人张丽善的胞兄张荣味、花莲县县长候选人徐榛蔚的丈夫傅崐萁；选情告急后大打"统独牌""抹红牌"，举办"反'并吞'、护台湾，反介入、顾高雄"集会，攻击国民党高雄市市长候选人韩国瑜是"中共代理人"。但由于选民已经产生免疫力，民进党政治操弄并未收效。

其次，国民党暗中"鸭子划水"，战略战术"全面开花"。一是设定"过半"目标。力争在保住原有6县市基础上，再拿下5到7个县市。二是提名最强人选。特别是新北侯友宜、宜兰林姿妙、彰化王惠美、花莲徐榛蔚等均长期在地深耕。三是加紧团结整合。党内初选除新竹县外基本按照民调机制公平产生提名人选，暗促脱党的桃园杨丽环、台东邝丽贞等"竞而不选"，力促各县市地方派系团结胜选。四是制定有效策略。紧紧抓住主流民意诉求，提出"反核食""反空污""反深奥"等"公投案"拉抬选情；后半程在"韩国瑜现象"带动下力促蓝营回流极大化。

再次，社团力推"公投绑大选"，台湾进入"公投元年"。在蔡当局强推争议性政策激化社会对立、"公投修法"全面降低提案、成案、过关门槛，特别是"九合一"选举提供契机等因素影响下，岛内"公投"热情高涨，先后涌现出37项提案，其中16项通过审查可以连署。最终，除国民党发动3案外，还有"反同婚"3案、"挺同婚"2案、"以核养绿案"及"东京奥运正名公投案"，共有破纪录的10项"公投案"成案，得以与"九合一"选举合并举行，产生了相互拉抬投票率的效果。

最后，地方版图"绿地变蓝天"，七项提案"高票过关"。11月24日投票结果显示，全台共有1910万选举人，实际投票率"六都"为66.11%、16县市为68.87%，国民党县市长席次由上届6席增至15席，得票率由40.7%增至48.79%；民进党由 13 席降至 6 席，得票率由 47.55% 降至 39.16% ；台北市长柯文哲仅以微弱差距惊险连任。"公投"方面，共有 1976 万投票人，各案投票率均过半，除"挺同婚"及"东奥正名"3 案被否决外，另 7 案全部过关，形同对蔡当局"非核家园""火力发电""同婚入法"等政策及"独派"政治操弄的直接否定。

（二）重要主轴：蓝绿围绕政策攻防及政治斗争展开激烈厮杀

蔡当局凭借"全面执政"优势，强力落实各项政见，强行推动争议政策，强硬清算国民党，引发蓝营及社会各界强烈反弹。

首先，蔡当局"政策混乱"引发巨大民怨。"前瞻计划"预算分配严重向绿营执政县市倾斜，蔡当局为挽救选情在全台大开"建设支票"逾 7600 亿元（新台币，下同），被质疑是"变相买票""选举绑桩""图利金主"。为落实"非核家园"政策而强行将核四燃料棒运往美国，为解决全台缺电及台中因火力发电造成的空气污染问题，强行推动新北深澳燃煤电厂扩建计划，在民进党选情受到冲击后又慌忙决定改为在桃园观塘兴建天然气接收站。"年金改革"在混乱中仓促上路，引发"八百壮士"冲击"立法院"等游行抗争。蔡当局粗糙决策还造成"卫生纸之乱""电信 499 之乱"等社会问题。

其次，民进党"政治追杀"激化蓝绿对立。"党产会"7 月认定国民党旧中央党部大楼为不当党产并向其追征 11.4 亿元，但被法院裁定停止执行；随后又开辟"第二战场"，调查国民党各县市党部及民众服务社合计达 12.9 万坪土地的移转情况；2 月认定"妇联会"为国民党附随组织并冻结 384 亿元资产，8

月认定"救国团"为国民党附随组织并冻结其56.1亿元资产，10月认定"中影"为国民党附随组织并冻结其118亿元资产。5月正式成立"促转会"，通过"开放政治档案""清除威权象征""平复司法不法"等手段，重新挖掘国民党威权统治历史。7月以"三中交易案"正式起诉马英九，8月搜索中华统一促进党并约谈张安乐等人，加紧审理新党青年军涉"陆生共谍案"。对此，国民党不仅公开表达抗议，更通过"法院诉讼""大法官释宪""选举废东厂"等进行反制。

最后，蔡团队"政风蛮横"引发广泛争议。一是政治酬佣不避嫌。蔡英文就任后公开在行政机关、驻外机构、公营事业等安插裙带亲信，可谓"一人得道，鸡犬升天"。年内陆续任命亲信张振亚为台北101总经理、表姐林美珠为台湾金联董事长，特别是被称为"250万年薪实习生"的北农总经理吴音宁遭舆论穷追猛打，重创民进党形象。二是打压政敌不手软。为阻止管中闵就任台大校长，不惜折损潘文忠、吴茂昆、叶俊荣等3任"教育部长"；"促转会副主委"张天钦为打击侯友宜，不惜以"东厂"自居；"中选会主委"陈英钤背弃选务中立，对"公投"态度"卡蓝纵绿"；"司法院"对蓝营所提"前瞻预算释宪案"先是故意拖延，后又以技术理由驳回。三是社会观感太离谱。蔡当局对"花莲地震""普悠玛脱轨事故"处置失当，在"823南台水灾"时蔡英文搭乘装甲车勘灾、陈建仁去金门度假、苏嘉全赴日活动，赖清德宣称"劳工平均薪资4.8万"，均引发广泛质疑。

（三）关键主题：国民两党内部改革及路线调整近乎停滞

国民两党是岛内关键政治力量，其发展状况直接决定岛内政局走势。但一年来两党表现都不尽如人意，民进党在权力诱惑下日益"酱缸化"，国民党有意改革却力不从心。

首先，蔡筹组"战斗内阁"拉抬选情算盘落空。2 月调整"国安会""外交部""国防部""退辅会""劳动部"和陆委会等人事安排，7 月又调整"财政部""内政部""交通部""法务部""教育部"及"行政院发言人"等，企图通过"汰蓝补绿"满足支持者要求废除"老蓝男内阁"的愿望，通过撤换冯世宽等争议人物化解民众不满，通过"熟手上阵"创造政绩拉抬选情。但"内阁改组"并未有效助力选情，民进党仍遭遇空前重挫。选后各界要求"全面改组内阁"，赖清德、陈菊第一时间请辞，但均被慰留，仅调整"环保署""农委会""交通部"及"中选会"、北农等犯众怒人物，并"勉予聘任"管中闵为台大校长，凸显选后检讨"抓大放小"的不彻底性。

其次，民进党"派系分赃"日益背离社会民心。7 月"全代会"改组权力核心，不顾社会观感和党内惯例，以"创党 30 年来首次同额竞选"方式，提前"乔定"30 席中执委、11 席中评委、10 席票选中常委的分配方案，"立法院党团"干部也是同额改选，被质疑是"蔡英文以责任共担提前为败选设防火墙"。"英系""新系""海派""正国会"各 2 席中常委，"苏系"和"绿色友谊连线"各 1 席，"谢系"退而求其次当选中评会主委，基本反映了各派系实力对比。民进党"黑箱操作、派系分赃"引发各界强烈反感，政党支持度由 2016 年 6 月的 51.6% 最高点，骤降至 2018 年 11 月的 23.5%，国民党则由同期 18.9% 回升至 35.4%。选后蔡虽请辞党主席，但仍辩称"对的事还是要继续做"。党内检讨声浪很快被压下，达成"大家都在同一条船上"共识。中生代共推"行政院秘书长"卓荣泰参选党主席，被质疑是"保皇派"。

最后，国民党"僵化老派"政治形象根深蒂固。国民党面对内外交困形势，能够勉力维持运转已属不易，外界期待的党务改革窒碍难行。一是"思维老旧"。在党内文化、思维、机制、路线等方面缺乏大破大立的改革，"老人政治""酱缸文化"并未实质扭转，缺乏吸引泛蓝回流、感召中间选民的作为。二是"接班不顺"。吴敦义、马英九、王金平以及朱立伦等大老仍是主导全党发展的核心；蒋万安、江启臣等政治新星瞻前顾后不愿挑战艰困选区，党内中青世代人才匮乏。三是"制度无力"。县市长提名一开始就确定以全民调方式产生，但最终在新竹县破功；吴志扬、黄昭顺拒不履行参选义务，但党中央并未撤销其不分区"立委"资格。选后，国民党有意启用中生代接掌党务，展现出党务革新的积极迹象。2020年重夺政权的形势大好，各方加紧布局，朱立伦率先表态争取党内提名。

（四）基本特征：社会民意逐渐"厌蓝、厌绿、求新、求变"

岛内各界已看破民进党当局手脚，彻底丢掉容忍其"试错"的耐心，求新求变的愿望十分强烈。但国民党保守老旧形象难以满足民众高期待，这为非蓝非绿力量的崛起创造了空间。

首先，"反蔡反民进党"形成风潮。11月《美丽岛电子报》民调显示，蔡英文施政满意度仅20.9%、不满意度高达67.9%，信任度仅24.7%、不信任度高达58.9%，均创2016年上台以来最差纪录，甚至"比马英九8年执政后期的状况更糟糕"；民进党好感度仅23.4%、反感度达56.4%，"讨厌民进党的氛围已经凝固"[1]。台湾民意基金会民调显示，蔡英文声望由2016年5月的 69.9% 骤降至 2018 年 12 月 24.3% 的历史新低，67.4% 不支持蔡寻求连任，说明"民怨快速飙升，达到空前最大程度"，蔡长期深陷"第二次执政困境"，"领导威信持续腐蚀，形势相当险恶"[2]。

其次，国民党未收割"厌绿"民意。国民党虽在"九合一"选举中取得大胜，但各界普遍解读为"民众教训民进党，而非支持国民党"。台湾民意基金会民调显示，国民党好感度由 2016 年 5 月的 16.6% 回升至 2018 年 12 月的 35.6%，已经反超民进党的 27.5%，但中性选民仍高达 32.2%，说明国民党"大难不死，已经走出 2014 及 2016 败选的死亡幽谷"[3]，但也只是初步达成泛蓝支持者回流而已，尚未有效开拓中间选票。"无色觉醒"思潮快速蔓延，既是民进党大失民心的生动写照，也是国民党不堪托付的间接证明。

最后，"南韩北柯"引领民心思变。岛内政治格局基调虽然仍是"蓝绿对立"，但在网络新媒体带动下，"白色力量"社会基础及政治能量不容小觑。此次"九合一"选举，大量"非蓝非绿、亦蓝亦绿""非传统、非典型"政治人物快速崛起。特别是柯文哲突破蓝绿夹击惊险连任，韩国瑜更是以一己之力翻转号称"深绿根据地"的高雄，成为国民党全台胜选的最大功臣。11 月底，TVBS 针对岛内 12 位政治人物声望所做调查显示，前四名分别是韩国瑜（68%）、柯文哲（61%）、郑文灿（58%）、侯友宜（54%），最后两名是吴敦义（18%）、蔡英文（15%）。另外，张善政、管中闵、郭台铭等在岛内政坛也一直具有很高呼声。这说明岛内民众已经厌倦"老牌政客、蓝绿恶斗、黑箱分赃"的传统政治，喜欢"接地气、敢讲话、重民生"的草根

作风，期待"少讲政治、多谈经济、去政党化"的新鲜面孔，
投票倾向"选人不选党"。

二、影响 2018 年政局发展的三大因素

台湾政局在 2018 年之所以发生"颠覆式、结构性、戏剧
化"变动，是岛内外各政治势力及多领域因素共同作用的结果。

（一）根本因素：蔡当局施政差导致台湾处境全面恶化

蔡英文当局施政荒腔走板，台湾在经济民生、社会文化、
政治机制及两岸交流、国际参与等方面持续倒退，是造成社会
民心思变、政局全盘翻转的根本原因。一是蔡英文上台以来，
拒不承认"九二共识"，顽固推行"倚美抗中谋独"路线，导致
陆生陆客赴台萎缩、农产品销陆停滞、"绕岛巡航"常态化、参
与 WHA 中断、"邦交国"弃台就陆等。马英九时期两岸关系和
平发展荣景不再，两岸"和平红利"得而复失，民众"经济获
得感""国际参与感""政治安定感"全面受挫。二是无心无力
发展经济，"新南向"沦为"新难向"，"万物齐涨、实质经常性
薪资跟不上物价上扬、人民负债愈来愈多、买房困难、投资成
长率低落、少子化危机、大学排名直直落、青年失业严重"[4]，
绿营自己却公开分赃贪婪自肥，民众"失落感""剥夺感"进一
步加剧，由"无感"变为"不满"。三是施政荒腔走板频现"发
夹弯"，热衷搞政治斗争和"绿色威权复辟"，"以拒马代替沟
通、以傲慢代替谦卑"[5]，"领导无方，偏执、霸道、自以为是，
甚至到了不顾民意、一意孤行的地步"[6]，短短两年即打造出"史
上最强悍的政权"，"完全执政"变成"为所欲为"[7]，民众对民

进党的反感和警惕持续升高。

（二）直接因素：新媒体及非传统政治人物催生新民意

以"九合一"选举为契机和诱因，岛内"新媒体、新势力、新政治、新民意"被全面激活，这成为岛内政局新态势的最鲜明特征和最直接原因。一是网络新媒体强势发威。以 Facebook、Twitter、Line 等新媒体为平台的网络政治，成为影响选情的重要因素，推动台湾选举出现"政治娱乐化""动员网络化""参与年轻化""投票冲动化"等新景观[8]。岛内各大政党纷纷借助大数据等了解舆情动向，为选举决策部署提供参考[9]。二是"韩国瑜现象"席卷全台。韩国瑜单枪匹马深入"绿油油"的高雄，先靠"网络战"造势，然后以"空军"带动"陆军"，最终形成席卷全台的"韩流旋风"，成为继柯文哲后，在台湾选举史上写下又一新页的人物[10]。三是柯文哲突破蓝绿夹击。在民进党霸道做法让民众"不满意"、国民党老气做派让民众"不放心"的情况下，第三势力在岛内仍有较强的社会基础。特别是台北市市长柯文哲突破蓝绿夹击成功连任，就是最好的证明。四是各类型"公投"全面井喷。蔡当局强行推动的"同婚入法""非核家园"等改革政策引发巨大争议，加之岛内"空气污染""核食进口"等民生议题累积强大民怨，在"公投法"修订大幅降低门槛的有利条件下，岛内各领域各类型议题的"公投案"迅速冒出，并大大带动了民众的政治参与热情。

（三）间接因素：大陆惠台政策及中美博弈牵动台政局

岛内政局演变长期存在浅碟性特征，其发展从来都摆脱不了两岸关系和国际环境的影响。2018年大陆进一步强化主导权主动权，中美贸易摩擦和战略博弈也持续升温，这些因素都深刻影响岛内政局走向。一是大陆惠台政策"重塑民意"。一年来大陆陆续推出"惠台31条""居住证"等政策，取消"就业证"等规定，逐步为台湾同胞在大陆学习、创业、就业、生活提供与大陆同胞同等待遇。这些政策在岛内引发强烈反响，包括教师、医师、律师、学生、科技人才等纷纷加入"西进"热潮中来。《远见》杂志民调显示，岛内18—29岁青年愿意到大陆发展的比例升至59.6%[11]。这些政策的感召力和实际效果，成为韩国瑜等国民党候选人在"九合一"选举大胜当选的重要原因之一。二是中美战略博弈"助蔡抗中"。中美博弈加剧增强了蔡当局火中取栗的幻想，通过3月陈菊、7月陈明通、8月蔡英文赴美活动等动作"拉美挺台"，通过表态加入"印太战略"、鼓动大陆台商回流等政策"入美脱中"，通过对大陆钢材提起反倾销控诉、赴美采购黄豆等做法"助美遏中"。其最终目的是，通过递交"投名状"，换取美国支持其长期在台执政。三是美国介入选举"拉抬绿营"。美国一改过去在台地方选举中保持低调的态度，频频介入此次"九合一"选举，拉抬民进党选情的意图十分明显。

三、相关影响

　　2018年是承前启后的重要节点，岛内政局发生的重大深刻变化，将对下一步政权、政争、政党等发展产生广泛深远影响。

（一）对民进党执政地位的影响

　　民进党在"九合一"选举遭遇重创，直接冲击该党2020年继续执政的利基。蔡英文把"期中考"直接变成了"期末考",很可能创下纪录成为"台湾史上第一个无法连任的直选领导人"[12]。主要原因:一是民进党地方执政版图大幅萎缩,陷入"强枝弱干"执政困境,有助国民党循"地方包围中央"路线东山再起。二是民进党社会基础大幅流失,青年、劳工、中南部等由"顾佛祖"转向"顾腹肚",各界"反蔡英文、反民进党"的社会风潮高涨。三是民进党内斗暗潮汹涌,"基本教义派"逼宫动作此起彼伏,赖清德与蔡切割不排除取而代之,党内围绕败选检讨、路线辩论、初选提名等斗争将刀刀见骨。四是蔡英文回天乏术,"九合一"选后蔡快速调整党内关系及施政步调,妄图扭转不利局面,但在岛内结构性困境下,面对尚未摆到底的"钟摆效应",蔡想在仅仅几个月内扭转乾坤几乎是"不可能的任务"[13]。

(二)对 2020 年台湾"大选"的影响

由于 2019 年是台湾又一"选举年",2018 年岛内政局发展新态势,将深刻影响蓝绿内部初选争斗和外部合纵连横。一是民进党内权斗加剧。蔡英文遭遇重大冲击,政治实力和连任正当性严重受损,但也通过"亲上火线""亲信勤王""慰留卡赖""呛中固绿"等手段妄图力挽狂澜。"独派"呼吁蔡放弃连任的呼声再起,赖清德虽被慰留,但去意已决,边走边看参选2020 意图明显。二是国民党"四个太阳"争辉。朱立伦在卸任新北市市长当天宣布投入 2020"大选";辅选韩国瑜有功的王金平,虽口口声声"随缘",却加紧"鸭子划水";马英九始终未松口,但始终保持再战可能性;吴敦义更是利用党中央主场优势全面布局。三是柯文哲持盈保泰,以"6 月再问我"答复各界对其是否参选 2020 的疑问,未来将根据形势发展,特别是国民两党提名人情况来决定。12 月《美丽岛电子报》民调显示，民众认为适合担任下届台湾地区领导人的支持度依次为朱立伦 39.8%、赖清德 37.1%、柯文哲 36.4%、王金平 20%、蔡英文 19%、张善政 15.3%、马英九 13.4%、吴敦义 7%[14]。12 月《联合报》民调显示，若柯参选 2020 蓝绿将被边缘化，呈"柯 45% ：朱 30% ：蔡 11%""柯 41% ：朱 28% ：赖 18%"、"柯 54% ：吴 12% ：蔡 14%""柯 50% ：吴 11% ：赖 23%"态势[15]。未来参选人马是 2 组还是 3 组，是"绿白合"还是"蓝白合"，将是重要观察点。

（三）对蓝绿政争的影响

蔡当局 2016 年上台以来，陆续成立"党产会""促转会"并操弄"中选会"等机关打压国民党。蔡英文宣示"能源转型""转型正义""司法改革"等"三个不退缩"。"党产会"试图将华兴育幼院列为国民党附随组织，以收缴其 24 亿元基金。"促转会"公开反驳"国防部""央行"主张，要求全台 1000多处蒋介石铜像"应予移除"，新台币也应陆续改版[16]。"'促转会''党产会'深感作威作福的时间不多了，才会像'末路狂花'一般，不择手段，快马加鞭，推动'去蒋''夺产'等非法行动"[17]。国民党提案全数删除"促转会"预算进行反制[18]，未来将挟胜选余威、地方实力和"反蔡"民气与民进党周旋，蓝绿政争将进一步激化。

（四）对政党建设的影响

2018 年岛内社会民意发生重大结构性变化，长期以来"蓝绿并立"的政治版图，日益被"厌蓝厌绿、重视民生、开放两岸"的"无色觉醒"所代替。未来国民两党面临的任务基本相同，就是在凝聚内部团结的基础上，花大力气争取社会认同。一方面，国民党在"九合一"选举中尝到甜头，充分认识到民众对"两岸合作""经济民生"的期待。未来将会坚持"九二共识"，积极推动两岸交流，甚至成立"两岸事务委员会"[19]创造两岸红利，并提出改善经济民生的政见愿景，以争取民众支持，同时力避初选内斗、力促选后整合。另一方面，民进党也需要处理党务改组、路线检讨、选举提名及辅选等难题，同时全力"拼民生"和"有感经济"以争取民众认同[20]。

（五）对"公投"活动的影响

在"九合一"选举的带动下，2018 年"公投"共有 10 项成案、7 项过关，由此掀起的"公投"热情将进一步发酵。特别是在层级更高的 2020 "大选"加持下，各方推动"公投绑大选"的诱因更加强烈。目前"恢复中国史课纲公投"已展开首阶段连署，"独派"也加紧操弄"统独公投"，包括"喜乐岛联盟"的"独立公投"、吕秀莲的"和平中立公投"等，未来民进党为拉抬选情也势必会大打"公投牌"，再加上岛内长期争执不下的一些社会议题，未来岛内"公投"将走向常态化。

注释：

[1]《美丽岛民调：蔡英文信任度、支持度仍在历史低档徘徊》，吴子嘉，《美丽岛电子报》，2018 年 12 月 24 日。

[2]《2018 年 12 月"2018 年终台湾重大民意走向"》，第 3 页，"台湾民意基金会"网站。

[3]《2018 年 12 月"2018 年终台湾重大民意走向"》，第 25 页，"台湾民意基金会"网站。

[4] 《橘吁人民放心中，停止蓝绿恶斗》，《台湾时报》，2018 年 5 月 19 日。

[5] 《蔡执政 2 周年，橘营批成绩"满江红"》，《自由时报》，2018 年 5 月 18 日。

[6] 《民进党完全执政，台湾全面倒退》，《联合报》，2018 年 5 月 19 日。

[7] 《权力大到随心所欲，却不知用来造福》，联合新闻网，2018 年 5 月 21 日。

[8] 《脸书为"太阳花"推波助澜——民进党占据新媒体话语权》，战略网，2016 年 3 月 9 日。

[9] 《决战 2018，国民党透过大数据掌握舆情》，《自由时报》，2018 年 2 月 13 日。

[10]《中评智库：从韩国瑜到"韩国瑜现象"》，中评网，2019 年 1 月 6 日。

[11]《惠台措施民调：年轻人认为大陆最友善，6 成愿意去发展》，联合新闻网，2018 年 3 月 14 日。

[12]《"蔡政府"期末考该怎么救？》，《联合早报》，2018 年 12 月 8 日。

[13]《地方选举挫败，人民投下不信任票！钟摆效应发威，民进党难破魔咒》，《中时电子报》，2018 年 12 月 28 日。

[14]《美丽岛民调：2018 年 12 月"国政"民调》，《美丽岛电子报》，2018 年 12 月 24 日。

[15]《"大选"联合报民调：柯文哲若选 2020，蓝绿边缘化》，联合新闻网，2018 年 12 月 27 日。

[16]《去"威权象征"，"促转会"盯上"国币"改版》，《台湾时报》，

2018 年 12 月 28 日。

[17]《提防民进党不择手段，"全民"防堵"东厂"恶行》，中国台湾网，2018 年 12 月 24 日。

[18]《"促转会"预算，蓝绿提案送"院会"》，《台湾时报》，2018 年 12 月 27 日。

[19]《2020 谁出线：吴敦义第一步棋，邀诸侯通两岸》，今日新闻网，2018 年 12 月 28 日。

[20]《蔡英文宣示改革不退缩，经济成果要让人民有感》，联合财经网，2018 年 12 月 28 日。

（作者单位：中国社会科学院台湾研究所）

2018 年两岸经贸关系综述

苏美祥

摘要： 2018 年两岸贸易额首度突破 2000 亿美元，台商投资大陆稳定增长，两岸人员往来也创下历史新高。两岸经贸关系进一步深化发展，主因在于大陆经济高质量发展释出更多商机，营商环境不断改善，以及"31 条惠台措施"等一系列惠台政策逐步落实。但长期受台湾方面政策制约，两岸经贸关系发展的单向性特征显著，结构性失衡问题长期存在，2018 年中美经贸摩擦升级，台湾当局"经济离中"等政策，也给两岸经贸关系增添诸多不确定性因素。

2018 年在大陆市场力量和对台政策的强大驱动下，两岸经贸交流与合作继续深化，两岸融合发展的主流大势趋向清晰。

一、2018 年两岸经贸关系结构解析

2018 年，两岸经贸交流合作与往来更加热络，但受台湾方面政策限制，两岸经贸关系结构性矛盾依然存在。

（一）两岸贸易额强劲增长，双向贸易结构性失衡依旧

两岸贸易总额和大陆对台湾贸易逆差双双创下历史新高。两岸贸易额经历 2015 年和 2016 年连续两年的负增长之后，在 2017 年复苏增长 11.3%，这一指标数据在 2018 年表现更为强劲。根据商务部统计，[1]大陆与台湾贸易额为 2262.4 亿美元，同比上升 13.2%，不但年度贸易总额首次突破 2000 亿美元，年增长率也超过上个年度，且高于同期大陆外贸总额的增长幅度（9.9%）。其中，大陆对台湾出口 486.47 亿美元，同比上升 10.6%；自台湾进口 1775.98 亿美元，同比上升 13.9%。大陆对台贸易逆差 1289.51 亿美元，亦是历史新高。台湾是大陆第五大贸易伙伴和第三大进口来源地。

大陆是台湾最大的贸易伙伴和贸易顺差来源地，且台湾对大陆的贸易依存度升高。按台湾方面统计口径，[2]2018 年度两岸贸易额（含香港）为 1936 亿美元，较上年增长 6.5%。其中，台湾对大陆和香港出口 1383.96 亿美元，同比增长 6.3%；自大陆和香港进口 552.08 亿美元，增长 7.1%。按此，台湾对大陆贸易顺差 831.88 亿，增长 5.6%。而 2018 年台湾对外贸易顺差约 493.95 亿美元，可见台湾对大陆的巨额顺差对于台湾外贸平衡的作用至关重要。从两岸贸易占大陆和台湾的外贸总额比重来看（分别以双方口径计），2018 年两岸贸易额占大陆外贸的比重为 4.89%，近 10 年来稳定保持在略低于 5% 的水平；但两岸贸易额占台湾外贸的比重达 31.1%，尤其是台湾对大陆出口金额占其出口总额的 41.2%（略高于 2017 年的 41%），远远高于居第二位的东盟（17.3%）。

从两岸贸易商品结构来看，2018 年两岸贸易货品仍以电

子机械及其零部件等工业品为主。两岸货品贸易以产业内贸易为主，两岸贸易强势增长在一定反映了大陆台商的生产需求较为旺盛，两岸产业分工较为紧密且产业链内嵌式发展特征突出。据台湾方面统计，[3]2018年台湾对大陆和香港出口的前六类商品，按占比依次为电子零部件（19.4%）、资通与视听产品（3.6%）、化学品（3.2%）、塑橡胶及其制品（3%）、光学器材（2.8%）、机械（2.6%）。与2017年相比，除"光学器材"对大陆出口出现7.4%下滑，其位次从上年第3跌至第5，其他商品类别均呈增长态势，化学品和塑橡胶及其制品占比分别前进一位。台湾自大陆及香港进口商品结构方面，仍以电机与设备及其零件和机器及机械用具为主，此两类商品进口值占比接近60%，居第3和第4位的商品分别为钢铁和光学、照相仪器及器具，比重约3%左右。[4]

（二）台商投资大陆稳定增长，大陆企业赴台投资仍然低落

台商投资大陆继续稳步增长，投资占比有所下滑。据商务部统计，[5]2018年大陆共批准台商投资项目4911个，同比增长41.8%；实际使用台资金额13.9亿美元，同比下降21.5%。若加上台商经第三地的转投资，大陆实际使用台商投资项目5191个，同比增长39.4%；实际使用台资金额50.3亿美元，同比增长6.4%。相比2017年，台商投资大陆增长幅度放缓（2017年增长30.9%）。从台资占外资比重来看，截至2018年12月，实际使用台资678.1亿美元，占大陆累计实际吸收境外投资总额的3.4%，与2008年（占比5.6%）相比，该比重近10年来持续走低。由于两岸统计口径不同，台商投资大陆金额差距较大，据台湾"经济部投审会"统计，[6]2018年台商对大陆经核准投资件数 726 件（含补办），较上年增长 25.2%，总核准金额为 84.98 亿美元，较上年同期减少 8.1%。与台湾地区对外投资（不含大陆）相比，2018 年台商对外经核准投资件数 638 件，虽低于台商投资大陆件数，但较上年增长 27.1%，且总核准金额增长 23.5% 达 142.95 亿美元。目前大陆仍是台商最大投资地，但以上指标一减一增，使得台商投资大陆金额占其对外投资的比重明显下降：2018 年对大陆投资件数占台核准对外投资总件数的比重达 53.2%，与上年基本持平；但台商投资大陆金额占比为 37.3%，与上年 44.4% 相比下降近 7 个百分点。

台商对大陆投资区域仍以东部沿海的长三角、珠三角和福建为重心，但华北及东北地区有不少省份吸引台资实现了高增长。据台湾方面统计，[17] 2018 年台商投资集中的前五个省份，依次为江苏 21.93 亿美元（占 25.81%）、广东 12.97 亿美元（15.27%）、浙江 11.9 亿美元（14%）、福建 9.77 亿美元（11.49%）、上海 9.63 亿美元（11.34%），以上五省市累计台资 66.2 亿美元，占大陆台资比重达 77.91%。其中，江苏和广东台资分别增长 -5.68%、16.7%，继续占据前两名；浙江台资增长幅度达 75.86%，近年来首度超过福建、上海，占据第 3。除东部传统台资大省外，华北地区的河北台资增长 453.66%、天津 35.69%，东北三省增长 279.43%，江西增长 165.35%，湖北增长 95.06%，很大程度上归因于雄安新区建设、长江经济带发展战略和振兴东北老工业基地战略的实施带动。但中西部一些原有台资重镇的台资出现大幅下滑，如河南 -98.81%、湖南 -31.45%、广西 -96.51%、重庆 -20.92%、四川 -49.78%、贵州 -89.76%。可见，台商投资大陆区域选择上，"西退北上"态势明显。从台商投资的产业结构看，2018 年台商投资前六大行业依次为，电子零部件制造业 18.46 亿美元，较上年同期下降 3.36%，占台商对大陆投资比重为 21.73%；批发及零售业 11.89 亿美元，增长 12.18%，占比 13.99%；化学材料制造业 7.95 亿美元，大幅增长 77.84%，占比 9.35%；计算机、电子产品及光学制品制造业 7.64 亿美元，下滑 28.63%，占比 8.99%；基本金属制造业 6.78 亿美元，大幅增长 137.69%，占比 7.97%；金融及保险业 5.89 亿美元，经过近几年持续增长之后出现大幅下滑 45.12%，占比 6.93%。

受台湾当局政策限制，大陆企业赴台投资继续下滑。据中国商务部统计，[8]2018 年，共有 40 家大陆企业赴台直接投资 1.97 亿美元。截至 2018 年底，大陆已有 444 家非金融企业赴台设立了公司或代表机构，备案金额 25.69 亿美元。根据台湾方面统计，[9]2018 年，大陆企业经台湾方面核准投资件数共 141 件，金额为 2.31 亿美元。从大陆企业赴台投资的行业分布看，自 2009 年 6 月至 2018 年底，大陆企业在台投资件数共 1228 件，金额为 21.88 亿美元，主要行业分布及占比依次为：批发及零售业（27.26%）、电子零部件制造业（12.94%）、银行业（9.21%）、港埠业（6.36%）、机械设备制造业（5.21%）。

（三）两岸人员往来热络，大陆游客赴台持续减少

2018 年两岸人员往来超过 905 万人次，同比增长 3.2%。其中，台湾同胞来往大陆首次突破 600 万人次，"首来族"达到了 40 万人，均创历史新高。截至 2018 年底，台湾居民来大陆累计超过 1 亿人次。海峡论坛走过十年，台湾基层民众参与热情更高，8000 余人参加了第十届海峡论坛各项活动。第一届海峡两岸（北京）体育交流运动会吸引台湾 36 所高校约 1800 人参加，是迄今最大规模的两岸民间体育交流活动。第二届海峡两岸学生棒球联赛总决赛规模进一步扩大，两岸 42 支队伍、888 名运动员晋级总决赛，其中 20 支队伍、445 人来自台湾。[10] 2018 两岸企业家峰会年会有 1000 余名两岸知名企业家、工商团体负责人和专家学者参加，两岸企业在电子、医药、金融、农业、文创及服务业、中小企业及青年就业创业等领域达成一系列合作协议，签约项目共 36 个，涉及金额超过 103 亿元人民币。[11] 此外，大陆各省市对台经贸文化交流活动轮番登场，如"台商论坛·台湾周""浙江·台湾合作周""湖北·武汉台湾周""重庆·台湾周"，以及"京台会""津台会""赣台会""云台会""鲁台会"等，交流活动丰富多样，交流主题各有侧重，其中促成不少项目成功签约，在不同程度上带动了两岸人员交流及台资数量增长。

自 2016 年民进党在岛内重新执政以来，大陆游客赴台人数持续减少。2016 年大陆同胞赴台 347.3 万人次，比上年减少 67.1 万人次（下降 16.2%），其中观光人数减少 60 万人次（下降 18%）。[12] 2017 年比上年再度减少 77.9 万人次（下降 22.19%）。据台湾方面统计，[13] 2018 年 1—11 月，大陆同胞赴台共计约 246.34 万人次，占台湾入境人员总数的 40.3%，同比下滑 0.85%。其中，大陆游客入台 186.99 万人次（包括"个人旅游""一类观光""二类观光""三类观光"），同比减少 1.55%，但大陆仍是台湾旅游市场的最大客源地。由于台湾当局不断紧缩两岸交流政策，近年来大陆游客赴台观光人数锐减，对台湾旅游业冲击效应已逐步发酵。纵然台湾当局力拓日本、韩国、东南亚及中国港澳地区客源，但未能弥补大陆游客减少的损失，岛内旅游相关行业陷入困境，台湾经济也因此遭受损失。有岛内媒体估算，大陆游客每减少10%，台湾GDP将相应减少6.9亿美元，据此类推2018年台直接经济损失将达38.3亿美元。其中，受影响最大的行业主要有汽车租赁、大中型酒店及零售业，2018年台旅游酒店入住率为61%，较2015年下跌10个百分点，旅行社同期减少了300多家。[14]

二、2018年两岸经贸关系热点分析

对2018年两岸经贸关系较有影响、备受各界关注的热点因素，一为大陆《关于促进两岸经济文化交流合作的若干措施》（下称"31条惠台措施"）出台与落实，二为中美贸易摩擦升级。此外，大陆营商环境不断优化以及一系列深化改革政策的出台，也对台商投资经营及两岸贸易往来产生直接影响。

（一）"31条惠台措施"对两岸经贸关系的带动及外溢效应

2018年，大陆在总结以往惠台政策措施的经验基础上，出台并实施"31条惠台措施"、取消台湾居民来大陆就业许可证、制发台湾居民居住证，在率先同台湾同胞分享大陆发展机遇、逐步为台胞台企提供同等待遇方面迈出新步伐，启用向金门供水工程，解决了长期困扰金门乡亲的吃水用水难题。这一系列积极举措给台湾同胞带来实实在在的好处和便利，受到台湾各界普遍欢迎和肯定。其中，"31条惠台措施"，涉及产业、财税、金融、就业、教育、文化、医疗等众多领域，涵盖领域之广、开放程度之深及政策含金量之高都是前所未有的。随着"31条惠台措施"在 22 个省区市相继细化落实，众多台企享受税收优惠、资金补助并参与研发计划、政府采购和基础设施建设等项目，迅速从各项政策中受益。一年来，已有 1000 多家台企享受高新技术企业等各类税收优惠，100 多家台企获得工业转型升级、绿色制造、智能制造等专项资金支持，一些优秀台企成功中标了北京新机场、港珠澳大桥、杭州"印象西湖"大型灯光秀等政府采购项目；台生报考大陆高校的人数、台青来大陆就业实习的人数以及由大陆就业创业机构提供服务的新增台企数量，均保持两位数增长；[15] 800 多名台胞考取了大陆诸多热门行业职业资格，100 多名台湾同胞获得"三八红旗手""五一劳动奖章""青年五四奖章"等荣誉称号；台湾同胞申领台湾居民居住证，开始在居住地依法享受 3 项权利、6 项基本公共服务和 9 项便利等；台湾青年在大陆创业成长的平台更加优越，海峡两岸青年就业创业基地和示范点增设 23 个、累计达 76 个，共入驻或服务台企及团队约 2000 个，逾万名台湾青年在此逐梦、圆梦。[16]

"31 条惠台措施"虽然遭到台湾当局近乎疯狂的"反制"，但岛内民众对两岸交流、参与和分享大陆发展的积极性仍被大大激发，台湾同胞对大陆的好感度和向心力进一步提升。3 月台湾东森新闻云民调显示，受访网友中，有 72.2% 的网友认同这些措施，52.6% 网友表示有来大陆发展的意愿；[17] 台湾人力资源机构发现，"31 条惠台措施"公布后，查询网站上工作地点显示在大陆的职缺浏览数激增。[18] "31 条惠台措施"历经半年落实，其政策效应进一步显现。9 月台湾《联合报》民调显示，[19] 受访台湾民众中，愿到大陆工作的占 43%（较两年前上升了 12 个百分点）；愿到大陆创业的占 30%（上升了 8 个百分点）；接受子女到大陆读书的占 44%（上升了 12 个百分点），而愿到大陆定居的占 14%（上升 1 倍）。10 月台湾草根影响力文教基金会调查显示，有 54.7% 受访者认为"31 条惠台措施"对台湾民众及产业具刺激效应，近五成受访者表示，如果出现机会，有意愿来大陆就业或创业。一年来，台湾民意已发生了积极变化，岛内民众对"九二共识"的支持度持续提升。2018年底"九合一"选举结果，国民党在南台湾取得"大翻转"式胜利，反映出广大台湾民众希望继续分享两岸关系和平发展"红利"，希望改善经济民生的强烈愿望。2019 年 1 月 17 日，台湾竞争力论坛和新时代智库在台北发布"两岸关系'九二共识'民意调查"显示，高雄市市长韩国瑜主张"支持'九二共识'，发展两岸城市交流"，获得 62% 受访台湾民众支持，远高于不支持者的 27.7%，[20] 反映了台湾民众对于两岸城市交流的期待、对"两岸好，台湾才能好"的深刻体认。

（二）中美经贸摩擦升级对两岸经贸关系的复杂影响

2018 年 3 月，美国特朗普提出"301 调查"以来，中美经贸摩擦不断升级，7 至 9 月美国对中国大陆实施三波共计 6800 多种商品加税。在经济全球化的今天，中美经贸摩擦不仅仅是中美两个经济大国的较量，势必波及对全球价值链高度参与的诸多经济体。国家统计局 12 月发布信息，认为中美经贸摩擦对 2018 年中国经济的影响并不明显，[21] 全球贸易保护主义加剧，世界贸易增长减缓在所难免，中美经贸摩擦对中国大陆整体进出口的影响不大，但对贸易战相关行业及进出口企业有直接的影响。美国对中国大陆输美产品加征关税冲击大陆台资企业对美出口，连带影响两岸企业之间零部件、原物料等中间产品贸易，海峡两岸与美国三方经济体之间的"三角贸易"固有联系必定产生一定冲击，由此，以"台湾接单、大陆生产、外销欧美市场"为主要模式的台资科技企业备受各界关注。据商务部统计，2018 年大陆出口金额前十大公司，鸿海（富士康）、广达、仁宝等台资企业均在其中。据台湾"经济部"统计，目前美国对中国大陆加税的产品中，电脑电子及光学制品业占22.1%、电力设备业占 13%、机械设备业占 10.2%、电子零部件业占 9.1%。[22] 美国对中国大陆加税，一方面冲击大陆台商的岛内母公司订单，使台商对美国总体出口萎缩，另一方面也通过两岸产业链影响其对岛内零件、材料的采购。但是，台商会不会因为中美贸易战考虑转回台湾或是转到第三地投资？目前来看，大都停留在台湾当局"泛政治化"操作及媒体渲染层面。至于 2018 年台商对美国新增投资 20 亿美元，增长率高达318%，主要由两大投资案构成：台湾大成不锈钢及其关系企业投资 10 亿美元，台湾"国巨股份"投资 7.4 亿美元。[23] 但台商对美投资乃长期布局行为，中美经贸摩擦升级并非主因。

美国单方发起贸易战，遏制中国大陆高科技产业发展，两岸高科技产业本应深化合作，携手提升国际竞争力。但台湾当局错判形势，一味迎合美国，将中美贸易摩擦升级视为推动其"经济离中"的大好机会。如美国决定对中国大陆征收钢铝惩罚性关税后，台湾当局公然提出台湾地区对美出口产品要清除"含中成分"，并进而宣布对大陆钢产品进口进行"双反"调查；美国要求美高科技企业不得向中兴公司出售高科技产品，尤其是核心的半导体零部件，台湾当局再次予以"协助"并"配合"，要求台湾芯片设计公司联发科等高科技企业对中兴等大陆企业出口必须申请许可证。2018 年底 2019 年初，中美贸易战背景下的"华为风波"愈演愈烈，台湾工研院、台湾资策会产业情报研究所（MIC）、台湾纳米元件实验室（NARlabs）等机构，以"信息安全"为由，先后宣布禁止内部员工使用华为手机和电脑；民进党籍执政的台南市在地方县市中第一个下令，在硬件采购方面全面禁止使用华为产品，并配合检查已有网络通讯设备；目前台湾当局正在编制一份所谓"存在安全隐患"的大陆科技企业"黑名单"，华为、中兴等均在其中，该名单预计于 2019 年 3 月公布并将适时更新。可见，中美经贸摩擦对两岸经贸关系的影响，更大程度上是台湾当局刻意主导所致，尤其是其在科技合作领域所采取的限制性政策，显然不利于两岸高科技产业合作与深化。

（三）大陆营商环境优化是应对各种风险挑战的重要砝码

大陆台商一直为台湾当局所觊觎，若能将台商吸引回台投资或是转移至东南亚等其他地区，既可有望振兴岛内产业，亦可摆脱对大陆经济依赖，故有李登辉时期"南向政策"、马英九执政第二任期推动的"加强推动台商回台投资方案"，但都近似"只闻雷声不见雨点"，最终不了了之。蔡英文上台后，推出"新南向政策"，目标地扩至东南亚、南亚等 18 国，在前一年半（至 2017 年底）促成台湾地区对"新南向"目标地多个国家的投资、贸易的高增长，但在 2018 年迅即归于平淡，"新南向政策"效果差强人意。据台湾"财政部"统计，贸易方面，全年对东盟 10 国出口衰退 0.6%，占台湾地区出口总额的比重降至近 7 年最低，其中 12 月降幅高达 12.6%；[24] 投资方面，台商除在印度、越南、印度尼西亚等经济形势明显向好、备受国际资本青睐的地区增资外，对其他"新南向"目标地的投资大多在衰退。2018年中美经贸摩擦升级，台湾当局以此为背景契机，相关"部会"从7月即开始筹划吸引台商回台投资的税收支持方案。蔡英文"双十"讲话称，"愿意回台湾投资的台商，我们鼎力相助，如果希望到其他国家投资布局，我们也会全力支援"。11月底，台湾"行政院"发布"欢迎台商回台投资行动方案"，计划期3年（2019至2021年），主要通过提供个性化单一窗口服务，整合土地、水电、人力、税务与资金等政策措施，协助台商回台投资。该方案的实施对象为：中美贸易战受冲击业者、赴大陆投资达2年以上、回台投资或扩厂的部分产线须具备智能技术元素或智能化功能之企业。可见，其用意十分具有针对性，即借中美经贸摩擦机会，将在大陆的"优质"台商吸引回台。然而，台商回台面临的却是日益恶化的岛内投资环境。除了台积电在南部科学园区的投资等受到台湾当局全力协助的重大项目外，大多数企业的缺地、水电等问题难以解决；台湾较高的环保要求也使厂商成本大幅提升；人才流失严重、地域性人才不均衡等问题也为企业在台投资经营增添了困难。

近年来大陆继续扩大开放、深化改革，营商环境不断优化，为台商在大陆发展所创造的条件越来越优越。世界银行在其《2019年营商环境报告》中认定，[25]中国大陆在过去1年为中小企业改善营商环境实施的改革数量创纪录，全球排名从上期的第78位跃升至第46位。而根据瑞士洛桑管理学院（IMD）2018年5月发布的《2018年世界竞争力年报》，台湾仅排名第17，是2009年来最差成绩，而大陆排名第13。[26]根据台湾

中华经济研究院 2017 年度对大陆台商的调查，[27] 台商认为大陆
经营环境优于台湾的前两个选项，分别是劳工供应以及税收奖
励诱因，其中，认为税收奖励诱因较台湾更优的厂商比重则上
升 7.16 个百分点；在历年调查中首度出现认为大陆环保法规
及管理优于台湾的，且较上年度增加 5.44 个百分点。由投资
环境的长期趋势来看，除了劳动供应和税收奖励诱因外，认为
大陆海外人才引入的便利性以及基础建设完善两项评比优于台
湾的厂商比重，近年持续增加。其中，认为大陆海外人才引入
方便性优于台湾的厂商比重由 2011 年 25.36% 上升至 2017 年
41.11%；认为大陆基础设施较台湾完善之厂商比重则自 2014 年
的 20.47% 增加至 2017 年的 35.56%。对比两岸投资经营环境，
已是优劣尽见，加上东南亚地区投资环境不佳，蔡英文当局无
论是推动"台商回流"或是"新南向"，乃无视台商利益，其政
治操弄成分远大于经济考量。

三、结语

　　当前，两岸经济合作制度化安排严重滞后，以功能性合作
为主的两岸经贸关系，较易受到两岸双方政策或外部政经因素
的影响。由于大陆经济高质量发展释出更多商机，在营商环境
不断改善和惠台政策逐步落实的带动下，2018 年两岸经贸关系
发展持续深化，继续对两岸关系起到"稳定器"作用，为推进
两岸融合发展，夯实两岸关系和平发展基础做出重要贡献。

　　自 2018 年下半年，受全球贸易保护主义加剧的影响，世界
经济下行风险增大。世行 2019 年 1 月《全球经济展望》指出，

所有主要发达经济体的增长预计都会放缓，除东亚太平洋地区外的不少新兴经济体经济增速也将低于 4.2%，并将 2018 年和 2019 年的贸易额预期较前次均下调了约 0.5 个百分点，2019 年全球经济增长预测值也从 2018 年下调的 3% 进一步降至 2.9%。[28] 台湾经济产业与全球联动性高，预计未来受到的负面冲击会较大。在此背景下，台湾推动经济转型升级将更加困难，台湾当局所推行的"经济离中"策略也将面临更严峻考验。两岸经贸关系是台湾经济全球布局的重要组成部分，这是由两岸投资、贸易对于台湾经济发展的不可替代性所决定的。只有民进党当局承认"九二共识"，两岸重启协商谈判，推进两岸经济制度化合作进程，对接大陆"一带一路"商机，才是台湾融入区域经济整合，摆脱"低增长"经济困境的正确之路。

注释：

[1] 《2018 年大陆与台湾经贸交流情况》，商务部台港澳司网站 2019 年 1 月 18 日发布，http://www.mofcom.gov.cn/article/tongjiziliao/sjtj/dlyutwjm/201901/20190102828082.shtml。

[2] 台湾"财政部"新闻稿：《2018 年 12 月"海关"进出口贸易初步统计》，台湾"财政部"网站 2019 年 1 月 7 日发布，http://www.mof.gov.tw。

[3] 台湾"财政部"新闻稿：《2018 年 12 月"海关"进出口贸易初步统计》，台湾"财政部"网站 2019 年 1 月 7 日发布，http://www.mof.gov.tw。

[4] 根据《两岸经济统计月报》第 309 期相关数据估计（《两岸经济统计月报》第 309 期，台湾经济研究院编，台湾陆委会 2019 年 1

月印）。

[5]《2018 年大陆与台湾经贸交流情况》，商务部台港澳司网站 2019 年 1 月 18 日发布，http://www.mofcom.gov.cn/article/tongjiziliao/sjtj/ dlyutwjm/201901/20190102828082.shtml。

[6]　根据《2018 年 12 月份核准侨外投资、陆资来台投资、国外投资、对中国大陆投资统计月报》，台湾"经济部投审会"网站 2019 年 1 月 21 日发布，http://www.moeaic.gov.tw/。

[7]　根据《2018 年 12 月份核准侨外投资、陆资来台投资、国外投资、对中国大陆投资统计月报》，台湾"经济部投审会"网站 2019 年 1 月 21 日发布，http://www.moeaic.gov.tw/。

[8]《2018 年大陆与台湾经贸交流情况》，商务部台港澳司网站 2019 年 1 月 18 日发布，http://www.mofcom.gov.cn/article/tongjiziliao/sjtj/ dlyutwjm/201901/20190102828082.shtml。

[9]　根据《2018 年 12 月份核准侨外投资、陆资来台投资、国外投资、对中国大陆投资统计月报》，台湾"经济部投审会"网站 2019 年 1 月 21 日发布，http://www.moeaic.gov.tw/。

[10]《回顾 2018，国台办：两岸同胞携手推动两岸关系克难前行的一年》，环球网 2019 年 1 月 16 日发布，http://taiwan.huanqiu.com/ article/2019-01/14079717.html。

[11]《共享新商机　两岸企业家峰会成果丰硕》，今日头条 2018 年 12 月 14 日发布，https://www.toutiao.com/i6634752950872834563/。

[12]《大陆游客赴台人数大减　2016 年仅 347 万人次》，华夏经纬网 2017 年 2 月 5 日发布，网址：http://www.huaxia.com/xw/twxw/2017/ 02/5184894.html。

[13]《2018 年 11 月及 1 至 11 月台湾出境人次及成长率——按目

的地分》，台湾"观光局"网站 2018 年 12 月 25 日发布，https://admin.
taiwan.net.tw/。

[14] 邱枫：《台湾摆脱不了对大陆的经济依存——透视 2018 年两岸经贸关系》，海研智库 2019 年 1 月 11 日发布。

[15]《已有 22 个省区市 60 个地方制定落实"31 条惠台措施"具体办法》，国台办 2018 年 12 月 26 日发布，http://www.gov.cn/xinwen/2018-12/26/content_5352317.htm。

[16]《刘结一发表 2019 年新年贺词》，中评网 2019 年 1 月 1 日发布，http://www.CRNTT.com。

[17]《大陆惠台措施赢得多数台湾民众认同》，新华网 2018 年 3 月 10 日发布，http://www.xinhuanet.com/2018-03/10/c_1122518150.htm。

[18]《大陆专家学者解读惠台 31 条：来大陆 实现人生梦想》，《人民日报海外版》,2018 年 3 月 13 日。

[19] 陈丽丽：《"31 条措施"是推进两岸融合发展的重要行动指南》，中国台湾网 2018 年 12 月 6 日发布，http://www.taiwan.cn/plzhx/zhjzhl/zhjlw/201812/t20181206_12119978.htm。

[20]《62% 台民众支持在"九二共识"基础上发展两岸城市交流》，台海网 2019 年 1 月 17 日发布，http://www.taihainet.com/news/twnews/bilateral/2019-01-17/2225975.html。

[21]《国家统计局：中美贸易摩擦对中国经济影响并不明显》，中国青年网 2018 年 12 月 14 日发布，http://news.youth.cn/gn/201812/t20181214_11814542.htm。

[22] 台湾"经济部"：《2018 年 11 月核准侨外投资、陆资来台投资、国外投资、对中国大陆投资统计新闻稿》，台湾"经济部"网站 2018 年 12 月 20 日，http://www.moeaic.gov.tw。

[23] 熊俊莉：《2018 年台湾地区经济回顾与展望》，《现代台湾研究》，2019 年第 1 期。

[24] 台湾"财政部"：《近期经贸与税收情势》，台湾"财政部统计处"2019 年 1 月 24 日发布，http://www.mof.gov.tw。

[25]《世行：中国营商环境排名一次性提升 32 位》，人民网 2018 年 11 月 1 日发布，http://finance.people.com.cn/n1/2018/1101/c1004-30374938.html。

[26]《蔡英文喊话台商回流投资 台媒：迎合美国贸易战策略》，搜狐网 2018 年 9 月 27 日发布，https://news.163.com/18/0927/12/DSN7U0HP0001875N.html。

[27] 台湾中华经济研究院编：《2018 年对海外投资事业营运状况调查分析》，台湾"经济部投审会"2018 年 12 月发布，http://www.moeaic.gov.tw/。

[28]《世行：贸易投资疲软，2019 年全球经济增速将放慢至 2.9%》，2019 年 1 月 9 日，第一财经 2019 年 1 月 9 日，https://www.yicai.com/news/100095365.html。

（作者单位：福建社会科学院台湾研究所）

2018 年台湾当局大陆政策综述

肖　杨

　　摘要：2018 年台湾当局的大陆政策经历了从试图在不承认"九二共识"的基础上寻求与大陆对话，到企图利用中美贸易摩擦，联合境外反华势力，公开对抗大陆的演变过程。在这一过程中，民进党当局公开叫板大陆的态度日益清晰，对两岸交流交往除了严控之外更加重了惩罚力度，目的就是试图以威慑的方式阻止台湾民众西进大陆。然而"九合一"选举中，民众对"九二共识"的接受度表明民进党当局的大陆政策不得人心，台湾民众已经深切体会到只有两岸关系和平发展，两岸人民才能深受其惠。

2018 年台湾当局的大陆政策经历了从试图在不承认"九二共识"的基础上寻求与大陆对话，到企图利用中美贸易摩擦，联合境外反华势力，公开对抗大陆的演变过程。在这一过程中，不变的核心是其要在"维持现状"的表象下维持"台独"执政，变化的只是策略手段。

一、台湾当局大陆政策主要内容

（一）基本立场

1. 明确否认"九二共识"

在就职两周年的专访中，对于两岸政策，蔡英文表示："两岸政策还是一样，没有改变，仍以维持现状为两岸政策主轴，'不会暴走、不会僵住，也不会走回国民党威权时代那种老死不相往来的路，但我们也不会在压力下屈服，这是我们基本态度。'"[1]不过对于"九二共识"，民进党当局则是由2017年的回避态度转为明确表态不接受"九二共识"。台湾行政主管部门负责人的赖清德、台湾地区领导人蔡英文与陆委会主委陈明通先后在公开场合否认两岸之间存在"九二共识"。其中，蔡英文针对"九二共识"表示："九二年发生会谈之后，各说各话，就只有这两件事情。"[2]赖清德则是宣称若两岸钥匙是"九二共识"，"这在台湾是找不到的"。[3]而陈明通在接受"立委"质询时也称："'九二共识'已经越来越离谱，且争议多年，盼中国别用自己的想象，强加于台湾老百姓，这并非两岸的基础。"[4]

2. 将"现状"定义为"中华民国台湾"

2018年民进党当局对于所谓"维持现状"中何为"现状"的表述也逐渐明朗化。台萨"断交"后，蔡英文表示"以'中华民国（台湾）'之名的"外交"关系被破坏，就是挑战我们共同的底线。"明确将"中华民国（台湾）"作为对外交往的名称。值得注意的是，蔡英文提到"压迫我们的'邦交国'，以跟'中华民国（台湾）''断交'为'建交'的前提，就是对'我国主权’的侵犯。”[5]

之后蔡英文又在“双十讲话”中又两度提及“中华民国台湾”。蔡英文宣称“中华民国台湾是现状，是现阶段最大公约数，也是台湾人民团结的基础。”[6]而陆委会副主委邱垂正在接受台湾媒体采访时也表示，“‘中华民国台湾’是现状，也是团结‘国人’以及团结政党的底线，应该共同捍卫”。[7]

3. 称“台湾”不是“中国台湾”

“九合一”选前，针对有导演在金马奖爆出“台独”言论，蔡英文公开表示支持，并称：“我们从来没有接受过‘中国台湾’这个说法，也不会接受这个说法，台湾就是台湾。”[8]之后蔡英文在出席民进党中常会时再度强调“我们手中的这一票，要告诉全世界，台湾就是台湾，从来不是中国台湾。”[9]同样地，赖清德在民进党主办的选举造势场合亦公开表示，“台湾是‘主权独立国家’”，台湾与大陆“本来就是‘两个国家’”[10]。而台湾对外部门负责人吴钊燮更是在国际场合声称：“台湾实质上‘独立存在’，‘并非由中华人民共和国管辖’，我们希望维持这个现状。”[11]

同时，为了加强这一表述，民进党当局对外部门函示“政府机关（构）办理或补助民间团体赴海外出席国际会议或从事国际交流活动有关会籍名称或参与地位之处理原则”，要求相关“部会”及非政府组织在参加国际交流活动时，“应优先使用‘中华民国’或‘中华民国（台湾）’，若‘国名’不被接受，也可使用‘台湾’，绝不接受‘台湾，中国的一省’、‘台湾，中国’、‘台北，中国’。如果协调不成，得建议使用对所有参与单位，都用都市或团体名称。至于 chinese Taipei，易被扭曲为中国台北，应尽量避免使用"。无独有偶，由台当局防务部门出资成立的智库"国防安全研究院"（前"国防部长"冯世宽担任董事长，陆委会前副主委林正义担任执行长）在其发表的三份年度分析报告中，凡提及大陆，一概使用了"中国"，创下军方相关单位首例。[12]

（二）两岸交流交往

1. 防堵"31 条惠台措施"在岛内落地

针对大陆出台的"31 条惠台措施"，台行政部门提出所谓"壮大台湾的四大方向与八大强台政策"，[13]而在具体施政上则是各种严防死守。先是陆委会发函至教育主管部门与各大学表示，已经成立"台生赴陆求学专区"，提醒台湾青年赴陆发展应评估风险。台湾教育主管部门负责人潘文忠强调岛内"公私立大学专任教师，以专案、专职等方式到大陆任教或参与大陆重点研发计划，明显违法，'教育部'会在明确规范下，严格处理，也会积极提醒现职教授，避免触法。"4 月底陆委会正式发函至教育主管部门、"科技部"、"行政院人事行政总处"等单位，明确要求公私立大学专任教师，未经许可不得参与大陆各项国家基金及研发计划。[14]而"卫福部"也声明"具有公务员身份的医师，不得到对岸工作。"[15]此外，据台湾媒体报道，桃园市立武陵高中校长林清波、台北市"建国中学"徐建国更因所谓帮台湾高中生写推荐信到大陆读书太多而被相关单位"关切"，甚至连"调查局人员都登门拜访"。[16]

大陆公布"31 条惠台措施"后，北京、上海、福建、浙江等省市先后出台政策开放相关事业单位招聘符合条件的台湾民众。对此陆委会表示会密切关注"国安问题"。[17]针对 2018 年以来先后有 43 名台湾民众接受大陆民企海旅海安的聘任担任厦门海沧区"社区主任助理",民进党当局"内政部"认定台湾民众出任这一职务违反"两岸人民关系条例"。

2. 严控大陆人员、机构赴台交流

在"移民署联审会"以"有统战疑虑"为由卡住海峡百姓论坛后,民进党当局又先后卡了北京市台办副主任和上海市台办副主任的访台行程。东莞职业技术学院原计划在台湾招收博士生和师资也因台湾当局的种种阻挡最终取消。[18] 即使海协会前会长陈云林希望可以在岛内顺道拜访连战也被陆委会主委陈明通以"两岸之间没有私交,只有'公谊'"阻拦。[19]

另一方面,为了影响、干预参与两岸学术交流的学校朝着民进党当局设定的"政治方向"前进,9 月 4 日岛内教育主管部门公告修正"大陆地区教育专业人士及学生来台从事教育活动审查要点",要求各级学校邀请大陆教育专业人士及学生赴台,"应秉持对等尊严原则,避免涉及政治性内容"[20]。这是该要点公布十年以来,首次修正增加禁止涉及政治内容的规定。

3. 加重相关法案的处罚力度

2018 年台湾立法部门初审通过了行政主管部门推出的所谓"国安"相关法案修正案,包括"退休人士涉共谍案被判决有罪定谳,就丧失全数退俸,并追缴至犯罪时已领退俸";"共谍罪适用外患罪,泄密罪责从一年至七年有期徒刑提高为三年至十年";"延长涉密人员出境管制,管制时间最长可达六年"。此外,台行政主管部门还拟"对违法来台投资的中资重罚,最高可罚二千五百万元"。[21] 而现行的所谓"国安法"并无公职人员涉共谍案后的退休俸追缴规定。

此外，针对大陆为方便台湾民众在大陆衣食住行而出台的居住证政策，陆委会先是拟要求取得大陆台胞居住证的人返台后须申报，否则将处于罚锾。[22] 后陆委会又提出"两岸人民关系条例"修改案，将采取申报登记制度，要求申领居住证的台湾民众回台后要补登记，同时也将修法限制其相关权利，包括"不能担任公务员、参选公职，不能报考军校、警校。如逾期申报，拟罚 1 万至 5 万。若被机关查到未申报，则拟罚 2 万到 10 万"。[23] 且此修正案已经列入台湾立法部门新会期的"最优先法案"。[24]

4. 严查、严管两岸资金往来

"九合一"选前，民进党当局以所谓防治洗钱之名，要求包括第一银行在内的公股行库从 10 月 15 日起，针对台商在大陆地区的汇款及收款必须备妥详细的交易凭证，否则禁止汇入。其实，过去两岸资金往来原本就需要相关厂商备妥相关资料 5 年，以利后续抽查。如今则是要先出具详细的交易凭证，由银行决定是否放行，给了相关主管机关相当大的准驳权。而且这一政策只针对大陆，被岛内媒体质疑是"假反洗钱之名，行动产查账之实"。[25]

5. 为两岸城市交流预设前提

蔡英文对两岸城市交流曾表示："采取正面、开放态度，但是希望这些城市的交流不要有政治前提。"[26] 然而，"九合一"选举后，针对韩国瑜欲以"九二共识"为基础与大陆展开经济合作，蔡英文则宣称："两岸政策是属于中央职权。"[27] 同样地，针对"九合一"选后蓝营执政的县市长有意组团访问大陆，陆委会公开表示"县市长赴大陆交流，应依法向'内政部'提出申请，经许可始可赴陆。"[28] 显而易见，民进党当局不打算让蓝营县市长可以绕开执政当局与大陆交往。

（三）加大意识形态领域的"去中国化"力度

如果说"法理台独"是要突破"中国"的外沿，那么"内造台独"的重点就是要在意识形态领域"去中国化"，消除"中国"印象，进而达到从根本上改造台湾民众的"国族基因"，最终把两岸关系发展成"国与国"关系的目的。2018 年，民进党当局加大了意识形态领域"去中国化"的力度。

一是在名称上全面切割大陆与台湾。不仅蔡英文本人一改以往"中国大陆"的提法，公开在正式场合多次称呼大陆为"中国"，就连台湾外事部门也公开刻意称呼大陆为"中国"而非之前的"中国大陆"。[29]5 月"侨委会"又将行政规定的用词"华侨"改为"侨民"。[30] 体育方面，在国际奥委会明确表示不会接受"中华台北奥委会"改名后，台"中选会"依然同意举办所谓的"台湾正名参与 2020 东京奥运"，让体育蒙上了"台独"阴影。

此外，利用新北市林口亚昕福朋喜来登酒店 Wifi 连线的国家及语言选项出现"中国台湾"的契机，"交通部观光局"不仅大力宣传取缔过程，还对全台旅馆及民宿的订房系统进行清查，并表示若出现矮化名称，将依据"观光发展条例"开罚，最重可废止营业执照。[31]

7 月 2 日，陆委会名称由"行政院大陆委员会"更名为"大陆委员会"，取消特任副主委，改设 2 名政务副主委和 1 名常务副主委。不过新闻室的背板却由蓝色背景的"和平两岸，壮大台湾"改为绿色背景的"和平善意，以民为先"，[32] 以处理两岸关系为主业陆委会却连新闻背板中的"两岸"两个字也容不下，也可以从侧面反映出民进党当局大陆政策的立场重点。

二是从历史上彻底解构两岸关系。8月台湾教育主管部门通过了高中历史课纲的2项变革，即不再使用编年史，改用主题式教学，并维持"台湾、中国、世界的三分域"，将"中国分域"划分在东亚历史架构下呈现。即"以'中国与东亚的交会'来呈现历代华人和东亚国家的交流互动，不再只教中国朝代史"。同时把"台湾史"论述的重点放在"原住民族、移民社会及'现代国家'形塑，讨论'台澎金马如何成为一体'及'追求自治与民主的轨迹'"。[33] 这样一来不仅是将台湾史完全从中国历史脱离，进而形塑所谓的"台湾国史"，更是将中国史的架构完全拆解，进行深层次的"去中国化"，彻底解构两岸关系。

（四）持续增加军事预算，为"以武拒统"累计资本

民进党当局在不断试探大陆底线的同时，也强化了军事对抗的准备。2018年以来，"国防部政战局"每周公布的"我们的心声"专文，除了对大陆的批判日趋激烈外，向官兵强调应认清"中共就是敌人"的立场。[34] 而今年"汉光34号演习"则是把"战胜"定义为"迫使敌夺台任务失败"。[35]

与此同时，蔡英文不仅将"国防"产业作为带动内需的最大来源，要发展"国舰国造""国机国造"等，更要通过军校、军队，培养英文、数理人才，带动下一个世代的综合竞争力。[36] 相对应的，台湾当局持续增加"国防预算"，其中2019年度的"国防预算"为3460亿新台币，比2018年度增加了183亿元，全部"国防预算"占GDP的2.16%。蔡英文并表示："'国防'预算的增加，代表政府强化'国防'的决心，也是向'国军'

宣示，政府对于'国军'战力的信心。"[37]

二、台湾当局大陆政策的特点

（一）公开叫板大陆的态度日益清晰

2018 年之前民进党当局的大陆政策还属于犹抱琵琶半遮面，企图用模糊性的表述以拖待变。至 2018 年初，以蔡英文为代表的民进党当局还寄希望可以在不承认"九二共识"的前提下与大陆展开对话。蔡英文曾不断表示"只要没有政治前提，而且在对等原则之下，我相信没有任何一个'台湾总统'会拒绝，甚至于我们也乐见可以与对岸的领导人会面"[38]，愿意与大陆领导人"坐下来，好好地谈一谈"[39]，"我们跟中国进行对话的善意不变"。[40]但是随着美国企图以"台湾牌"遏制大陆发展的用心显现，蔡英文当局全面倒向美国，甘当美国手中的棋子，用当美国"马前卒"的方式寻求美国的保护。陆委会主委陈明通在美国发表讲话时，针对两岸关系表示："在确保国家主权与尊严的情况下，台湾愿意以更开放的态度、更弹性的政策，思考未来双方的互动。"[41]同时强调"'中华民国'不可能以让渡'主权'换取虚幻的和平，民主台湾下的 2300 万人民，更不可能把自己命运交付给对岸来决定。"[42]

蔡英文在"双十演说"中虽然宣称"我们不会贸然升高对抗，也不会屈从退让。我不会因一时的激愤，走向冲突对抗，而让两岸关系陷入险境。我也不会背离民意，牺牲台湾的'主权'"，但是其在讲话中立场强硬地直指"外在力量企图单方面改变台海现状"，更是 6 次公开称呼大陆为"中国"，公然叫板大陆的意图明显。最后蔡英文还向台湾民众喊话："'国家'发展的方向已经在改变。改变并不可怕，因为改变是为了因应世界的变化，让台湾能够继续屹立不摇。"[43]

（二）严控两岸交流，加重惩罚力度

针对大陆出台的一系列体现"两岸一家亲"，落实台湾民众享有与大陆居民"同等待遇"的具体措施，特别是招聘台湾教师、台籍社区助理、办理居住证等等促进就业的民生措施，台湾当局则是将其上升到了所谓"国安问题"。除了明令禁止，台湾当局更是通过对一系列相关法规进行修改，加重相关处罚力度。2018年9月，陆委会公布"壮大台湾八大策略——因应中国大陆对台三十一项措施"实施成果报告，指出"大陆的对台卅一项措施对我方可能产生'国安'风险，也对赴陆企业及'国人'产生诸多不确定及风险"[44]，同时陆委会还特别强调"实施逾半年，台商赴陆投资减少"，"公立与顶尖大学没有教师赴陆任教"。[45]显见，民进党当局出台这一系列政策的目的就是要试图以威慑的方式阻止台湾民众西进大陆。

（三）利用外力联手防堵大陆

除了争取躲在美国的保护伞下，民进党当局还不断向国际社会喊话，企图用"国际牌"制约大陆。执政两周年之际，蔡英文在接受法新社专访时，针对大陆表示"这不只是对台湾的挑战，而是对整个地区和世界的挑战，因为今天是台湾，明天可能就是另一个国家须面对中国扩大压力，'我们必须共同合作，重申我们的民主自由价值，以制约中国，尽量防止他们扩张'霸权'势力'。""双十讲话"中蔡英文则是拿出美国副总统彭斯谴责大陆"打压""台湾外交"、日本声援台湾以及欧洲议会呼吁欧盟共同遏制中国大陆武力挑衅台湾等所谓案例,[46]试图证明台湾当局是有"国际靠山"的。

三、影响台湾当局大陆政策的因素

（一）岛内民众普遍希望享受两岸关系和平发展红利，引发民进党当局焦虑

民进党一向自诩代表民意，所谓的"主流民意"也曾是民进党"闭关锁台"的最好借口。但是2018年以来，岛内民众的一系列自发增加两岸关系和平发展助力的行动让民进党当局非常焦虑，不得不采取措施防堵两岸交流交往。

一是台商投资大陆并未受到"新南向政策"影响。根据岛内经济主管部门下属"投审会"的统计，2018年仅前5月台商对大陆投资金额就达35.3亿美元，占海外总投资额五成以上，和去年同期相比成长了27%，显示尽管民进党当局执政两年多来全力推动所谓"新南向政策"，但西进大陆仍然是台商的第一选择。[47]而蔡英文当局原本是希望利用"新南向政策"分化台商，借以摆脱台湾对大陆的经济依赖，以经济、文化为先导，发展与大陆周边国家的实质关系。民众自发的"新西进潮"与民进党强推"新南向政策"形成鲜明对比。

二是"九二共识"在岛内影响力上升。民进党否认"九二共识"，其中一项理由就是所谓"九二共识"在岛内接受度不高。但是2018年底，根据旺旺中时媒体集团民调显示，逾6成台湾民众赞成在"九二共识"基础上发展两岸关系，且无论各年龄层还是岛内六大地区，皆有过半支持"九二共识"。其中

以 40 岁至 59 岁的中壮年族群赞成比例最高，达 68%。70 岁以
上的人群赞成比例最低，也有 50.7% 支持。值得注意的是，过
去在"太阳花运动"时期，被蔡英文称为"天然独"的、最不
支持两岸往来的 20 至 29 岁年轻族群，也有逾 52.1% 支持"九
二共识"。在地区分布上，桃竹苗地区支持度最高，达 71.2%；
其次是高屏和宜花东离岛地区为 62.8%；中彰投地区为 62.8%；
北北基地区支持度为 56%。即使是过去被认为是绿营票仓的云
嘉南地区，也有 56.6% 的民众支持"九二共识"。[48]

**（二）大陆全面落实"同等待遇"的政策举措深得台湾民
心，形成对民进党当局的压力**

7 月 13 日，中共中央总书记习近平在会见连战时提出"四
个坚定不移"，这是十九大后习近平总书记首次就两岸关系发表
长篇讲话，显示大陆对未来两岸关系充满信心。继出台"31 条
惠台措施"后，8 月 3 日国务院又公布取消 11 项行政许可，其
中就包括"台港澳人员在大陆就业许可"，这是大陆落实"同
等待遇"的又一重要措施，意味着台湾民众今后在大陆工作不
用再事先申办手续复杂的就业证，也增加了大陆企业聘用台湾
人的意愿。同时，在大陆大学将对台招生标准降到学测均标后，
2018 年台湾学生赴大陆就读大学方面，无论是就学地域还是人
数都出现暴增。连一些"动物医学""能源与动力工程""飞行
器动力工程"等传统认知中的冷门专业都有台生赴读。[49]

2018 年台湾《远见》杂志公布的民调也显示，虽然蔡英
文当局力推"新南向政策"，但是愿意赴新南向国家工作的年
轻人却明显变少，50 岁以下的世代都在积极西进。其中在被问
到"如果有机会，会希望去哪些地区发展，包括投资、工作或

是求学？"时，36.6% 的民众想赴大陆，与去年 3 月的调查相比增加了 6.3%。而愿意赴越南的则由去年的 18.5% 跌至今年的 13.8%。赴印尼的则从 13.8% 大跌至 7.8%。若以年龄分析，则以 18—29 岁族群对赴陆发展最踊跃，占比达到 53%，比去年增加 10.5%；而 30 至 39 岁族群为 42.6%，比去年成长 5.3%；40 至 49 岁则为 44.5%，比去年增加 10.2%。[50]

岛内民心思变，大陆对台湾民众尤其是青年世代的磁吸力在不断加强，让大陆的融合发展政策有了着力点。面对两岸交流交往的洪流，大陆采取的是"导"，而民进党当局则是用"堵"的策略。台湾民众西进愿望被阻的压力将毫无疑问地转向民进党当局。

（三）民进党当局拒不承认"九二共识"的立场不变，无意改善两岸关系

如何处理两岸关系一向是民进党的短板。"九二共识"对于拥有"台独党纲"的民进党而言无异于"烫手山芋"。两岸关系发展越好，迫使民进党承认"九二共识"，修改两岸路线的压力就会越大。因此，民进党当局大陆政策的"维持现状"其实就是拒绝做任何改变。同时，为了避免两岸关系和平发展，两岸往来频繁造成人心思变，民进党大陆政策的施政重点就成了：一是严控两岸交流，能不交流就不交流，二是从意识形态领域切断两岸联结，把"台湾"与"中国"从民众的认知中分割开来。然而，民进党当局机关算尽却无法获得民心。"九合一"选举中，韩国瑜、卢秀燕等公开喊出"九二共识"并没有吓跑中南部选民，反而是在农业县市获得更多支持，显示农民、商人最朴素的愿望就是把产品卖出去。而今年香蕉等果蔬因盛产而造成价格崩塌与民进党当局因为不承认"九二共识"而失去大陆市场密切相关。

　　但即使面对选举惨败，民进党当局依然选择视而不见。"九合一"选举后，针对选举结果，蔡英文表示："这次选举中人民对内政作为表达，政府必须虚心检讨。基本上这次地方型选举里面，人民没在两岸政策议题上做出选择或重大改变，在九合一选举后，我们维持现状政策仍然不变。"[51] 同时，蔡英文还把败选的原因归咎于所谓的"来自大陆的假新闻、假信息"。2018年年底，蔡英文出席"国家通讯暨网际安全中心"（NCCSC）揭牌仪式，并指示其与"国安会"、NCC 组成所谓"资安铁三角"。[52] 时任台湾行政部门负责人的赖清德也拍板"防制假讯息危害专案"，同时指示"国家通讯传播委员会"（简称 NCC）负责"人民对媒体信任度"民调，让"部会"能依调查结果进行后续政策拟定。[53] 可见，民进党当局无意改善两岸关系，且在意识形态领域的管控会愈加收紧，加强对大陆的"安全防范"。

（四）美国打"台湾牌"意图明显，民进党当局"挟洋自重"

　　面对民众希望两岸关系持续和平发展的压力越来越大，蔡英文不得不将"求援"的目光瞄准美国，加大了对美游说和金钱攻势，力推"联美抗陆"政策。原先提升美台关系只是民进党当局"剃头挑子一头热"。但是大陆的崛起让美国和台湾地区的领导阶层都陷入深深的危机感。特别是伴随美国国内掀起对华政策的大讨论，台美关系在美国的刻意操作下仿佛进入"蜜月期"。2018 年美国先后通过了《与台湾交往法》和《亚洲再保证倡议法案》，鼓励美台之间进行定期军售和资深官员互访。8 月蔡英文"过境"美国时，美方给予其不少突破性待遇，包括：首次以"中华民国元首"身份到侨教中心、参访美国联盟机构——美国国家航空暨太空总署（NASA）、在里根图书馆发表公开谈话等。特别是在一中原则的问题上，美国对蔡英文不承认"九二共识"始终不表态，等于是默认其做法。

美国的这一态度也让民进党当局自认有了底气——在中美的战略竞争中，台湾地区可以凭借自身为筹码，借美国的力量与大陆"打持久战"。吴钊燮在接受美国有线电视新闻网（CNN）专访时亦表示："若没有美国持续的军事支持，台湾容易被北京'武力占领'"。[54] 不过，台湾既然是被美国视为"牌"，就难以掩盖其"工具性"的实质，美国当然也不会为了"工具"牺牲自己的利益——美国不希望被拖入台海战争。因此，即使被"独派"批评，民进党当局也不敢成为美国眼中的"麻烦制造者"。即便自称"务实的台独工作者"的赖清德也只称"台湾是个'主权独立的国家'，不必另外宣布'台湾独立'"，而两岸关系上则是"政府的立场一致，就是维持现状"。[55] 对此蔡英文也称"基本上赖揆'是一个诚实的人'，但两岸政策上，'他还是支持我们的维持现状，支持我们两岸要维持稳定'。"[56]

四、台湾当局大陆政策的影响

（一）两岸关系复杂严峻的局面短期内难以改善

在全球局势快速发展的今天，蔡英文当局想要固守所谓的"维持现状"实际上是无法达成的。而台湾在美国与大陆之间也并没有所谓"选边站"的空间。不过，民进党拒不承认"九二共识"的态度不会改变，美国目前也不会放弃打"台湾牌"，两岸关系复杂严峻的态势在短期内不会发生根本转变。

（二）对岛内经济发展造成负面影响

台湾是典型的浅碟型经济，经济要发展就离不开大陆这个最重要的外部市场。但是岛内相关单位严审陆资、陆客，特别是很多大陆赴台参展或交流团体也因严审被拒，取消行程导致岛内投资不旺，特别是中南部观光受到重挫，嘉义、南投等传统陆客路线更是雪上加霜。蔡英文执政以来，岛内仅观光产值就减少 1072 亿新台币。[57] 同时受民进党当局严控政策的影响，岛内的农产品进入大陆也面临重重阻碍，导致香蕉、凤梨等出现"丰产"却"减收"的情况。另一方面，台湾经济发展停滞不前，岛内人才则是大量外流。岛内"主计处"2018 年 12 月 18 日公布 2017 年赴海外工作就业人数达 73.6 万人，创历年新高。其中赴大陆就业人数为 40.5 万人，占海外工作总人数 55%，比例最高。[58] 这当中高薪和几乎覆盖全产业链的就业平台是大陆吸引了台湾民众的重要原因。

（三）严控政策下岛内民众反弹强烈

当前，岛内民众已经深切体会到两岸没有"九二共识"之殇，对民进党执政愈加不满。除了"九合一"选举民进党惨败外，同时与"九合一"选举合并举行的 10 项"公投"，与国民党理念贴近的 7 案全数通过，与民进党价值观相近的 3 案则是全部失败。[59]。此外，一边是民进党当局念兹在兹、不遗余力地"去中国化"，另一边却是岛内民众的"中国人认同"不降反升。竞争力论坛 10 月 18 日，公布民调显示，蔡英文任职后的 2016 年 6 月，岛内民众认同自己是中国人的占 46.8%。至 2018 年 10 月，认同自己是中国人的台湾民众反而上升到 58.3%。不认同自己是中国人的则由 2016 年的 45.8%，下降到 36.6%。[60]

注释：

[1]　丘采薇：《蔡：维持现状仍为两岸政策主轴》，台湾《联合报》，2018 年 5 月 21 日，A3 版。

[2]　崔慈悌：《小英谈两岸，最好维持现状》，台湾《中国时报》，2018 年 5 月 15 日，A2 版。

[3]　罗印冲：《"阁揆"干话连连，小英不该沉默》，台湾《中国时报》，2018 年 3 月 28 日，A3 版。

[4]　涂钜旻：《陈明通："九二共识"内容越来越离谱》，台湾《自由时报》，2018 年 12 月 18 日，A2 版。

[5]　林河名：《两岸问题要回到两岸关系解决》，台湾《联合报》，2018 年 8 月 22 日，A3 版。

[6]　林河名：《两岸求稳，更需积极作为》，台湾《联合报》，2018 年 10 与人 11 日，A3 版。

[7]　郑婷：《"中华民国台湾"，邱垂正：团结底线》，台湾《联合报》，2018 年 10 月 12 日，A2 版。

[8]　黄保慧：《金马致辞争议》，台湾《联合报》，2018 年 11 月 19 日，C1 版。

[9]　杨淳卉：《蔡：告诉全世界，不是中国台湾》，台湾《自由时报》，2018 年 11 月 22 日，A2 版。

[10]　蔡亚桦：《蔡赖站台，全党力挺姚文智》，台湾《自由时报》，2018 年 11 月 22 日，A2 版。

[11]　黄国樑：《吴钊燮：台湾"实质独立"存在》，台湾《联合报》，2018 年 12 月 1 日，A3 版。

[12] 程嘉文、黄国樑：《"国防部" 3 报告，以"中国"称对岸》，台湾《联合报》，2018 年 12 月 14 日，A12 版。

[13] 李欣芳：《"政院"：维持全球供应链优势》，台湾《自由时报》，2018 年 3 月 17 日，A2 版。

[14] 陈君硕：《大学教师，禁参与陆研发计划》，台湾《旺报》，2018 年 5 月 9 日，A2 版。

[15] 冯婧惠：《教长警告教师专案赴陆"违法"》，台湾《联合报》，2018 年 3 月 13 日，A1 版。

[16] 林庭瑶等：《高中生登陆热，校长被"教部"关切》，台湾《联合报》，2018 年 5 月 23 日，A3 版。

[17] 林庭瑶：《陆委会：密切关注"国安问题"》，台湾《联合报》，2018 年 11 月 4 日，A10 版。

[18] 钟丽华：《中国东莞学院来台招才喊卡》，台湾《自由时报》，2018 年 5 月 28 日，A2 版。

[19] 林劲杰：《陆委会挡，陈云林取消访连战》，台湾《中国时报》，2018 年 12 月 18 日，A9 版。

[20] 陈苑茜：《陆生、学生来台，"教部"禁政治话题》，台湾《联合报》，2018 年 9 月 6 日，A4 版。

[21] 李欣芳等：《"政院"推"国安"修法，重罚违法来台中资》，台湾《自由时报》，2018 年 9 月 10 日，A3 版。

[22] 林庭瑶：《陆居住证拟申报，台商：绿卡不用？》，台湾《联合报》，2018 年 9 月 9 日，A9 版。

[23] 杨家鑫：《领居住证未申报，拟罚 2 万—10 万》，台湾《中国时报》，2018 年 10 月 9 日，A10 版。

[24] 李欣芳等：《申领居住证，返台将须补登记》，台湾《自由时

报》，2018 年 9 月 20 日，A2 版。

[25] 黄琮渊：《挟反洗钱之名，紧掐两岸金流，严审台商》，台湾《中国时报》，2018 年 10 月 16 日，A1 版。

[26] 李欣芳等：《蔡：选后两岸城市交流，勿有政治前提》，台湾《自由时报》，2018 年 12 月 1 日，A2 版。

[27] 蔡孟妤：《蔡：两岸政策属于"中央"职权》，台湾《联合报》，2018 年 11 月 28 日，A4 版。

[28] 黄瑞典等：《蓝 15 县市拼登陆，陆委会喊话》，台湾《联合报》，2018 年 12 月 23 日，A1 版。

[29] 陈君硕：《"外交部"称中国，两岸危险讯号》，台湾《旺报》，2018 年 4 月 16 日，A4 版。

[30] 陈建瑜：《华侨改侨民，蓝委斥政治操作》，台湾《中国时报》，2018 年 5 月 22 日，A4 版。

[31] 陈佑诚：《饭店禁用中国台湾，全面清查》，台湾《中国时报》，2018 年 8 月 11 日，A5 版。

[32] 陈君硕：《陆委会挂新牌，新闻室绿油油》，台湾《旺报》，2018 年 7 月 3 日，A9 版。

[33] 吴佩文：《高中历史课纲敲定 2 变革》，台湾《联合报》，2018 年 8 月 14 日，A1 版。

[34] 涂钜旻：《中共是敌人，"国军"要认清》，台湾《自由时报》，2018 年 7 月 14 日，A1 版。

[35] 吕昭隆：《新战胜定义，迫敌夺台失败》，台湾《中国时报》，2018 年 4 月 25 日，A5 版。

[36] 彭婍琳：《5+2 提振内需》，台湾《中国时报》，2018 年 4 月 30 日，A5 版。

[37] 林敬殷：《蔡："国防预算"明年增 1823 亿》，台湾《联合报》，2018 年 8 月 7 日，A4 版。

[38] 李欣芳等：《蔡：未设前提且对等乐见习近平》，台湾《自由时报》，2018 年 4 月 28 日，A2 版。

[39] 崔慈悌：《蔡愿与习好好地坐下来谈》，台湾《中国时报》，2018 年 6 月 26 日，A4 版。

[40] 崔慈悌：《小英强调与陆对话善意不变》，台湾《中国时报》，2018 年 7 月 25 日，A4 版。

[41] 曹郁芬：《陈明通：不以让渡"主权"换虚幻和平》，台湾《自由时报》，2018 年 7 月 19 日，A4 版。

[42] 罗印冲：《两岸关系难好转，陈明通华府重批陆》，台湾《中国时报》，2018 年 7 月 19 日，A1 版。

[43] 苏永耀：《双十演说向"国人"喊话"国家发展方向已在改变"》，台湾《自由时报》，2018 年 10 月 11 日，A3 版。

[44] 许依晨：《陆委会："国安"巨大挑战》，台湾《联合报》，2018 年 9 月 7 日，A1 版。

[45] 钟丽华：《对台 31 条，陆委会：已产生"国安"风险》，台湾《自由时报》，2018 年 9 月 7 日，A2 版。

[46] 林敬殷：《府：4 个不会，否定两端激进拉扯》，台湾《联合报》，2018 年 10 月 11 日，A3 版。

[47] 蓝孝威等：《首选西进，前 5 月投资大增》，台湾《中国时报》，2018 年 6 月 24 日，A4 版。

[48] 崔慈悌等：《逾 6 成挺"九二共识"》，台湾《中国时报》，2018 年 12 月 24 日，A1、A3 版。

[49] 简立欣：《陆降标抢台生，45 级分进名校》，台湾《中国时报》，

2018 年 8 月 6 日，A8 版。

[50] 蓝孝威 :《53% 年轻世代有意愿赴陆发展》，台湾《中国时报》，2018 年 2 月 13 日，A8 版。

[51] 林敬殷 :《蔡：人民没在两岸议题做选择》，台湾《联合报》，2018 年 12 月 1 日，A3 版。

[52] 杨绵杰 :《蔡：资安铁三角，速建构联防》，台湾《自由时报》，2018 年 11 月 16 日，A6 版。

[53] 林河名 :《"赖揆"指示，做媒体信任度调查》，台湾《联合报》，2018 年 12 月 24 日，A2 版。

[54] 赖锦宏 :《吴钊燮专访倾美，立即破功》，台湾《联合报》，2018 年 7 与人 24 日，A2 版。

[55] 林河名 :《赖：两岸政策就是维持现状》，台湾《联合报》，2018 年 4 月 16 日，A1 版。

[56] 林河名 :《蔡：两岸基调维持现状和稳定》，台湾《联合报》，2018 年 4 月 10 日，A1 版。

[57] 王思慧 :《蔡上台 2 年，观光产值少 1072 亿元》，台湾《中国时报》，2018 年 7 月 16 日，A5 版。

[58] 张语羚 :《73 万海外工作创新高》，台湾《联合报》，2018 年 12 月 18 日，A11 版。

[59] 杨孟立 :《"公投"全盘反绿，民进党价值观崩解》，台湾《中国时报》，2018 年 12 月 1 日，A3 版。

[60] 崔慈悌 :《台湾人认同是中国人创史上新高》，台湾《中国时报》，2018 年 10 月 19 日，A5 版。

（作者单位：上海台湾研究所）

2018 年民进党综述

王治国

摘要：2018 年民进党难以摆脱执政困境，在"九合一"选举中遭遇重大挫败，地方实力大幅削弱。民进党内加快权力重组，各派系出现部分实力消长。随着民进党加大"倚美抗中"力度，其两岸政策趋于强硬。

2018 年民进党紧紧围绕"九合一"地方选举展开布局，但由于施政团队状况频频、绩效不彰等因素影响，遭遇重大选举挫败，地方执政版图大幅减少。蔡英文整体声势持续下滑，并为民进党败选辞去党主席职务；党内派系加快权力重组，并出现部分实力消长。面对岛内执政困境加深以及中美战略博弈加剧等内外情势，民进党两岸政策进一步趋于强硬。

一、民进党在"九合一"地方选举
遭遇惨败的原因分析

此次"九合一"地方选举是蔡英文当局及民进党的"期中考"，也是其 2020 年寻求连任胜选的"前哨战"，因此民进党高度重视，很早便开始利用手中掌握的庞大政经资源进行布局及辅选。但随着"九合一"选情逐渐升温，民进党选情高开低走，并最终遭遇大败。选举结果也彻底改变了岛内地方蓝绿政治版图，形成了"蓝大绿小"的地方政治格局。

（一）选举结果显示民进党地方实力大幅削弱

在"直辖市长"与县市长选举上，民进党由 13 席减少至 6 席，仅剩台南市、桃园市、嘉义县、基隆市、新竹市、屏东县。

在"直辖市"议员和县市议员选举上，民进党总共获得 238 席，占比为 26.1%。

在乡镇市长／"直辖市"台湾少数民族区长上，民进党得票数为 901226 票，得票率为 26.90%，当选人数为 40 人，占比为 19.61%。

在乡镇市民代表／"直辖市"台湾少数民族区民代表上，民进党得票数为 350775 票，得票率为 10.46%，当选人数为 151 人，占比为 7.03%。

在村里长选举上，民进党得票数为 633126 票，得票率为 5.32%，当选人数为 285 人，占比为 3.68%。

（二）造成选举"民进党大败"的原因分析

一是民进党施政绩效不彰，引发民众强烈反弹。蔡英文带领民进党上台执政后，不仅不思解决困扰台湾发展的诸多结构性难题，反而仗着全面执政优势，以意识形态挂帅，大搞政治清算和"绿色恐怖"。这不仅加剧了岛内整个社会的矛盾与对立，加深了台湾经济民生困境，而且导致两岸关系陷入持续紧张，台湾在"国际"上进一步被边缘化。对此，岛内民众的不满情绪持续累积，逐渐形成了一股"反对蔡英文、反对民进党"

的社会氛围。

　　二是"韩国瑜效应"凝聚了岛内反对民进党的社会情绪和各方势力，成为民进党惨败的关键因素。国民党高雄市长参选人韩国瑜，因自身"基层、草根"气息突出、讲话行事真实率性等不同于传统国民党政治人物的特质，受到岛内民众与媒体的追捧。韩借助网络新媒体，主打经济民生议题，提出的"高雄又老又穷""青年北漂"等问题，不仅戳破了民进党的所谓"高雄地方治理神话"，更在全台范围内引发诸多民众的深层共鸣；成功促成了国民党支持者与反民进党力量的集结，成为此次"九合一"选举"国民党大胜、民进党大败"的关键因素。

　　三是民进党多个地方执政县市争议不断连累选情。澎湖县、彰化县、嘉义市因民进党施政不佳备受当地选民诟病；宜兰县、嘉义县因党内候选人提名引发的恶斗裂痕未能根本愈合；台中市受困空气污染议题等，造成相关县市的民进党支持者内部气氛持续低迷。反观竞争对手国民党，在既有执政县市的施政满意度普遍明显上升，而新提名的张丽善、林姿妙、黄敏惠、卢秀燕、徐榛蔚等，普遍形象较好，且基层经营扎实。地方治理能力的缺失是民进党败选的重要原因。

　　四是民进党青年选票流失严重。岛内青年选票对民进党赢得 2014 年地方选举和 2016 年"大选"发挥了举足轻重的作用。但是蔡英文当局及民进党上台后，对青年选民的竞选承诺连连跳票，执政极度傲慢，诸多政策更加剧青年群体"被剥夺感"。这些都使得民进党的青年选票急速大幅流失，20 至 29 岁选民不满蔡英文当局施政的比例更不断攀高。

二、民进党难脱执政困境，社会反弹声浪高涨

一年来，面对国际风云变幻的政经形势以及岛内长期形成的复杂社会矛盾等诸多情况，民进党执政乏力，施政团队状况频频，引发社会普遍质疑与民怨。

（一）民进党施政绩效不彰，台湾经济状况持续低迷

一是岛内民众对经济发展无感。今年，台湾经济在两岸贸易持续大幅增长的拉抬作用下，诸多经济指标向好，全年经济增长率预估约为 2.7%。[1] 但是，岛内民众普遍无感，实际生活水平持续下降。岛内工业及服务业员工退出率升至 2.28%，创四年来新高，服务业更升至 2.53%，创下近八年最高，特别是餐馆业 5.09% 创近十年最高，教育服务业、专业科学业的员工退出率也都是十年以来的新高。[2] 二是投资环境不断恶化。年内，蔡英文当局为提振"九合一"选情，推出了一系列所谓"拼经济"政策，意图着力解决台湾岛内日益严重的"五缺"问题（缺水、缺电、缺地、缺才、缺工），但都成效有限，投资和经营环境持续恶化。特别是两岸关系的持续恶化，更打击了投资人对台湾的信心。

（二）施政决策粗糙加剧岛内争议和社会矛盾

年内，蔡英文当局及民进党为进一步巩固其执政地位，高举意识形态旗帜推动所谓改革进程，并常常以改革之名搞清算，不仅无法改善台湾既有的结构性问题，而且加剧了岛内社会动荡。

一是仍将国民党作为最主要威胁加以打压。首先，继续通

过党产会清算国民党资金来源。2月初将"妇联会"认定为国民党附随组织，并冻结其名下385亿元资产；6月将"民族基金会""民权基金会""国家发展基金会"等三大基金会认定为国民党附随组织并冻结名下财产；8月认定"救国团"为国民党附随组织并冻结资产。党产会还多次查封国民党在台北市、嘉义市的不动产并加以拍卖。其次，为加大对国民党的追杀，成立了"促进转型正义委员会"，力图通过"开放政治档案""清除威权象征"等方式削弱国民党的政党正当性。与此同时，民进党依靠人数优势，强势通过"农田水利会组织通则"修正案，将会长及各级专任职员改为官派，意图抢夺长期由国民党掌握的农田水利会有利资源。再次，加大司法追杀，罗织罪名起诉多名蓝营政治人物。特别是对蓝营唯一出任过台湾地区领导人的马英九更是极力打击。5月，台"高等法院"将马英九被控"泄密案"，从一审无罪改判为有罪，判刑4个月，马随后提起上诉。

二是强行推行诸多争议政策加剧社会对立。1月，民进党凭借"立法院"席次优势强势三读通过了"劳动基准法"修正草案，引发劳工团体强烈反弹。3月蔡英文当局不仅宣布重启超龄服役的核二电厂2号机组，而且强推"新北深澳煤电厂扩建案"环评过关，使其"非核家园"等环保政策备受质疑。6月下旬民进党蛮横通过了"军人年改"方案，并于7月1日让军公教"年金改革"政策在争议中同步上路实施，致使陆续出现了"通知书寄错""退休金大砍近半"等混乱，更引发社会普遍强烈反弹。

三是社会游行抗议活动增多。2月为抗议蔡英文当局及民进党强推"军人年改"方案，由退役军人组成的反对团体"八百壮士"冲进"立法院"，与警方发生冲突，酿成一名退役军官重伤的惨剧。4 月由退休警察、消防员发起了"警消不服从"反"年金改革"抗议游行。5 月 1 日劳动节当天，由岛内工会、劳工团体等组成的"2018 五一行动联盟"走上街头抗议民进党的新"劳基法"。5 月底劳工团体"劳权公投联盟"上街游行，并召开记者会抨击蔡英文所提劳动六大政见不仅跳票，还让劳权倒退 30 年。11 月数千名苏澳、琉球、东港等地渔民纷纷北上游行，抗议蔡英文当局护渔不力、所谓"远洋渔业三法"罚金过高等。

（三）执政团队的形象与能力备受质疑

2 月底，蔡英文当局对"总统府秘书长"、"国安会秘书长"、陆委会主委"、"国防部长"、"外交部长"、"退辅会主委"等涉及两岸、防务、外事领域的多个职位进行调整。7 月，蔡英文当局又对内政、财政、法务等系统首长进行调整。12 月，蔡英文当局及民进党对"九合一"选举惨败进行检讨，"环保署长""农委会主委""交通部长"等相继去职。但无论是原有"内阁"成员还是新"阁员"普遍存有较大争议。

一是形象不佳，丑闻不断。"绿营"学者出身的"国发会副主委"邱俊荣涉入"偷拍事件"；"教育部长"成烫手山芋连换三任部长，其中吴茂昆因个人道德问题成为岛内"最短命教育部长"；"行政院发言人"谷辣斯·尤达卡曾因酒驾被判刑，更陷入使用"皇民化"姓名的争议；"内政部长"徐国勇和"调查局长"蔡清祥等人则是绿色政治色彩鲜明且强硬；"促转会副主委"张天钦更涉入"东厂言论事件"等。

　　二是施政傲慢、任性。1月台湾大学遴选出新任校长管中闵，但由于管的政治色彩偏蓝，台"教育部"不惜违背岛内"大学自主"的既有做法，强力阻挠管上任。春节期间，台北农产运销公司总经理吴音宁因自身失职导致大量蔬果积压、价格暴跌、市场动荡，但因吴"政治忠诚"，曾一度受到蔡英文当局的力挺。

　　三是遇事推责诿过。8月下旬台湾中南部八个县市遭遇罕见水灾，损失巨大；10月台湾铁路发生了近40年来死伤最严重的列车脱轨事故。对此，蔡英文当局不仅没有认真反省，反而千方百计地推卸责任。对于岛内香蕉、凤梨等水果价格接连崩盘，蔡英文当局不仅不承担责任反而指责农民不会"聪明种植"。

（四）民进党施政满意度持续低迷

　　一年来，民进党的乱政在岛内激起强烈民怨，民众对其施政满意度持续走低，大体有两次明显的下滑。一是执政届满2周年之际，岛内民众民怨明显增强。岛内多个民调显示民进党的满意度持续下跌。5月4日，"中华民意研究协会"公布民调显示，民众对蔡英文"就职"两年来的施政表现不满意程度为65.4%，满意度仅为27.6%；对"行政院长"赖清德的满意度也仅有41.6%，不满意度为38.4%。[3]5月14日，台《联合报》民调显示，蔡施政不满意度上升为56%，创2年新高，民进党长期经营的云嘉南地区的不满意度亦高达52%。[4]5月15日，TVBS民调中心调查显示，仅有26%民众满意蔡的表现，60%不满意，14%未表示意见；针对"行政院长"赖清德的表现，有41%表示满意，45%不满意。[5]

　　二是"九合一"选举过后，岛内民众对民进党的信任度和满意度进一步降低。TVBS 民调中心 11 月 30 日调查显示，蔡英文声望下滑至 15% 的历史新低，赖清德的声望也大幅下滑至 27%。[6]《美丽岛电子报》11 月民调显示，蔡英文的不满意度上升为 67.9%，满意度仅为 20.9%，信任度降至执政以来的新低，仅 24.7%；赖清德的满意度跌至 30.4%，不满意度升至 53%。[7]

三、蔡英文党内地位受到质疑，
　　民进党派系斗争暗潮汹涌

　　一年来，随着蔡英文个人政治声望的持续走低，蔡在党内的领导地位受到质疑。民进党内派系较量暗潮汹涌，实力出现部分重组和消长。

（一）蔡英文受到各方的牵制增大

　　一方面，蔡在党内共主地位受到挑战。今年以来，随着蔡英文个人政治声望的急剧下滑，民进党内逐渐出现了要求由"行政院长"赖清德取代蔡英文代表民进党参选 2020 年"大选"的呼声。赖清德在 3 至 4 月份更频繁发表"自己是台独工作者"等"急独"言论，借此向"急独派"表忠以争取支持。特别是"九合一"选举民进党惨败后，蔡英文不得不请辞党主席，部分削弱了其对民进党党权的控制力。

　　另一方面，"急独派"越来越对蔡英文失去耐心，直接对蔡施压"逼宫"的力度不断加大。一年来，"新台湾国策智库"等组织不断放出民调贬低蔡的施政；部分"急独派"还不断提出涉及统"独"敏感议题的"公投案"，并称"蔡英文如果不能为台湾正名，就该下台谢罪"；"台独教父"李登辉更是对蔡英文未能"让台湾走自己路"的行为极度不满。

在党内外诸多压力下，蔡英文频频接受岛内外媒体采访，以此向外界宣示"自己才是当家人"，但不得不释出更多权力和职位。4月，为平衡赖清德带来的冲击与挑战，蔡英文任命了民进党内"南霸天"、高雄市市长陈菊为"总统府秘书长"，使得民进党决策核心由蔡英文与赖清德的"蔡赖体制"转为"蔡、赖、菊三人决策模式"。11月，蔡英文为败选请辞党主席后，使得民进党自2016年上台执政以来首次在形式上出现"党政分离"局面。

（二）派系较量暗潮汹涌，出现部分实力消长

今年蔡英文任党主席期间，不断将手中掌控的大量职位面向党内派系开放，使得各派系许多有实力的政治人物相继转往行政部门或公营企事业单位任职，进而使得当时各派系之间的恶斗有所缓解，基本实现了党内派系之间的权力平衡。5月，民进党进行的2016年执政以来首次地方党部、党代表改选时，以往各派系大动作买票、换票的局面得到大幅改善；7月，民进党举行的党员代表大会（"全代会"）时，中执委与中评委选举甚至创下同额竞选的纪录。

但是，民进党在"九合一"地方选举的惨败，也打破了既有的派系权力平衡。虽然各派系实力均有受损，但受损程度区别很大，出现部分实力消长。一是"英派"仍是民进党内重要派系。虽然蔡英文辞掉了党主席、"英派"大力支持的高雄市市长候选人陈其迈也落选，但"英派"在民进党仅剩的6个县市中拥有新竹市、嘉义县两个县市，在党内10席票选中常委中，

仍占据 2 席。更为重要的是，蔡英文仍掌握着庞大政经资源，"英派"在蔡的支持下占据"府、院、党"的大量要津位置，确保了"英派"在党内的话语权。

二是新潮流系仍是民进党内最强派系。在地方县市层级，"新潮流系"在民进党仅剩的 6 席中占有 3 席，其中最为重要的桃园市与台南市两大"直辖市"仍在"新潮流系"手中。在票选中常委中，虽然自身仅占据 2 席，但与盟友苏系、绿色友谊连线合起来仍占据 4 席。而且由于"新潮流系"在蔡英文上位的过程中立下大功，因此蔡将许多重要职位都分派给了"新潮流系"；再加上出身"新潮流系"的赖清德和陈菊带领自身人马相继由地方进驻中央，使得一年来"新潮流系"获得了大量政经资源。

三是"正国会"实力大幅削弱。以林佳龙为首的"正国会"在"九合一"选举中损失惨重，不仅强攻宜兰县县长失利，而且丢掉了台中市这一最大根据地，仅剩北部的基隆市。但是，"正国会"在票选中常委中仍保有 2 席。

四是"谢系"实力进一步削弱。继上届中常委选举因内讧而席次挂零后，"谢系"在今年中常委选举中再次一席未拿，从而继续被排挤出民进党权力核心之外。而且在"九合一"选举中，"谢系"大将姚文智代表民进党出战台北市市长选举，仅获得 17.29% 的选票，且请辞"立委"，使得"谢系"在党内边缘化的趋势进一步加剧。

五是"苏系"与"绿色友谊连线"维持平盘。"苏系"与"绿色友谊连线"由于在地方公职层级布局有限，因此受到"九合一"败选的冲击较小。目前，在中常委中分别占据 1 席，整体实力基本维持平盘。

　　六是"海派"实力得到进一步巩固。从"谢系"分裂出来的"海派"，继上届中常委选举挤进中常会后，在今年中常委改选中更主动与前台北市党部主委黄承国合作，共同拿下2席中常委，进一步巩固了自身党内地位，成为各方不可忽视的一股力量，也被外界冠以"海国会"的称号。

四、民进党两岸政策整体趋于强硬

　　鉴于陈水扁执政时期推动"急独"路线的惨败教训，一年来民进党尚不敢公开与大陆直接对撞。但是随着中美博弈加剧且趋向长期化，其在两岸关系上趋于强硬的态势明显。

（一）对于"九二共识"的态度从回避转为公开否定

　　蔡英文上台初期对于"九二共识"采取了形式与内涵相分离的做法，一方面高调宣称"尊重与理解1992年两岸两会会谈并达成若干共同认知与谅解的历史事实"[8]；另一方面始终避谈两岸政治关系等"九二共识"核心内涵。后来随着两岸关系不断恶化，蔡英文本人则很少提及该议题。但今年5月，蔡英文主动在接受媒体访问时否定"九二共识"，称"九二共识"与"九二会谈事实"两者不能画等号，"九二会谈事实"是"九二年发生了会谈，但会谈之后有各说各话"，"对这个事实的解读各有不同"。[9]随后蔡英文当局在多个重要场合公开否定"九二共识"。

（二）加紧在岛内各领域推动"去中国化"

　　5月底刚刚成立的"促进转型正义委员会"，就将"中正纪念堂"转型作为"去中国化"的首要目标。6月底，为进一步虚化"台湾省"与"福建省"的设置，台"行政院"将"省级机关"预算归零，员额与业务也移拨至"国发会"等相关"部会"承接。8月上旬，台"教育部"对历史课纲进行大幅调整，删减了大量有关"中国史"的内容，并将其并入"东亚史"。8月底，为淡化汉语对岛内社会的影响，蔡英文当局强势推动将英语列为所谓"第二官方语言"。蔡英文当局还强制岛内电视台播放台湾制作节目须达70%以上，黄金时段须达50%以上，以防大陆节目影响岛内民众。

（三）呼应国际反华势力论调抨击大陆

年内，蔡英文多次在公开场合抨击大陆，且力度不断增强。6月，蔡英文接受法新社采访时，妄称"两岸关系是大陆与民主世界的对抗"，国际社会应联手台湾"防御大陆的扩张主义目标，保卫各国与地区共有的自由价值"。[10]10月，蔡英文在"双十讲话"中更呼应美国副总统彭斯的论调，诬称大陆"不但伤害了两岸关系，更严重挑战了台海和平稳定的现状，全世界都在因应中国势力扩张"。[11]

（四）加大力度反制两岸交流

1月，以所谓"大陆地区物品劳务服务在台湾地区从事广告活动管理办法"在岛内下架了大陆"信中国"宣传视频；4月底，陆委会发文"禁止台湾大专院校专任教师赴陆任教、参与国家级研发课题"；5月初，"文化部"要求台出版商须向当局送审欲在岛内出版的大陆版书籍，"否则不得出版"；5月底，驳回了国民党副主席曾永权率团参加"海峡论坛"的申请；同时禁止大陆公务团赴新竹参加"海峡百姓论坛"；而"国防部"则宣称严禁台军使用大陆品牌智能手机；7月，陆委会宣称将强化管理公开发行公司的股权结构变动，以达到所谓"遏阻陆资违法投资行为"的目的；8月，反复阻挠金门县与大陆举行通水典礼；9月，祭出"卡、管、堵"等多重政治手段，恫吓阻挠台湾民众申领大陆居住证；同月，污蔑大陆制造"假新闻"，并称将对来自大陆的"假新闻"出手整治；等等。

（五）继续打压岛内统派力量

4月，通过司法机关继续拿所谓"陆生共谍案"做文章，起诉新党青年军成员王炳忠、侯汉廷、林明正等人违反"国安法""银行法"等；还利用手中立法权审查"国家安全法修正案"，通过所谓"王炳忠条款"。8月台北地检署分案调查中华统一促进党疑涉"组织犯罪防制条例"等案，搜索统促党总部等地点，张安乐父子等人被"限制出境"。

（六）继续纵容和支持岛内"台独"分裂活动

一方面，虽然岛内"独派"对蔡英文当局两岸政策具有一定牵制，但另一方面，"台独"分裂活动也为民进党谋求政治利益提供了筹码。因此，年内蔡英文当局及民进党凭借自身掌握的庞大政经资源继续为岛内"台独"分裂活动提供便利。4月，"急独"组织"喜乐岛联盟"在高雄正式成立；6月，"喜乐岛联盟"在台中举行召集人大会，有6000多人参与并鼓噪"独立公投·正名入联"。6月，"美国在台协会（AIT）"举行新馆落成活动之际，"扁联会""台湾民族党"等"急独"组织相互串联共900余人，赴"AIT"要求美国"保护台湾、防止大陆并吞"。6月底，"台独"分子李登辉访日并做公开演讲称，为了对抗大陆的崛起，最重要的是加深台日友谊。9月，全台第一座纪念"台独运动者"的公园在台南市落成。10月，"喜乐岛联盟""台联党""时代力量""基进党""社民党"等"独派"组织在台北市举行所谓"全民公投反并吞"集会。

（七）进一步加大"倚美抗中"力度

首先，极力向美表忠。年内，除了蔡英文本人高调"过境"美国以外，蔡英文当局还多次派遣"外交部长"吴钊燮、陆委会主委陈明通等赴美游说沟通。蔡本人还相继会见了赴台的美国务院助理国务卿玛丽·罗伊斯、副助卿黄之瀚、环保署首席副助理署长西田珍、美众议院外交委员会主席罗伊斯、"美国在台协会主席"莫健等多位美国政府官员，宣扬所谓美台双方稳健的关系是"印太区域稳定繁荣发展的基石""台湾是值得信赖的伙伴，有决心与'理念相近'的国家合作"[12]等论调，大力呼应美"印太战略"。其次，不断加强台美军事交流合作。蔡英文当局虽然宣示"机舰国造"，但没有降低对美军事采购的胃口，多次表示"国防预算每年都会稳定成长"，并通过"美台国防工业会议"等渠道极力游说美国向台湾出售攻击型潜艇、F–35 战斗机等尖端武器。与此同时，蔡英文当局还极力向外界彰显台美军事关系。4 月，再次邀请美退役空军上将小爱德华·赖斯率团观摩台军所谓"汉光 34 号计算机辅助指挥所演习"；7 月，高调证实美国 2 艘"伯克"级驱逐舰穿越台湾海峡等。

注释：

[1]　台"经济部统计处"12 月预估数据，网址：https://www.moea.gov.tw/Mns/dos/content/ContentLink.aspx?menu_id=7710&sub_menu_id=21058。

[2]　《一个蔡英文该注意的数字》，台湾《工商时报》2018 年 8 月31 日。

[3] 《民调：蔡英文上台将满 2 年不满意度近 7 成》，人民网 2018 年 5 月 7 日，网址：http://tw.people.com.cn/n1/2018/0507/c14657-29968774.html。

[4] 《蔡英文施政不满意度攀高》，台湾《联合报》2018 年 5 月 14 日。

[5] 《蔡英文就职两年满意度民调》，TVBS 民调中心 2018 年 5 月 15 日民调，网址：https://cc.tvbs.com.tw/portal/file/poll_center/2018/20180516/27bcedb9362b32c82f7cc0c9e089b240.pdf。

[6] 《九合一选后岛内主要政治人物声望调查》，TVBS 民调中心 2018 年 11 月 29 日民调，网址：https://cc.tvbs.com.tw/portal/file/poll_center/2018/20181130/c591d540a28ab5af3987b9f9f697c66f.pdf。

[7] 《美丽岛民调：2018 年 11 月民调》，台湾《美丽岛电子报》2018 年 11 月 30 日，网址：http://www.my-formosa.com/DOC_140647.htm。

[8] 蔡英文 2016 年 5 月 20 日就职演说，参见台湾"总统府"网站，网址：https://www.president.gov.tw/NEWS/20444/%E5%B0%8A%E9%87%8D。

[9] 《蔡英文："九二会谈"事实与"九二共识"不能画等号》，台湾《中国时报》2018 年 5 月 14 日。

[10] 《挟洋自重无济于事》，台湾《经济日报》2018 年 6 月 26 日。

[11] 《蔡抛四个不会吁北京勿成冲突来源！国台办批配合西方反华势力》，台湾《中国时报》2018 年 10 月 11 日。

[12] 《蔡英文：台湾会坚持价值理念来获得国际社会支持》，台湾《中国时报》2018 年 10 月 16 日；《接见美智库访问团 蔡英文：台湾是值得世界信赖的伙伴》，台湾《民报》2018 年 10 月 30 日。

（作者单位：中国社会科学院台湾研究所）

2018 年国民党综述

李　秘

摘要： 2018 年是决定国民党能否东山再起的关键一年，特别是年底的"九合一"选举，更是国民党能否重返执政的重要指标。在这一年里，国民党继续遭受民进党的清算和打压，但国民党比较成功地利用了自己的政治危机，进行危机动员，推动党务建设、人才培养、财务改善等方面的改革取得不少成效，特别是在"九合一"选举中大获全胜，给国民党带来了转机。

2018 年，国民党遭受了民进党当局的全面清算和追杀，陷入生死存亡的危机之中。而国民党比较成功地利用了自己的政治危机，通过强化支持者的危机意识，推动党务建设、人才培养、财务改善等方面的改革，维护了党内基本团结，并取得"九合一"选举的大胜。

一、国民党面临的危机

自 2000 年台湾首次政党轮替之后，政党轮替就成为台湾政治的常态。2012 年马英九成功连任，但随之国民党进入衰落期。先是 2014 年"九合一"选举大败，失去大多数县市的执政权，在"六都"中只剩下一个新北市。接着是 2016 年台湾地区领导人和民意代表选举再度惨败，不仅失去了执政权，在"立法院"中也首次沦为少数党，国民党的声望和气势均跌至谷底。

不仅如此，国民党还遭受民进党当局在政治、组织、经费等方面的全面"清算"。民进党利用自己在"立法院"的优势，先后在 2016 年 7 月和 2017 年底，强行通过了"不当党产处理条例"和"促进转型正义条例"。民进党当局以这两个"法律"为依据，在 2018 年进一步加强了对国民党的清算，让国民党的危机更加深重。

一是民进党成立了"促进转型正义委员会"专门打击国民党。继"不当党产处理委员会"（简称"党产会"）之后，民进党当局又在 2018 年初成立了"促进转型正义委员会"（简称"促转会"），其主要任务就是对国民党威权统治时期（1945 年 8 月 15 日至 1992 年 11 月 6 日）"对台湾人民的政治迫害"进行所谓清算。而到了"选举"选举期间，"促转会"则完全偏离了"转型正义"的初衷，沦为民进党的政治打手。该机构甚至谋划直接攻击国民党新北市长候选人侯友宜，并因此爆出了"张天钦事件"。

二是国民党"不当党产"的范围被不断扩大。民进党 2016 年上台后迅速冻结了国民党的党产，切断国民党的金脉。2018 年又进一步将"不当党产"的范围扩大至国民党的"附随组织"。先后认定了 7 个国民党"附随组织"，包括"中投公司"、欣裕台公司、"妇联会"、"民族基金会"、"民权基金会"、"国家发展基金会"、"救国团"等，推定其名下财产为"不当党产"并冻结。[1]

三是国民党党产被降价拍卖。在 8 月份，民进党当局无预警查封了国民党智库大楼、松山区第三区党部 3 处及 2 处党工宿舍和 7 处退休党工宿舍共 13 处门牌[2]，并进行拍卖。民进党当局三次执行国民党台南市党部及新营区党部拍卖程序，将台南市党部拍出[3]。为了赶在国民党发动行政诉讼之前造成既定事实，"党产会"要求快速、低价拍卖国民党的"不当党产"。

民进党的政治清算让国民党陷入极大的危机。民进党操纵"党产会"先后冻结国民党党产高达 724.4 亿新台币，让国民党退休党工常年无法领到薪水，党的日常运作已经出现困难。"党产会"还随意查封、拍卖国民党地方党部和党工宿舍。这些都极大地激发了国民党及其支持者的危机意识。国民党行管会主委邱大展就表示，民进党当局的目的就是希望把国民党各地方党部的房地产都拍卖掉，让国民党连"家"都没有。民进党当局操纵的另一个政治打手"促转会"，其副主委张天钦在内部会议上甚至直接将"促转会"定性为"东厂"。消息爆出后，台湾社会普遍认识到，民进党当局是以"促进转型正义"之名，行"消灭国民党"之实。这进一步强化了国民党及其支持者的危机意识。

所以，民进党当局对国民党的政治追杀固然让国民党陷入巨大危机，另一方面，民进党的倒行逆施也激发国民党及其支持者的危机意识，给了国民党进行危机动员的契机。在巨大危机的压迫下，国民党在 2018 年进行了党务革新，促进党内的团结，并在 2018 年的"九合一"选举中获得了压倒性的胜利，终于让国民党看到了东山再起、重返执政的曙光。

二、危机下的党务革新

纵观国民党在台湾的发展历史，其党务革新是老大难问题。这个话题虽然一直被谈及和讨论，但是做起来却不容易。从过去的经验看，当国民党发展比较顺利时，或者是国民党的日子还能"混得下去"，党务革新就很难推展；只有当国民党陷入生死存亡的巨大危机之后，党务革新的契机才会出现。2016年后国民党再次面临这样的局面。特别是2018年这一年，国民党遭到民进党的全面清算和追杀，极大地激发了国民党支持者的危机意识。国民党依靠支持者的危机感来推动党务革新，虽然步子不算太大，但也取得了不小的成绩。

一是拓展组织层次。国民党持续通过组织再造来焕发生命力，为缺乏资源的党中央分担压力，主要体现在两大方面：第一，重建专业党部组织。先后成立了农渔业工作委员会、水利工作委员会、劳工工作委员会、宗教事务委员会，以及对原有的客家、少数民族、新住民工作委员会改组并强化。[4]各个工作委员会成员党籍仍隶属原地方党部，工作委员会主委的绩效，将成为争取"不分区立委"的重要考虑依据。第二，成立蓝天志工团。党主席吴敦义亲自兼任总团长，其夫人蔡令怡任全台辅导委员会总召集人。作为国民党的外围组织，志工团的团员不限于国民党党员，只要认同国民党、蓝天志工团理念和服务工作的一般民众、民间团体都可以加入。

从效果来看，无论是专业党部还是志工团，都为国民党的选举运作提供了更多支撑。各个工作委员会平日扮演各领域与党中央的政策沟通平台，进入选举期间则依据不同领域和行业，转换成各种后援会组织，与参选人的竞选总部、地方党部联结，形成绵密的组织宣传网络。蓝天志工团则是以服务或公益活动等方式，淡化政治色彩，深入各地与民众互动，从而改变外界对国民党的整体印象，争取社会大众的认同和支持，并且在选举期间肩负选战辅选、固票及监票等任务。

二是培养青年人才。国民党缺乏青年人才培养机制，对青年没有吸引力，一直为社会各界所诟病，但这个问题长期得不到解决。吴敦义担任国民党主席之后，为了改善国民党内人才流动僵化、发展机会狭隘的问题，通过复名后的"革命实践研究院"在全台举办训练营，以讲习班和研究班的形式，培育青年人才，并要求在结训时举办"选秀"，让国民党籍公职人员优先聘任优秀结训者进入自己的团队，从而实现青年人才"即训即用"的目标。针对 2018 年底县市议员选举，国民党制定了"现任加一"的初选提名规则，鼓励新人和青年参政。新人民调可以加权 10%；35 岁以下青年的民调结果还可以加 15%，36 岁至 40 岁的青年可以加 10%。[5]

青年新人参政的鼓励政策的确激发出了不少新面孔投入"九合一"党内初选，让青年族群对国民党不再是避之唯恐不及。如罗智强、徐巧芯、游淑慧、江怡臻、朱珍瑶等一批青壮派市议员候选人的出现，为国民党内带来新人新气象，也改变了部分选区近 20 年未提名新人的窘境。

三是青壮派政治人才浮出水面。除了国民党中央的主动培养青年之外，国民党的危机也让一些青壮派通过自己的努力，逐渐成为国民党的中坚力量。其中特别引人注目的是韩国瑜的崛起。韩国瑜原本是国民党为了牵制绿营辅选兵力北上的战术棋子，在缺乏党中央资源支持的情况下，通过形塑"非典型国民党"的身份形象，采取"接地气"的竞选方式和语言，大力运用网络舆论造势，不仅成功当选高雄市市长，也拉抬起了国民党选战的整体氛围，成为国民党这次大胜的至关重要的因素。高雄一战，奠定了韩国瑜在党内政治明星的政治地位。除了韩国瑜，侯友宜、卢秀燕也通过选举成长为国民党的明日之星。另外，国民党"立院党团"的改革也让一些青壮派成为党团领袖。如党籍"立委"江启臣，在 2018 年 6 月党团总召改选中，以 17 : 15 的两票优势击败资深"立委"费鸿泰当选党团新任总召[6]，操盘整个党团在"立法院"的攻防。在江启臣的主导下，党团路线上更倾向于符合中间选民的诉求，不再死守过去的基本盘，选择通过议事规则，进行议事攻防，而非动辄以"武斗"或"案海策略"进行抵制，以此创造出新国民党时代的蓝海策略。"立委"蒋万安为了替劳工争取权益，在"立法院"发言 2 小时，成功挡下"劳基法"修正草案初审，获得社会关注和认可，被封为"立院站神"。这些中青世代政治人物的崛起，很多并不是党中央所主导，而是在危机中自发成长起来的。这在客观上推动了国民党的世代交替。

四是调整财务体制。2018 年年国民党党库已经数度出现告罄危机，除了继续依靠党主席吴敦义每月到处募款，还要靠党公职人员的募款。为了进一步推动推动党公职分摊金制度，提高收取的成效，2018 年初，中常会正式通过《党公职人员募款责任额实施办法》修正案，计划一年为国民党把注约 1.5 亿元的募款经费。[7] 同时，党公职分摊金制度也首度纳入罚则，规定自 2020 年开始未在该年度缴清募款责任额的党公职人员，将面临停权处分，一旦停权中常委形同暂时停职，公职人员则将影响初选提名权。为了提高收取成效，党中央不断发出的催缴信函，每月寄发缴交情况的统计结果。虽然有些党籍"立委"和中常委对此有抱怨，但是在危机面前，也只能同舟共济，勉力为之。另外，规划特殊党费为常态化观念，即党员依个人意愿，在任何时候都可缴交特殊党费，并逐渐建立相应的公开表扬机制。

三、危机下的党内团结

国民党的内部团结始终是一个问题，而台湾媒体更是喜欢拿放大镜来寻找国民党不团结的蛛丝马迹，也热衷于谈论国民党几个"太阳"之间关系的话题，以此制造和扩大矛盾。但是纵观 2018 年，国民党在生死存亡的巨大危机面前，总体上维持了基本的团结。

一是吴敦义党主席的地位比较稳固。2017 年 5 月党主席选举时，吴敦义获得 14 万票一轮过半，以明显优势当选，从而奠定了其在党内的权威地位。在国民党经费捉襟见肘的情况下，吴敦义仍设法筹措经费，维持党的日常运转。在"九合一"选举期间，吴敦义主导了国民党在各县市参选人的提名，也主导了国民党的选战策略。

二是党内各个大佬维持着合作的基本态势。台湾的媒体把国民党内几位重要政治人物封为"太阳"，包括吴敦义、朱立伦、马英九、王金平等，并不断制造他们之间不和的话题。但总体上看，在2018年，马英九"三中案"得以平息，未造成党内纷争，马英九、吴敦义、朱立伦仍能和睦相处；国民党成立"中央助选团"，进行分工合作，很多"大佬"都卖力到各县市辅选。这些都显示，国民党重要人士在国民党遭遇危机的情况下，维持了合作的基本态势。

三是地方整合取得明显成绩。在"九合一"选举期间，民进党地方各股势力分裂严重，而国民党在派系整合上做得比较成功。国民党成功劝退林为洲参选新竹县长，改为征召杨文科参选，避免了国民党在新竹县的分裂；台中县地方派系成功实现整合，红派和黑派都共同支持卢秀燕竞选台中市长；国民党在彰化县的各个"山头"也都吸取了过去分裂和内耗的教训，共同支持王惠美参选县长；国民党在台东县的各个派系也都团结共同支持饶庆玲参选县长；高雄市蓝营力量更是通力配合，全力支持韩国瑜。

四是党中央和党团关系有所改善，并在如何建立制度性关系上进行了一些有益的探索。国民党在2016年成为在野之后，"立法院"就成为国民党最重要的舞台之一。党中央如何处理好与党团之间的关系，就变得非常关键。但是党团总召集人改为"立委"互选之后，党中央与党团之间的关系没有以往那么直接。而且在洪秀柱担任党主席时期，党中央与党团关系变得更加紧张。2018年，国民党采取一些措施改善党团与党中央的关系。吴敦义派副主席兼秘书长曾永权固定列席党团大会，作为沟通管道。同时调整了相关组织架构，由党团总召兼任政策会执行长，列席中常会，负责与党中央沟通；党团首席副书记长

为当然智库副执行长，负责党团与智库对接，智库也改组为与
"立法院" 8 个委员会相对应的机制。每周四安排政策会、党团
与智库召开一次三方平台会议，就当前议题攻防交换意见，[8] 以
此实现党团前线作战、党中央和智库担当后勤补给的分工合作。

四、危机下的国民党选战

　　台湾地方选举（"九合一"选举）无疑是国民党在 2018 年
最重要的任务，也是其东山再起、重返执政的基本前提。但是
今天的国民党已经没有行政资源，也没有选举经费，还时刻面
临民进党当局的政治追杀。这是国民党以往所没有遇到的情况。
选战怎么打？党内不少政治人物最初心里并没有底，对国民党
的选情也比较悲观。一些具有实力的候选人纷纷避战。如台北
市呼声最高的蒋万安抢先宣布不参选台北市市长，吴志扬也因
"惧战" 放弃桃园市。

　　在危机面前，国民党最开始并没有联合其他在野党共同对
抗民进党，而是采取"哀兵"策略，进一步凸显了民进党当局
的倒行逆施和荒腔走板，比较成功地激发了蓝营支持者的危机
意识。另外，国民党利用蔡英文政绩不佳的现实，比较成功地
唤醒了中间选民对民进党和蔡英文的不满，使"讨厌民进党"
成为台湾最大党。最后，国民党在"九合一"选举中取得了全
方位、压倒性的胜利，几乎是复制了 2014 年民进党的大胜。

　　在县市长选举中，国民党取得 15 席，其中"六都"拿下了
新北市、台中市、高雄市，而且韩国瑜、侯友宜、卢秀燕都大
胜对手 15 万票以上，优势相当明显。国民党县市长的得票率超

过 2014 年选举时的 40.7%，达到 48.8%，更比 2016 年蔡英文选举得票率上升了 17.8%，民进党则是同比例下滑至 39.2%。

在市议员方面，国民党当选 394 席，得票率 40.39%，较 2014 年小幅增长了 20 席。民进党得票率为 31.05%，仅 238 人当选，下滑了 70 席，其中不少丢失的席次都转向了无党籍候选人。国民党在新北市、桃园市、高雄市、基隆市、新竹县、彰化县、花莲县、台东县、连江县 9 县市皆拿下过半席次，民进党则未有县市议会席次过半。[9] 在随后各县市议会议长选举中，国民党继续挟着"九合一"胜选的气势，拿下 19 个县市的议长席位，在许多县市更以一票未失的姿态当选，展现蓝营当前团结气势和党纪严明。民进党则未能止住败选阴霾，尤以台南市议长郭信良退党参选后，仅守住嘉义县 1 席议长。[10]

此外，在"九合一"选举同时进行的 10 项"公投"中，国民党所提的全第 7 案反空污、第 8 案反深奥电厂、第 9 案反核食都获得了超过七成的同意选票，顺利通过。[11]

这场选举大胜的结果，彻底翻转了原有"蓝小绿大"的政治版图，大面积地"绿地变蓝天"，增长了国民党的地方实力。特别是赢下了六个直辖市中人口数前三的新北市、台中市、高雄市以及人口第一大县彰化县，令全面在野的国民党在与民进党当局未来的抗衡中，增添了颇具分量的筹码。同时，这样的压倒性胜利，也提振了国民党的气势，令资源和声势逐渐回流，扭转了自 2012 年以来的颓势，使得未来争取重返执政的空间更加宽阔，可能性也变得更大。

五、危机下的国民党大陆政策

　　"九二共识"、两岸关系和平发展是国民党最重要的政治资产。从 2005 年"胡连会"开启两岸交流新篇章，到 2015 年"习马会"实现两岸关系历史性突破，两岸在"九二共识"的共同政治基础下，收获了包括达成 23 项协议在内的丰硕成果与和平荣景，让台湾民众分享两岸和平红利。这是国民党执政 8 年最大的政绩。2016 年民进党上台后，蔡英文"绕开中国，走向世界"的政策主张一度被台湾民众所相信，让国民党以"九二共识"为核心的两岸关系论述受到挑战。这对国民党来说是非常大的危机。在这种情况下，国民党在两岸交流上保持积极态度、国共两党继续密切往来的同时，也开始探索两岸交流的新途径和新方法。

　　一是吴敦义重提"国家统一"议题。吴敦义就任党主席后，删除了前主席洪秀柱订下的"和平政纲"，去掉了"和平协议"的字样，重新放回"一中各表"，[12]恢复到马英九时期"九二共识、一中各表"的两岸路线。外界普遍质疑，吴敦义的"九二共识"，淡化"一中"的内涵，更强调"各表"。但 2018 年 5 月，吴敦义本人更在出席党内工作会议时，罕见以引述"宪法"方式，对"统一"清楚表态。吴敦义提到"宪法增修条文"最终目的是国家统一为原则。[13]这与过去模糊带过的方式有明显不同，以此表明国民党两岸政策论述的稳定性，化解"独台""华独"质疑。

　　二是设立两岸交流新平台，直接服务于台商、台生和陆配。

为了拓展党内大陆政策，国民党在 7 月中常会上正式讨论通过设置"大陆工作咨询委员会"，同时下设大陆台商服务中心、大陆台生服务中心及陆配服务中心，原本的大陆事务部将是大陆工作咨询委员会的"幕僚单位"。根据"国民党大陆工作咨询委员会设置办法"，大陆工作咨询委员会成立后，由大陆事务部主任兼任委员会执行长，另将设咨询委员、主任委员、副主任委员等，均由党主席聘任。[14]

三是探索两岸城市交流机制。在"九合一"获得大胜之后，国民党进一步规划在委员会下新增一个"两岸城乡交流服务中心"，作为未来国民党执政县市与大陆对接的平台，可提供两岸事务咨询、协助青年交流、吸引观光客、销出农特产品等业务。另外，该中心还将设立"两岸城乡交流委员会"，并邀请国民党 15 县市派代表参与。[15] 除了国民党中央积极搭建两岸城市交流新桥梁，蓝营县市长也在选后积极推动两岸城市交流。以高雄市长韩国瑜为例，提出以"九二共识"为两岸交流的政治基础，建立高雄市府两岸工作小组。他本人亲自担任召集人，小组成员除市府局处首长、外聘学者专家外，还将邀请市议会、各党派代表及台商参加，让两岸交流决策公开透明，同时成为两岸城市交流平台，协助销售高雄农渔产品或服务台商。南投县长林明溱表示，两岸对立已冲击到南投县，现在没有观光客，饭店、民宿、游艇业等整个观光产业通通萧条，因此对于韩国瑜的主张，他举双手赞成，并跟进成立"两岸工作小组"。[16]

六、"危机动员"路径的局限性

2018 年国民党的基本特征是：在生死存亡的危机中，国民党通过强化支持者的危机意识，以此推动党务革新，谋求党内团结，争取政治转机，由此探索出了一条"危机动员"的自救和发展路径。从实践结果看，国民党的这个策略是比较有效的。特别是"九合一"选举大胜，不仅一扫前两年的颓势，让国民党对于重返执政的信心大增，而且形成了对民进党当局的包围格局，对于 2020 年"大选"也非常有利。

但是，"危机动员"路径有其局限性。其中最主要的问题是：在危机面前，不少问题实际上是被搁置了，而不是被解决了；一旦危机解除或者缓解，那么原本被搁置的问题就很容易再度浮出水面。

一是国民党的内部制度建设问题。因为国民党在 2018 年处于生死存亡的巨大危机之中，所以国民党自然是把主要精力用于解决当下问题，以渡过难关，而不是去规划设计国民党的长远大计，更不会着眼长远以建立可长可久的制度。这对国民党的内部团结和健康发展不是好事。例如，在这次"九合一"选举中，国民党确定的提名制度是"全民调"。如果按照这个游戏规则，那么在新竹县，党籍"立委"林为洲代表国民党参选新竹县长的概率最大。但是林为洲与地方派系关系不睦，引发地方强烈反弹。国民党中央为了保住新竹县，强行将新竹县长参选人的提名机制从"全民调"改为"征召"，派副县长杨文科出马角逐参选县长。虽然林为洲最后接受这一结果，但是国民党中央随意变更游戏规则的做法并不利于国民党的团结。事实上，在选举体制下各个政党内部不同政治人物为竞争提名权，相互进行一些批评，甚至是攻击，这都是正常的，并不代表是"不团结"。只要有一个各方都接受的游戏规则，初选带来的矛盾就有可能化解。最危险的是竞争各方对于提名机制没有信心。这个问题在国民党推出 2020 年台湾地区领导人选举和民意代表参选人中，很可能会暴露出来。

二是世代交替的矛盾问题。2018 年，国民党一些中青代政治精英逐渐浮出水面，但是这些都不在国民党中央的控制之下。只是因为国民党陷入被清算的危机，国民党中央只能对青壮派的崛起持比较宽容的态度。例如，江启臣能够在 2018 年获得党团总召的位子，一定程度上也反映出党中央对党团"自主性"的妥协。同时，在危机面前，青壮派政治人物也对党中央的一些大佬保持尊重。但是一旦危机解除，党中央的各位大佬是否愿意听任青壮派继续坐大，是否愿意主动让贤，青壮派是否愿意让党内大佬继续把持党中央，都是一个问题。

三是国民党的两岸政策论述问题。当国民党陷入危机时，为了争取支持者，其两岸政策论述往往比较积极。例如，国民党在 2004 年争取重新执政失败后，党主席连战在 2005 年访问北京，国共两党共同发表了"五项愿景"。2008 年国民党上台后，虽然推动两岸交流，但是对于国家统一却闭口不谈，也不愿意与大陆进行政治谈判。2018 年国民党陷入危机后，吴敦义在党内工作会上讲国家统一，也积极探索两岸交流新平台、新机制。这其中不排除争取化解危机的考虑。事实上，两岸关系的发展已经证明，台湾的发展在于两岸，台湾的前途在于统一。

今天台湾经济低迷、发展前景黯淡，国民党如何提出更为积极的大陆政策，给台湾民众一个新的希望，这是国民党重返执政之路的关键所在。

注释：

[1] 《党产会开张不到两年已冻结国民党等 724 亿》，中评网，http://www.crntt.com/doc/1051/5/3/5/105153568.html?coluid=1&kindid=0&docid=105153568&mdate=0809003029，2018 年 8 月 9 日。

[2] 《党产大动作遭查封　国民党轰：拿行政权霸凌最大在野党》，联合新闻网，https://udn.com/news/story/6656/3315022，2018 年 8 月 17 日。

[3] 《国民党台南党部 3 度法拍 营造商 1 亿 689 万得标》，中时电子报，https://www.chinatimes.com/cn/realtimenews/20181016001763-260402，2018 年 11 月 16 日。

[4] 《20 全 2 次会党务工作报告——革新团结　重返执政：力拼年底"九合一"选举团结胜选》，中国国民党全球资讯网，http://www.kmt.org.tw/2018/08/202.html，2018 年 8 月 20 日。

[5] 《蓝鼓励新人加分　排除政二代》，中时电子报，https://www.chinatimes.com/cn/newspapers/20171123000433-260118，2017 年 11 月 23 日。

[6] 《2 票之差险胜 江启臣当选新任国民党团总召》，"中央通讯社"，https://www.cna.com.tw/news/aipl/201806140187.aspx，2018 年 6 月 14 日。

[7] 《国民党高层募款成绩亮眼　中常委及"立委"达标率普遍"挂零"》，上报，https://www.upmedia.mg/news_info.php?SerialNo=48905，2018 年 09 月 28 日。

[8]《火力升级备战 2018　国民党三方平台 6 月升格为 PK 小组》，联合新闻网，https://udn.com/news/story/6656/3082834，2018 年 4 月 12 日。

[9]　同上。

[10]《国民党延续胜选气势拿下 19 县市　民进党剩"惨"一个字》，信传媒，https://tw.news.yahoo.com，2018 年 12 月 26 日。

[11]《2018 年公民投票第 7 至 16 案投票结果》，"中选会"网站，https://web.cec.gov.tw/central/cms/RefResults7to16，2018 年 12 月 3 日。

[12]《中国国民党政策纲领——革新　团结　重返执政》，中国国民党全球资讯网，http://www.kmt.org.tw/p/blog-page_3.html，2017 年 8 月 20 日。

[13]《吴敦义引述"宪法增修条文"：两岸最终目标是统一》，中时电子报，https://www.chinatimes.com/cn/newspapers/20180524000558-260118，2018 年 5 月 24 日。

[14]《国民党增设大陆工作咨询委员会　下设台商服务中心》，中国新闻网，http://www.chinanews.com/tw/2018/07-18/8571562.shtml，2018 年 7 月 18 日。

[15]《两岸交流平台　国民党将设两岸城乡服务中心》，中评网，http://www.crntt.com/doc/1053/0/3/3/105303314.html?coluid=93&kindid=15870&docid=105303314&mdate=0109184839，2019 年 1 月 9 日。

[16]《南投县长表态举双手赞成"九二共识"，会快速成立"两岸工作小组"》，台海网，http://www.taihainet.com/news/twnews/bilateral/2018-11-25/2207349.html，2018 年 11 月 25 日。

（作者单位：上海市公共关系研究院）

2018 年岛内"台独"活动述评

刘佳雁

摘要： 2018 年，岛内"台独"分裂活动不断升级。民进党蔡英文当局变本加厉在政治、经济、社会、文化、对外关系等领域全方位而深入地推进"实质台独"路线，对内压制反"独"统派力量，对外"依美抗中"，意图寻求域外势力介入台海事务。以"时代力量""喜乐岛联盟"为首的"急独"势力以及激进的"台独"社运团体不断制造各种形形色色的"台独"活动，通过推动"公投修法""台独公投""台独"示威游行、"五独合流"等频频挑衅两岸现状。总体来看，2018 年"台独"活动猖獗、形式升级、风险升高，但在大陆坚决有效的"反独遏独"斗争下，两岸关系与台海形势依然保持了和平稳定。

一、蔡英文当局深入推动"实质台独"路线，两岸对抗上升

（一）政治上拒绝承认"九二共识"，通过"中华民国空洞化"奠定"法理台独"根基

2016 年上台后，蔡吸取了 2012 年败选的教训，不再提及

"两国论"，不再公开否定"九二共识"，表面上声称"维持两岸现状"，依据"中华民国宪法"及"两岸人民关系条例"处理两岸事务，实际上拒不承认"九二共识"，拒不接受其核心意涵"两岸同属一中"，拒绝冻结"台独党纲"，顽固坚守"台独"立场。2018 年蔡英文当局的两岸立场更加强硬，不断发出更为激进或挑衅性的"台独"言论。蔡不仅强硬宣称对大陆"不会坐视""不再让"等强硬对抗性言论，而且在重要场合更多以"中国"称谓大陆。8 月 21 日台湾与萨尔瓦多"断交"后，蔡声称"中华民国（台湾）是现状，是现阶段最大公约数"。[1]10 月的"双十讲话"，6 次提到"中华民国"，48 次提到"台湾"，直呼大陆为"中国"，公然叫嚣"不会在压力下屈从退让，甚而牺牲台湾主权"，要求大陆正视"中华民国"存在的事实[2]。台湾行政部门负责人赖清德接连多次公然声称自己是"务实的台独工作者"，甚至直言不讳表示"若两岸钥匙是'九二共识'，这在台湾是找不到的"[3]，"就算中国施压，台湾'主权独立'的事实也不会因为外界有任何改变"[4]。2018 年底"九合一"选举后期，民进党重拾"台独民粹"故技，大打"大陆介入牌""大陆渗透牌"与"统独牌"，将这次地方选举定位为"台湾民主保卫战"与"台湾主权保卫战"，挑起统"独"争议。选举大败后，蔡英文虽请辞民进党主席，但两岸路线上却仍不改强硬姿态，声称"过去 3 年来，国家走在正确的方向上"[5]，顽固坚持既有"台独"路线。为此，台当局又要求多个驻外办事处对"脸书"（Facebook）账号更改名称，将英文中的"Taipei office"（台北办事处）的表述改为直接使用"Taiwan"（台湾），以达到所谓提升"能见度"的目的。

（二）法律上推动"公投法"修正，为"法理台独"清除障碍

2017 年底，民进党挟人数优势在"立法院"三读通过"公投法修正案"，大幅降低"公投"提案、连署与通过门槛并简化相关程序，打破所谓"鸟笼限制"，为各种变相的"统独公投"打开了缺口，为民进党"台独"势力通过修法、"释宪"变相推进"法理台独"奠定了"公投"的依据。与此相适应，民进党党政一体连动，利用整个政权系统动作频频，各种"台独"修法提案纷纷出笼，如删除"两岸人民关系条例"中"国家统一前"文字；删除"宪法增修条文"中"国家统一前"文字；提名多名"台独"分子担任"司法院大法官"，新任"司法院长"许宗力更在"立法院"高调宣扬"两国论"；废止"蒙藏委员会组织法"；宣告 2019 年起终止"台湾省政府""台湾省谘议会""福建省政府"等机构员额和业务预算等。显然，在蔡英文当局和民进党的语境中，"中华民国"只是一个符号，内容已经"空洞化""台湾化"，其运用目的就是利用"中华民国"借壳上市，为最终的"台湾国家化"和"法理台独"奠定基础。截止于 2018 年 10 月，台湾地区"司法院"做成的"大法官解释"共 768 件，其中与两岸关系直接相关的有 20 件 [6]。这些解释中有些对两岸关系性质问题持回避立场，意图模糊两岸关系性质，有些试图以重构大陆与台湾关系的方式，解构两岸同属一个中国的事实。现任"大法官"黄昭元就认为，如果我们能在"宪法"层次上解释出"我国领土只及于台湾地区""两岸已经是两个不同国家""现在的'中华民国'和一九四九年前的'中华民国'在法律上也不是同一个国家"这些结论就够了。

（三）文教领域全面升级"去中国化"，打造"台湾国家认同"

　　蔡英文当局变本加厉在文教领域大搞"去孔""去蒋""去孙"等一系列"去中国化"运动，其文教政策师承李、扁，但更加激进，"将其推向更高、更广、更深入的层次"[7]，除了图谋培养和巩固岛内民众尤其是青少年的"台湾主体意识"和"台独"价值观外，更致力于建构"颂殖史观""原住民史观""南岛史观"，以根除"中国史观"，彻底斩断与中国和中华民族的联系，为"台独建国"铺路。台"文化部长"郑丽君上台后大推"去蒋化"，"不遗余力"地对蒋介石实施"清算"。台"文化部"与曾自比"东厂"的"促进转型正义委员会"施压台防务部门，要求台军配合拆除蒋介石铜像，甚至计划推动"中正纪念堂"转型，要按规划撤出"三军仪队"。每年4月29日，台南市延平郡王祠都会举行"郑成功中枢祭典"，由台湾当局指派岛内相关事务主管部门负责人主祭。然而，继2017年的"郑成功祭典"被降级，由时任台南市市长赖清德主祭后，2018年的"郑成功祭典"依旧没有恢复规格。此外，继此前不祭拜黄帝陵后，蔡英文当局正式取消了"中枢遥祭黄帝陵典礼"，同时亦取消了与抗战相关的纪念活动。与此相对照的是，蔡英文当局却极尽能事地粉饰美化日本殖民统治，甚至在南京大屠杀纪念日为日本天皇祝寿。

　　民进党向来重视青少年的"台独"教育，处心积虑在教育上做文章，以中学课纲为切入点，以历史文化为核心，逐步弱化甚至割裂两岸的历史联结，企图建立完整的"台独史观"。继2017年将高中语文课纲中文言文比例从55%降至35%，推荐选文从 30 篇减至 15 篇后，2018 年 8 月通过"12 年国教高中历史课纲"，确定从 2019 年开始，高中历史课纲将分成台湾、东亚及世界等 3 个分域，以"主题式单元"取代"朝代编年史"，并明确提到"中国史纳入东亚史的架构下讨论"，中国史不再单独存在 。课纲的修改已成为民进党当局"去中国化"政策的集中体现：首先是淡化中国史，以"大区域史"概念来解读中国史，其次是提升台湾史，台湾史从中国史的一个章节，逐渐变成独立的一本书。最终"切割大陆与台湾 5000 年一脉相承的历史文化观，让台湾学生从小就习惯一套没有中国史的史观"[8]，从量变到质变，正式完成去"去中国化"。

与大力推行"台湾史"相配套，2018 年蔡英文当局又强推闽南语等方言"国语化"，大力扶持少数民族历史文化。年内，蔡英文当局推动通过所谓"国家语言发展法"，拟将闽南语、客家语甚至少数民族语列为"国家语言"；编列 4 亿元专案预算设立闽南语频道，建立首座闽南语文化园，降低普通话地位，企图把闽南话、客家话等少数民族语言与普通话并列为官方语言等。民进党当局在语言、民族、信仰等领域全力割裂两岸联系，企图塑造"台湾文化认同"，打造"台独 2.0 系统工程"，完成"去中国化"最后一步[9]，进而为"法理台独"或"政治台独"创造条件。在少数民族历史文化方面，蔡英文不仅设立少数民族"历史正义与转型正义委员会"，多次亲自召集会议，检讨所谓国民党"同化教育"对少数民族文化的"压制"，还于 2018 年 8 月重开已停办 10 年的"南岛民族论坛"，试图以少数民族史观代替"大中国史观"，建构以少数民族历史文化为起点的"台湾国家历史文化"。蔡英文当局将少数民族当成台湾最早的主人，少数民族文化作为台湾文化的起点，以少数民族为纽带加强与太平洋岛屿和东南亚的联系，其目的就是"妄图彻底切断中国历史文化的联系，最终使台湾融入东南亚和太平洋岛国的体系"[10]。

此外，蔡英文当局强势推动台北故宫博物院"台湾化"。2018 年 7 月上任的台北故宫博物院新院长陈其南表示其重要任务是将台北故宫博物院典藏文物和台湾文化产生联结，让台北故宫成为"台湾人的故宫"。11 月陈其南提出"台北故宫北院封馆 3 年整修、文物迁移南院展览"。有台北故宫博物院研究员称，新故宫只是幌子，目的是让北院只留下图书文献类文物，改称"东风图书馆"，南院则以"东亚地中海"概念，让中国文物成为东亚一部分，北院、南院整合成"国家艺廊"，彻底拆掉中国招牌。[11]

（四）对外关系上"亲美媚日反中"，配合美国"印太战略"，甘当美国反华遏陆的马前卒

首先，政治上极力配合美日"印太战略"。2018 年，蔡英文当局抓住美日在亚太围堵中国大陆的战略机会，极力迎合美日对华战略，推行"依美联日抗中"战略，美日干预台湾事务呈现出新态势。2018 年 3 月 16 日，继美国众议院、参议院全票通过后，特朗普签署"与台湾交往法"并正式生效，为全面提升与台湾地区人员交往范围和层级铺平了道路。年内，美国行政、立法部门加大"以台制华"力度，推动美国的台海政策进一步向台湾倾斜。2018 年 7 月、10 月和 11 月，美国连续三次派出军舰穿越台湾海峡，以示对台支持。8 月，特朗普签署2019 年度国防授权法案，包含扩大美台高级别军事交流与联合

军事训练等提升美台军事关系的内容。此外，特朗普政府不仅再次批准对台军售，并且推动对台军售例行化。以美国副总统彭斯为代表的高层政要纷纷公开发表支持台湾的言论，指责中国片面改变台海现状，威胁台海稳定，并称将在一中政策基础上持续支持"台湾民主道路"等，向"台独"分裂势力发出错误和危险信号。

其次，经济上继续推行"新南向政策"，全力落实与推进"经济远中脱中"。蔡英文上台后，扩大"新南向政策"范围至澳大利亚与新西兰，企图进一步降低台湾对大陆的经济依赖，同时解决台湾缺乏人才和人力的问题。然而，"新南向政策"实际推行效果不佳，对部分指标国的投资金额屡创新低，更有很多东南亚国家与大陆"一带一路"倡议对接，如越南的"两廊一圈"、印度尼西亚的"全球海洋支点"、菲律宾的"雄心2040"、马来西亚的"两国双园经济转型计划"及泰国"大战略动向"等。因此，2018 年初台当局不得不裁撤"新南向办公室"，改在"国安会"成立"新南向政策专案小组"，同时规划在"行政院经贸谈判办公室"成立"新南向工作小组"和"新南向政策专案小组"，蔡英文声称未来"新南向政策"工作重点在"和友好国家建立策略伙伴关系、打造新南向产业生态链、强化和各国人民与社会的联结"三个方面。但从 2018 年来看，"新南向政策"推动不仅没有取得预期进展，反而引发了很多社会问题。如对东南亚部分国家人民放宽入境条件限制，间接助长某些东南亚人士借观光之名赴台从事非法活动。此外，东南亚旅客逃脱事件频频发生。2018 年 12 月，152 名越南籍旅客到达台湾后集体脱逃，成为历年来到台湾最大规模的旅客逃脱事

件。而台湾教育主管部门招募国际学生赴台湾学习专业技能的
"新南向国际产学专班"计划，更发生很多东南亚学生赴台留
学却被校方引荐去工厂流水线打工，沦为"廉价劳工"的事件，
使得"新南向政策"徒增笑柄。

最后，"国际"参与上不断打着所谓"民主"旗号，频频发
声以骗取支持。2018 年 8 月萨尔瓦多与台"断交"后，蔡英文
声称"未来，我们仍会诉诸理念相同的国家，共同对抗中国逐
渐失控的国际行为"[12]。2018 年 9 月第 73 届联合国大会期间，民
进党当局继续以往做法，在不提"参与案"的同时鼓动"邦交
国"为台发声，宣扬所谓台湾参与联合国活动的必要性与合理
性，派出"环保署副署长"詹顺贵、"行政院政务委员"唐凤及
4 名"立委"赴纽约活动，但所获国际支持创下历史新低。10
月蔡英文会见美国华府智库"哈德逊研究所"访问团时再次声
称："在未来，我们也将持续与理念相近的国家站在一起，推广
一个自由开放的未来。"[13]

（五）强化军事战备，打造"台独"卫队企图"以武拒统"

面对与大陆综合实力扩大差距的现实以及大陆军事实力的
迅速提升，蔡英文当局除了幻想加强战备"以武拒统"外，更
大幅增加军购预算，深化对外军事安全合作，寄望于依靠美日
建立反制大陆的防御体系。2018 年 8 月，蔡英文大力鼓噪台湾
面对 4 大威胁，包括"军事威胁""外交打压""社会渗透"甚
至"经济安全的伤害"，因此台湾"必须致力于价值'外交'的
持续推展、'国防'战力的提升、内部安全的强化以及整体经贸
策略重整"[14]。为此，台湾当局在 2018 年度内外联动，极力推行
"军事台独"路线。

对内加强对抗演习，提升战备水平。为应对解放军机舰频频绕台，台军接连举行针对性对抗演习。如 10 月各空军基地同步进行"联翔操演"实兵演习。美台亦首次联合在所罗门群岛举行联合医疗救援军事行动。在挟洋自重的同时，台当局还不忘提升自身军力。2018 年 7 月，台当局行政机构负责人赖清德声称，已核定明年度防务预算 3460 亿元新台币，较今年增加 183 亿，增幅达 5.6%，占整体 GDP 的 2.16%，为近年来首次突破 2%[15]。2018 年 8 月，台"外交部长"吴钊燮声称："我们支持台湾努力发展创新以及不对称战力，以吓阻胁迫或恫吓，并鼓励台湾增加自身'国防'预算，达到与其所面对的安全挑战相称的水准。"[16]据台报报道，为防范大陆可能采取的"猝然攻击"，台陆军决定投入 16.6 亿元新台币，分别在台东丰年基地和台中清泉岗基地建设各型陆航直升机训练场。建成后，"阿帕奇"和"超级眼镜蛇"等攻击直升机就可以借助地形应对突然攻击，实现紧急疏散并且保持战斗力[17]。此外，岛内媒体还曝光了一幅 1500 吨级"轻型护卫舰"的概念图，全舰计划采取隐身设计，舰桥形似濒海战斗舰。

对外持续对美军购，迎合美日"印太战略"。2018 年 9 月，美国方面宣布向台湾地区出售总额约 3.3 亿美元的武器装备，包括 F-16 战机、C-130 运输机、F-5 战机及"经国号"战机的零部件以及一些其他相关必要支持系统。蔡英文办公室发言人黄重谚对此表示欢迎与感谢，并称"将在防务安全在内的各项议题与美方保持密切沟通与合作"。另外，美对台军售将改变以往包裹式做法，改为逐一审查。11 月 8 日，台湾向美购买的两艘佩里级军舰"铭传号"与"逢甲号"正式入列。此外，蔡多次表达参加"印太战略"的意图，企图"倚美抗陆"，围堵大陆。2018 年 5 月，台湾当局主导成立"国防安全研究院"，专责"中共政军、区域情势、'国安'及国际智库交流"工作。5月，又专门在"外交部亚东太平洋司"新设印太科。8 月，台"外交部"委托远景基金会与美国智库新美国安全中心及日本笹川平和财团合作，举办多次印太安全对话，谋求以"1.5 轨"的方式逐步融入"印太战略"。纵观 2018 年，美台之间高层官员互访增加，同时美军直接参与台湾"汉光军演"等极具挑衅性、极为敏感的信息相继释出，"不仅给台独分裂势力发出了错误的信号，也为中美在涉台问题上出现正面冲突增加了不确定性"[18]。

（六）加强岛内社会控制，打压反"独"促统力量

一是利用全面执政优势打压异己。2018 年初，台湾大学通过遴选委员会选出管中闵出任校长，按惯例发文通知教育部门，但台湾教育部门因管中闵的蓝营背景，采取各种方式卡住校长核定公文，被称"拔管案"，引发台大师生抗议，后者甚至打出"新五四运动"，抨击台当局只会"看颜色办事"。

二是通过"转型正义"打压、清算国民党。继"不当党产处分条例"通过并成立"党产会"后通过后，2018 年 5 月 31 台当局再次依"促进转型正义条例"成立"促转会"，设 7 位委员、4 位专任委员、3 位当然委员，主要任务是统筹规划开放政治档案、清除威权象征及保存不义遗址、平复司法不法与还原历史真相并促进社会和解、处理不当党产及其他"转型正义"事项。一年来，从"党产会""促转会"到"政治档案法"，台当局不断对国民党进行政治扑杀，查封并拍卖国民党党产，任意定义国民党附属组织，强行处置"妇联会""救国团""中影公司"等民间组织及其资产。"促转会"副主委张天钦公然称该会为"东厂",引发民众对绿色专制的恐慌。民进党所谓的"转型正义"只是幌子,其本质就是"通过打击政敌巩固台独统治"[19],进一步打击、清算国民党、控制舆论,全面在岛内社会推行绿色法西斯执政。

三是压缩限制两岸正常交流,打压岛内统派力量。台湾当局先后修改"两岸人民关系条例",扩大限制大陆民众赴台范围,"严审大陆官员赴台",规定台湾退役将领、公务员登陆管制年限被延长,一定职等公务员入境大陆须申请许可,过境转机都须事先向民进党当局申请许可;拟将"刑法外患罪章"中的"外国"扩大为"外国或敌人",而大陆就被定义为"敌人"。依据民进党"立委"提出的修法草案,"共谍"可以被从重判决,加入解放军的台籍人士可被判处无期徒刑甚至死刑;通过年金改革打击支持蓝营的退休军工教团体,惩罚反"独"力量;大肆炒作"假新闻"议题,污蔑大陆用假新闻干扰选举、伤害台湾,进一步加强对媒体及舆论的管控,审查、限制、打压异己声音,严重干涉新闻自由。

二、激进"台独"势力活动猖獗

2018 年,在民进党当局纵容和支持下,岛内一批"台独"立场激进的组织和社运团体发起了多场"台独"分裂活动,成为推进"台独"的急先锋和主力军。

(一)频频推动"公投"挑衅活动

自 2017 年 12 月"公民投票法修正案"三读通过后,2018

年1月3日，蔡英文签署颁布"公民投票法修正条文"，1月5日"公投法"正式生效。新法案将投票年龄下调到18岁，使得60万18—20岁的青年人成为"公投首投族"。同时降低了提案、连署及通过门槛："公投"提案门槛由5%降为1.5%、"公投"连署门槛由5/1000降为1/10000、"公投"通过门槛由同意票达投票权人总额1/2降为1/4。除此之外，新"公投法"同时废除"公投审议委员会"，主管机关改为"中选会"；开放电子连署，以及赋予"行政院"发动"公投"的权力。

未来全台性的"公投案"，以2016年台湾地区领导人选举人数1878万2991人计算，提案门槛为1879人、连署门槛为28万1745人，只要有效同意票多过不同意票，且"有效同意票"超过投票权人总额1/4以上就视为通过。有舆论认为，大幅降低"公投"门槛，民众可能会提出众多"公投"提案，将给岛内政局与两岸关系投下震撼弹，因此也有媒体称2018年为台湾"公投元年"。最终，在11月24日的"九合一"选举中，全台共有"反空污""反深澳电厂""婚姻定义""非婚姻保障同志""婚姻平权""适龄性平教育""性平教育""以核养绿""东京奥运正名""反核食品"等10个"公投案"绑定选举同时举行。

尽管新版"公投法"的适用范围排除了两岸政治协议及"领土变更与修宪"两大敏感议题，但由于"公投"门槛的大幅降低，大量游走在"法理台独"与"事实台独"之间灰色地带、暗含"主权"意涵的各种变相"台独公投"也不断出现，使得2018年"台独"活动明显升级，成为新的台海风险点。主要有：

1. "东京奥运正名公投"。"东奥台湾正名公投"原是激进"台独"政党"时代力量"2017年底发动的4项"公投"民调题目之一，后由民间"急独"势力接手。"李登辉民主协会"理事长张灿鍙为主谋筹划者，政治立场倾"独"的台湾前田径运动员、希望基金会董事长纪政为牵头人，绿色媒体如民视电视台等大力配合与宣传。该"公投"是要以"公投"的方式将台湾参与国际运动赛事及2020年东京奥运会的名称由目前的"中华台北"改为"台湾"，试图将"台独"的政治理念塞入体育赛事。"公投"的提案、连署虽然顶着民间团体、人士推动的名义，但是实际上获得了"社会民主党""台湾团结联盟""基进党"甚至民进党不少党公职的大力协助。由于该案攸关台湾法律地位及两岸关系定位，严重挑战两岸一中原则，受到海内外瞩目。2018年7月东亚奥委会（EAOC）理事会因担心岛内"公投"挑战奥运模式，存在巨大政治风险，取消了台中市2019年东亚青年运动会的主办权。10月国际奥委会两度致函中华台北奥委会，表明"不予核准任何中华台北奥林匹克委员会名称的改变"。最终，该"公投"在11月24的投票中以471.9万的同意票和571.4万的不同意票，未获通过。

2. "1946台独公投"。"公投法"修正不久，吕秀莲就表示准备提案"台湾和平中立公投"，并希望与2018年县市长选举一起举办。"喜乐岛联盟"成立后，双方几经密室协商，以"1946台独公投"取代了"和平中立公投"。计划分三步走：第一阶段是在2018年8月31日前集结海内外力量，"督促蔡英文与立法院修正'公投法'，让台湾人民可行使公民投票的直接民权，决定自己'国家'的'国号'及'领土'范围"。第二阶段明确提出时间表，2019 年 4 月 6 日举行"独立公投"，"由台湾人民共同决定'国家'定位和前途"。第三阶段制定"新宪"，争取国际承认，以"台湾"名义"加入联合国"，"使台湾和世界上所有国家一样，彼此平等对待"。

3. "禁挂五星红旗公投"。5 月 22 日，台湾逢甲大学副教授刘曜华提出所谓"禁挂五星红旗公投提案"。据悉，该"公投案"的发起和连署得到民进党的大力协助。民进党在 2018 年 5 月上旬曾要求各地党工协助民众团体连署包括"禁挂五星红旗""性别同工同酬""参与国际组织""安乐死合法化""设立动保机制"等 5 项"公投"提案。但是，由于"禁挂五星红旗公投"议题敏感性太高，台湾"中选会"8 月 7 日以"逾期未补正"为由，予以驳回。

4. "拆省公投""改国歌公投"。"拆省公投"，即岛内有些媒体描述的将"台湾省"拆成几个省。比如提案将桃园市改为"桃园省"，将台中市改为"台中省"，将台南市改为"台南省"，以凸显台湾为一个"国家"。此外，岛内亦出现所谓的"改国歌公投"、将护照上的"Republic of China"移除的提案等。

5. "涉外凸显主权国家地位的公投"。"时代力量"提出，未来将推动台湾加入 WHO 的"公投"，以及力主将中华台北奥委会改称"国家奥委会"，将两岸协议列入强制性"公投"范围以及允许"领土主权公投"等。

（二）"喜乐岛联盟"扮演"台独"急先锋

"喜乐岛联盟"由"台湾独立联盟"美国分会主席、台湾民视董事长郭倍宏主导发起，并得到李登辉、陈水扁、前"总统府资政"彭明敏、吕秀莲等"台独"派人士支持，堪称 2008 年以来岛内外激进"台独"分子的首次大集结[20]。该组织主打"公投""正名""入联"等口号，攻击蔡英文当局的"维持现状"政策，目标是推动"台独公投、正名入联"，并拟定了三阶段行动纲领。

2018 年 2 月 28 日（台湾"二二八事件"发生 71 周年），郭倍宏在台北市主持召开记者会，宣布正式筹组"喜乐岛公投联盟"。李登辉、吕秀莲、"时代力量"主席黄国昌、"台湾团结联盟"党主席刘一德、社民党召集人范云等"台独"分子悉数出席。李登辉在记者会上妄称"台湾与中国是国家与国家的关系""赶紧制定一部台湾的新宪法"。陈水扁因处于"保外就医"状态而不能出席，但却通过录影方式表达支持，大放厥词称"台湾要成为一个正常、完整、美丽、伟大的国家"。

4 月 7 日，由李登辉、陈水扁、郭倍宏等 150 人发起的"喜乐岛联盟"在高雄市正式成立。李登辉、前"总统府资政"彭明敏、前行政机构负责人张俊雄等人出现在成立现场，陈水扁再次以录影方式表达支持。同时，1350 位海外"台独"分子在报纸上刊登大幅广告，并着手在世界各地成立"后援会"，可谓"老独""中独""小独"群聚。

6 月 16 日，"喜乐岛联盟"在台中市举行首次召集人大会。吕秀莲在会场上表示，"台湾一定要独立、正常化""人民一定会行使主权，行使主权最直接、最神圣的方式就是公民投票"。而陈水扁在录影中表示，"走出台湾的国家路，让台湾成为新的独立国家"。

8 月 31 日，"喜乐岛联盟"召开"1020 全民公投反并吞"记者会，号召 10 万名台湾人，10 月 20 日在凯达格兰大道举行

大聚会，要求蔡当局立即修改"公民投票法"，以"台湾"为
"国名"加入国际社会。

　　10月20日，"喜乐岛联盟"在台北市北平东路发起"1020
全民公投反并吞活动"，串联了"台联党""时代力量""基进
党""绿党"及NGO代表、性平教育、婚姻平权案等各"公投
案"领衔团体。虽然该联盟号称有12万人参加，但据台北市警
局晚间发布的新闻稿表示，该场最高人数为6000人。同日，民
进党在高雄举办"反并吞护台湾"大游行，和"喜乐岛"活动
南北"呼应"，将"台独"议题炒至高峰。

　　（三）"台独"势力内外勾连，"五独合流"态势明显

　　"台独"与"藏独""疆独""港独""法轮功"的勾结由来
已久。2016年印度第11届"族群青年领袖研习营"上，各方
就进行互动。"时代力量"黄国昌等"立委"曾组成"关注香
港民主阵线"，几名香港本土派议员赴台出席相关活动。年内，
"五独"之间的勾连更加密切。2018年3月24日，岛内"台
独"组织"台湾青年反共救国团"窜聚台北市发起"五独论
坛"，企图加强对台青年的反共教育，叫嚣组织"反中联盟"。
"港独""藏独""蒙独"和"疆独"均有代表参加，其中包括香
港前立法会议员刘慧卿、非法"占中"幕后黑手戴耀廷、被取
消立法会议员资格的游蕙祯及一些学生组织代表，以及达赖集
团在台湾的代表达瓦才仁、"蒙独"组织"大呼拉尔台"秘书长
代钦、"疆独"组织头目热比娅特别代表UmitHamit等，可谓
"五独俱全"。年6月5日，"自由中国全球联盟""全民共振平
台"及"中国爆料革命全球协调中心"等3个"播独组织"整
合成立"五独联盟"。11月23日，"香港民族党"召集人陈浩

天与其女友现身台北，会见"台湾团结联盟"成员。25—26 日，北大前法律学者、"流亡作家"袁红冰及反华分子成水炎牵头在台北举办"2018 台北国际研讨会"，"五独联盟"中的反华分子赖建平、"华人民主学院"曾建元、"港独"分子祖利安、"香港民族阵线"成员郑侠、曾成立香港"全民在野党"的李悯侠以及日本黑帮黑龙会会长田中健之、亲台派前日本防卫厅长官玉泽德一郎等多名海外"独"派骨干、"港独"分子和国际反华分子出席，围绕"台海大危机和东亚大陆各民族反抗运动大联合"进行分裂国家的活动。

三、结语

2018 年，面对复杂的台海形势和严峻的"台独"风险，我们坚持以习近平总书记对台工作重要论述为基本遵循和行动指南，坚持一个中国原则和"九二共识"，加大了"反独""遏独"力度，以各种不同方式进行了坚决斗争，彰显中国政府排除外部势力的干扰、捍卫国家主权和领土完整的决心和能力，沉重打击了"台独"分裂势力的嚣张气焰，使民进党在"九合一"选举中大败，台湾当时所谓"国际空间"被进一步压缩，台湾民意"统升独降"趋势明显。

注释：

[1]《蔡英文：中国挑战"中华民国"（台湾）底线》，台湾《联合报》2018 年 8 月 21 日，A1 版。

[2]《蔡英文"双十演讲"叫嚣不会屈从退让》，台湾《联合报》

2018 年 10 月 10 日，A1 版。

[3]《阁揆干话连连，小英不该沉默》，台湾《中国时报》2018 年 3 月 28 日，A3 版。

[4]《揆强硬回应：中国把大门关起来》，台湾《联合报》，2018 年 3 月 21 日，A3 版。

[5]《选举大败后，蔡英文请辞民进党主席》，台湾《中时电子报 》，2018 年 11 月 24 日，https://www.chinatimes.com/cn/realtimenews/20181124003328-260407。

[6] 参见台湾法源法理网，Http：//db.lawbank.com.tw。

[7] 刘佳雁：《蔡英文主政下的两岸关系现状与发展趋势》，《统一战线学研究》2018 年第 4 期。

[8]《分域偷天换日　切不断两岸情》，台湾《中时电子报》，2018 年 8 月 14 日，https://www.chinatimes.com/cn/newspapers/20180814000632-260118。

[9] 刘匡宇：《"去中国化"走入"最后一哩路"》，《世界知识》2017 年第 18 期。

[10] 王喜、朱松岭：《论台湾地区"转型正义"中的"台独"建构》，《海峡法学》2018 年 2 月。

[11]《台北故宫文物南迁内幕遭爆料：彻底要拆"中国招牌"》，台湾《中时电子报》2018 年 11 月 15 日。

[12]《蔡英文：中国挑战"中华民国"（台湾）底线》，台湾《联合报》2018 年 8 月 21 日，A1 版。

[13]《蔡英文：与理念相近国家推广　自由开放的未来》，台湾《中时电子报》2018 年 10 月 24 日。

[14]《蔡英文：中国挑战"中华民国"（台湾）底线》，台湾《联合

报》2018 年 8 月 21 日，A1 版。

[15]《台湾"行政院长"：明年将增加国防预算 183 亿新台币》，新加坡《联合早报》2018 年 7 月 28 日。

[16]《国务院鼓励台湾增加国防预算》，台湾《中时电子报》2018年 7 月 25 日。

[17]《台军投入 16 亿新台币防大陆　将在台东台中新建基地》，台湾《自由时报》2018 年 8 月 24 日。

[18]《中评现场：王升回顾总结 2018 两岸关系》，香港中国评论新闻网，http://www.crntt.com/doc/1052/9/2/6/105292616.html?coluid=243&kindid=13734&docid=105292616，2018 年 12 月 28 日。

[19] 王喜、朱松岭：《论台湾地区"转型正义"中的"台独"建构》，《海峡法学》2018 年 2 月。

[20] 张华：《"喜乐岛联盟"吹响"台独"势力的集结号》，《世界知识》2018 年 14 期。

（作者单位：中国社会科学院台湾研究所）

2018 年台湾"九合一"选举述评

张文生

摘要: 2018 年 11 月 24 日,台湾地区举办 9 项地方公职人员选举和 10 项投票。民进党在选举中惨败,国民党大胜。从 2018 年初以来,国、民两党就紧锣密鼓地展开党内提名布局。"九合一"选举既是地方选举,也是检验执政党政绩的中期选举。选举的大环境显然对执政的民进党不利。"公投绑大选"、韩国瑜风潮进一步摧垮了民进党的选情。选举结果反映了台湾民众对民进党当局的强烈不满,反映了台湾民心思变的趋势,是台湾政治生态重新布局的预演。

2018 年底的"九合一"选举是贯穿 2018 年台湾政局的主要大事,台湾两大政党国民党和民进党从 2017 年下半年开始就展开了党内提名协调作业,2018 年上半年基本上完成了党内提名。经过激烈的政党斗争、选举对抗,2018 年 11 月 24 日,台湾地区举办的 9 项地方公职人员选举和 10 项投票揭晓。民进党在选举中惨败,国民党大胜。选举结果反映了台湾民众对民进党当局的强烈不满,是民进党在台湾地区当政失败的集中表现。

选举结果对岛内政局以及两岸关系都会产生直接或间接的影响。

表一：2018 年 1 月 16 日"中选会"公布的重要选务工作日程

序号	日期	选务工作
一	8 月 16 日	发布选举公告
二	8 月 23 日	公告候选人登记日期及必备事项
三	8 月 27 日至 8 月 31 日	受理候选人登记之申请
四	8 月 31 日	政党推荐之候选人政党撤回其推荐截止
五	10 月 16 日前	审定候选人名单，并通知抽签
六	10 月 19 日	候选人抽签决定号次
七	11 月 4 日	选举人名册编造完成
八	11 月 8 日	公告直辖市长选举候选人名单
九	11 月 9 日至 11 月 23 日	办理直辖市长选举公办政见发表会
十	11 月 13 日	公告直辖市议员、县（市）长、县（市）议员选举候选人名单
十一	11 月 14 日至 11 月 23 日	办理直辖市议员、县（市）长、县（市）议员选举公办政见发表会
十二	11 月 20 日前	公告选举人人数
十三	11 月 24 日	投票、开票
十四	11 月 30 日前	审定当选人名单
十五	11 月 30 日	公告当选人名单
十六	12 月 14 日前	发给当选证书
十七	12 月 30 日前	通知候选人领取补贴之竞选费用

一、竞争激烈的党内提名斗争

早在 2017 年 8 月 20 日，吴敦义在就任国民党主席的讲话中就提出要认真面对 2018 年底的选举："我们要在这一场极重要的选举中，大公无私地推举能力、品德、操守最好、最有机会当选的候选人，赢得更多、更大的胜利！"[1] 为了维持党内竞争的公平公正，国民党提出了两大原则来处理党内提名作业，一是遵守"尽全力寻觅忠于党和国家且最有获胜机会的人选"，二是遵守"在公平机制下决定候选人"这两大原则。为了吸引和鼓励青年参政，国民党中央还对党内提名青年参选县市议员提出了加分的政策，即对 35 岁以下的青年，民调结果可以加分 15%；36 岁以上至 40 岁以下的青年，可以加分 10%。新人民调还可以另外加权 10%，所以新人参选的提名民调最多可以加分到 25%。同样，民进党在县市议员候选人提名方面，也提出给新人加权 10%，35 岁以下或具多元代表身份，可再加权 10%，以争夺青年选票。

从 2017 年底开始，国民党陆续展开党内提名作业，分了 11 个梯次陆续完成了党内提名作业。在 2 人以上竞争参选的县市，国民党一般采取先协调，协调不成再"全民调"的方式来决定提名人选。个别的较没有争议的选区则采取征召的方式，以确保胜选或有人参选。

但国民党在个别县市仍然面临激烈的党内竞争。如在基隆市，国民党籍前"移民署长"谢立功、前"驻新西兰代表"介文汲、基隆市议长宋玮莉 3 人竞争，在 2018 年 1 月 28 日公布的党内初选民调中，上午国民党公布谢立功出线，下午又说民调数据误植，宋玮莉翻盘胜出。基隆民调的乌龙事件引起舆论哗然，有意参选新北市市长的周锡玮就公开质疑："这叫我怎么相信，所谓的'民调'？"[2] 经过协调，宋玮莉退让，2月初仍确定由谢立功代表国民党参选基隆市长。台北市原本也是竞争激烈，罗致强、蒋万安先后退出初选，此后，台中、新北、台北、台南也先后通过民调协调整合成功，国民党提名了唯一的人选作为候选人参选。但是，在嘉义市、新竹县国民党内出现了较为严重的分裂局面，在台东县、澎湖县国民党候选人也面临党内人士脱党参选的挑战。在嘉义市，民进党籍的市长涂醒哲的执政成绩不彰，民进党支持率低迷，但2月2日原国民党籍市议长萧淑丽宣布退党参选，国民党面临蓝营分裂的局面。在新竹县也出现了国民党提名杨文科，而林为洲反弹的局面，再加上原来从国民党走的民国党主席徐欣莹与民进党提名的前新竹县长郑永金之子郑朝方，胜券在握的国民党反而在民调中支持率起起伏伏。

表二：2018 年国民党 11 梯次县市长候选人提名作业

梯次	时间	提名方式	县市	候选人
第一梯次	2017 年 12 月 20 日	征召	苗栗县	徐耀昌（现任县长）
		征召	南投县	林明溱（现任县长）
		征召	连江县	刘增应（现任县长）
		依据民调结果提名	彰化县	王惠美
第二梯次	2018 年 1 月 31 日	依据民调结果提名	新竹市	许明财（前新竹市长）
		依据协调结果提名	云林县	张丽善（现任"立委"）
		依据协调结果提名	宜兰县	林姿妙（罗东镇长）
		依据协调结果提名	台东县	饶庆铃（县议会议长）
		依花莲县党部决议提名	花莲县	徐榛蔚（现任"立委"）
第三梯次	2018 年 2 月 7 日	依据协调结果提名	基隆市	谢立功（前"移民署署长"）
第四梯次	2018 年 2 月 21 日	依据初选结果提名	台中市	卢秀燕（现任"立委"）
第五梯次	2018 年 2 月 27 日	依据初选民调结果提名	嘉义市	黄敏惠（前嘉义市长）

第六梯次	2018 年 3 月 21 日	提名	澎湖县	赖峰伟（前县长）
第七梯次	2018 年 4 月 11 日	依民调结果提名	新北市	侯友宜（副市长）
		依民调结果提名	桃园市	陈学圣（现任"立委"）
第八梯次	2018 年 4 月 23 日	征召	嘉义县	吴育仁（前"立委"）
		提名	屏东县	苏清泉（前"立委"）
第九梯次	2018 年 5 月 9 日	提名	台北市	丁守中（前"立委"）
		征召	"金门县"	杨镇浯（现任"立委"）
第十梯次	2018 年 5 月 25 日	提名	台南市	高思博（前"立委"）
		提名	高雄市	韩国瑜（市党部主委）
第十一梯次	2018 年 6 月 7 日	提名	新竹县	杨文科（副县长）

民进党内的提名则笼罩在派系斗争的阴影下，其中以"新潮流系"与"正国会"的对抗表现得尤其明显。"新系"初选支持的县市长人选，包括宜兰县的陈金德、高雄市的刘世芳、彰

化县长魏明谷、屏东县长潘孟安、桃园市长郑文灿、台南的黄伟哲等。迫于党内反"新系"的压力，陈金德、刘世芳先后退出党内初选。"正国会"支持的人选则包括基隆的林佑昌、台中的林佳龙、台南的陈婷妃、花莲的刘晓玫等人。民进党在个别县市虽然也是党内竞争激烈，但通过党内初选制度依然较为顺利得以整合成功。到 2018 年 3 月中旬，民进党相继完成了党内竞争激烈的宜兰县县长、台南市市长、高雄市市长、嘉义县县长候选人的协调或初选提名。在嘉义县，民进党县长张花冠支持县议长张明达、"立委"陈明文支持前"农业委员会副主委"翁章梁参选，双方斗争激烈，3 月初翁章梁民调初选出线，但张花冠仍私下支持副县长吴芳铭脱党参选。在高雄市，民进党原本有 5 人竞争，民进党"立委"陈其迈、赵天麟、刘世芳、管碧玲和林岱桦均想参选，2018 年 1 月中旬，刘世芳被陈菊劝退，其余四人经过民调，3 月 7 日陈其迈在初选民调中胜出。在台南市，民进党有 6 人竞争，包括现任"立委"王定宇、黄伟哲、陈亭妃、叶宜津、前"立委"李俊毅、前台南市副市长颜纯左，3 月 8 日黄伟哲经过民调出线。在宜兰县，民进党通过协调提名陈欧珀参选。

　　2014 年在台北市市长选举中，基于选举利益的需要，蔡英文主导民进党礼让柯文哲。但是柯文哲当选台北市市长后，树立个人风格，与民进党当局互别苗头，甚至公开批评蔡英文当局的"卡管案"是"白痴政策"。柯文哲为了市政管理还强制拆除了"独派"在"立法院"门口长期安营扎寨的违法搭盖，并且公开认同"两岸一家亲"的主张，这些都使得柯文哲与绿营之间的裂痕不断加深。"908 台湾国运动"的骨干分子王献极宣称，民进党"礼让"柯文哲，将全力"反辅选"，并剪去党证，退出民进党。2018 年 4 月 9 日，蔡英文在接受电视专访表示，台北市市长柯文哲如果想争取民进党的支持，就必须对"台湾价值"这件事情再确认。2018 年 5 月 8 日，柯文哲接受绿色和平电台专访，极力争取民进党的支持，为"两岸一家亲"的说法道歉；他并且承诺，若顺利连任台北市市长，2020 年不会出来选地区领导人，如果蔡英文出来选，他绝对支持。但是显然蔡英文当局对于柯文哲缺乏信任，担心柯文哲进一步坐大，进而威胁她 2020 年选举布局，因而坚持提名民进党候选人参选。柯建铭就认为："一旦市长落败，柯文哲时代就宣告结束"，反映了民进党希望通过柯文哲败选终结柯文哲政治生命的意图。2018 年 5 月 16 日民进党"选对会"讨论台北市长提名，确定将自行提名党内人选，不礼让台北市市长柯文哲。5 月 30 日，民进党中执会通过征召案，提名姚文智参选台北市市长。"柯、绿"在选举中分道扬镳。2018 年 8 月 9 日，李登辉也当面提醒柯文哲"'两岸一家亲'这种话不要再谈"，但柯文哲并不理会，认为"两岸一家亲不涉及政治，而是文化、经济、民间及城市交流"。此后，姚文智阵营猛攻柯文哲的政治立场，公开质问"两岸一家亲跟九二共识有什么不一样"，认为选择丁守中就是选择"九二共识"，选择柯文哲就是选择两岸一家亲。绿营的"极独"分子吴祥辉等人 9 月 3 日在《自由时报》登全版广告，攻击柯文哲带病人到大陆做器官移植，在台湾翻译出版美国人葛特曼所写的《屠杀》一书，9 月 12 日，三立电视台播出了对葛特曼的专访节目，10 月初还把葛特曼请到台湾演讲指控柯文哲。绿营不择手段的做法使胜选连任之后的柯文哲仍然难以释怀，要求绿营必须交出操作这个抹黑事件的幕后"战犯"才能谈白绿和解。

二、对民进党不利的地方选举与中期选举

2018年"九合一"选举既是9项选举合并举办的地方性选举，也是两次全台"大选"之间检验执政党政绩的中期选举。8月31日候选人登记截止后统计，共有20993位候选人完成登记，角逐11047个席位。舆论的关注焦点放在影响各地方县市执政权的县市长选举，尤其是影响台湾政局深远的"六都"市长选举上，既是对蔡英文当局执政两年多以来的中期检验，也是2020年台湾地区领导人选举的前哨战。

（一）民进党企图将地方选举拉高为统"独"对决

"九合一"选举是一次地方性质的选举，虽然选举结果难免直接或间接影响两岸关系，但是地方选举的议题主要集中在地方建设与民生经济等议题，两岸关系或统"独"议题不是选举的焦点。例如国民党在2018年1月初就确定，"北部地区则主打公共住宅、青年住宅、托育托婴、瘦肉精美猪等；中部地区关注空污、教育、能源政策等；南部地区抢攻工农产业规划、城乡差距、青壮年就业等；东部地区则聚焦交通等议题"[3]。地方施政不彰的县市，民进党从一开始就陷入选情低迷的困境，如宜兰县、嘉义市、澎湖县、彰化县。相反，地方政绩尚可的县市，选情相对稳定，如基隆市的林佑昌、桃园市的郑文灿、新竹市的林智坚的支持率始终居高不下。

多数地方、多数时候统"独"问题没有成为选民关注的焦

点。当然，民进党选情危急，仍然试图打热两岸关系议题或激化统"独"对立，2 月初，民进党秘书长洪耀福宣称："2018 年选战最重要意义是让反改革保守力量死心，要让国民党再输一次，两岸才有新局，这是民进党今年选举的战略"[4]。民进党台北市市长候选人姚文智试图把柯文哲与丁守中都打成"统派"，民进党当局的"总统府秘书长"陈菊在 2018 年 6 月 23 日为姚文智举办的造势大会上鼓吹"九二无共识"，此后赖清德也指责"两岸一家亲"就是"统一"，企图在台北市掀起统"独"大战，但多数台北市民显然并不买账。选举最后阶段，民进党仍试图用传统手法打选战，企图激化意识形态对抗，污蔑大陆干涉台湾选举、用假新闻干扰台湾选情。11 月 19 日，民进党中央公开发布以"反介入、顾台湾"为名的电视文宣；11 月 21 日，蔡英文在民进党中常会上宣称："这一场选举，来自境外力量的干预，可以说是铺天盖地。尤其是假消息，透过 LINE、Facebook，到处流窜。"[5] 然而，蔡英文当局对真正介入选举的美国人却视而不见。选举前夕，"美国在台协会理事主席"莫健接受 TVBS 专访时表示："显然有台湾的外部势力试图改变舆论、传递不实讯息。"前"美国在台协会"高雄处长杜维浩则在网贴文表示，希望高雄人对自己的城市有更多的信心与好感。美国明显意图支持民进党候选人的选情，但是，台湾民众这一次没有随着民进党、蔡英文的指挥棒起舞，毅然决然地用选票教训了傲慢的民进党。

（二）"九合一"选举成为检验民进党执政的中期选举

"九合一"选举是一次检验民进党执政的中期选举，选民在选举中表达了对民进党执政的强烈不满。台湾民众的不满体现

在方方面面，其中尤其以蔡英文当局的经济表现的不满意比率
为最高。台湾 TVBS 民调中心 2018 年 5 月 15 日完成的民调显
示，蔡英文的满意率只有 26%，不满意率高达到了 60%（不太
满意 30%+ 很不满意 30%），还有 14% 没意见 [6]。台湾民意基金
会 2018 年 5 月份的民调也显示，39% 民众赞成蔡英文的领导
方法，48% 的民众不赞成蔡英文的领导方式，61% 的民众对于
蔡英文当局经济建设的表现尤其不满意。蔡英文当政两年以来，
经济建设乏善可陈，多数改革措施也都遭到民意的强烈反弹，
"年金改革案"引起台湾军公教阶层的普遍反弹，"一例一休案"
导致劳资双方都怨声载道，"卡管案"也引起了台湾文教界的强
烈不满，蔡英文当政的满意率不断下跌，影响了民进党在地方
选举中的气势。

表三：台湾民众不满意排行榜 [7]

排名	施政表现	不满意比率（%）	满意率（%）
1	经济表现	61.0%	35.2%
2	处理两岸关系	56.0%	37.6%
3	"外交"表现	53.5%	39.0%
4	司法改革	52.7%	35.9%
5	"国防"表现	46.6%	42.8%
6	年金改革	41.6%	49.8%

资料来源：财团法人台湾民意基金会

　　"九合一"选举既是地方选举，也是中期选举，选民关注的

焦点是地方经济建设与社会民生福利，统"独"不是选民决定投票的主要依据。很显然，蔡英文当局在执政两年多的时间里，没有满足台湾民众的经济诉求。正如表三所示，台湾民众对于蔡英文当局的经济表现，不满意率是最高的，达到了 61.0%。

（三）选举的大环境对民进党不利

固然，选战的布局与内部的整合对于选举结果会产生重要影响，但是台湾的选举已经屡屡证明，形势比人强，内外环境、民意趋势往往起着决定性的作用，文宣战、组织战等技术层面的作为并不能改变环境和民意的大潮。民进党、蔡英文在台湾地区上台当政以来，内外施政困难重重，几乎是内外交困，民怨沸腾。这也导致蔡英文、赖清德、民进党的满意率和支持率都不断下跌，即使绿营内部，对民进党和蔡英文的不满声音也在上升，如李登辉、陈水扁、吕秀莲均公开表达了对于蔡英文当局的失望。

(1)蔡英文施政不利的关键因素是蔡英文上台后拒绝承认"九二共识"，拒绝承认"两岸一中"，使得两岸关系不断恶化，直接影响了两岸官方和半官方交流协商的进程，也使得台湾社会的统"独"对立、政党对立、社会对立加剧，台湾经济发展的环境恶化，台湾的民生福利得不到改善，台湾的"国际活动空间"日益缩小。可以说，"台独"是蔡英文当政处于内外交困的主要根源。

(2)蔡英文当局的多数内政改革举措均面临民意的反弹，尤其是"年金改革"给蔡英文当局埋下了引发民意怨恨的种子。年金改革使台湾的退休军公教人员的退休金普遍下降，台湾清华大学退休教授李家同用"晚景凄凉"形容自己的心情，引起多数退休军公教人员的同感。在"年金改革"修法过程中，台湾退休军公教人员举办了多次强烈的抗议活动，退役军人甚至成立了"军政府"，组织了"八百壮士"的抗议队伍。2018 年 7 月 1 日"年金改革"措施生效后，退休军公教人员的不满融入了选举过程，转向支持韩国瑜以对抗民进党当局。

（3）年金改革虽然降低了军公教人员的退休金，但是并不能因此增加劳工、农渔民、青年世代的等弱势群体的收入，也无法改善台湾中下阶层不断恶化的经济状况，台湾社会的失业率、低薪化等问题得不到有效改善。相反，由于蔡英文当局恶化两岸关系，致使大陆赴台游客减少、大陆对台农渔产品的采购减少，导致与大陆游客相关的旅游产业普遍萧条，收入下降。2018 年，台湾水果如香蕉、菠萝滞销，价格下跌，引发了广大果农的不满。台湾媒体认为"四大行业"从军公教、劳工、观光业者到农民收益沦为"四大皆空"，反映了"让过去绿营最自傲的地方执政陷入选情危机"。

（4）民进党上台当政后，对国民党展开毫不留情的政治追杀，用"转型正义条例"清算国民党的历史，用"不当党产条例"清算国民党的党产，用"年金改革"剥夺国民党支持者，对前任领导人马英九和新党统派青年均罗织罪名进行起诉、审判。民进党当局残酷无情的政治斗争手法激起了泛蓝阵营的危机意识，凝聚泛蓝阵营的反抗意志。民进党精于意识形态内斗的手法也摧垮了台湾社会团结一致发展经济的社会动力。

（5）蔡英文当局虽然在经济上提出了"5+2+2+1 创新产业"等规划方案，但缺乏落实的动力与条件。台湾工业总会指出台湾经济发展面临的五缺问题，即"缺水、缺电、缺工、缺地、

缺人才"，蔡英文当局无力解决，据台湾当局统计，从 2018 年
1 至 8 月全台湾关店与歇业的厂商家数为 19677 家，比 2017 年
同期的 15550 家多出了 26.5%。台湾经济是浅碟子的外向型经
济，蔡英文当局不处理好两岸关系，想关起门来发展台湾经济
无疑是缘木求鱼的做法。

三、"公投"绑选举

这是一次多项"公投"绑地方"大选"的选举。2017 年底，
台湾立法机构修改了"公投法"，全面降低了"公投"门槛，包
括提案门槛、联署门槛、通过门槛均下降，尤其是只需要 25%
以上的相对多数选民同意即为通过。2018 年底的"九合一"选
举是"公投"门槛降低后的台湾社会第一次大型选举，台湾社
会各界纷纷提出形形色色的"公投"案总计有 37 项，台湾"中
选会"通过 10 项"公投"提案。

但多数"公投案"的性质是政党和候选人的选战议题，实
质意义不大，其中包括由国民党提出的"反核食""反空污""反
深澳燃煤电厂"3 项"公投"案，目的是配合台北、新北、台
中的选战议题；其他如"反同"3 项与"挺同"2 项共 5 项"公
投"等，徒增社会对立与纠纷，浪费社会资源。而所谓的"以
台湾名称参加东京奥运会""公投"是岛内"台独"势力以挑衅
两岸关系为目的的"公投"，遭到广大台湾民众的抵制。2018
年 5 月初，国际奥委会执委会决议并通知中华奥委会"不予核
准任何中华台北奥林匹克委员会名称的改变"，10 月和 11 月，
国际奥委会再次电邮询问中华台北奥委会关于"东奥正名公投"

的状况，并且重申相关立场。11月初，"中华台北奥委会主席"林鸿道公开警告，举行"'东奥正名'公投案"，可能迫使中华台北奥委会会籍面临被"中止或取消承认"的潜在危机。台湾一些运动员也纷站出来反对"东奥正名公投"，11月21日羽毛球名将周天成、短跑好手杨俊瀚、两届奥运举重金牌得主许淑净等台湾数十位顶尖运动员及教练员呼吁民众一同反对所谓"'东京奥运正名'公投"。在台湾社会各界的抵制下，台湾民众以多数票否决了"东奥正名公投"。

表四：10项"公投"提案及结果

编号/"公投"名称	提案团体/人	提案内容	"公投"结果
1.反空污	国民党	你是否同意以"平均每年至少降低1%"之方式逐年降低火力发电厂发电量？	同意票：7955753 不同意票：2109157 同意票对投票权人数百分比：40.27% 结果：通过
2.反深澳电厂	国民党	您是否同意确立"停止新建、扩建任何燃煤发电厂或发电机组（包括深澳电厂扩建）"之能源政策？	同意票：7599267 不同意票：2346316 同意票对投票权人数百分比：38.46% 结果：通过

编号 / "公投" 名称	提案团体 / 人	提案内容	"公投"结果
3. 反核食	国民党	你是否同意政府维持禁止开放日本福岛 311 核灾相关地区，包括福岛与周遭 4 县市（茨城、枥木、群马、千叶）等地区农产品及食品进口？	同意票：7791856 不同意票：2231425 同意票对投票权人数百分比：39.44% 结果：通过
4. 婚姻定义	下一代幸福联盟	你是否同意民法婚姻规定应限定在一男一女的结合？	同意票：7658008 不同意票：2907429 同意票对投票权人数百分比：38.76% 结果：通过
5. 适龄性平教育	下一代幸福联盟	你是否同意在"国民教育"阶段内（初中及小学），"教育部"及各级学校不应对学生实施性别平等教育法施行细则所定之同志教育？	同意票：7083379 不同意票：3419624 同意票对投票权人数百分比：35.85% 结果：通过
6. 同性伴侣专法	下一代幸福联盟	你是否同意以"民法"婚姻规定以外之其他形式来保障同性别二人经营永久共同生活的权益？（另立"同婚专法"）	同意票：6401748 不同意票：4072471 同意票对投票权人数百分比：32.40% 结果：通过

编号/"公投"名称	提案团体/人	提案内容	"公投"结果
7. 东奥正名	前奥运选手纪政	你是否同意，以"台湾"（Taiwan）为全名申请参加所有国际运动赛事及2020年东京奥运？	同意票：4763086 不同意票：5774556 同意票对投票权人数百分比：24.11% 结果：不通过
8. 婚姻平权	平权前夕·彩虹起义	您是否同意，以"民法"婚姻章保障同性别二人建立婚姻关系？（不另立"同婚专法"）	同意票：3382286 不同意票：6949697 同意票对投票权人数百分比：17.12% 结果：不通过
9. 性平教育	平权前夕·彩虹起义	您是否同意，以"性别平等教育法"明定在"国民教育"各阶段内实施性别平等教育，且内容应涵盖情感教育、性教育、同志教育等课程？	同意票：3507665 不同意票：6805171 同意票对投票权人数百分比：17.75% 结果：不通过
10. 以核养绿	黄士修	您是否同意：废除"电业法"第95条第1项，即废除"核能发电设备应于2025年以前，全部停止运转之条文"？	同意票：5895560 不同意票：4014215 同意票对投票权人数百分比：29.84% 结果：通过

资料来源：台湾当局"中央选举委员会"网站

由于多项"公投"案与地方选举的结合，使得选举变得更加复杂多变，许多选民难以理解各项"公投"的具体内容，导致投票时间变长，许多选民排队 1 个多小时才完成投票。选民怨声载道，投开票所人满为患，不得不延长投票时间，以至不得不将投票时间延长到下午 4 点以后，出现了边开票边投票的奇观。

四、"韩流"吹遍全台

选举结果与韩国瑜掀起的"韩流"风潮直接相关。国、民两党均把"决战中台湾"作为"九合一选举"的重点布局，却没想到国民党候选人韩国瑜在高雄市打出了气势，全面拉抬了国民党的选情。时势造英雄，韩国瑜顺应了台湾民意求新求变的心态。2017 年 8 月，韩国瑜被提名为国民党高雄市党部主委，深入高雄基层，走街串巷，走访菜市场、摊贩和夜市，开始了他在高雄参选的草根之旅。不同于传统国民党政治人物，自称"卖菜郎"的韩国瑜仅凭一句"又老又穷"就打动了广大高雄民众的同理心："老，是指高雄有 50 万青年'北漂'到其他县市为生计求发展；穷，高雄市是六都'欠债冠军'，经济发展缺乏动力，又背负沉重债务包袱。"[8] 韩国瑜也强调打一场干净的选战，他表示，"今年不仅是高雄市长选举，更是改变高雄命运的选举，国民党的场子现在只有 1 瓶矿泉水、没有伴手礼"，但他相信这股干净选风能感动高雄市民，"希望大家跟我一起用 1 瓶矿泉水赢得胜利！"[9]

从 2018 年 9 月份开始，韩国瑜在高雄的声势扶摇直上，韩国瑜掀起的"韩流"吹遍了全台，提升了泛蓝选民的信心，拉抬了全台的国民党候选人的支持率，也凝聚国民党的选票，使得国民党潜藏着分裂危机的县市的泛蓝支持票得以凝聚。选战前期韩国瑜重视网络战拉抬声势，选战后期韩国瑜强化地方派系整合，用传统造势晚会、扫街拜票来巩固人气，尤其是11月份举办的三场"三山"造势晚会，即所谓"登陆凤山、夜袭旗山、挺进冈山"，成功地汇聚了支持人气。"韩国瑜现象"也可以说是延续了柯文哲在2014年开创的选举特色：经济主题超越了政治主题；个人色彩超越了政党特质；阶级分化取代了统"独"分歧。民进党传统的意识形态动员和不择手段的抹黑手法在选举中已经失效。

韩国瑜公开承认"九二共识"，主张"人进得来，货出得去，高雄发大财"，并且把两岸合作、"南南合作"等作为他竞选高雄市市长的重要政见。2018年韩国瑜在高雄市以绝对多数胜出。"韩流"之所以产生，反映了台湾民意求新求变的诉求，特别是民意对台湾经济的发展，对民生建设各个方面不满意，韩国瑜反映这一部分民意。

韩国瑜实现了"翻转高雄"甚至"翻转台湾"的心愿，这也是台湾民意的充分体现。"韩国瑜现象"也反映了泛蓝选民对国民党改革的期待，指明了国民党改革的方向，国民党政治人物不能再高高在上，必须深入社会基层，不能局限在"官二代""政二代""富二代"，必须培养"草根性"强、符合民意的政治人物，即使没有了党产资源，也可以打出一片天空。

从2014年到2018年，从柯文哲现象韩国瑜风潮，从"两岸一家亲"到"九二共识"，反映了台湾社会政治思潮的变化。

选后，2018 年 11 月 29 日台湾 TVBS 民调中心完成的调查显示，在台湾 12 位主要政治人物中，新当选的高雄市市长韩国瑜的满意度为 62%，排名第 1；台北市市长柯文哲的满意度为 61%，排名第 2。韩国瑜、柯文哲成为影响台湾政局发展的重要政治人物，2020 年台湾地区领导人选举过程中，也无法回避韩柯因素的对抗与影响。

五、选举结果反映了台湾社会民心思变的趋势

2018 年 11 月 24 日，台湾民众以手中的选票表达了对台湾政党、政治人物、内外政策的喜好。选举结果表明，民进党惨败，台湾选民对蔡英文当局的不满表露无遗，台湾民意再次表现出"求新求变"的特点。

表五：县市长各政党当选名额 [10]

政党	当选名额
中国国民党	15
民主进步党	6
无党籍及未经政党推荐	1
教科文预算保障 e 联盟	0
树党	0
"民国党"	0
金门高粱党	0

（一）选举结果反映了台湾民众对民进党当局的强烈不满

台湾民众的不满首先表现在 6 都选举中，也表现在全台各县市的投票中。民进党原有执政的 4 都只剩下 2 都，国民党则从 1 都增加到 3 都，尤其是民进党在南部的大本营高雄市被韩国瑜攻下，民进党的执政基地已经溃堤，民进党的执政基础已经彻底动摇。

表六：县市长选举政党得票数 [11]

政党	得票数	得票率
中国国民党	6,102,876	48.79%
民主进步党	4,897,730	39.16%
"民国党"	91,190	0.73%
树党	927	0.01%
金门高粱党	832	0.01%
教科文预算保障 e 联盟	403	0.00%
政党得票共计	11,093,958	88.7%
无党籍及未经政党推荐	1,413,821	11.3%

从县市长选举的统计看，国民党也是大胜，在 22 个县市中，国民党夺得 15 个县市，民进党只剩下 6 个县市，绿消蓝涨的趋势明显。在县市长选举中国民党总的得票率是 48.79%，民进党得票率是 39.16%，国民党明显胜过民进党，得票超过民进党约 120 万票。从县市议员席次看，在全台 912 席中，国民党夺得 394 席，民进党获得 238 席，无党籍 234 席，其他小党 46 席，包括"时代力量党"16 席，亲民党 8 席，民进党也处于明

显劣势。

表七：县市议员选举政党当选名额 [12]

政党	当选名额
中国国民党	394
民主进步党	238
无党籍及未经政党推荐	234
"时代力量"	16
亲民党	8
"台联党"	5
无党团结联盟	5
"绿党"	3
"民国党"	3
劳动党	2
新党	2
中华民族致公党	1
"社会民主党"	1
"公民党"	0
中华统一促进党	0
中国民主进步党	0
全民生活政策党	0
"正党"	0
新华劳动党	0
人民民主党	0

台湾整复师联盟工党	0
"中华民国国政监督联盟"	0
军公教联盟党	0
树党	0
新政世纪党	0
信心希望联盟	0
"皇君人民政党"	0
"基进党"	0
青年阳光党	0
台湾人民共产党	0
爱心党	0
左翼联盟	0

（二）选举结果反映了台湾民心思变的趋势

台湾社会民心思变，民心思变的背后主要是经济原因。民进党执政两年多以来，经济发展、民生建设方面的政绩不彰，蔡英文当局忙于政党恶斗，对台湾社会展开意识形态改造，引起台湾民众的普遍不满。民进党及其"独派"政治路线影响了台湾几十年的时间，严重阻碍了台湾的建设与发展。

民进党原本以为高雄市是囊中之物，对南部民众的疾苦和呼声不以为意，8月份蔡英文还乘着装甲车到南部视察水灾，傲慢心态激起民众的极度反感。蔡英文、民进党到最后都无法体认台湾民意的变化，被民意抛弃是必然的结果。台湾民意是流动的，是复杂的，也是多元的。选举结果表明，台湾民众的利益诉求大于认同因素，经济因素超过了统"独"因素。

（三）选举结果是台湾政治生态重新布局的预演

选举结果对台湾政党政治尤其是 2020 年的选举产生直接的冲击，也对两岸关系的发展带来深远的影响。选后蔡英文辞去党主席，赖清德、陈菊辞职均获得慰留，蔡英文当局被迫让层级不高的北农总经理吴音宁辞职负责，引起党内不满，林浊水就公开反弹，民进党内要求反省和检讨的声音再现。选举结果提高了国民党的信心与士气，国民党获得多数县市的执政权，执政县市的人口和资源都已经超过了民进党，形成了"地方包围中央"的有利态势，威胁了民进党执政权的基础。

有台湾舆论指出："民进党今年选战策略全部失效，真正关键原因还是以蔡英文为首的团队早已'政治信用破产'，没信用的人纵使紧握权力且言之凿凿，每一字每一句都只有尘埃之力而已"[13]。放弃"台独"立场、承认"台湾和大陆同属于一个中国"才是蔡英文当局走出困境的唯一出路。

注释：

[1] "吴敦义就任国民党主席致辞全文 宣示重返执政"，参见：https://www.nownews.com/news/20170820/2600458/。

[2] 《周锡玮讽民调　叫我如何相信》，台湾《中国时报》2018 年 1 月 29 日。

[3] 《国民党党团干部就位　战斗团队成形》，台湾《中国时报》2018 年 1 月 6 日。

[4] 《洪耀福：民进党今年战略　国民党再输一次两岸才有新局》，台湾《中国时报》2018 年 2 月 3 日。

[5] 2018-11-21《民主进步党第十八届第十五次中常会》，参见民

进党中央党部网站：https://www.dpp.org.tw/media/contents/8490。

[6]　2018 年 5 月 15 日"蔡英文就职两年满意度民调"，参见 TVBS 民调中心：https://cc.tvbs.com.tw/portal/file/poll_center/2018/20180516/27bcedb9362b32c82f7cc0c9e089b240.pdf。

[7]　台湾民意基金会"民进党重返执政两周年（2018 年 5 月 20 日）"民调，参见：https://www.tpof.org/%e5%9c%96%e8%a1%a8%e5%88%86%e6%9e%90/%e6%b0%91%e9%80%b2%e9%bb%a8%e5%9f%b7%e6%94%bf%e5%85%a9%e9%80%b1%e5%b9%b4%ef%bc%882018%e5%b9%b45%e6%9c%8820%e6%97%a5%ef%bc%89/。

[8]　《桑品载：民进党被韩国瑜打成老人党》，台湾《中国时报》2018 年 10 月 1 日。

[9]　《韩誓靠 1 瓶水　干净翻转高雄》，台湾《中国时》2018 年 10 月 7 日。

[10]　资料来源：台湾当局"中央选举委员会"网站，https://www.cec.gov.tw/pc/zh_TW/W5/00000000000000000.html。

[11]　资料来源：台湾当局"中央选举委员会"网站，https://www.cec.gov.tw/pc/zh_TW/PC/00000000000000000.html。

[12]　资料来源：台湾当局"中央选举委员会"网站，https://www.cec.gov.tw/pc/zh_TW/W2/00000000000000000.html。

[13]《王尚智：今年选的是政治人品》，台湾《中国时报》2018 年 10 月 7 日。

（作者单位：厦门大学台湾研究院）

2018 年台湾对外关系综述

童立群

摘要： 2018 年民进党执政当局对外关系继续保持倒退和缩限趋势。一年来，台美关系不断释放危险信号、台日关系转向起伏、"新南向政策"疲态尽现，3 个国家相继宣布与台湾当局"断交"，世界卫生大会等国际组织继续将民进党当局拒之门外等，充分说明台湾对外关系陷入重重困境，国际社会"一中框架"更加稳固。

在国际社会"一个中国"框架越来越巩固大环境下，2018 年台湾对外关系成效不彰，影响力继续呈现下降趋势。以蔡英文为首的民进党当局，自执政以来拒绝承认"九二共识"、视大陆为敌，同时不遗余力推行对美"一面倒"的政策，甘愿做美国的"棋子"，最终独自吞下"国际空间"持续缩限的苦果。

一、台美关系：美"台湾牌"
与台"对美一面倒"遥相呼应

（一）美国国会大力挺台

　　2017 年 6 月 15 日、10 月 12 日、2018 年 1 月 9 日，美国联邦众议院外交委员会亚太小组、外交委员会、院会陆续通过，2018 年 2 月 7 日及 2 月 28 日，美国联邦参议院外交委员会、院会先后通过"与台湾交往法"草案（H.R.535）。[1]3 月 5 日，通过的草案由美国国会送交白宫，最终总统特朗普在期限的最后一天，即 3 月 16 日签署此法案而生效。"与台湾交往法"从提出到通过成为美国国内法，流程快速，性质十分恶劣。

　　"与台湾交往法"通过后，一小撮国会议员在近两个月内相继提出多项涉及台湾防务、对外关系方面的法案。除《2019 财年国防授权法》外，包括"2018 年亚洲再保证倡议法案"（S.2736）[2]、"2018 年台湾防务评估委员会法案"（H.R.5680[3]）、"2018 台湾国际参与法案"（S.2962[4]）、"2018 台湾盟友国际保护与强化倡议法案"（S.3406[5]，简称"台北议案"）等。其中，"亚洲再保证倡议法案"于美东时间 12 月 4 日及 12 日赶在新一届 116 届国会正式上任前，由参、众两院一致表决（unanimous consent）通过。[6]

　　美国国会一直是"亲台"大本营，今年提出或促成各类涉台草案通过的，仍是民进党当局的几位"老朋友"，如参议员贾德纳（Cory Gardner）及卢比奥（Marco Rubio）等，他们在美国会兴风作浪，长期推动美台实质关系发展，致使近年来美国国会涉台议案的政治、军事和传统安全色彩不断增强。

（二）"印太战略"成为台美互动新平台

特朗普政府提出"印太战略"后，[7] 民进党当局积极响应。蔡英文声称台湾是"印太战略的相关者"、台美伙伴关系是"印太地区和平与稳定的关键支柱"。[8] 为主动迎合美国，台外事部门专门设立了"印太科"。[9] 美国前国防部长卡特在台表示，台湾是"印太战略"构建安全网络的其中之一，是其中的成员。[10] 国防部助理部长薛瑞福则提出台湾是"印太战略重要的伙伴"。[11] 一方面，民进党当局自觉归队为"印太同盟军"，试图将台湾定位为"印太战略"的（分）支点，即战略价值上等同于或略小于澳大利亚或印度的"第五支点"，以此顺利进入美国"印太朋友圈"，成为特朗普政府对亚洲政策整体中的一环，形成"台美合作新模式"。另一方面，"印太战略"所制造的中美关系对抗恶化的"臆想"成为民进党当局所谓"抗中反中"的借口。民进党当局对外宣传的逻辑是："印太战略"让蔡英文从中找到了施压大陆的"天然砝码"，只要能加入印太集团，它完全有能力对抗两岸关系的紧张与大陆的压力。美国学者也鼓吹"印太战略"可以帮助台湾获得"抵抗中共压力的机会"。[12]

在高层互访方面，6 月美国国务院主管教育文化助理国务卿马利·罗艾斯（Marie Royce）出席"美国在台协会（AIT）"内湖新馆落成启用典礼。10 月，美国环保署首席副助理署长西田珍（Jane Nishida）访台出席"玉山论坛"；国会议员则以众议院"台湾连线"共同主席哈博（Gregg Harper）等为代表频繁赴台"送温暖"；本年度有 5 位美国州长、总督访台，怀俄明州在台成立"亚太商务办事处"，是 13 年来首次新成立的美国州办事处。台美经贸关系方面，尽管美国贸易代表署（USTR）

年度贸易报告中再度点名台湾限制美猪、美牛进口政策，美国始终将这次议题与美贸易暨投资架构协定 TIFA 会谈挂钩[13]，但台美经贸关系仍维持一定水平，台湾为美第 11 大贸易伙伴，美国则为台湾第 2 大贸易伙伴。6 月邓振中按惯例率企业领袖团赴美"选择美国投资高峰会"（Select USA）。人文交往和互惠措施方面，台美"全球合作暨训练架构"（GCTF）合作交流开展顺利。[14] 本年度美国邀请民进党当局派代表参加"宗教自由高峰会"，台方由"驻美代表"高硕泰及相关官员与会，台美策划明年在台湾举行第 2 届会议。[15] 目前全美 50 个州当中已有 30 个与台湾完成签署"免试相互承认驾照协议"。

（三）以"军售'正常化'"为新特征发展台美军事等关系

本年度美国对台军售"正常化""常态化"被涉台法案频繁提及，台美官员公开谈论军售"正常化"问题。薛瑞福表示，美方有意将对台军售正常化与常态化，"这是基于美国看到中国日渐增强的威胁与台湾在安全上的需求"。[16] 在"正常化"的话语体系下，本年度台美军事安全合作持续升温，一是 4 月美国国务院向制造商核发对台出售潜艇技术的许可证，5 月"台美国防产业论坛"召开，台美军火厂商齐集参会；[17]9 月 24 日，美国国务院批准了价值约 3.3 亿美元的对台军售案，主要包括向台湾出售 F-16、F-5、"经国号"(IDF) 战斗机和 C-130 运输机的标准航材零附件以及航空系统备件和支持系统。二是《2019 财年国防授权法》（H.R.5515）[18] 其涉台条款增加了对台湾军力进行评估以强化改革台湾军力的部分。尽管法案通过后"两院协商"版本做了较为保守的修改，删除了"要求美军参加台湾汉光演习"等文字[19]，最终版本则修改为美国国防部长应推动加强与台湾安全交流的政策，包括与台湾进行实战训练与军事演习的机会，但仍保留参院版本里禁止中国大陆参与"环太平洋"军演的内容。

综上，本年度台美关系走入"快车道"，这种升级是双方"各取所需、一拍即合"的表现。一方面民进党内弥漫着唱衰中美关系的氛围，认同并鼓吹"中国威胁论"，认为中美在全球与地区的战略竞争加强，美国"围堵"中国的需求加大，为提升美国对民进党的重视程度提供了机会。此种判断作为前提，民进党当局"依美制陆"的战略政策更加完善。另一方面，美国极力想把中美贸易摩擦等议题与台湾问题挂钩。美舰穿过台湾海峡、陆战队进驻"AIT驻台北办事处"等类似消息不断释出，也表明美国加大了打"台湾牌"的力度。台美关系对两岸关系、中美关系都构成了潜在的挑战和威胁。

二、台日关系：逐渐降温冷却，
结构性矛盾无法解决

一是日方将解禁"核食"与台日关系密切挂钩。国民党提出的"反日本核灾区食品公投"结果显示，有700多万民众、近8成的投票者支持，而反对者仅有2成。日方也从最初对民进党当局的"高期待"转变为极度不满，致使本年度的台日关系显得尤其"冷"。日本外相河野太郎发表强硬谈话称："台湾反对福岛等五县食品进口的'公投'过关，未来两年可能无法解禁……演变成今天的局面实在令人非常遗憾。日本不排除向世界贸易组织提告，台湾已表态有意加入'跨太平洋伙伴全面进步协议'（CPTPP），势必因此事而无法加入，令人遗憾。"[20]
民进党当局不得不回应"希望不要对CPTPP造成影响"。[21] 二
是中日关系回暖限缩台日互动空间。与台美关系类似，台日关
系也是中日关系的参照物，在中日关系矛盾大于合作的时候，
台日关系有操弄的空间。随着本年度中国总理李克强成功访问
日本，中日关系逐渐改善提升。在此背景下，日本对台政策趋
于谨慎，5月自民党籍议员、安倍晋三的胞弟岸信夫取消了访
台行程[22] 即是日本低调处理敏感涉台问题的一个例证。三是日
本右翼团体持续伤害台湾民间情感。3月台湾籍宜兰海钓船"东
半球28号"遭日本取缔追赶，台"渔业署"态度软弱，称该
船"确实有越界作业，已经违规"。[23] 9月日本"慰安妇之真相
国民运动组织"等16个团体就台南慰安妇铜像一事递交所谓的
"公开质问书"，日方代表藤井实彦脚踹慰安妇铜像[24]，引起民众
极大愤慨。[25] 台"驻日代表"谢长廷却批判台湾的"中国政党"
（国民党）主导设置"慰安妇"铜像，意在破坏台日关系。[26] 就
在民众抗议示威要求藤井道歉之际，此人却安然离台，虽然民
进党当局表示"将依法行政"，但又辩称"不希望台日意见不
和的地方影响台日关系全面进展，大家要务实理性看待这个问
题"，[27] 最终未见任何严正表态。

　　尽管如此，台日在地方和民间层面互动仍然较为密切。一
是日方参众议员及各地方知事议员访台络绎不绝。台方资料显
示，2018年上半年共计269团、2927人次日宾访台，其中包
括52位国会议员（众议员33位及参议员19位）、17位知事及
8位副知事。台方则约170团、1736人次访日，其中包括27位
政府官员、25位"立委"及12位县市首长。[28] 7月第四届"台

日交流高峰会"在高雄举行，强调促进观光与地方交流，有 42
个日本地方议会 323 位议员出席。二是人文文化往来方面，台
日双方缔结超过 120 个姐妹市协议是双方持续在经贸、文化教
育等各领域推动交流的纽带。据统计，2017 年台湾访日旅客达
456 万人次，比 2016 年成长 9.5%。[29] 台湾虎航、日本乐桃航
空及香草航空等均将增设台日间新航线。6 月第 11 届"台日观
光高峰论坛"在台中市举行。该论坛自 2008 年起由台日双方轮
流主办，2017 年确立了 2020 年前台日往来旅客 700 万人次目标。
三是经贸往来方面，6 月第 1 届"台日第三地市场合作委员会"
在东京举行，这是为积极推动"台日合作新南向"，为台日企业
合作开拓第三地市场的环境的经贸会议；7 月"台湾日本关系协
会中小企业交流推动委员会"第 1 次会议召开，决定今后每年召
开 2 次会议（轮流在台湾及日本举行）；11 月台日经贸会议召开，
"台湾日本关系协会"会长邱义仁和"日本台湾交流协会"会长
大桥光夫签署"台日优质企业相互承认协议""台日中小企业合
作"等 4 项合作备忘录。[30]12 月第三届"台日海洋事务合作对
话"在东京召开，会议签署"台日海洋科学研究合作备忘录"等
文件，但并未在"冲之鸟礁"议题方面未达成任何共识。

总的来看，由于民进党当局对日本过于一厢情愿，面对蔡
英文剩下的一年多执政期的前景，未来台日关系发展空间有限。

三、台湾与东南亚、欧洲国家关系

首先，民进党当局执政以来，全体总动员拼新南向的业绩，
"新南向政策"也是一路狂热奔跑，在接连政策刺激之下，亮

出了一些教育、文化、旅游与劳工"好看"的数据。台方资料
显示，在"东南亚国家优质团体旅客来台观光签证作业规范"
（观宏项目）[31]刺激下，至本年度12月赴台旅游的1000万名旅
客中，"新南向"18国占整体旅客人次将近25%，其中菲律宾、
越南年增率都超过50%与30%。[32]此外，"新南向"国家赴台
就读已有4.1万人，达每年增加20%目标值，占整体境外生人
数约35%。[33]

　　本年度台当局"新南向"方面的政策倾斜仍在继续，例
如台外事部门下属的"国合会"（"国际合作发展基金会"）办
理专为东盟及南亚国家开设"青年创意发展"和"运用科技提
升农业抗逆境能力"研习班、推动与"重点目标国"印度尼西
亚"卡拉旺综合农业示范区"合作案等、11月签署"台印度尼
西亚全面经济合作备忘录"等。在台印（度）关系方面，根据
台"经济部"资料，台湾2017年对印度出口33.02亿美元，从
印度进口30.64亿美元；截至2018年7月为止，台商对印度
投资共85件，约6.02亿美元，印度对台投资达509件，金额
为6225万美元。[34]12月双方更新已生效13年的"投资保障
协定（BIA）"，签署"台印度投资协定"（Bilateral Investment
Agreement）[35]与"台印度优质企业相互承认协定"（Mutual
Recognition of the Respective Authorized Economic Operation
Programs），新增争端解决机制，并纳入第三方投资。[36]

　　但不论从政策效果和可持续性来看，该政策发展走势让人
大跌眼镜，其"政策利好"已现疲态，绩效更是乏善可陈。一
是"新南向"国家反应消极，配合有限。8月被视为台湾推动
"新南向"的重要平台——"台湾亚洲交流基金会"举行成立典

礼,"新南向"国家缺乏兴趣,仅有新加坡、越南、澳大利亚、新西兰派员参加。[37]在民进党当局本年度继续试办泰国、文莱与菲律宾赴台免签证措施后,泰国却宣布从10月起台湾民众赴泰个人签证限制为50人且上涨签证费用,后因台湾旅游协会抗议并抵制才使泰方仍维持现有收费。二是政策引起负面效应不断扩大。例如单向开放很多东南亚国家免签衍生的负面效应愈演愈烈。台"监察院"调查报告指出,自开放泰国赴台免签后,该国赴台从事非法色情活动的人数明显增多,泰人在台犯罪人数升高3成。12月,发生了越南赴台四天152名旅客"脱团失联"事件,舆论哗然。这起风波不仅在台湾引发治安疑虑,也掀起外界对"新南向政策"广泛质疑,所谓的"吸引优质客户"成了"假观光,真偷渡"。[38]媒体评论认为,此次越南团大脱逃"戳破了拼南向的假象"。[39]三是经贸成效乏善可陈。7月全台工总发表白皮书,其理事长王文渊指出,"新南向政策欠缺有效或是具体措施"。[40]台"经济部投审会"公布2018年上半年侨外投资统计,各项数据都"缩水","新南向"国家赴台投资统计金额减21.78%,对"新南向"国家投资也减少31.27%,堪称大幅倒退与缩水。此外,台湾在东盟5国(印度尼西亚、马来西亚、菲律宾、新加坡、泰国)的贸易总额比重也仅止于打平。[41]由此可见,"新南向政策"所发挥经贸功能实在有限。四是阻止台商"西进"适得其反。"新南向政策"提出目的是遏制台商"西进",为此民进党当局持续唱衰大陆市场,面对中美贸易摩擦,蔡英文称"证明推新南向是对的"。[42]然而,事实和数据却做出了最有力的反击。2018年上半年,台湾对大陆(含香港,下同)出口671.3亿美元,同比增长14.2%,占台湾同期出口总额的 41%，创 8 年来新高，大陆仍是台湾最大的出口目的地。[43]

其次，台欧关系等维持议会和经贸基本交流。本年度围绕台欧盟双方咨商 30 周年及"欧洲经贸办事处"在台成立 15 周年，民进党当局举办了若干活动，例如台外事部门与"欧洲经贸办事处"共同举办"台欧盟关系三十年回顾与前瞻论坛"。议论了很多年的"台欧盟投资协议（BIA）"，依然没有具体的谈判日程。一是台欧议会交流密切，欧洲国家和欧盟议会继续挺台。本年度欧洲议会通过包括"共同外交暨安全政策（CFSP）"[44]"中欧关系报告"等决议案，"中欧关系报告"主笔荷兰籍议员贝柏士（Bas Belder）声称，"欧洲议会明确告诉中国大陆，不要军事挑衅"，报告还声称欧盟对于台湾参与世卫组织、国际民航组织等表示支持。[45] 二是英国等国家政治人物访台频繁。包括：比利时联邦众议院副议长贝可（Sonja BECQ）、欧洲议会晏冯蓝（Frank ENGEL）为首的"欧洲议会跨党团议员团"、法国议会"友台小组"艾毕雍（Michel Herbillon）议员团、欧洲议会外交委员会韦格（Ivo Vajgl）议员团、英国国际贸易部副部长何柏礼（George Hollingbery）、英国前国际贸易副部长盖尼尔（Mark Garnier）下议院团、德国下萨克森州议会基民党（CDU）党团主席陀飞（Dirk Toepffer）、欧盟对外事务部前亚洲事务司长莫伦（Amb. James Moran）等，此外，台湾"立法院长"苏嘉全与部分"立委"分别赴访英国、法国、瑞典及波兰等地访问。这些访问维系了台湾与欧盟、欧洲各国的关系与交流。三是维持人文科技和文化往来。本年度台湾当局宣布给予俄罗斯试办 14 天免签证待遇。7 月台湾与捷克签署"关于涉及洗钱、相关前置犯罪及资助恐怖主义金融情资交换合作了解备忘录"，与波兰签署"科学高等教育合作协议"；8月台湾与卢森堡异地签署"青年度假打工计划协议"。[46]

四、"固邦"挡不住"断交潮"

本年度多米尼加、布基纳法索、萨尔瓦多相继宣布与台湾当局"断交"后，台当局所谓"邦交国"还剩17个。"邦交"数量越来越少，民进党当局不得不加大"固邦"力度。一是出访和邀请"邦交"首脑访台。4月蔡英文访问非洲斯威士兰，8月又展开"同庆之旅"，参加巴拉圭总统阿布铎（Mario Abdo Benítez）就职典礼并访问贝里斯；吴钊燮作为外事部门负责人，则奔赴萨尔瓦多、贝里斯等地"固邦"。另一方面，5月海地总统莫伊兹（Jovenel Moise）夫妇、6月斯威士兰国王恩史瓦帝三世、7月马绍尔群岛共和国海妮总统（H.E. Hilda C.Heine）夫妇、8月巴拉圭总统阿布铎相继访台，民进党当局均给予高度礼遇，例如为莫伊兹、阿布铎颁发"采玉大勋章"。9月，中国与梵蒂冈签署的主教任命临时性协议的消息传出，媒体称"维系已近70年的台梵关系陷入岌岌可危的处境"，"陆梵建交脚步近了"。台方不得不反复重申"台梵间邦谊稳定"，表示"一直持续关注与掌握相关讯息，该协议仅涉及教务议题"，台湾会"审慎、密切地关注和掌握"。[47]二是继续通过人才培训、农业合作、商业采购等途径维持"邦交"关系，本年度，民进党当局提出了所谓"精进作法"，以"精准媒合"方式，组织台湾"适当业者"参团考察，赴"邦交国"采购、拓销及投资考察。

例如 9 月台"外贸协会"筹组"2018 年中美洲海鲜产业采购团"前往危地马拉、洪都拉斯及尼加拉瓜采购白虾与龙虾等海鲜；10 月组团赴加勒比海三国、11 月间赴斯威士兰、莫桑比克及南非进行产业布局的考察。在培训方面，例如台"国合会"与"劳动部劳动力发展署"合办"拉美地区'友邦'青年职业训练计划"西语专班，学员名额将由原规划的 75 名学员扩增至 350 名。三是尽力满足"邦交国"援助的"要价"。针对唯一的非洲"邦交"斯威士兰，蔡英文在访问后提出"非洲计划"。[48]海地总统访台后双方签署了"联合公报"，内容提到在 60 天内共同规划海地经济发展、基础建设及吸引投资等项目。[49]莫伊兹表示，希望台方协助解决该国缺电问题。为了投其所好，其访问后一周台湾方面即派遣技术人员赴海国实地考察及深度评估，并在海地政府与台银行完成贷款合约签订后，举行动土仪式。[50]四是美国涉入帮助台湾当局"固邦"。本年度美国在台"邦交"问题上公开的言行，构成了民进党当局"固邦"新特征。一方面，美国支持和配合蔡英文"过境"。8 月蔡英文前往南美洲访问，过境洛杉矶和休斯顿，并在洛杉矶里根总统图书馆向美国媒体发表讲话，美方首度开放台湾随团媒体"过境"期间采访与发稿。[51]另一方面，美国从国会到行政部门开始公开"关切"和干涉台湾"国际"活动问题。5 月美国白宫对于中国在航空公司"更名"问题上直接进行"谴责"。[52]萨尔瓦多与台湾"断交"后，白宫在十天内以媒体声明称该行为影响了"整个美洲的经济状况与安全"，并将其视为"用经济力量动摇两岸关系""对西半球进行政治干涉"的手法。[53]9 月，美方召回了驻多米尼加大使伯恩斯坦（Robin Bernstein）、驻萨尔瓦多大使曼内斯（Jean Manes）以及驻巴拿马临时代办康若珊（Roxanne Cabral），以了解这 3 国与台当局 "断交" 的决定，并就其进行磋商。[54] 莫健称，北京对台湾采取的行动不是没有后果的，美国会采取对应的反应。[55]

五、参与国际组织活动的空间进一步被缩限

本年度，由于民进党蔡当局纵容 "独派" 的各种 "突破现状" 的活动，包括发动 "东京奥运台湾正名公投"、扬言将会策动 "APEC 台湾正名" 及 "WTO 台湾正名公投"，并意图修改台湾当局出席 "APEC" 领导人非正式会议的人选规格，公然挑战 "奥运模式" 等台湾参与国际组织的规定，在此情况下，为避免台湾参加国际组织活动产生更多更大的政治风险，国际社会不得不采取进一步行动警示民进党当局。一是世卫大会、国际刑警组织等继续拒绝台湾当局挑衅。5 月世界卫生大会将台当局拒之门外，同时拒绝将涉台提案列入大会补充议程。台湾陆委会发表声明称大陆用 "粗爆政治手段" "霸凌" 台湾，"罔顾台湾人民健康权益"。[56] 此后，民进党当局宣布要向世界卫生组织捐款 100 万美元（约 689 万人民币）用于防治埃博拉病毒，但声称要以 "台湾" 或 "中华民国" 的名义向世界卫生组织（WHO）捐款 100 万美元，世卫组织秘书处没有接受台当局的要求，捐助案因此中止；9 月，民进党当局进行参与联合国大会的 "推案"，[57] 透过脸书、推特、Instagram、Youtube 等新媒体，"多元发声" 及 "扩大声量"。包括制作 "宝岛酷日常" 短片、参加国际研讨会、讲座、论坛等，并与学者、政要及青

年对谈的一系列文宣活动、组成"立法院"视导团赴纽约、组织侨团筹备多项活动等；10月民进党当局继续申请以"观察员"身份出席会议，并申请分享全球警察通讯系统资料。国际刑警组织表示，1984年大会已决定以中华人民共和国政府为唯一代表，而扩大通讯系统使用范围属"相关成员国事务"。[58] 二是APEC会议、东亚青运动会等回归既有模式。台积电创办人张忠谋11月成为台湾方面的APEC峰会代表，尽管美国副总统彭斯（Mike Pence）与其举行会谈表达支持姿态，但从张忠谋的企业家、不具政治色彩身份来看，台当局参与APEC已经回归到"西雅图模式"上来，即台湾当局只能派出主管经济工作的"部长"级官员甚至是民间企业界人士与会；东亚奥委会决议取消台中市的东亚青运主办权表明，一中原则是国际社会普遍共识，且被越来越多地纳入双边、多边国际组织及非政府国际组织的运作里。

注释：

[1] https://www.congress.gov/bill/115th-congress/house-bill/535/cosponsors?q=%7B%22search%22%3A%5B%22taiwan+act%22%5D%7D&r=1 查询时间：2018年10月19日。

[2] https://www.congress.gov/bill/115th-congress/senate-bill/2736?q=%7B%22search%22%3A%5B%22Asia+Reassurance+Initiative+Act%22%5D%7D&r=1 查询时间：2018年11月6日。

[3] https://www.congress.gov/bill/115th-congress/house-bill/5680?q=%7B%22search%22%3A%5B%22Taiwan+Defense+Assessment+Commission+Act+of+2018%22%5D%7D&r=1。查询时间：2018年11月6日。

[4]　https://www.congress.gov/bill/115th-congress/senate-bill/2962?q=%7B%22search%22%3A%5B%22Taiwan+International+Participation+Act+of+2018%22%5D%7D&r=1。查询时间：2018 年 11 月 6 日。

[5]　https://www.congress.gov/bill/115th-congress/senate-bill/3406?q=%7B%22search%22%3A%5B%222018+Taiwan+Allies+International+Protection+and+Enhancement+Initiative+Act%22%5D%7D&r=1 查询时间：2018 年 11 月 6 日。

[6]　余东晖：《美参院通过含挺台条款之亚洲再保证倡议法》，中国评论新闻网，http://www.crntt.com/doc/1052/7/4/3/105274392.html?coluid=148&kindid=7550&docid=105274392&mdate=1206124144，2018 年 12 月 5 日。

[7]　2017 年 11 月初美国总统特朗普在东亚之行中，宣示"印太战略"成为美国新政府的亚太战略，此后又紧锣密鼓推出三个重磅战略文件：《国家安全战略》《国防战略》和《核态势评估》报告，为"印太战略"提供指导和支持。

[8]　林河名：《美参议院通过"台湾旅行法"蔡英文推特感谢支持》，台湾《联合报》，2018 年 3 月 1 日。

[9]　黄筱筠：《台"外交部"成立"印太科"吴钊燮揭牌》，《中国评论新闻网》，http://www.crntt.com/doc/1050/6/5/6/105065639.html?coluid=0&kindid=0&docid=105065639 2018 年 5 月 11 日。

[10]《美国前国防部长卡特：台湾是美国印太战略一部分》，《观察者网》，https://www.guancha.cn/local/2018_07_24_465362.shtml 2018 年 7 月 24 日。

[11]《美国要派航母通过台湾海峡？美"友台"官员又来刷存在感了》，环球网 http://taiwan.huanqiu.com/article/2018-07/12527257.html 2018

年 7 月 19 日。

[12] 钟辰芳：《美国专家：美应将台湾纳入印太战略》，美国之音网站，https://www.voacantonese.com/a/indo-pacific-20180108/4199413.html，查询时间：2018 年 1 月 9 日。

[13]《"台美签自由贸易协定"，"美国在台协会主席"：可能需一段时间》，《联合早报》，http://www.zaobao.com/realtime/china/story 20180913-890854 2018 年 9 月 13 日。

[14] 本年度台美"全球合作暨训练架构"（GCTF）包括：打击跨境犯罪及美钞、护照鉴识研习营等。台美 GCTF 已于最近 3 年在台湾举办 12 场训练计划，主题包括公共卫生、妇女赋权、能源效率、电子商务、人道援助、灾害防救及缩短数字落差等议题，共计邀请亚太地区 33 国家和地区、超过 200 位代表赴台参与。

[15] 海彦，《台湾争取明年主办"全球促进宗教自由峰会"》，美国之音网站，https://www.voachinese.com/a/Taiwan-Seeks-To-Host-US-Convened-Religious-Freedom-Summit-20181112/4654606.html 2018 年 11 月 12 日。

[16]《薛瑞福：台海国际海域 美航空母舰"有权航行"》，中国评论新闻网，http://www.crntt.com/doc/1051/3/5/4/105135430.html?coluid=0&kindid=0&docid=105135430 2018 年 7 月 19 日。

[17] 论坛由"台湾国防工业发展协会"与"美台商会"合办，"美台商会会长"韩儒伯率十多名军工产业代表赴台，包括洛克希德·马丁、雷神等大厂商。

[18] https://www.congress.gov/bill/115th-congress/house-bill/5515?q=%7B%22search%22%3A%5B%22NDAA%22%5D%7D&r=6 访问时间：2018 年 10 月 25 日。

[19] 原先参议院的《国防授权法案》版本指出，美国国防部长应当推动提升台湾安全的交流政策，包括适当参与台湾军演，比如年度"汉光演习"，以及让台湾适当参与美国军演等。

[20] 黄菁菁、洪凯音、廖德修：《"公投反核食"，日拒台加入CPTPP》，台湾《中国时报》，2018年12月8日。

[21] 黄筱筠：《禁"核食"无法入 CPTPP？吴钊燮：盼勿影响》，中国评论新闻网，http://www.crntt.com/doc/1052/8/3/7/105283718.html?coluid=46&kindid=0&docid=105283718&mdate=1217124055 2018年12月17日。

[22] 王欲然：《国台办回应安倍晋三胞弟取消访台行程：证明一个中国原则是普遍共识》，人民网，http://tw.people.com.cn/n1/2018/0516/c14657-29994079.html 2018年5月6日。

[23] 杨腾凯：《东半球28号 确实越界作业》，台湾《中国时报》，2018年3月9日。

[24] 该铜像是8月14日在台南市揭幕的，台湾地区前领导人马英九参加揭幕仪式。日本官房长官菅义伟对此表示"极为遗憾"，"日本台湾交流协会驻台代表"还就此约见国民党主席吴敦义，表达"严重关切"。

[25]《设慰安妇像伤害台日友好！日本民间团体递质问状抗议》，台湾 ETtoday 新闻云，https://www.ettoday.net/news/20180910/1255205.htm，2018年12月24日。

[26] 周礼：《谢长廷抱怨"慰安妇像毁台日关系"，国民党批：亲日媚日舔日》，《环球时报》。2018年8月24日。

[27] 黄筱筠：《台官方：台日关系非常全面性，盼务实理性》，中国评论新闻网，http://www.crntt.com/doc/1051/8/4/5/105184597.html?coluid=0&kindid=0&docid=105184597 2018年9月11日。

[28]　台湾外事部门网站，https://www.mofa.gov.tw/Default.html。

[29]《赴日旅游破 456 万人次创新高　日观光局列 3 点"台人爱去的原因"》，台湾《ETtoday 新闻云》，https://www.ettoday.net/news/20180128/1102054.htm#ixzz5bJH2dgcV，2018 年 1 月 28 日。

[30]　赵双杰 :《台日经济贸易会议各项备忘录签署仪式记者会》，《中国时报》，2018 年 11 月 30 日。

[31]　"观宏专案"指的是为东南亚和南亚"优质旅行团"提供便捷签证，目前适用的国家为印度、印度尼西亚、越南、缅甸、柬埔寨及老挝六国，由"观光局"许可的旅行社筹组旅行团赴台，团员名单须经"观光局"审核通过，再交由"外交部"核发电子签证。

[32]《千万观光客 2 日前达标"新南向"国家占近四分之一》，联合新闻网，https://udn.com/news/story/7266/3514696?from=udn-hotnews_ch2 2018 年 12 月 3 日。

[33]　李欣芳，《各国在台留学生 4.1 万人"新南向"育才计划提前达标》，《自由时报》，http://news.ltn.com.tw/news/life/breakingnews/2471973 2018 年 6 月 28 日。

[34]　康世人，《台印拟签投资协议新约　印度内阁批准》，台湾"中央社"，https://www.cna.com.tw/news/aopl/201810240354.aspx 2018 年 10 月 24 日。

[35]　台印度双方投资协定于 2002 年签署，2005 年生效至今，因应资通讯（ICT）产业日增的新投资样态，双方因而签署新版本。

[36]《台印度重签投保协定纳入争端解决机制》，中国评论新闻网，http://www.crntt.com/doc/1052/8/4/9/105284991.html?coluid=7&kindid=0&docid=105284991 2018 年 12 月 28 日。

[37]　陈建瑜，《台亚基金会开幕"新南向"国不捧场》，《中国时报》，

2018 年 8 月 9 日。

[38] 截至 11 月，总专案申请人数为 9 万 8744 人，逃脱旅客却暴增，共计 348 人为越南籍、4 人为柬埔寨籍。加上此次的 152 人，过去 3 年就有 500 名越南客逃脱。

[39]《越南团集体跳机　拼"南向"拼出的难堪真相》，《联合报》，2018 年 12 月 27 日。

[40] 黄有容、洪凯音、林澄薇，《王文渊轰"新南向政策"》，《中国时报》，2018 年 7 月 28 日。

[41] 邱琮皓，《"新南向"退烧？上半年双向投资金额降温》，《工商时报》，2018 年 7 月 21 日。

[42]《蔡英文：因中美贸易战产生变局　证明"新南向"正确》，凤凰网，http://news.ifeng.com/a/20180412/57496137_0.shtml 2018 年 4 月 21 日。

[43]《台当局统计：上半年台湾对大陆出口同比增长 14.2%》，人民网，http://tw.people.com.cn/n1/2018/0709/c14657-30136096.html 2018 年 7 月 9 日。

[44] 陈建瑜，《欧洲议会通过决议案　促两岸迅速恢复对话》，《中国时报》，2018 年 12 月 12 日。

[45] Report on the state of EU-China relations, 欧盟议会网站，http://www.europarl.europa.eu/sides/getDoc.do?type=REPORT&reference=A8-2018-0252&format=XML&language=EN 查询时间：2018 年 12 月 28 日。

[46] 卢森堡成为继德国、英国、爱尔兰、比利时、匈牙利、斯洛伐克、波兰、奥地利、捷克及法国，成为欧洲第 11 个及全球第 16 个与台湾签署该项协议（"备忘录""共同声明"）的国家。

[47] 侯姿莹，《中梵传近期签署教务协议"外交部"：无涉邦交》，

"中央社"，https://www.cna.com.tw/news/aipl/201809130130.aspx　2018 年 9 月 13 日。

[48]《蔡英文：已交办提出一套"非洲计划"》，联合早报网，https://www.zaobao.com.sg/realtime/china/story20180421-852670　2018 年 4 月 21 日。

[49] 叶素萍，《台湾海地签"联合公报"60 天内规划新合作条件》，台湾"中央社"，https://www.cna.com.tw/news/firstnews/201805290250.aspx　2018 年 5 月 29 日。

[50] 该计划由海地政府向台湾银行贷款并由台湾厂商承建相关基础设施，目前是由台湾电力公司派遣顾问，并由台湾海外工程公司（OECC）承建，贷款金额为 1.5 亿美元。

[51] 陈建瑜、崔慈悌、陈麒全，《台"旅法"后　蔡英文首度过境美国》，台湾《中国时报》，2018 年 8 月 13 日。

[52] Statement from the Press Secretary on China's Political Correctness, 美国白宫网站，https://www.whitehouse.gov/briefings-statements/statement-press-secretary-chinas-political-correctness/ May 5, 2018。

[53] Statement from the Press Secretary on EI Salvador, 美国白宫网站，https://www.whitehouse.gov/briefings-statements/statement-press-secretary-el-salvador/ August 23,2018。

[54] 黄安伟，《美国从与台湾"断交"的拉美三国召回外交官》，纽约时报中文网，https://cn.nytimes.com/usa/20180910/us-latin-america-china/ 2018 年 9 月 10 日。

[55] 余东晖：《"AIT 主席"称召回大使表明北京行动不是没后果》，中国评论新闻网，http://www.crntt.com/doc/1051/8/6/9/105186981.html?col

uid=0&kindid=0&docid=105186981 2018 年 9 月 13 日。

　　[56] 陈君硕,《陆委会批陆霸凌　陆官媒：歪曲事实打悲情牌》,《旺报》, 2018 年 5 月 23 日。

　　[57] 本年度台当局提出与去年一致的目标, 即："向联合国社群及国际社会展现台湾是落实联合国永续发展目标（Sustainable Development Goals, SDGs）的建设性伙伴"。

　　[58]《我申请观察员身份碰钉子国际刑警组织：陆是唯一代表》, 台湾 ET today 新闻云, http://cdn1.ettoday.net/news/20181018/1284057.htm 2018 年 10 月 18 日。

（作者单位：上海国际问题研究院）

2018 年美台关系综述

郭拥军

摘要：2018 年，美台关系在战略上、政治上、经济上、军事上、涉外议题上都有新的特点。其原因来自美国对华政策调整、中美经贸摩擦、美国内部官员变动、台湾对美策略等。美台关系的发展对岛内"台独"势力、两岸关系、中美关系、美国对台政策框架都产生了影响。

美国是影响台湾问题最重要的外部因素，美台关系是台湾当局对外交往最重要的方面。2018 年，美国特朗普政府和台湾蔡英文当局执政均进入中期，双方关系呈现出一些新特点，产生了若干影响。

一、主要特点

2018 年的美台关系，在战略上、政治上、经济上、军事上、涉外问题上均出现一些与往年不同的新特点。

（一）战略上，特朗普政府推动"自由开放的印太"，蔡英

文当局积极迎合

美国 2017 年底开始正式使用的 "印太" 概念，在 2018 年缓慢地但却逐步地推进，轮廓日益清晰化，内容不断具体化。2018 年 11 月，美国国务院在年度 APEC 峰会结束后发布文件 "推动形成自由开放的印太地区"，称美国在印太地区的政策聚焦于三个领域：提升经济上的共同繁荣，捍卫良治和公民社会，确保和平与安全的地区秩序。[1] 在这一地区政策框架中，台湾当然不是最突出的部分，但也被视为不可或缺。《国家安全战略报告》阐述自由开放的印太地区时纳入涉台内容。7 月 30 日，国务卿蓬佩奥在 "印度—太平洋商业论坛" 发表题为 "美国对印度—太平洋地区的经济愿景" 的演讲，盛赞："在台湾，经济发展和创造一个开放、民主的社会有密不可分的关系，所以（它）才能发展成为高科技重镇。"[2] 8 月 23 日，"美国在台协会台北办事处" 新任 "处长" 郦英杰到任后首次拜会蔡英文，明确表示："台湾是可靠的伙伴，也是印太区域的重要角色。美国清楚知道，台湾与美国共享利益与价值，我们也仰赖台湾推广区域稳定及和平。美国与台湾将持续携手保护双方重视的价值：自由、民主和我们的未来。"[3]

蔡英文当局积极主动迎合特朗普政府的地区政策框架。对 "自由开放的印太"，蔡英文对郦英杰表示："美国是台湾的安全和经贸伙伴，台美稳健的关系也一直是印太区域和平、稳定及繁荣的基石。"[4] 这是台湾当局就 "自由开放的印太" 中自身角色、就美台关系的基本定位。蔡英文积极向美示好，期盼在新的地区架构下持续和美国合作、深化伙伴关系，共同维持一个自由、开放、繁荣的 "印太区域"。8 月 30 日，台湾远景基金

会与美国"新美国安全中心"、日本"笹川平和财团"合作举办
"印太安全对话"。"外交部长"吴钊燮在会中声称民主是自由
开放的印太地区最不可或缺的要素，自诩台湾为"民主典范"，
"理想相近的国家有必要强化印太地区的民主机制，台湾在这方
面可提供协助"。[5]台"外交部"甚至在"亚太司"下专门新设
立"印太科"。

**（二）政治上，指责大陆所谓"片面改变现状"，试图突破
交流层级**

蔡英文执政过半后，其两岸政策已然固化。两岸关系再没
有"答卷"一说，螺旋式恶化。在此过程中，美国明显选边台
湾，指责大陆"片面改变现状"，视蔡英文当局为地区稳定因
素，肯定其两岸政策。

年初，两岸围绕 M503 航线出现严重争议，甚至冲击到春
节期间的航班安排。台湾当局攻击大陆正常的航线调整"是不
负责任的做法"，"不仅影响飞安，更是对台海现状的破坏，这
种单方面改变现状、破坏区域稳定的做法，国际社会并不乐
见"。[6] 1 月 28 日，美国国务卿高级政策顾问布莱恩·胡克表示
美国的确对此感到担忧："我们反对这一类单方面行动。我们反
对台海任何一方做出改变现状的事。我们鼓励北京与台北进行
建设性对话。涉及台海民航与安全的议题应该由双方通过对话
来决定。"[7]在香格里拉会议上，美国国防部长主要在南海等问
题上批评中国，较少牵扯台湾问题。马蒂斯 2017 年开始发表支
持台湾的言论，但内容限于对台售武；2018 年 6 月 2 日却进一
步加码，首次表示美国"反对改变现状的所有单方面努力影响，
持续坚持任何化解分歧的决议须符合海峡两岸人民的意愿"。

而对蔡英文当局所谓"维持现状"的两岸政策，美国给予正面赞扬。10 月 10 日，蔡英文发表"双十节"演讲，就两岸关系提出所谓"四个不会"：不会贸然升高对抗，不会屈从退让，不会走向冲突对抗，也不会背离民意、牺牲台湾的"主权"。这实际上是一种柔性务实"台独"路线，柔性务实是幌子，其掩盖下的"台独"政策是实质。当天，"美国在台协会主席"莫健在"台湾驻美代表处"高度肯定蔡讲话，认为其相当谨慎、是在遵循务实、和平的政策；美方总是呼吁双岸采取建设性、有创意和弹性的方法，也希望看到双方对话；蔡英文正努力做到这点，认为美国没有看到北京有创意、弹性的回应。[8] 这番言论反映了美国对 2018 年两岸政治对峙的基本立场。正是基于对蔡英文及其两岸政策的这种肯定，美国在蔡 8 月出访拉美时给予较高礼遇，允许过境洛杉矶和休斯顿，去台湾"驻洛杉矶代表处"视察、参观里根总统图书馆，并首次开放随团媒体即时报道。

不过，对于激进"台独"活动，美国还是适时地发出了自己的反对声音，表现出谨慎的政策思维。11 月的"九合一"选举中，激进"台独"势力推动举办所谓"东奥正名公投"，要求在 2020 年东京奥运会及以后的所有国际重大体育赛事中，以"台湾"而不是目前的"中华台北"名义参赛。"公投"前三周，11 月 5 日，访台的莫健在会见蔡英文时，当面表示在此议题上美国帮不上忙，而中国政府也可能因此将台湾在国际奥委会的会籍除名。[9] 莫健曾经在陈水扁时期处理过"公投"引发的两岸危机，其此次表态既基于个人以往经验，也基于美国基本政策。

　　2018 年是第 115 届国会的后半任期。在诸多亲台议员推动下，"与台湾交往法"在两院通过，经由特朗普 3 月 16 日签署生效。其第三条第二款要求允许美国政府所有层级的官员，包括负责国家安全事务的内阁级官员、将级军官及其他行政部门官员赴台，会见对口的台湾官员；在对其尊严给予恰如其分尊重的前提下，允许台湾高级别官员进入美国，并会见国务院、国防部及其他内阁机构的美国官员。[10] 这项法律最大的特点是试图为美台军政人员往来不设限，将美台关系提升为官方性质，将"一个中国"、中美"三个联合公报"空心化。在这个意义上看，其具有突破性。正如曾参加 2015 年"习马会"的台湾当局前"国安会咨询委员"、政治大学名誉教授邱坤玄所言："该法涉及的是台美双方官员互访议题，已经突破了《与台湾关系法》界定的非官方关系限制。即使宣称'与台湾交往法'没有法律约束力，但是潘多拉盒子一打开就有向上发展的可能。"[11] 尽管如此，综观 2018 年的美台人员交流，特朗普政府在落实'与台湾交往法'上还是比较谨慎的，并未出现显著突破。6 月 12 日，"美国在台协会台北办事处"新的办公大楼落成，出席典礼的是美国国务院主管教育文化的助理国务卿罗伊斯，与之前舆论传言的总统国家安全事务顾问、部长、其他内阁级官员落差极大，被台湾媒体以不屑的口气称为"级别上不高不低、又是管文教的"。

　　另一方面，蔡英文当局也没有过度操弄，谋求近期内实现赴美交流的显著突破。"与台湾交往法"通过后，舆论热议美台高层交往是否会因而迅速显著提升，特别是长期不能正式访问美国的人员能否成行。为此，台湾"外交部"在该法生效三天后特意发布新闻稿，明确表示"并没有安排'总统''副总统''行政院长'等高层'政府首长'访问美国的任何规划"。[12] 2018 年全年，除了蔡英文出访拉美过境美国外，台湾高层赴美活动的最高官员是"立法院长"苏嘉全。美国参议员麦凯恩、前总统老布什去世后，他两度代表台湾当局前往华盛顿吊唁。以往的"立法院长"也曾到访华盛顿。

（三）经济上，台湾主动示好，试图以"新南向战略"对接"自由开放的印太"，但美台固有经济矛盾在特朗普政府的全球贸易战下更难解决

"自由开放的印太"中，经济内容占有较大比重，美台双方均有意有重点地开展合作，并选择了能源、基础设施建设、数字经济等领域。8 月 28 日，郦英杰在"智慧城市论坛"上致开幕词，称"我们的印太策略"有三大关键经济支柱：基础建设、能源、数字经济。基础建设方面，美国期许能协助台湾的前瞻基础建设计划；能源方面，想要协助台湾在未来转型成无核家园时能够满足其能源需求；数字经济方面，想要成为台湾不可或缺的伙伴，协助台湾透过"五加二"产业创新计划，转型成创新型经济。台湾方面则更为"雄心勃勃"，重点不是接受美国的帮助，而是要自己帮助印太地区其他国家，通过大力推动的"新南向政策"助力美国"自由开放的印太"。8 月 30 日，吴钊燮在"印太论坛"上表示，美日正提高该地区公私投资水平，"正好与台湾的新南向政策相辅相成。新南向政策让我们在两年的时间内，领先参与南亚及东南亚的商业与产业活动。台湾乐意与任何有意愿的伙伴建立产业关系，分享经验"，"台湾已准备 35 亿美金支持新南向政策伙伴发展基础建设"。[13] 这实际上是力图以经济手段向美国的地区战略贴靠，进一步与之捆绑。

　　这种经济贴靠也表现在台湾在中美经贸摩擦中的立场。1月16日，蔡英文接见"美台商业协会"代表团，积极表态称美国长期支持台湾，"而当美国经济政策在面临转折期之时，台湾也希望能够尽一己之力协助美国，让美国在经济上能有新的景象"。[14] 贯穿全年的中美经贸摩擦中，蔡英文当局不时选边、配合特朗普政府。4月17日，台湾"财政部"宣布对自大陆进口的"特定镀锌及锌合金扁轧钢""碳钢钢板""不锈钢冷压钢"展开反补贴调查，对"不锈钢热轧钢""特定碳钢冷轧钢"开展"反补贴""反倾销"调查。这是台湾首次使用"双反"调查，专门针对大陆，意在回应美国对大陆钢产品绕道输美的疑虑。美国对大陆的"301"调查报告出炉后，特朗普政府动用多边手段，在世贸组织指控大陆在专利技术上"侵权""歧视"。台湾当局以相关内容涉及其重大贸易利益为由，尾随美国，向世贸组织提出加入该诉讼。

　　尽管如此，在结构性因素影响下，美台双方经贸关系在2018年并没有显著进展。美国贸易代表办公室发布的《2018年贸易政策议程及2017年年度报告》，要求台湾优先解除对含莱克多巴胺的美猪、美牛产品进口限制，并对台湾稻米采购系统、有机产品认证等表示关注。特朗普政府对多个国家和地区加征钢铝关税后，台湾当局多次派高官赴美沟通，希望能够进入"豁免"名单，但每次都碰壁。美台最主要的经贸沟通管道"贸易投资框架协定"下磋商仍然没有恢复。实际上，台湾和大陆一样，在对美贸易中处于顺差地位，是特朗普政府的关注对象。8月，中油公司宣布与美国公司签订合同，未来25年内进口总额 250 亿美元的石油，意图就是减少顺差。但是，美台贸易和中美贸易一样，存在结构性问题，短期内难以彻底解决美国的逆差问题。根据美国商务部经济分析局的统计，2018 年前三季度，美国分别向台湾出口货物和商品 91.85、98.28、113.62 亿美元，自台湾进口 132.82、130.92、133.66 亿美元，每个季度都处于逆差，分别为 40.97、32.64、20.04 亿美元。前三季度逆差总额为 93.65 亿美元，已经超过 2012—2017 年期间绝大多数年份每年全年的逆差。[15]

（四）军事上，特朗普政府开始试探性支持台自制潜艇计划、调整军售模式

安全议题是"自由开放的印太"不可回避的方面。《国家安全战略报告》中的涉台内容就是摆放在"自由开放的印太"章节中"军事与安全"部分，而非"政治""经济"部分。相关内容强调要延续紧密的美台关系，根据《与台湾关系法》满足台湾的"合法"防务需求、吓阻台湾可能遭遇的"胁迫"。[16] 10 月 10 日，莫健参加"台湾驻美代表处"的"双十节"活动，在演讲中称："美国视台湾的安全为印太地区安全的关键。"29 日，参加"美台国防工业会议"时，他重申："美国视台湾的安全为更广泛印太区域安全的中心。"[17] 台湾"外交部长"吴钊燮也强调"现在是加强集体安全意识的机会""理念相同的国家必须团结一致""各国有免于遭受压迫的权利"。[18] 美台在此共识下继续军事安全合作，并有了一定变化。

4 月初，美国国务院正式告知"台湾驻美代表处"，已就台湾"潜艇国造"核准行销许可证，允许美国相关厂商与台洽谈出口技术和装备。一个月后，5 月 11 日，"台湾国防产业协会"

与"美台商会"合作，在高雄举行"台美国防产业论坛"。这是美台军工界首次在岛内集中聚会、讨论相关议题，是对行之有年的年度"美台国防工业会议"的补充，太平洋司令部前司令威尔辛斯基中将等参会，而会议三大主题中首当其冲的就是造船。所谓"潜艇国造"在马英九任内启动，蔡英文当局更是竭力推动。但是该计划困难重重，诸多关键技术都需要从外部获取。美国曾在 2001 年宣布售台潜艇，但后来不了了之，对"潜艇国造"则一直持观望态度。特朗普政府此举，表明其态度有所松动，准备提供关键支持，是相关政策的一个重要变化。

　　另一个变化是美国对台军售模式。年内，美国国防部官员、国会议员、军工界人士不断放话，推动调整对台军售模式，将以往的打包、大额、集中军售，改变为根据需要随时、小额、频繁军售。9 月 24 日，美国国防部国防安全合作局宣布对台军售 3.3 亿美元，包括库存补货供给和标准备用零件，主要用于 F16、C130、F5、"经国号"等飞机。这是特朗普政府任内第二批对台军售案，金额较之以往大幅减少、性能也没有显著突破，预示着美国酝酿调整军售模式。年度最后一天（12 月 31 日），特朗普签署了《亚洲再保证倡议法》，第 209 条款要求美国总统定期对台军售。[19]

　　近年来，美国国会抛出不少大幅提升美台军事关系的激进建议，并在法律中表达出来。但是，行政部门并没有将其完全付诸实施，而是谨慎对待。8 月 13 日，特朗普签署总额 7160 亿美元的 2019 财年国防授权法，其中 1257 条款、1258 条款针对美台军事关系，提出诸多主张建议，包括考虑派遣美国医疗船访台等。特朗普在签署的同时发布声明，表明总统才是三军

统帅和美国外交事务的唯一代表，会在宪法授权下决定如何适
用法案中的具体条款、执行美国外交。涉台重要内容就在其持
保留态度的条款之列。[20] 在美军停泊高雄港的议题上，莫健也
公开表示了反对态度。9 月 12 日，他出席"全球台湾研究中心"
年度论坛强调：美国对台任何动作都必须权衡利弊得失，如果
代价多过益处就不是正确的事。美国航母停靠高雄，是得不到
好处、无意义的行动，反倒给予北京乘机动武的正当性，第一
个受害者就是台湾。[21]

**（五）涉外方面，美国支持台湾扩大所谓"国际空间"的力
度前所未有**

4 月 25 日，中国民用航空局给 44 家主要外国航空公司发
函，要求其网页、文宣不得将台湾及香港、澳门与国家并列，
根据一个中国原则进行整改。这其中包括美国航空公司、联合
航空公司、达美航空公司、夏威夷航空公司等美国的航空公司。
这是中国在国际社会维护一个中国原则、纠正长期错情以正视
听的正常合理做法。多数国家的航空公司都积极配合，在中方
提出的整改期内进行了调整，启用"台湾，中国""台北，中
国"等名称。然而，特朗普政府就此做出了几近歇斯底里的反
应。5 月 5 日，白宫罕见地以特朗普的名义专门发布声明，诬
蔑中国"将政治观点强加于美国公民和私营公司"，是"威胁和
胁迫"明确表示"强烈反对中国试图迫使私营公司在其公开的
内容中使用带有特定政治色彩的语言"。[22]

萨尔瓦多与中国正式建交后，8 月 23 日，白宫发布声明，
无限上纲地威吓萨尔瓦多、攻击中国，指责萨尔瓦多执政党
"在卸任前夕以不透明的方式"做出这项决定，不但影响本国

而且影响整个西半球的经济和安全，扬言重新评估与该国的双边关系；表示美国将"继续反对中国在两岸关系中制造不稳定，反对中国在政治上干涉西半球事务"。[23] 9 月 7 日，美国国务院召回驻萨尔瓦多、多米尼加大使和巴拿马临时代办，就这些国家与台湾"断交"进行内部讨论。[24] 10 月 4 日，副总统彭斯将中华人民共和国与中美洲和加勒比三国建交纳入对华全面攻击的内容，称"这些行动威胁了台湾海峡的稳定，美国予以谴责"。[25] 长期以来，在中美洲和加勒比地区的国家与中国建交议题上，美国不乏干预、阻挠。巴拿马 2017 年才与中国建交，美国的长期阻挠是重要因素之一。但因底气不足、师出无名等，美国以往的作梗大多私下进行，较为隐晦，是"静悄悄的外交"模式。在萨尔瓦多问题上，美国如此高调地强词夺理，甚至召回驻弃台国家最高使节的事情从来没有过。

二、形成原因

美台关系在 2018 年的发展，主导因素在特朗普政府方面，具体包括其对华战略调整、中美经贸摩擦、美国内部官员变动等。同时，作为"仆从者"，台湾当局的基本策略也是客观因素。

（一）美国大幅调整对华战略，中美关系经历巨大历史性变化，牵动美台关系变动

随着中国 GDP 总量跃居第二、达到美国的三分之二，随着中国特色社会主义在习近平为核心的中共中央领导下进入新时期，中美的结构性矛盾日益突出，并在政治、经济、军事、意

识形态等方面都不同程度地表现出来。特朗普政府首份《国家安全战略报告》，对中国做出极其负面的定位，在多个主题下大肆渲染"中国威胁论"。[26] 2018 年 10 月，副总统彭斯在哈德逊研究所发表的演讲，诬蔑和攻击中国通过政治、经济、军事、宣传等方式，全面干涉美国内政、扩大自身影响。[27] 特朗普政府这种自以为是的战略认知，导致中美关系进入冷战结束后少有的困难阶段，以至于基辛格都喟叹，中美关系再也回不到过去了。曾在奥巴马政府时期任职于白宫国安会、现为布鲁金斯学会研究员的何瑞恩尽管认为目前的中美关系与冷战时的美苏关系有诸多不同，但也不得不承认："美国总统特朗普与此前历任总统不同，对中国采取越来越零和取向的策略，似乎将致力于阻止中国崛起作为其整体政策的组织原则。"[28]

在这种对华战略下，台湾特有的"价值"再次受到美国重视。对美国而言，民进党治下与大陆对抗但又不激进挑衅的台湾，可以掣肘大陆，策应其对崛起中国的打压，服务于其对华新战略。因此，一个中国政策出现了某种松动迹象。《国家安全战略报告》报告尽管提到要遵循"我们一个中国政策"，但并没有像通常的制式表述一样同时提到中美三个联合公报和《与台湾关系法》，而是只提到后者、没有提到前者。[29] 而彭斯在其对华政策演讲中阐述"我们的一个中国政策"时，同时提到中美三个联合公报和《与台湾关系法》，但却只予以"尊重"，而非以往官方表述的"信守"。[30] 淡江大学战略研究所副教授、陆委会前副主委黄介正分析，由于美国的首要战略对手从苏联变为了中国，台湾的功能作用发生改变，美国对台政策从冷战时期的"援台反共"演变为了目前的"友台制中"，"台湾的角色从早期的'反共前哨'逐渐成为可以调控美国对中关系，甚至牵引大陆产生转变的'民主伙伴'。如今两岸综合实力对比日益失衡，且在美国准备长期对付中国的部署之下，台湾恰即成为刺激大陆'极效按钮'"。[31]正是基于这样的定位，美国在气势汹汹地对华全面施压的同时，制定"与台湾交往法"，在外国民航公司整改、中美洲和加勒比地区国家外交转向等方面高调与中国对抗，展现出躁进的一面。

但是，中美是当代国际社会最主要的两个大国，双方在建交40年来的发展中早已深度融合，在重大国际和地区问题上更是互为无法抛开的重要伙伴。特朗普政府纵然将中国定位为"战略竞争对手""主要威胁"，但是也无法回避双方现实的合作需要。近年来，中国在朝核问题上不言自明的地位和作用，美国尤其不得不高度重视。朝核问题延续多年，历经美国多届政府，更为特朗普高度重视。这既是由于朝鲜核导能力已经有了相当的发展，被美国视为对其本土的威胁日近，也是由于特朗普好大喜功，力求任内办成其他总统长期以来一直想办但没有办成的事情。6月12日，特朗普与金正恩了举行历史性峰会。峰会前后，掌权多年但从未访华的金正恩在短短几个月内多次访问中国，足以证明中国在朝核问题中的角色。正因此，特朗普政府在对中国的施压中，不得不有所忌惮。毕竟，一旦中国被逼到墙角、退无可退，中美走向激烈对抗，双方在朝核问题上的合作将无从谈起。正如"美国在台协会前主席"卜睿哲所言："特朗普将朝鲜问题置于优先顺位。他能带领美国在与中国对抗的路上走多远，将因此而受到束缚。"在他看来，特朗普有可能会"牺牲"台湾的利益来换取中国在贸易、朝鲜等重要问题上做出让步；或者，因为害怕北京不快、并拒绝在朝鲜等问题上与美国合作，而不采取支持台湾的措施。[32] "美国在台协会台北办事处"新址举行落成典礼，美国没有派遣高级官员出席典礼，相当程度上是由于当天恰逢特朗普与金正恩在新加坡举行历史性的会晤。显然，某位内阁级官员出席典礼，将招致中国方面的激烈反应，美朝峰会将陡增变数。孰轻孰重，精于算计的特朗普自然清楚。

（二）中美经贸摩擦与美台关系有高度关联

　　经贸关系本来是中美关系的"压舱石"，但却被特朗普政府操弄为中美关系的"动荡源"。2018年，中美围绕经贸问题边打边谈，双边关系持续紧绷。在此过程中，特朗普政府不时打出"台湾牌"。按照美国立法规则，"与台湾交往法"不经特朗普签署也会自动生效。在该法送交白宫后，起初特朗普在签署其他法律时也的确没有将其纳入。但在中美进行经贸磋商后，特朗普改变做法，赶在自动生效前签署了"与台湾交往法"。中国民航总局4月25日给外国航空公司发整改函后，白宫在整整10天后的5月5日才以强硬声明回应。而在3—4日，应刘鹤副总理邀请，美国财政部部长努钦为首的美国超豪华高级贸易代表团来北京继续进行双边磋商。特朗普听完代表团返美所做的报告后，就有了白宫在航空公司整改问题上的尖刻声明。显然，他对经贸谈判的进展非常不满意。7月6日，美国宣布对来自中国340亿美元的商品加征25%的关税。几乎与此同时，7、8日，两艘导弹驱逐舰"马斯廷"号和"本福尔德"号穿过台湾海峡。9月24日，美国对2000亿美元中国商品正式加征高关税。同一天，美国国防部宣布对台军售3.3亿美元。12月

1 日，中美首脑在阿根廷借 G20 峰会举行会谈，处理经贸问题。而在此前几天，11 月 28 日，美国军舰再次穿过台湾海峡。这些时间上的"巧合"一而再，再而三地发生。综观全年，经贸摩擦是中美关系的主轴，而美国在台湾问题上有所动作的时间节点与经贸摩擦的节奏高度关联。美国的政策意图，或为经贸摩擦增加素材、扩大内容，或为"惩戒"中国在经贸谈判中让步不够，或为分散中国应对经贸角力的精力，或为形成综合压力。这种关联，其实可以从特朗普在与蔡英文通话后强词夺理的自我辩护中找到根源。在遭遇中国的强烈抗议和美国国内战略界的抨击后，桀骜不驯的特朗普对媒体公开质疑："除非我们与中国达成交易，让他们不得不干点别的（包括在贸易问题上），否则我不知道为什么我们必须受限于'一个中国'政策。"[31]

（三）特朗普政府内部的官员调整，为强硬的对华政策及对台政策提供了官僚支持

2018 年一波波的调整中，相对温和客观的传统官员被清除出局，特朗普政府基本形成对华强硬派主导关键岗位的决策和执行体系。取代蒂勒森的现任国务卿蓬佩奥任众议员时就在一系列问题上支持台湾，如专门发布声明和推特祝贺蔡英文当选台湾地区领导人，多次投票支持台湾以观察员身份加入国际刑警组织、国际民航组织等。东亚暨太平洋事务局代理助理国务卿董云裳能够比较准确地掌握美国长期以来的基本政策框架，中规中矩，温和理性。其相关言行支持台湾但不躁进，能较为充分地考虑中美关系大局，对极端亲台势力的躁动有一定抗压性。2 月 17 日，在参议院就其提名举行的听证会上，面对极端亲台的参议员卢比奥逼问，董云裳坚持表示，美国不承认台湾

是一个独立的"国家"，也不承认"中华民国"是一个与美国
有官方关系的"国家"，"我们的政策是不把'中华民国的国旗'
放在美国官方网站上"，"不放置台湾'国旗'，这不是一个新政
策"。[34] 这种表态不见容于极端亲台势力，卢比奥公开扬言要竭
尽所能阻止她出任的人事案。[35] 蓬佩奥出任国务卿后，冷落董
云裳，转正无望的董云裳被迫在七月底退休。中国文化大学讲
座教授陈一新认为"董云裳成了反中亲台祭品"："在亲台国会
议员眼中'友台'不够坚定，在反中人士看来又'反中'过于
软弱。"[36] 董云裳本来可以起到"踩刹车"的作用，综合平衡各
种考虑。而她的离去无疑使得美国对台政策的这种躁进少了关
键制约。在白宫，博尔顿从 4 月 9 日开始担任总统国家安全事
务顾问。这位前副国务卿、前驻联合国大使长期支持台湾，近
年来公开撰文，主张正式邀请台湾地区领导人到美国访问、全
面恢复"外交承认"，扬言一中政策是 1972 年的事，现在是美
国对一中政策表达不同看法的时候。[37] 他曾经打电话给萨尔瓦
多总统桑切斯，警告对方不要切断台湾的"外交关系"。这一图
谋告败后，暴怒的博尔顿提出对萨尔瓦多采取实质制裁措施，
包括取消援助（2017 年美国对萨尔瓦多援助 1.4 亿美元）、对一
些官员实施签证限制。

　　与此同时，作为最高决策者的特朗普个人对台湾本身的兴
趣并不大，在"美国第一"的旗帜下并不重视台湾。他在竞选
总统期间，只提到台湾一次，还是就经济议题批评台湾。这位
"推特"总统累计几万条的推特中，只有 4 次提到台湾。两次是
2011 年 10 月 18 日、11 月 18 日，内容雷同，都是批评奥巴马
政府延宕台湾采购 66 架 F16–C/D 战斗机；两次 2016 年 12 月

2日，"广而告之"与蔡英文通话并为此举辩护。《华盛顿邮报》知名记者伍德沃德在其新书《恐惧：白宫中的特朗普》一书披露，1月19日，在白宫战情室的会议上，讨论韩国问题时特朗普颇为不满地发问："我们在朝鲜半岛维持庞大军力部署，得到了什么？"紧接着，他主动问："有甚于此的是，我们保护台湾能得到什么？大家说呀？！"[38] 这一问，足见特朗普涉台政策上也是首先核算成本与收益。对他而言，在支持台湾方面，喊喊口号、发发声明、做点口惠而实不至的姿态可以，真要付出经济、外交、政治成本时，就要看值不值得、能得到什么。这也可以解释为何特朗普签署"与台湾交往法"、《国防授权法》但却在付诸实施上有谨慎务实的成分。在他的谋划中，台湾更多的还是施压中国大陆的筹码。

（四）台湾当局全心投靠美国，以"不意外"原则小心维护双方关系

　　两岸关系螺旋式恶化中，蔡英文当局不反思自身原因、不调整大陆政策，反而寄希望于美国。6月25日，她接受法新社专访，将美国定位为"理念相近""维持着密切友谊"的国家，大陆则是未来通过"发展共同的价值"才可能成为"亲密好友"，关键在于"若为了拉近与我们保持距离的朋友，反而疏远了我们原本的好友，这就犯了逻辑上的错误"。[39] 这番话道出了蔡英文当局在处理美台关系与两岸关系上的顶层考虑。正是基于这种深层逻辑，在国际形势和中美关系剧烈变动的2018年，台湾方面更积极地向美国示好效忠，以"新南向战略"，贴靠"自由开放的印太"，在中美经贸摩擦中公然选边。

　　另一方面，蔡英文当局在具体做法上有别于陈水扁当局而更类似马英九当局，突出表现为不制造意外、让美方可预期。这既是由于蔡英文本人的风格，也与新任"外交部长"吴钊燮有关。年初，台湾当局进行了内部人事调整，"外交部长"改由绿营"自己人"吴钊燮出任。在美台关系上，吴钊燮主张面对美国的支持要冷静、低调，配合特朗普政府，不要给其制造麻烦。接受《自由时报》专访时，他坦言特朗普政府目前支持台湾的重要原因是"他们认为目前（台湾）政府是可预测的、温和的"，表示不能被这种支持冲昏头脑、恣意妄为，"不能制造让美方感到强大意外的说法和做法"，因为"如果被美方认为我们在制造问题，让美方牵涉其中，或让他们处理其他国际问题时必须分心来处理台湾和两岸问题，就会让我们（互信）的基础受到损伤"。[40] 所以，台湾当局的对美政策就是"必须全力避免这样的事情"，"累积、堆叠"信任。正是在这样的操作下，美台在 2018 年保持着相当程度的信任，双方关系在主要方面不断提升。

三、影响后果

2018 年的美台关系对岛内局势、两岸关系、中美关系乃至美国对台政策框架都产生了重要影响。

（一）"台独"势力既受到鼓动又受到抑制

美台关系的稳定发展和提升，特别是美国在多方面对蔡英文当局较之以往力度更大的支持，助长了岛内"台独"势力的"信心"。白宫就中国要求外国航空公司整改涉港澳台内容而发出声明、大放厥词后，"台独"势力"喜在心头"。《自由时报》

社论得意扬扬地称："这样大动作会起到一种示范作用，把'美国的一中政策'由战略模糊导向战略清晰"。[41] 赖清德"行政院长"任内，多次气焰嚣张地在"立法院"等公开场合声称自己是"务实的'台独'工作者"。在"台独"势力看来，中美关系紧张，美国就会重视台湾，"台独"就有空间，就可以有恃无恐。

　　另一方面，特朗普政府在特定问题上的谨慎做法，也对岛内极端"台独"势力产生了抑制作用。莫健就"东奥正名公投"的反对表态，经蔡英文在"独派"大佬生日庆祝活动上的转述，及之后在"公投"前一周在媒体上的披露，对该"公投"最终未能获得通过产生了一定影响。面对现实，"台独"势力不得不承认，特朗普政府没有"剧烈改变对台政策的迹象。换言之，至少目前，美国的对台政策，台湾的'追求正常国家'，二者之间还存有距离"；美国对台湾的角色设定不过限于"高科技重镇、自由民主政体、印太战略若干领域的要角、民主的模范、可靠的伙伴、慷慨的捐助者"等。[42] 国会制定的涉台法案、条款，特朗普政府尽管签署、令其生效，但在具体实施上保留行政部门的自由裁量空间。这在一定程度上制约了国会亲台举动，起到了刹车作用。

（二）两岸关系螺旋式恶化

　　在美国支持下，本就顽固的蔡英文当局在两岸政策上更加拒不调整，拒不接受"九二共识"。11月的"九合一"选举中，民进党遭到惨败，蔡英文辞去党主席职务，民调创下新低。纵然如此，蔡英文仍然一味强调此选仅是地方选举、完全剔除其中的两岸因素。11月30日，在会见美国外交政策全国委员会时，她明确表示："我们基本上认为，在这一次地方性的选举上，人民并没有在两岸政策的议题上做出选择，或是有重大的改变。因此在'九合一'大选后，我们维持现状的政策仍然不变。"[43] 这种顽固立场的直接后果，就是两岸政治共识无法恢复重建，两岸关系在 2018 年螺旋式恶化。

（三）中美关系受到冲击

台湾问题是中国的核心利益，实现祖国统一是中共十九大及之前多次党代会确定的三大历史任务之一。因此，2018 年美台关系的发展引起中国的高度关注。5 月 23 日，国务委员兼外交部部长王毅与美国国务卿蓬佩奥在华盛顿会面，当面表示美国的台湾政策是否有变化确实是中方目前普遍存在的疑虑。10 月 8 日，蓬佩奥短暂访华，王毅在记者会上指出："最近一段时间美国在不断升级对华贸易摩擦的同时，又在台湾等问题上采取了一系列损害中国权益的行为"，敦促美国恪守一个中国原则、停止军售台湾、停止无理干涉那些与中国已经和希望建交的国家，切实约束和限制"台独"势力发展。[44] 由于特朗普政府对中国的重新定位，特别是在经贸议题上的持续极限施压，中美关系在 2018 年异常困难。在这种情况下，美台关系的提升对中美关系而言不啻雪上加霜，使之更为复杂。

（四）美国长期以来的一个中国政策框架遭遇某种挑战

黄介正在评论"与台湾交往法"时认为，美台"断交"以来美国长期遵循一个中国政策，具体内涵是"一法三公报"即《与台湾关系法》和中美三个联合公报；特朗普签署"与台湾交往法"改变了政策框架，美国的一中政策已经迈向"两法三公报"。[45]"与台湾交往法"显然试图通过推动美台军政官员之间

的双向往来，以法律形式白纸黑字、堂而皇之地改变美台关系
的非官方性质。这些条款倘若彻底付诸实施，不但美国官员可
以去台湾洽谈公事，台湾官员也可以去美国；不但行政官员可
以会谈，军事将领、防务官员也可以；不但低级官员可以会谈，
最高级别的官员也可以。例如美国邀请台湾当局领导人访美或
者美国总统登上台湾岛，美台就完全不是"非官方关系"，而几
乎是正式"外交关系"。从这一意义上看，美国对台政策框架确
实遭遇来自美国内部亲台势力的挑战。

注释：

[1]　Advancing a Free and Open Indo-Pacific Region，https://www.
state.gov/r/pa/prs/ps/2018/11/287433.htm。访问时间：2018 年 11 月 20 日。

[2]　Remarks on "America's Indo-Pacific Economic Vision"，https://
www.state.gov/secretary/remarks/2018/07/284722.htm。访问时间：2018 年
8 月 2 日。

[3]　《美国在台协会处长郦英杰与蔡英文会面致辞讲稿》，https://
www.ait.org.tw/zhtw/remarks-by-ait-director-christensen-prior-to-meeting-
with-president-tsai-ing-wen-zh/，访问时间：2018 年 8 月 26 日。

[4]　《"总统"接见"美国在台协会台北办事处新任处长"郦英杰》，
https://www.president.gov.tw/NEWS/23606/。访问时间：2018 年 8 月 26 日。

[5]　《"外交部长"吴钊燮在"印太安全对话"揭示台湾在印太战略
中的角色与重要性》，https://www.mofa.gov.tw/News_Content_M_2.aspx?n
=FAEEE2F9798A98FD&sms=6DC19D8F09484C89&s=5859556F18EF898E。
访问时间：2018 年 9 月 2 日。

[6]　"因应东亚情势变动，总统召集'国安'相关'部会首长'研

议", https://www.president.gov.tw/NEWS/23069/。访问时间：2018 年 1月 10 日。

[7] 《美官员：反对北京单方面启用台海新航线》，https://www.voachinese.com/a/us-taiwan-china-air-route-20180110/4202332.html。访问时间，2018 年 2 月 1 日。

[8] 《莫健：对台军售将采个案审查》，《联合报》，10 月 12 日，A1。

[9] 《东奥正名？莫健告诉蔡总统：美国帮不上忙》，https://udn.com/news/story/6656/3490221。访问时间，2018 年 11 月 22 日。

[10] Taiwan Travel Act, https://www.congress.gov/bill/115th-congress/house-bill/535。访问时间：2018 年 4 月 1 日。

[11] 邱坤玄：《两强对抗下的"小国"智慧》，《联合报》，2018 年 3月 25 日，A12。

[12]《"针对台湾旅行法"通过后，"外交部"并无安排高层官员访问华府相关规划》，https://www.mofa.gov.tw/News_Content_M_2.aspx?n=FAEEE2F9798A98FD&sms=6DC19D8F09484C89&s=E43BCA4A342A223D。访问时间：2018 年 3 月 21 日。

[13]《"外交部长"吴钊燮在"印太安全对话"揭示台湾在印太战略中的角色与重要性》，https://www.mofa.gov.tw/News_Content_M_2.aspx?n=FAEEE2F9798A98FD&sms=6DC19D8F09484C89&s=5859556F18EF898E。访问时间：2018 年 9 月 2 日。

[14]《"总统"接见"美台商业协会访问团"》，https://www.president.gov.tw/NEWS/23080/。访问时间：2018 年 1 月 20 日。

[15] U.S. International Trade in Goods and Services, November 2018 http://www.bea.gov/data/intl-trade-investment/international-trade-goods-and-services。访问时间：2019 年 2 月 18 日。

[16] National Security Strategy of the United States，December 2017。

[17]《"美国在台协会主席莫健"于双橡园"双十节"致辞》，https://www.ait.org.tw/zhtw/remarks-by-ait-chairman-james-moriarty-at-tecros-twin-oaks-double-ten-celebration-zh/。访问时间：2018 年 10 月 15 日。《"美国在台协会主席"莫健美"台国防工业会议"致辞》，https://www.ait.org.tw/zhtw/remarks-by-ait-chairman-james-moriarty-at-u-s-taiwan-defense-industry-conference-zh/。访问时间：2018 年 11 月 5 日。

[18]《"外交部长"吴钊燮在"印太安全对话"揭示台湾在印太战略中的角色与重要性》，https://www.mofa.gov.tw/News_Content_M_2.aspx?n=FAEEE2F9798A98FD&sms=6DC19D8F09484C89&s=5859556F18EF898E。访问时间：2018 年 9 月 2 日。

[19] Asia Reassurance Initiative Act of 2018，https://www.congress.gov/bill/115th-congress/senate-bill/2736/text?q=%7B%22search%22%3A%5B%22asia+reassurance+%22%5D%7D&r=1&s=2#toc-HBC83E05F3CB54A088207211061CF43FA。访问时间，2019 年 1 月 3 日。

[20] Statement by President Donald J. Trump on H.R. 5515，https://www.whitehouse.gov/briefings-statements/statement-president-donald-j-trump-h-r-5515/。访问时间：2018 年 8 月 15 日。

[21]《美航母泊台，北京恐趁机动武》，《中国时报》，9 月 14 日，A7。

[22] Statement from the Press Secretary on China's Political Correctness，https://www.whitehouse.gov/briefings-statements/statement-press-secretary-chinas-political-correctness/。访问时间：2018 年 5 月 7 日。

[23] Statement from the Press Secretary on El Salvador，https://www.whitehouse.gov/briefings-statements/statement-press-secretary-el-salvador/。

访问时间 : 2018 年 8 月 25 日。

[24] U.S. Chiefs of Mission to the Dominican Republic, El Salvador, and Panama Called Back for Consultations, https://www.state.gov/r/pa/prs/ps/2018/09/285792.htm。访问时间 : 2018 年 9 月 9 日。

[25] Remarks by Vice President Pence on the Administration's Policy Toward China, October 4, 2018, https://www.whitehouse.gov/briefings-statements/remarks-vice-president-pence-administrations-policy-toward-china/。访问时间 : 2018 年 10 月 6 日。

[26] National Security Strategy of the United States, December 2017。

[27] Remarks by Vice President Pence on the Administration's Policy Toward China, October 4, 2018, https://www.whitehouse.gov/briefings-statements/remarks-vice-president-pence-administrations-policy-toward-china/。访问时间 : 2018 年 10 月 6 日。

[28] 何瑞恩 :《冷战再临?》,《自由时报》, 2018 年 11 月 4 日, A7。

[29] National Security Strategy of the United States, December 2017。

[30] Remarks by Vice President Pence on the Administration's Policy Toward China, October 4, 2018, https://www.whitehouse.gov/briefings-statements/remarks-vice-president-pence-administrations-policy-toward-china/。访问时间 : 2018 年 10 月 6 日。

[31] 黄介正 :《从 "援台反共" 到 "友台制中"》,《联合报》, 2018 年 9 月 27 日, A13。

[32] Richard Bush, What Taiwan can take form Mr. Pence's speech on China,https://www.brookings.edu/blog/order-from-chaos/2018/10/12/what-taiwan-can-take-from-mike-pences-speech-on-china/。访问时间 : 2018 年 10

月 14 日。

　　[33] Trump Suggests Using Bedrock China Policy as Bargaining Chip, https://www.nytimes.com/2016/12/11/us/politics/trump-taiwan-one-china. html?_ga=2.73229139.1764637468.1543886199-1410653682.1542167258。访问时间：2016 年 12 月 15 日。

　　[34]《美东亚事务助理国务卿提名人董云裳：官网撤"中华民国国旗"是政策》，《中国时报》，2018 年 2 月 17 日，A3。

　　[35] https://twitter.com/marcorubio/status/997120123164135424。 "Without Rex Tillerson's protection, a top State Department Asia nominee is in trouble"，https://www.washingtonpost.com/news/josh-rogin/ wp/2018/03/15/without-rex-tillersons-protection-a-top-state-department-nominee-is-in-trouble/?noredirect=on&utm_term=.9e30057a28d0。访问时间：2018 年 11 月 4 日。

　　[36] 陈一新：《董云裳成反中亲台祭品》，《中国时报》，2018 年 7 月 3 日，A14。

　　[37] John Bolton, The U.S. can play a "Taiwan card"，https://www. wsj.com/articles/the-u-s-can-play-a-taiwan-card-1453053872。访问时间：2016 年 1 月 25 日。Revisit the "One-China policy"，https://www.wsj. com/articles/revisit-the-one-china-policy-1484611627。访问时间：2017 年 1 月 20 日。

　　[38] Bob Woodward, Fear, Trump in the White House, New York, Simon &Schuster, 2018。

　　[39]《"总统"接受法新社（AFP）专访》，https://www.president.gov. tw/NEWS/23447/。访问时间：2018 年 6 月 30 日。

　　[40]《"外交部长"吴钊燮：17"友邦"稳定，台梵关系非常好》，

《自由时报》，9 月 25 日，A5。

[41]《"中国霸凌台湾"反而巩固"独立"现状》，《自由时报》，2018 年 5 月 9 日，A2。

[42] 社论：《美国对台政策还是一个"稳"字》，《自由时报》，2018 年 11 月 2 日，A2；社论：《善用台美利益交集》，《自由时报》，2018 年 10 月 3 日，A2。

[43]《"总统"接见"美国外交政策全国委员会"访问团》，https:// www.president.gov.tw/NEWS/23925/，访问时间：2018 年 12 月 2 日。

[44]《王毅：坚持合作共赢正道，不陷冲突对抗歧途》http:// m.xinhuanet.com/2018-10/08/c_1123529131.htm。访问时间：2018 年 10 月 10 日。

[45] 黄介正：《当美国的一中迈向两法三公报》，《中国时报》，2018 年 3 月 21 日，A14。

（作者单位：中国现代国际关系研究院）

2018 年台湾军事综述

白　纯

　　摘要： 2018 年台军按照蔡英文提出"防卫固守、重层吓阻"的军事战略，继续沿用"战力防护、滨海决胜、滩岸歼敌"的理念，不断寻求作战能力的提高。台军"汉光 34 号"演习进一步改进演训模式，特点较为鲜明。台湾当局大力发展武器装备，并着重提升海空力量。2018 年的美台军事关系则呈现出进一步密切的特点，但表面意义大于实际价值。此外，2018 年台湾地区军营丑闻弊案接连不断，台军形象也一损再损。

　　2018 年台军按照蔡英文提出"防卫固守、重层吓阻"的军事战略，继续沿用"战力防护、滨海决胜、滩岸歼敌"理念，不断寻求提高作战能力。2018 年比较显著的一个特点就是，台军主动调整"战胜"定义，将过去的"摧毁敌有生战力"调整为"打击敌任务目标，迫敌夺台任务失败"，并强调所有的建军备战都以此为目标。[1]

一、全面加强军事力量建设，试图提升作战能力

一是展现强硬"战备"姿态。2018 年台军持续增加防务预算，表现出"毫不妥协"的强硬姿态。2018 年 4 月 13 日蔡英文到海军苏澳基地，登上基隆舰并出海，"视导"海军"战备抽测"联合操演，实地了解台军要港防卫与快速应变的能力以及台军在本土防卫上的战备状况，这是蔡英文上任以来，首度搭乘军舰出海"视导"。8 月 7 日，在"新海军启航"纪念碑揭牌仪式上，蔡英文表示，2019 年度防务预算将编列新台币 3460 亿元，比 2018 年增加 183 亿元，整体防务预算占 GDP 的 2.16%。同时，她也要求台军加速战力整建，称将有 951 亿元会用在军事投资项，增加 139 亿元；而在战力整建的投资中，会有 736 亿元投入，增加了 250 亿元。

二是加强对解放军军力研究。根据台"国防部"发布的 2018 年度"中共军力报告书"，台军对解放军区域情势与中共发展、解放军高层人事更迭、国防政策与国防预算、重要武器筹获与发展、重要演训、解放军战力整备现况、对台军事作战整备及结论等 8 个章节进行了细致深入的研究。报告称，考虑"损小、效高、快打、速决"的用兵理念，解放军若对台动武可能的行动有 4 种，即联合军事威慑、联合封锁作战、联合火力打击、联合登岛作战，并列出 7 件可能成为大陆方面攻台时机的事情。台"国防部"研究认为，解放军已列装两栖突击车、武装直升机、登陆舰艇、运输机，约可投送 4 个旅级部队及 4 个陆战加强营，加剧台联合泊地攻击及反登陆作战难度。2018

年 8 月 31 日，台"国防部"提交"五年兵力整建及施政计划报告"称，解放军对台作战为达到速战速决目标，将按"打、封、登"攻台战法，划分战役筹划、联合火力打击、登陆作战 3 个阶段，采取军事威慑、海空封锁、火力打击及联合渡海登岛等作战方式。通过多次演习验证，目前解放军已具备对台大规模联合火力打击，以及第一岛链以西重点区域海空封锁与封夺外岛的能力。为此，台军将持续筹建机动、价廉、量多、快速生产、具可耗性的不对称战力，筹建机动岸置攻船导弹、机动快速精准打击火力与战术侦搜及战斗无人机飞行载具，执行"滨海决胜、滩岸歼敌"等任务。

三是寻求自身战力提升。2018 年下半年台防务部门负责人严德发主导推动台军"战力提升计划"[2]，结合任务所需军事采购，借由各作战部队推进接敌地境验证，重新规划本土滩岸接敌战场，部署火网与拦截地带，借以调整"固安作战计划"；台军各部队勤务也将借此重新调整，如"三军"甲种特勤队过去和平时期被赋予的"反劫机""反劫持"等任务，考虑军人未具备司法警察身份，拟交还"警政署""海巡署"执行，军方特勤队将回归军事本务，强化战场任务与角色。通过强化精进现有新兵训练、驻地训练、一专多能、基地训练、狙击手竞赛、军团重炮射击等活动不断提升战力。

四是蓄意展示军事实力。为提升自身军事影响力，台军积极开展军营开放日活动，着力展示实力、塑造形象。2018 年 7 月，台军在空军台东志航基地举行营区开放活动，首度"有意"让台东部署"爱国者"–3 型飞弹阵地曝光。目前部署在台东志航基地的"爱国者"飞弹连，是采"爱国者"–3 型与"爱国者"–2 型性能提升弹混合部署，防卫方向均朝东岸外海，以扇形方式放列。同时，为强化"全民国防共识"，提升台军优质形象，台陆军司令部在陆军步兵训练指挥部举办"国防知性之旅——金汤营区开放"活动，7 万余民众涌入现场，近距离争睹台陆军实战操演。

二、"汉光 34 号"演习改进演训模式，特点较为鲜明

2018 年"汉光 34 号"演习分为两个部分——4 月 30 日至 5 月 4 日举行兵棋推演，6 月 4 日至 8 日进行验证性"实兵实弹演练"。但与往年不同的是，此次演习，在演练构想的设计上没有像以往那样以 2025 年或未来的某个阶段作为想定时间，而是以当前（2018 年）解放军已经开始发起进攻为背景展开。这一变化，反映了台军希望"汉光"演习的构想能够更加务实和贴近现实、演练内容能够更具针对性和实战性。另外，台军还将构想中"取胜"的条件，由过去的"摧毁敌有生战力"调整为"打击敌任务目标，迫敌夺台任务失败"。这表明在两岸军事实力对比日渐悬殊的情况下，台军已清醒意识到自身没有能力"抗击敌登陆，歼灭敌有生力量"，只能利用各种手段"以拖待援""以拖待变"，力争坚守更长的时间，从而寄希望所谓"友军"的干涉。"汉光 34 号"演习主要有以下几个特点：

一是注重营造前期声势。演习前期，台军下足功夫进行宣传报道，2018 年 6 月 2 日，台"陆军司令部"在脸书上发布了一部题为《现在就出发》的"磅礴短片"，强调在面对解放军

"机舰远海长航训练频繁、威慑进逼台海防线"的压力时，不能掉以轻心，若要吓阻战争，就要靠坚强的战力，唯有从难、从严、从实的训练与操演，才能将"国军"拧成一股"无坚不摧的精锐战力"。蔡英文更是频繁现身演习场，表现高度重视，先后到苏澳基地观看台海军"快速反应"的战力，又到九鹏基地检视台"空防纵深防御"的能量，再到台空军清泉岗基地观察台军"如何透过军、民力整合，以及三军联合作战，来确保空军基地的安全"，并声称看到台军"真实战力"，扬言有信心能达成"防卫固守、重层吓阻"的目标。

二是舍弃传统战胜观念。据台媒报道，台湾"国防部"称，由于两岸军力悬殊，台军不做军备竞赛，也不再打传统消耗战，必须舍弃过去对抗的消耗战思维，改为采取创新、不对称思维，将过去"攻击敌有生战力"的描述改为"攻击敌的任务"。对台海防卫作战而言，台军"战胜"的定义就是"迫使敌夺台任务失败"，演习也不再预设未来的战场情境，仅以现在的两岸军事态势为依据操演。

三是首次成建制动员民间力量。2018 年演习的一大特色就是首次动员民间营造厂和中华电信，并征用民间无人机等投入演习。台"国防部"称，此次军演，军方结合运用民间资源，发挥民众总力支持防卫作战，如首次将岛内科技公司之民用无人机及航控人员，纳入陆军部队协力作战，执行战场侦搜、目标标定、效果监视等战术行动。其次，征召台中清泉岗附近营造厂全厂机具及操作人员纳军勤编组，实施机场跑道抢修。另外还运用民营电信公司基地台，维持各级部队指管畅通，并借民用型战术 APP 建立作战共同图像，使各级指挥官能密切掌握部队，应战况灵活调整部署。

四是模拟战场实战环境。在淡水河实施反突击、反渗透演练过程中，台军透过河防指挥管制中心获取敌情，由指挥官实施作战指导，并由河防部队进驻阵地、完成射击前准备、对河警戒搜索，并由官兵操作20机炮对空警戒。演练全程运用空包弹、烟幕弹及模爆片，借由所产生的爆破声、硝烟味，增加仿真临场感，磨炼官兵在战场实况下的临战抗压能力。据了解，以往基本上是模拟一整场（或分几阶段）的"台海大战"，前阶段的"战果"会影响后来的"战局"，使得有些单位根本没机会被测验到。这次"汉光"演习从一开始就放弃"完整剧情"，采多个不连串的独立小状况，因此使得台军所有作战单位，都得上场接受应变测考，更加贴近实战环境。

五是有限度公开演习内容。2018年"汉光"演习中的淡水河反突击演练是中枢防卫关键，台军近年以保密为由鲜少开放，但此次演习中淡水河反突击演练却"有限度公开"，演习内容是以炮火狙击意图沿河进入台北市中枢地带的敌军。有媒体人称，蔡英文当局对2018年的"汉光军演"大肆宣传，是因为民进党不断推动"柔性台独"导致岛内舆论判断大陆对台"武统"的可能性升高，蔡当局才想要以台军"盛大军力、雄壮威武"的形象，来鼓舞台湾内部绿营支持者的信心。

六是改进优化演训模式。以往的"汉光演习"，为配合台"国防部""军种司令部"的"视导校阅"，台军每年在构想中都会设置部分公开展示的内容，并提前指定某一部队进行针对性的训练。此举被外界认为作秀成分远远大于演练的实际目的。而2018年此次演习，台"国防部"一改以往的做法，采取的是先圈选出数个拟"受阅"的部队，演练开始后再由蔡英文进行随机抽点，抽到的部队进行重点演示。另外，台军演练的指挥编组模式也打破了传统惯例。以往的"汉光军演"，台"国防部参谋本部"作为组织者，主要负责颁布演习训令和演练的指导评价，不参与实际的指挥演练活动。但 2018 年台军将"国防部参谋本部"机关与各参演部队进行混合编组，直接参与演练的指挥与调控。在演习期间，台军还打破了原有空军、海军、作战区、防卫部、地区指挥部的编组模式，将参演的作战力量统一改称为"联合部队"。

三、大力发展武器装备，加强中远程导弹研制

2018 年，台军持续筹建"机动、价廉、量多、快速生产、具可耗性的不对称战力"，筹建机动岸置攻船导弹、机动快速精准打击火力与战术侦搜及战斗无人机飞行载具，以执行"滨海决胜、滩岸歼敌"任务。

一是加强中远程导弹研制。台"军备局""中科院"动用科学研究预算，希望在三年内完成"雷霆 2000"多管火箭系统增程型的研发，希望完成射程超过 100 公里远程火箭系统，以及射程达 200 公里的战术飞弹系统，让陆军拥有战术导弹，能以火力增援外岛或跨作战区，以取代风险极高的陆战队外岛规复与陆军打击旅跨区增援作战。另外，据台媒报道，射程超过 1200 公里的"云峰中程飞弹（导弹）"2019 年将启动量产计划。第一阶段规划生产 10 套发射系统，配置 15 到 20 枚"云峰"中程导弹，未来机动部署重心在台湾北部和中部地区。

二是加强军备采购。台军 2018 年推动台军"战力提升计划"，该计划结合军事采购，除强化精进现有新兵训练、驻地训练、一专多能、基地训练、狙击手竞赛、军团重炮射击等以提升战力外，同时提出采购 M1A2 战车、M-109A6 自走炮与M-777 榴弹炮，前者为满足本岛装甲旅与军团炮兵需求，后者则锁定陆军机步旅炮兵营或外岛防区需求；相关采购计划结合年度军事投资额度，并入 5 年兵力整建计划实施。如采购M1A2 战车的"锐捷项目"所需 300 亿元预算若无法一次到位，就采分年编列原则获得预算。最新型 AIM-9X Block II 空空导弹年内到货，再加上美方同意出售 AGM-88B 反辐射导弹和AGM-154C 联合防区外空地导弹，台军对空、对地能力都将实现跨越。台"国防部"宣布，将在今年接收 250 枚 FIM-92 "毒刺"导弹，肩扛发射式"毒刺"导弹被认为是非常有效的地对空导弹，利用红外线自导引系统跟踪和打击飞机。

三是多批美制武器正式成军。经一年半的整修，台湾从美国接手的 2 艘"佩里"级军舰正式成军，分别命名为"铭传"和"逢甲"，两艘军舰具有高机动性和低噪音等特点，有望提升台湾海军的整体反潜作战能力。另外，台军组建"阿帕奇"攻击直升机部队。[3] 台军向美国采购的 30 架 AH-64E "阿帕奇"直升机 2014 年 10 月全数完成交机，历经约 4 年的选员、换训、换装、作战评测后，扣除日前失事的一架，其余 29 架在龙潭601 旅"龙城部队"正式成军，象征达成全战力，蔡英文当天前往宣布成军命令，并校阅部队。

四、美台军事关系呈现出进一步密切的特点，但表面意义大于实际价值

2018 年的美台军事关系，总的特点是进一步密切。伴随着美台一系列的"重大突破"，岛内也有人鼓吹"美国协防台湾"的论调，自认为有了美国为靠山，就可以狐假虎威。从这个意义上讲，美国进一步密切美台军事关系的行为，对"台独"势力起到了"酒壮怂人胆"作用。

一是为密切美台军事关系提供具体的制度化安排。2018 年 8 月 14 日特朗普签署了《美国 2019 财年国防授权法案》，该法案在强化美台军事关系方面的直接条款是第 1257 条与 1258 条。第 1257 条要求美国国防部应在法案公布一年内，向国会提交台湾整体战力评估，其中包含扩大美台高阶军事交流与联合军事训练、支持美国对台军售与其他外国军备转移，特别是发展不对称作战能力。第 1258 条是国会意见，主要内容有共 7 点：1. "与台湾关系法"及"六项保证"都是美台关系的基石。2. 美国应强化与台湾的防卫及安全合作，支持台湾发展亟需的防卫军力，以维持充足的自我防卫能力。3. 美国依据"与台湾关系法"，应经由对外军售、直接商售及产业合作，强力支持台湾获得防御性武器，并着重不对称战力及水面下作战能力。4. 美国应确保及时检讨与回应台湾提出的军购需求，以改善对台军售的可预测性。5. 国防部长应推动国防部的交流政策，以强化台湾安全，包括推动与台湾进行实战训练及军事演习的机会；依据"台湾旅行法"推动美台资深防务官员及军事将领的交流。6. 美国与台湾应扩大在人道救援及救灾方面的合作。7. 国防部

长应考虑支持派遣一艘美国医疗船访问台湾，作为年度"太平洋伙伴"任务的一部分。[4] 在以往历史上，美台在军事上也一直动作频频，但并未形成严格具体的制度化安排，可以随时启动，也可以随时停止。该法相关条文表达的仅是"国会意见"，对行政部门没有强制力，但仍然会形成一种政治压力，就美台军事关系而言，这确实是一个"突破"。

二是加快美台军售的速度与频率，并大幅调整军售模式。以往历史上，美台军火交易虽也时常出现，但美国政府会经常否决或拖延台湾提出的军购提案；台湾当局一年提出一次申请，而美国采取"打包式销售"，借此降低宣布美台军售的频率，避免激怒中国大陆。特朗普加快了对台军售案的批准频率，2017年6月他签署对台军售协议，总价值约14.2亿美元。[5] 2018年9月特朗普又批准了一项价值3.3亿美元的对台军售协议。[6] 特朗普似乎更愿意对台湾的军购要求加以更快的回应，他要求变更以往的捆绑式销售，改为个案处理，即"成熟一单，销售一单"。这样处理的结果无疑会大大简化美国对台军售的流程，提高对台军售的效率。同时，美国在改善台军武器装备性能方面，提供了较大限度的协助。对过去被视为攻击性武器不便出售或对关键性零部件都大开绿灯，[7] 美方已同意将"爱国者"3型导弹相关的"航太铝合金大型精密铸造零组件制程技术"转移给台湾厂商，此举将使台湾厂商具备生产"军规"航太与"国防"等级零组件能力。[8] 与此同时，美国对台军售的模式悄然发生了一些变化。以往美国对台军售大多是由官方主导，民间企业只起配合协助的作用。但2018年4月7日特朗普对台签发"营销核准证"，允许美国公司以商业销售模式为台湾潜艇制造提供相关敏感技术，这就等于给美国军工企业提供了一个"授权书"，同意其直接与台湾进行谈判。这也意味着此前美台军售多由"官方销售主导"逐渐向"官方销售与商业销售并举"的模式转变，销售的主体也由此前的"官方主导、民间配合"向"官民同步、民间先行"模式转变。

三是增加美军在台海地区的活动。2018年美台先后多次公开美军在台湾海峡附近的活动。自2018年7月以来，至少有6艘美国军舰多批次冒着使紧张局势升级的风险，开展"例行性经过台湾海峡"。其中前两次，当美国军舰尚在航行途中时，台湾军方就发表声明，提到美军驱逐舰在台湾海峡的活动。以往台湾军方通常不会公布此类行动的信息，以避免激怒大陆。2018年11月28日美舰才离开，"美国人还没说话，台湾防务部门就赶紧说，美军舰属例行性通过台湾海峡国际水域"。[9]

四是加强美台军事交流合作。2018年5月，由台相关产业厂商组成的"台湾国防工业发展协会"在高雄举办大规模活动，数百名美国军火商和前美国军官参加。蔡英文上台后相继提出"潜艇自造""战机自造"等口号。[10]但台湾已多年没有生产潜艇和战机的经验，面临着难以逾越的困难，因而希望通过与美国合作来化解技术难题。如前所述，对于蔡英文当局的需求，特朗普政府考虑到问题的敏感性，不愿官方直接出头露面而将民间企业推到第一位，希望通过"白手套"的形式为台湾潜艇制造等提供技术支持。台当局通过"台湾国防工业发展协会"加强与美国防务产业的合作，其根本目的不只是想从美国获得军事武器制造的技术，而且想借此来嵌入到美国的防务产业链中去。此外，2018年10月28日至30日美国邀请台湾"国

防部副部长"张冠群、"国安会副秘书长"陈文政等人赴美参加
"美台国防工业会议",以"整体防卫构想"为主轴,从台湾的
战略角色、防卫作战构想、战术战法以及如何落实等层面展开
研讨。这也是台湾首次有"国安会"层级的官员公开赴美参加
军事合作会议,民进党很多人士高呼这是"重要突破"。

可见,在中美关系因贸易摩擦而遭遇波折、中美结构性矛
盾有所增加的背景下,美国"亲台"势力与台湾当局在美台军
事关系上"小动作"不断,但美台双方对中国大陆的底线都十
分清楚,目前美台军事关系的一些"重大突破",表面意义远大
于实际价值。

五、军营丑闻弊案接连不断,台军形象一损再损

2018 年台湾地区军营丑闻弊案依然层出不穷、热度不降,
尽管台军着力寻求提升正面形象,但收效甚微,接连不断的丑
闻事件,也让台军形象一损再损。

一是"汉光演习"事故频发、乌龙百出。"汉光演习"一直
是台军丑闻的重灾区,各类演习事故层出不穷。2018 年的"汉
光 34 号"军事演习,6 月 4 日至 8 日举行实兵实弹演练,台军
分别扮演红、蓝两军模拟对抗,然而当天下午,由空军少校吴
彦霆驾驶的一架被认为是台湾空军主力的单座 F-16A 战机,在
北部空域执行演训任务时,光点在下午 1 时许消失,民众于两
小时后在新北市瑞芳区五分山步道 3 公里处发现疑似 F-16 残
骸,军警消动员数百人展开搜索行动。后经鉴识小组鉴定,证
实吴彦霆已殉职。几天后,又有 1 名人员出事。在进行"特战

伞兵跳伞训练"科目时，1 名航特部伞兵跳出 C130 机舱时，伞具没开，呈现"自由落地状"重摔落地，送往医院抢救。除了人员不断出事外，导弹也接二连三发生问题。演习第 2 天，蔡英文搭乘直升机前往屏东九鹏基地视察精准武器实弹射击，台军在发射第 5 枚"天弓"导弹时，有不明物在蔡英文面前坠落冒白烟，基地内顿时浓烟滚滚。此外，台"中科院"为空军研发的反跑道集束巡航导弹"万剑弹"，在演习时发生弹体不规则滚动以至无法控制，测试人员不得不按下自毁装置在空中引爆，而海军的"海剑二"则是点火后出现信号异常，未能顺利发射。

二是募兵工作举步维艰、"笑话"不断。据台湾《中时电子报》报道，蔡英文在与高中生对谈时表示，"进入军队做几年也不错"，但对其上述言论，网民纷纷不买账，呛声表示"缺人缺到骗高中生""别急着当领导人，先进入军队几年也不错""募兵推不动开始讲干话了"。台湾防务部门负责人严德发在"立法院"备询时表示，台军要求各基层连队及单位主官在单位招募成效未达成前，都需上街头向路过民众进行招募文宣发放，对此，有退伍军官感慨指出，台军地位、待遇不如清洁队员！根据统计，台军总兵力还有万余人缺口，从过去招募由台军人才招募中心负责外，现在基层部队也受命积极投入兵员招募工作，视为重大绩效。基层部队无不绞尽脑汁，除了走出营区外，许多"单兵"也在网络社群中制造"亮点"展开招募，导致"笑话"不断，有的连队打出"美女牌"，美貌女士官疑将军常服裙子改短，化浓妆嘟起嘴以可爱作招募，自称是"新来的妹子"，也有大眼女士官在脸书贴照留下账号作招募，留言说"请让我为您服务"，甚至还有男性官兵扮演"佛系招募员"进行招募。

台编管后备军人从 2000 年占当时台湾地区总人口数比率 15% 降到 2017 年底的 11%，推估未来十年仍会逐年下降。

三是年金改革抗议不停、错情频发。蔡英文上任后推动年金改革，基于工作特性，把军人与公教脱钩处理，但反军改团体"八百壮士"认为军改案内容推翻"宪法""不溯既往、信赖保护"原则，沟通也不足，发起游行示威，与警方爆发激烈冲突。在具体推进过程中同样是问题不断，台"国防部"分三批寄发"已退军职人员退除给予重新计算通知函"共 20 余万份，却有退伍军人陆续接到退休俸重新计算处分书，出现地址写错、寄错人的状况，还有人确实收到本人的试算，却因级职算错而使年金大打折扣，"上校变成士官长，海军变成陆军"，让退伍军人傻了眼。

四是日常训练状况百出、嘲讽不断。2018 年 4 月 29 日，台军官方脸书账号"国防部发言人"披露了台军"国防医学院"学员进行最后测验的照片，照片中一名台军作持枪瞄准状，但他的 M4A1 步枪的提把却装反了，连枪上的觇孔也错了位，根本没法瞄准。另据台湾媒体报道，有网友在网上分享台军打靶的照片，打靶时不仅地上有软垫，还有超大遮阳伞"护体"，被网友嘲讽是"草莓兵"（外表光鲜，内心脆弱，体能差，抗压性不足)，仿佛在海边沙滩悠闲度假："草莓兵团待遇真好！实弹射击打靶训练，有铁架、软垫、栈板、遮阳伞……雨大不打，太热不打，太冷不打。"

五是装备问题层出不穷、毁伤严重。由于武器装备更新迟缓，台湾装备老化陈旧等问题日益凸显，训练事故发生的次数也是越来越频繁。台湾中山高速公路南下新竹路段，台空军防空炮兵暨飞弹指挥部所属的一辆雄风 2E 型的指挥管制车突然失火发生意外，司机开车行进到半途，发现油门和刹车失灵，路边停车检查，之后车底起火，且火势迅速延烧，车体被烧成火球。"内政部空勤总队"编号 NA–706 的 UH–60"黑鹰"直升机，深夜飞往兰屿执行病患护送任务，但刚起飞不久就失联，机上 6 人生死未卜，后经搜索打捞，发现该直升机机体与人员遗体，这是台湾航空界首度在医疗后送任务中发生空难。另据台媒报道，台湾"审计部"经查核发现，"国防部空军司令部"采购靶机系统，规划、审标、履约及验收作业核有违失，致投入新台币近 7 亿元采购的靶机系统无法提供雷达、红外线引导导弹追瞄及射训，须另案再花费 2 亿余元采购靶机作业服务，目前已弹劾相关失职人员 7 人。台军频频吹嘘本地研制作战无人机，但多次发生人员失误导致严重事故，甚至出现撞山等彻底损失的事故。台军曾把"故障少、自主安全能力高"作为卖点，但现在却频繁坠机，对于出现的问题，台军却归结为机组人员操作不规范等原因造成。

六是军纪涣散管理混乱、丑闻迭出。台军军纪松弛，内部人员管理混乱不堪，倒卖军品、违抗军令、私生活混乱等现象不时发生，台军形象被破坏殆尽。有台媒体报道称，台军黄姓上尉等 7 名官兵涉嫌利用职务之便勾结业者，将报废军品卖出时以多报少，或以垃圾名义将报废军品携出营区贩卖，与报废品回收业者勾结，任意将营区内未列账籍的计算机主机、屏幕、打印机等计算机设备交由厂商径自带出变卖，事后再分给各业者不法利益每次约数十万元不等。另据台湾"东森云新闻"网报道，台军 2 名即将退伍的二等兵因拒绝集合出操训练还公然威胁营长，被高雄检方以恐吓长官和抗命罪起诉，然而 2 人最终仅被判处 2 个月的有期徒刑，而且还可以用 6 万新台币的罚金替代刑期。对于这一判决，台军的众多基层军官纷纷表示难以置信，表示这种士兵抗命、以下犯上的行为在战场上足以枪毙，竟获得如此的从轻发落，只要缴纳 6 万新台币罚款就不用坐牢，以后自己都不知道要怎么带兵了。除此之外，还有媒体爆料称，曾任蔡英文专机保防官的 37 岁空军女上尉齐美雯与男上司开房受查，其中涉及的 2 名"校级长官"，1 人已被迫退伍，另 1 人则被调到偏远单位；另外，在台防务部门大楼内的军医局 1 名中校监察官，被发现多次在办公室女性桌底下架设针孔器材进行偷拍。

　　总而言之，2018 年台军更加注重正面展示自身形象，但一系列的丑闻弊案让其努力几乎成为徒劳，台军形象已经被"撕扯"得不成样子，在台湾民众中也毫无地位可言，某种程度上甚至成为丑闻弊案的代名词。

注释：

　　[1] http://mil.news.sina.com.cn/china/2018-09-01/doc-ihinpmnr0288313.shtml，海外网，《台军发布"年度报告"：统一台湾是大陆不变的使命》。

　　[2] https://baijiahao.baidu.com/s?id=1599172750885328150&wfr=spider&for=pc，新浪军事快报，《解放军频绕台施压，严德发：台军已强化既有战力！》。

　　[3] https://military.china.com/news/568/20180716/32690333.html，观察者网，《台湾阿帕奇成军　扬言进可岸滩歼敌退可拱卫"首都"》。

[4] https://armedservices.house.gov/about/markups/hr-5515-national-defense-authorization-act-fiscal-year-2019 NATIONAL DEFENSE AUTHORIZATION ACT FOR FISCAL YEAR 2019。

[5]《突发！特朗普政府通过首批对台军售　价值约 14 亿美元》《环球时报》，2017 年 6 月 30 日。

[6]《美对台军售逐渐常态化？海外媒体称政治考虑大于军事意义》《参考消息》，2018 年 9 月 27 日。

[7] http://www.sohu.com/a/237234502_594189，搜狐新闻，《台军官：美同意向台转移"爱国者"导弹技术》。

[8] http://wemedia.ifeng.com/66132696/wemedia.shtml，凤凰网，《台军官：美同意向台转移"爱国者"导弹技术》。

[9] http://news.163.com/18/1128/22/E1O192BC0001899O.html#f=post1603_tab_news，网易新闻，《美国两艘军舰又进台湾海峡　台防务部门这样回应》。

[10] 白纯：《台军武器装备自造述略》,《台湾周刊》2017 年第 25 期第 20 页。

（作者单位：国防大学政治学院）

2018 年台湾经济综述

吴凤娇

摘要：作为高度外向型的经济体，台湾经济状况与国际经济景气密切相关。2018 年国际经济景气复苏变缓，台湾虽采取提高薪资、扩大投资、推动"5+2"产业创新和落实前瞻基础设施计划等一系列经济提振政策，但由于经济结构性矛盾和内生动力不足问题并未根本性解决，在外需市场急剧萎缩的冲击下，经济成长"先扬后抑"，维持低速增长态势。尽管民进党当局加紧实施"经济去中入美"战略，两岸经贸支撑台湾经济增长的支柱地位无法替代。

一、2018 年台湾经济概况与特点

（一）经济增长率先升后降，地区竞争力持续下跌

受岛内需求增长和国际经济增长平稳的双重影响，2018 年上半年台湾经济依然延续 2017 年以来的稳定上升趋势，第 1、2 季度分别增长 3.15% 和 3.29%，上半年平均增长 3.22%，创下近 3 年最高增长率。但景气对策信号于 6 月首次由绿灯转呈黄

蓝灯，且景气领先指标和景气同时指标持续下滑，12 月景气对策信号转为代表经济衰退的蓝灯，反映了随着国际经济环境风险性增加，全球景气趋缓对岛内经济的冲击日益显现，自 2016 年以来的经济扩张正发生逆转。与此相对应，岛内和国际经济重要机构也纷纷下修对台湾经济增长的预期，台湾"主计处"于 11 月 30 日将 2018 年经济增长下修 0.03%，并将 2019 年的经济增长率下修 0.14%。果不其然，受出口、消费急剧下挫的影响，第 3 季度台湾经济增长骤降至 2.27%，预计第 4 季度增长率勉强维持在 2% 以上，全年经济增长 2.66%，较 2017 年 3.08% 下降 0.42%。同时"主计处"预估 2019 年台湾经济将继续在低位徘徊，全年增长率为 2.41%。

表 1　2018 年台湾经济增长及其变化

2018 年 ᶠ	178139	181328	25499	2.66
1 季度 ʳ	43890	45511	6585	3.15
2 季度 ʳ	43426	43892	6252	3.29
3 季度 ᵖ	44567	44903	6208	2.27
4 季度 ᶠ	46256	47022	6454	2.02

数据来源：台湾"主计处"（总体经济统计）

注释：r 表示修正数，p 表示初步统计数，f 表示预测数。

与经济增长乏力相对应的是，在瑞士洛桑管理学院 2018 年 IMD 世界竞争力排名中，2018 年台湾地区竞争力位列第 17，比 2017 年再下降 3 位，表现为 2010 年以来的最差水平。其中

"经济表现"大类排名由 2017 年第 12 位下降至第 14 位，主要受到"对外贸易"和"国际投资"两项指标分别大幅度下降 9 名和 12 名的影响 [1]。

（二）内需成为拉动经济增长的主力，民间消费提振乏力

与 2017 年的外需主导有所不同，2018 年台湾经济主要靠内需拉动，且呈现"消费冷投资热"格局。按照台湾"主计处"预估，2018 年岛内内需实质成长率由上年的 1.24% 增至 3.34%，对经济增长的贡献率也由 1.08% 增至 2.92%，有效抵消了外需萎缩造成的不利影响，成为当年经济增长的主要贡献来源。

从内部需求构成来看，民间消费支出占 GDP 的比重超过 50%，是决定经济增长的最重要因素之一。虽有税改扩增效益、就业市场有所改善、企业普遍加薪、前瞻基础建设相继启动等多重有利因素，但年金改革实施和若干民生必需品价格上涨也直接影响了民众消费水平。第 1、2 季度民间消费增长率分别为 2.55% 和 2.29%，而第 3 季度则降至 1.8%，第 4 季度预计小幅回升至 2.05%，全年民间消费总额预计达 9.57 兆元（新台币，下同），同比增长 2.17%，为 2013 年以来的最低水平。

长期以来，投资疲弱制约着台湾经济增长。2018 年台湾当局加速落实投资台湾计划，并以专案会议的形式加以落实，大幅松绑与投资有关的行政法规限制近 300 项，岛内投资环境有所改善，全年投资总额预计为 3.78 兆元、同比增长 3.59%，为 5 年来的最高值。其中，民间投资总额为 3.07 兆元、同比增长 3.15%；"政府"公共投资和公营事业投资则随着前瞻基础建设计划项目的逐步推进也出现明显增长，全年投资额分别为 5035 亿元和 2048 亿元、同比增长 3.84% 和 10.27%。为强化招商与吸引侨外投资，台湾在简化侨外投资审议程序的同时，整合"经济部招商投资服务中心""投资审议委员会"和"投资业务处"，设置"投资台湾事务所"，以期提供一站式且客制化服务协助外商投资台湾。2018年核准侨外直接投资件数为3621件，同比增长6.03%；核准金额为114.4亿美元，较去年的75.13亿美元同比增长52.26%[2]。

表2　2018年台湾经济增长率和贡献度

年（季）别	经济增长率	实质增长率（%）						对经济增长的贡献度（%）						
		内需				外需		内需				外需		
		小计	民间消费	行政消费	固定投资	对外出口	对外进口	小计	民间消费	行政消费	固定投资	小计	对外出口	对外进口
2018年f	2.66	3.34	2.17	2.95	3.59	3.37	4.68	2.92	1.15	0.42	0.74	-0.25	2.19	2.44
1季度r	3.15	2.57	2.55	6.63	0.36	6.42	6.19	2.32	1.44	0.86	0.08	0.83	4.01	3.18
2季度r	3.29	1.82	2.29	5.87	0.02	6.33	4.53	1.64	1.23	0.83	0.01	1.65	3.96	2.32
3季度p	2.27	4.82	1.80	−1.50	5.4	1.21	4.64	3.98	0.94	−0.2	1.12	−1.71	0.79	2.48
4季度r	2.02	-	2.05	1.54	8.25	0.39	3.53	3.63	1.02	0.23	1.63	−1.61	0,24	1.85

数据来源：台湾"主计处"（总体经济统计）

注释：r表示修正数，p表示初步统计数，f表示预测数；对外出口和对外进口的范围包括商品和服务。

虽然表面来看岛内内需有明显增长，尤其是投资更创下5

年以来的新高，但由于占主导地位的民间消费仍未有实质改善，表明内需扩大维持经济增长的力道有限。究其根本，民间消费意愿长期积弱根源于超额储蓄问题日益严重。据台湾"经济部"统计，2018 年台湾超额储蓄达到 2.15 兆元，已经连续 5 年突破 2 兆元大关；而近 10 年来台湾超额储蓄累计总额已高达 18.67 兆元。从去向上看，超额储蓄多数转为游资潜入房市股市，岛内经济陷入"高储蓄、慎消费、低增长"的负向循环，难以扭转[3]。

（三）对外贸易由强转弱，贸易顺差负增长

作为外向型经济体，台湾出口依存度常年维持在 50% 以上，出口状况好坏对台湾经济增长至关重要。2016 年以来台湾经济回温就是由于出口增长所导致。而 2018 年台湾经济之所以"由温到冷"也是因为对外出口由强变弱。上半年台湾对外贸易仍保持快速增长的势头，其中出口总额为 1638.3 亿美元，进口总额为 1382.8 亿美元，分别较去年同期增长 10.9% 和 10.8%，均保持两位数的增长。但受国际经济复苏放缓、全球贸易保护主义日益抬头等阻碍，台湾对外出口增速自 7 月开始不断下滑，11 月更首次出现 3.4% 的负成长，出口额仅为 278.1 亿美元，其中主要出口产品电子零组件（–5.7%）、基本金属及其制品（–6.4%）、机械产品等均出现负增长（–13.4%）。而进口虽受国际油价高涨的影响，但因机械进口剧降，11 月进口额仅为 231.6 亿美元，小幅增长 1.1%。总体来看，受惠于上半年表现良好，全年对外贸易总额仍达到 6227.1 亿美元，其中出口总额为 3360.5 亿美元，进口总额为 2866.6 亿美元，分别同比增长 5.9% 和 10.6%，贸易顺差为 494.1 亿美元，比去年大幅减少

了 14.8%，出现了近 7 年以来的首次负增长。在出口市场方面，2018 年对主要市场的出口除东盟外，均为正增长，其中对祖国大陆与香港地区增 6.3%，对美国增 7.5%，对欧洲增 8.3%，对日本增 11.1%，而对东盟减 0.6%。

表 3　2018 年台湾对外贸易概况

单位：亿美元；%

年（月）别	对外贸易总额		出口总额		进口总额		贸易顺差	
	金额	年增长率	金额	年增长率	金额	年增长率	金额	年增长率
2018 年	6227.1	8.0	3360.5	5.9	2866.6	10.6	494.1	−14.8
1 月	520.7	18.4	273.8	15.3	247.0	22.0	26.9	−23.4
2 月	416.5	−0.7	223.6	−1.2	192.9	0	30.7	−8.6
3 月	539.7	13.8	299.9	16.7	239.8	10.4	60.1	51.3
4 月	492.9	7.6	267.3	10.0	225.6	4.9	41.7	49.9
5 月	538.3	13.2	291.2	14.2	247.1	12.0	44.1	27.9
6 月	512.7	12.0	282.4	9.4	230.3	15.4	52.1	11.0
7 月	544.5	11.6	283.6	4.7	260.9	20.3	22.8	−57.9
8 月	520.3	4.5	282.8	1.9	237.5	7.8	45.3	−20.9
9 月	549.0	7.5	296.2	2.6	252.8	13.9	43.4	−34.9
10 月	557.6	11.9	295.5	7.3	262.1	17.6	33.4	−36.6
11 月	509.0	−1.6	277.8	−3.5	231.2	0.9	46.5	−20.9
12 月	525.0	−0.7	286.1	−3.0	238.9	2.2	47.2	−23.2

数据来源：台湾"主计处"（进出口贸易统计）

　　另从提前指标外销订单来看，2018 年外销订单累计总额为 5118.2 亿美元，年增率仅为 3.9%，较去年 10.9% 的年增率下降 7 个百分点，其中继 2 月出现 2016 年 8 月以来的首次下降后，6 月、11 月和 12 月均出现同比下降，尤其 12 月下降 10.5%，这预示出口增长正向动能正发生改变，对外出口前景不容乐观。

（四）制造业产能稳步扩大，服务业呈现下降趋势

　　在投资温和增长的同步带动下，2018 年台湾工业总体保持扩产态势，工业生产指数呈连续上升态势，10 月更出现了 116.4% 的历年单月最高值。全年累计工业平均生产指数为 108.83%，同比增长 3.65%，其中主导产业制造业平均生产指数达到 109.4%，同比增长 3.92%。从制造业内部来看，优势产业电子零组件生产同比增长 5.59%，在制造业占比达到 54.7%，其中全球对半导体先进制程需求扩张，带动了岛内晶圆代工、DRAM 制造等产量上升，半导体同比增长 9.7%，而液晶面板及其组件受 2017 年基数较高影响，同比下降 3.72%。传统产业如化学原材料业、基本金属业、机械设备生产也均出现 2% 以上的小幅增长。但值得注意的是，2018 年 11 月台湾地区制造业采购经理人指数（PMI）下降至 48%，跌破 50% 的荣枯线，结束了自 2016 年 4 月以来的连续 31 个月的扩张，进入紧缩。12 月进一步跌至 44.8%，创下 2012 年 7 月该指标创编以来的最快紧缩速度 [4]。

　　面向内需市场的服务业，由于民间消费提振乏力、股市行情动荡，前 3 季的增长率分别为 3.1%、2.9% 和 2.3%，呈逐步下降趋势。从营业实体来看，全年岛内已有 35865 家商家歇业、32643 家公司解散撤销，倒闭潮持续蔓延。就行业别观察，批发及零售业、餐饮业、运输及仓储业等传统服务业表现相对稳定，前3季平均增长率分别达到4.2%、4.4%和4.9%。金融保险业因上半年股市交易热络，带动证券商手续费收入剧增30%以上，第1季度、第2季度表现优异，增长率分别达到7.2%和5.8%；但下半年受股市行情动荡、交易变冷的影响，第3季度增长率猛降至0.8%。

旅游业方面，1—10月赴台旅游观光人数总计892.2万人，全年有望继续突破1000万人次。从客源地来看，台湾旅客市场以东亚地区为主。其中，赴台陆客人数225.5万人次，占赴台游客比重由2015年的40%降至25%，但仍是台湾最大客源地；"新南向"18个国家赴台旅客显著增加。达到203.4万人次，同比增长21.4%，占赴台旅客的23%，成为台湾第二大旅游来源地。由于赴台旅游消费能力高的大陆游客客源减少，岛内游览车公司及旅行住宿业者倒闭现象日益严重。2017年台湾观光外汇收入为123.1亿美元，受新台币升值影响，折合新台币为3748.5亿元，较2016年的4322亿元大幅减少13.3%，为连续第三年减少，预计2018年也难以好转。

（五）股市结束万点行情，新台币呈现贬值趋势

2017年，在全球股票市场普遍上涨的背景下，台湾股票市场出现历史上第四次"万点行情"，台股连续站上万点达156天，全年涨幅高达15%。但2018年10月11日，台股大跌660点，创下史上单日最大跌点，报收9806点，终结345天的"史上最长万点"行情。值得关注的是，投资岛内证券市场的外资早从4月开始就持续出现汇出金额大于汇入金额，且金额逐渐扩大，累计10月净汇出金额高达107.46亿美元。除外资减持台股外，投信及自营商也持续减码台股，1—10 月外资及投信、自营商等三大法人卖超合计达 4505.05 亿元，已将过去 3 年来的累积买超 4046.53 亿元全部回吐[5]。三大法人大幅卖超成为岛内股价指数失守万点、连创新低的重要原因。尽管台湾当局 10 月以来积极采取了一系列救市措施，并动用四大基金和"国安基金"介入股市护盘，但都没有对股市产生明显的刺激作用。至 2018 年年底，台湾股市仍在 9700 点上下波动。

汇市方面，2018 年新台币持续走贬，对美元汇率从 29.2 贬值到 30.82，跌幅达 5.74%。由于出口急剧下降，再加上经济增长下跌预期进一步加剧了投资者对未来经济前景的忧虑心理，新台币后市仍然存在一定的贬值空间。同时，新台币贬值虽可在一定程度上增强出口商品的竞争力，但却加重了进口商品的成本，并会对内需的扩大和总体经济增长产生不利的影响。

（六）失业率处于历史低位，民生物价上涨

据台湾劳动部门统计，2018 年台湾平均失业人数为 44 万人，失业率为 3.71%，较 2017 年下降 0.05 个百分点，处于近年来历史低位水平。但分年龄别和教育程度来看，20 至 24 岁年轻人的失业率高达 11.98%，大学程度者的失业率也达 5.12%，结构性失业矛盾依然存在，这在一定程度上削弱了经济发展活力，直接影响经济增长速度和质量。同时，受国际经济景气悲观、全球贸易前景不明朗的影响，岛内产业纷传裁员与放无薪假的报道。截至 11 月底，已有 26 家企业核备实施无薪假，实施人数 3490 人，创 34 个月来新高。太阳能大厂元晶、绿能科技于 10 月宣布裁员 20%，之前茂迪的台南、桃园厂已裁员逾 200 人[6]。

　　上半年国际原油和原物料价格飙涨推动台湾进口成本上升，趸售物价指数年增率为 3.64%，消费者物价指数年增率 1.35%。与民众生活密切相关的物价上涨较为明显，如台湾"行政院"稳定物价小组监控的 17 种重要民生物资平均上涨 3.29%，鸡蛋、糖、鲜奶等多种民生必需品物价年增长均超 5% 以上。受此影响，尽管劳工基本薪资有所提高，但前 11 个月工业及服务业受雇员工的实质平均经常性薪资仅小幅成长 1.1%，比去年同期减少 0.13%。

（七）税收收入超出预算，公共债务风险加大

　　2018 年台湾税收收入 2.36 兆元，较去年增加 1159 亿元，增长 5.1%，实际征收额为年度预算额的 103%，税收收入已经连续 4 年突破 2 兆元。其中营利事业所得税、综合所得税、营业税、烟酒税、证券交易税同比分别增加 621 亿、220 亿元、201 亿、189 亿元和 111 亿元，居增长前列；而遗产税由于民众因应去年税率提高而预先调整规划，同比减少 195 亿。

　　虽然税收收入有所增加，但债务高涨始终是台湾经济发展的一大难点。据台湾财政部门统计，2018 年台湾"中央政府"未偿债务余额为 5.52 兆元，占 GDP 比重 31%，债务利息支出 1147 亿元，占当年财政支出比例 5.5%。若加计地方政府债务，债务规模将达 6.43 兆元，占 GDP 比重 36.1%。同时"前瞻基础建设计划"预算将分 2 期"中央政府"投入 8400 亿元，概算地方政府配合款超过 3500 亿元，这将进一步加大未来台湾各级"政府"的财政风险，成为掣肘经济增长的一大要素[7]。

二、2018 年民进党当局经济施政的重点面向和实际成效

2018 年台湾在"国家"发展计划中提出了所谓"振兴经济"六大面向，除促进薪资成长外，优化税制、加速投资台湾、落实法规松绑、推动"5+2"产业创新计划和执行前瞻基础设施计划等都是于 2017 年开始推展，通过以上举措希冀能够刺激民间消费、扩大投资，带动经济增长。重要经济举措和成效如下：

（一）《提高低薪族薪资行动方案》实际效果有限

为提振薪资，2018 年 5 月 14 日台湾"行政院"正式出台"提高低薪族薪资行动方案"，并举行专场记者招待会进行政策说明。方案提出公部门主动加薪、薪资水平列入政府采购及颁发奖项的加分项目、鼓励企业加薪、薪资透明化和提高时薪等 5 大短期政策，对应具体措施则包括：提高公务机关、"国营"事业等聘用派遣低薪者总薪资至 3 万元；提高兼任教师钟点费；对于员工薪资均达 3 万元以上的投标厂商给予政府采购投标加分优惠；当年劳工每月基本工资调升至 2.2 万元、每小时基本工资调升至 140 元，2019 年 1 月 1 日起分别调升为 2.31 万元及 150 元等 [8]。方案出台后引发外界诸多争议，认为方案以行政手段拉高薪资"治标不治本"，纯属政治操作；政策不对路，低薪群体主要分布在批发零售业、住宿餐饮业及支援服务业等，而非政府公务部门；提高企业用人成本，可能引发失业人数上升 [9]。同时从实际成效来看，薪资提高也直接导致了物价尤其是民生消费品价格的明显上涨，在相当程度上抵消了政策效果。

（二）召开"加速投资台湾"专案会议以改善投资环境

　　自 2017 年 9 月起，台湾"行政院"定期召开加速投资台湾专案会议，就企业关心的投资议题提出解决方案，以期改善投资环境，促进投资上升。2018 年"行政院"共召开 20 场加速投资台湾专案会议，议题涉及法规松绑、优化新创事业投资环境、落实公共建设执行，促进民间参与公共建设、强化招商与吸引侨外投资、推广行动支付普及、解决"五缺"问题及建立新创法规调适平台等。针对反映强烈的"五缺"问题，专案会议研拟政策包括：针对缺地，推出"公有土地优惠释出""民间闲置土地辅导释出"及"产业用地开发与更新"等三大策略，预计至 2022 年可释出 1470 公顷的产业用地；针对缺水，以开源、节流、调度、备援四大对策，采取建置水利基础建设、降低漏水率、提升农业用水效率以及工业用水循环利用等作法，保障稳定供水；针对缺电，贯彻"多元创能增加供给""积极节能全民参与"及"灵活调度智慧储能"等三大策略，推动新发电机组兴建计划，并扩大再生能源设置量，2019 年起可达成备用容量率 15%、备转容量率 10% 以上的目标；针对缺工，提出"媒合就业，开发劳动力""改善低薪，创造友善职场""产学双赢，缩短学用落差"三大改善对策，提升劳工投入缺工产业的意愿；针对缺人才，提出"留才、揽才、育才"三大政策方向，通过税制优化、新增企业员工奖酬管道、强化产学连接及扩大培育数位科技人才等方式，满足产业人才需求。在上述政策挹注下，2018 年民间投资额和吸引侨外投资额均创 2012 年以来的新高，全年预计完成 5 亿元以上民间投资案 129 件，投资总额达 1.27 兆元 [10]。

为吸引台商返台投资，台湾"行政院"还出台了"欢迎台商回台投资行动方案"，于 2019 年 1 月 1 日启动，实施期为 3 年，从满足用地需求、充裕产业人力、协助快速融资、稳定供应水电和税务专属服务等五大策略着手，提升台商返台投资吸引力[11]。2019 年 1 月，"经济部投资台湾事务所"就核准了智邦科技、庆丰富实业和广达电脑 3 家企业回台投资案，投资金额为 60.4 亿元。

（三）"5+2"产业创新计划带动产业转型升级效应有待观察

"5+2"产业创新计划是民进党执政后提出的"经济发展新模式"的重要组成部分，目标是打造智慧机械、亚洲·硅谷、绿能科技、生医产业、"国防产业"、新农业及循环经济等 7 大产业创新聚落，以带动产业全面转型升级，实现经济增长由"效率驱动"转向"创新驱动"。

为加速"5+2"产业创新计划的执行，2018 年台湾制定"境外专业人才延揽及雇用法"和"新经济移民法"，强化对产业生态、资金、人才及产业链整合等各方面支持，亚洲·硅谷、智能机械和绿能科技等产业均有不同程度进展。如亚洲·硅谷方面，已引进微软、思科等国际企业来台设立研发中心。至 2018 年 9 月底共有 364 位成员加入物联网产业大联盟，大大强化了跨领域软硬整合实力。智能机械产业方面，全年促成航天、水五金、汽机车及塑橡胶机等应用领域的上下游产业链共同研提智慧机械产业领航及主题式计划 12 项、推动智慧机顶盒辅导案 20 项，同时设立专门的智能制造试营运场所，提供产业智能制造技术验证、快速打样、试做量产等服务。绿能科技产业方面，2018 年 3 月正式成立绿能科技产业推动中心，负责太阳光电、风力发电、智慧新节能、沙仑绿能科学城四大项目，并同期启动"绿能屋顶全民参与推动方案"，另外规划成立"Wind-Team 国际合作联盟"及"离岸风电海事工程产业联盟 Marine-Team"，协助厂商构建离岸风电供应链[112]。

众所周知，台湾产业因内部发展不平衡而存在结构单一、整体竞争力不强的缺陷，半导体、面板等电子零组件业一枝独秀，2018 年在制造业占比就高达 54.7%。而台湾电子零组件业主要以 OEM\ODM 的代工模式为主，在全球产业链中处于低附加值的弱势环节，无法充分体现高科技产业的高收益优势，对经济增长的贡献受到很大的限制。随着国际大企业采取全球运筹式管理体系，将制造、库存、销售等下游环节日益外移海外厂商，台湾厂商更进一步被纳入国际大企业的全球供应链体系，代工模式在相当长的时期内难以改变。因此，虽然"5+2"产业创新计划取得一些进展，但"代工型"电子零组件产业为主导的产业结构并没有发生根本性改变，实现"创新驱动"经济增长前景仍面临多重的考验。

（四）前瞻基础设施建设计划执行率偏低

前瞻基础设施建设计划是民进党当局于 2017 年提出的一揽子基础设施投资计划，规划分 2 阶段 8 年进行。第一阶段前瞻基础设施计划执行期为 2017 年到 2021 年，共分 3 期，特别预算编列 4200 亿元，具体包括轨道建设、水环境建设、绿能建设、数字建设、城乡建设、因应少子化友善育儿空间建设和食品安全建设等八大建设项目。其中第 1 期规划期从 2017 年 9 月至 2018 年 12 月，预算额 1071 亿元。岛内对前瞻基础设施计划存在不同看法，如计划实施会拖累财政；项目规划粗糙、前瞻性不强；轨道建设预算额过高、带动经济作用不高。但不可否认，一旦计划顺利如期执行，基础设施投资扩增将产生投资外溢效应，将有助于经济增长。

而从实际进展来看，虽然"行政院"多次申明前瞻基础设施计划正稳步推行，并承诺第一期预算执行率将达 9 成。但据"主计处"统计，截至 2018 年 10 月底，第一期特别预算 1071 亿元，累计分配数为 696.7 亿元，占预算规模的 65%；累计执行数为 629.7 亿元，仅占预算规模的 58%[13]。

三、两岸经贸支撑台湾经济增长 的支柱地位无法替代

2016 年民进党重新执政后，以"安全""经济自主"为由，蓄意实施"经济去中入美"战略，大力推行"新南向政策"，企图以此降低台湾经济对大陆经济的依赖度。在此次中美贸易争端中，民进党当局罔顾台湾经济与产业损失，以回避贸易冲突及争取对美谈判筹码为由，进一步加大经济"去中入美"步伐，启动对美出口产品的"大陆成分"审查，在钢铝产品上要求岛内企业剔除大陆进口原材料以争取美国关税豁免，宣布对大陆钢产品进口进行"双反"调查；并紧跟美国对中兴、华为、福建晋华等高科技企业进行管制。更有甚者，台湾当局还推动"敏感科技保护法"，对台湾高科技产业向大陆投资转移设置更高的门槛，以配合美国对大陆的技术与封锁[14]。但从 2018 年的发展情况看，大陆在台湾经济发

展中的地位无可动摇，两岸经贸支撑台湾经济增长的支柱地位无法替代。

　　据台湾"投审会"统计，2018 年台湾核准对大陆投资总额为 84.9 亿美元，占台湾对外总体投资额的 59.7%，仍是台湾对外投资的最大去向地。而从贸易来看，2018 年两岸贸易总额（含香港）为 1936 亿美元，其中台湾对大陆出口 1383.9 亿美元，占台湾对外出口总额的 41.2%，同比增长 6.3%；自大陆进口 552.1 亿美元，同比增长 7.1%，实现贸易顺差 831.8 亿美元，使台湾对外贸易得以实现总体顺差 494.1 亿美元。与之相比，台湾对"新南向政策"国家贸易总额为 1171 亿美元，其中出口额为 684.2 亿美元，占台湾对外出口总额的 20.4%，同比仅增长 1.5%，不仅远远不及台湾对大陆出口增长 6.3%，也没有达到台湾对外出口增长 5.9% 的总体水平。这充分表明，民进党当局动用庞大资源推动的"新南向政策"效果有限。

注释：

[1]　陈碧芬：《IMD2018 年世界竞争力：台湾倒退至第 17 位！》，《工商时报》，2018 年 5 月 24 日，https://www.chinatimes.com/newspapers/201805240 00235-260202

[2]　台湾"投资审议委员会"：《2018 年 12 月核准侨外投资、陆资来台投资、境外投资、对大陆投资统计速报》，2019 年 1 月 21 日，https://www. moeaic.gov.tw/news.view?do=data&id=1325&lang=ch&type=newann

[3]　台湾"国家发展委员会"："2019 年发展计划"，2018 年 12 月

20 日，https://www.ndc.gov.tw/Content_ List.aspx?n

[4]　柳英：《2018 年台湾地区经济形势回顾与展望（上）》，中国台湾网，2019 年 1 月 30 日，http://www.taiwan.cn/plzhx/zhjzhl/zhjlw/201901/ t20190129_12136280.htm

[5]　《台股又跌破万点　三大法人 3 年买超全吐光》，《商业周刊》2018 年 10 月 16 日，https://www.businessweekly.com.tw/article.aspx?id

[6]　《3490 人放无薪假　创 34 个月新高》，《世界民报》，http://www.worldpeop lenews.com/content/news/312159）

[7]　方德琳：《不只是 8 千 8 百亿——前瞻配合款对地方财政的风险》，《报导者》，2017 年 7 月 3 日，https://www.twreporter.org/a/foresight-infra structure-plan-public-finance

[8]　台湾"行政院"：《10 大政策，提高薪资》，2018 年 5 月 18日，https: //www.ey.gov.tw/Page/5A8A0CB5B41DA11E/1598464c-51ba-449e-8277-5b04bdcbbfc5

[9]　中时社论：《政策扭曲，薪资当然不会提高》，2018 年 5 月 19日，https://opinionchinatimes.com/20180519002201 -262101

[10] 台湾"行政院"："2018 年 9 月施政报告"，https://www.ey.gov.tw/Page/5C208DA85C814C47

[11] 台湾"行政院"："欢迎台商回台投资行动方案"，2018年 12 月 17 日，https://www.ey.gov.tw/Page/5A8A0CB5B41DA11E/d0fa20f9-27f7-460e-a3e7-775f272a9cf8

[12] 台湾"行政院"：《重要施政成果——产业创新》，https://achievement. ey.gov.tw/Default.aspx。

[13] 黄心华：《前瞻计划也该发夹弯》，《中国时报》，2018 年 11 月29 日，https://opinion.chinatimes .com/20181129004398-262105

[14] 谭淑珍:《敏感科技保护法进展与解释》,《工商时报》, 2018 年 5 月 28 日，https://www.chinatimes.com/newspapers/20180528000231-260202。

（作者单位：闽南师范大学两岸一家亲研究院）

2018 年台湾对外贸易与投资综述

唐永红

摘要：2018 年全球经济成长整体维持去年复苏态势，先进国家和地区微幅上升，新型市场与开发中国家和地区微幅下降。在此背景下，2018 年台湾地区进出口贸易额有所上升，贸易出超额自 2011 年以来首次出现下降；进出口产品结构变化不大；除对东盟出口略有下降外，对其他主要国家和地区进出口皆呈正成长。2018 年台湾利用侨外投资的金额都有所增加，但利用陆资金额较 2017 年减少 12.97%。对外投资方面，对海外投资较上年增加 23.51%，对大陆投资自 2015 年以来继续减少。展望 2019 年，随着国际经济情势的不确定性增加，台湾经济外需成长空间相对有限。

一、2018 年台湾对外贸易概况与特点

2018 年，全球经济整体保持增长，但复苏势头分化。台湾进出口贸易额有所上升，贸易出超出现下降；进出口产品结构变化不大；除对东盟出口略有下降外，对其他主要国家和地区

进出口皆呈正成长。

（一）进出口贸易额双双增加，贸易出超出现下降

2018 年台湾对外贸易出口金额与进口金额较上年度均出现上升。据台湾"财政部统计处"统计，2018 年台湾对外贸易进出口总额约 622636 百万美元，较上年度增加 8%。其中，对外出口总额 336023 百万美元，增加 5.9%；自外进口总额 286613 百万美元，增加 10.6%；贸易顺差为 49410 百万美元，自 2011 年以来首次出现下降，较上年减少 14.8%。近年来包括 2018 年台湾对外贸易成长情形参见表 1-1、图 1-1、图 1-2 所示。

表 1-1　2018 年台湾进出口贸易额及其变化

单位：百万美元；%

月别	贸易总额（值）		出口总值		进口总值		出（入）超总值	
	金额	同比	金额	同比	金额	同比	金额	同比
1 月	52077	18.4	27382	15.3	24695	22.0	2686	−23.4
2 月	41653	−0.7	22361	−1.2	19292	0.0	3068	−8.6
3 月	53971	13.8	29990	16.7	23980	10.4	6010	51.3
4 月	49290	7.6	26728	10.0	22562	4.9	4166	50.0
5 月	53833	13.2	29122	14.2	24712	12.0	4410	27.9
6 月	51275	12.0	28242	9.4	23032	15.4	5210	−11.0
7 月	54449	11.6	28362	4.7	26087	20.3	2275	−57.9
8 月	52033	4.5	28281	1.9	23751	7.8	4530	−20.9

9 月	54903	7.5	29620	2.6	25284	13.9	4336	−34.9
10 月	55756	11.9	29547	7.3	26209	17.6	3338	−36.6
11 月	50896	−1.6	27782	−3.5	23114	0.9	4667	−20.7
12 月	52500	−0.7	28606	−3.0	23894	2.2	4713	−23.2

资料来源：台湾"财政部统计处"《进出口贸易统计》

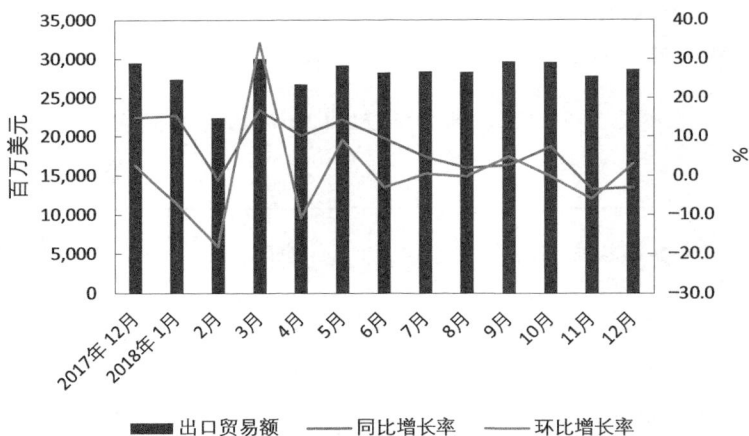

图 1-1 2018 年台湾对外出口金额及增加率

资料来源：台湾"财政部统计处"《进出口贸易统计》

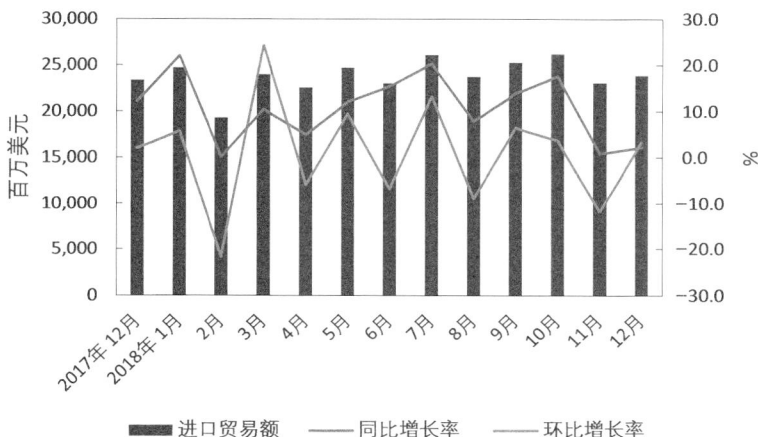

图 1-2 2018 年台湾自外进口金额及年增加率

资料来源：台湾"财政部统计处"《进出口贸易统计》

（二）进出口产品结构变化不大，光学器材出口下降

1.出口产品结构及其变化

2018 年台湾对外出口前 11 大产品依次电子零组件、信息与通信产品、基本金属及其制品、机械、塑胶与橡胶及其制品、化学品、矿产品、光学器材、运输工具、电机产品、纺织品（参见表 1–2）。这 11 项产品出口额约占台湾总出口额的 92.6%。前 11 大出口货品中，除光学器材出口下降外，其他 10 项较去年均有所增长，其中矿产品（增加 23.4%）、化学品（增加 14.4%）、塑胶与橡胶及其制品（增加 10%）三项增加较多，其余 7 项增加均在 10% 以下，纺织品出口较上年未变化，光学器材出口较上年减少 6.7%。2018 年，台湾对外出口前 11 大产品与 2017 年相比变化不大，矿产品从去年的第八位上升至第七位，而光学器材从去年的第七位降到第八位，其余 10 项位置不变。

从资本财、中间产品与消费品构成的出口贸易结构看，资本财产品出口 41147 百万美元，占台湾全年总出口的 12.5%，较上年增加 6.4%。中间产品出口 263570 百万美元（占比 78.4%），较上年增加 6.2%。消费品出口 28468 百万美元（占比 8.5%），较上年增加 2.9%。

表 1-2 2018 年台湾出口产品结构与变化

单位：百万美元；%

出口产品类别	金额	构成比	与上年比较变化率
按主要货品分			
电子零组件	110797	33.0	3.4
信息与通信产品	35333	10.5	3.6
基本金属及其制品	31653	9.4	9.0
机械	27400	8.2	7.2
塑胶与橡胶及其制品	25282	7.5	10.0
化学品	22159	6.6	14.4
矿产品	14566	4.3	23.4
光学器材	11678	3.5	−6.7
运输工具	11264	3.4	3.4
电机产品	10940	3.3	4.7
纺织品	10077	3.0	0.0

续表

按贸易结构分			
资本财	42147	12.5	6.4
中间产品	263570	78.4	6.2
消费品	28468	8.5	2.9
其他	1837	0.5	-0.2

资料来源：台湾"财政部统计处"《进出口贸易统计》。

2.进口产品结构及其变化

2018 年台湾前 10 大进口货品依次为电子零组件、矿产品、化学品、机械、基本金属及其制品、信息与通信产品、运输工具、塑胶与橡胶及其制品、精密仪器、电机产品。这 10 项产品进口额约占台湾进口总额的 86.2%。从主要进口产品结构上看（参见表 1–3），前 10 大产品仅信息与通信产品进口较上年减少，进口 15570 百万美元，占比 5.4%，较上年减少 0.4%；其余进口均增加，电子零组件（进口 57100 百万美元，占总进口的 19.9%，较上年增加 15.4%）、矿产品（进口 55111 百万美元，占总进口的 19.2%，较上年增加 24.9% 其中，原油进口 23392 百万美元，占总进口的 8.2%，较上年增加 38.6%）、精密仪器（进口 8796 百万美元，占比 3.1%，较上年增加 10.3%）、电机产品（进口 8605 百万美元，占比 3%，较上年增加 12.7%）四项增加较多。进口主要产品与上年比较变化不大，2017 年分别位于三、四位的机械、化学品，2018 年互换位置，其他位置不变。

从农工原料、资本设备与消费品构成的进口贸易结构看，农工原料进口 203776 百万美元，占台湾全年总进口的 71.1%，较上年增加 13.8%。资本设备进口 43323 百万美元，占比 15.1%，较上年增加 2%；消费品进口 36062 百万美元，占比 12.6%，较上年增加 6%。

表 1-3 2018 年台湾进口产品结构与变化

单位：百万美元；%

进口产品类别	金额	构成比	与上年比较变化率
按主要货品分			
电子零组件	57100	19.9	15.4
矿产品	55111	19.2	24.9
其中：原油	23392	8.2	38.6
化学品	30374	10.6	9.0
机械	28026	9.8	0.2
基本金属及其制品	22498	7.8	9.7
信息与通信产品	15570	5.4	−0.4
运输工具	12052	4.2	2.4
塑胶、橡胶及其制品	8958	3.1	6.9
精密仪器	8796	3.1	10.3
电机产品	8605	3.0	12.7
按贸易结构分			
资本设备	43323	15.1	2.0
农工原料	203776	71.1	13.8

消费品	36062	12.6	6.0
其他	3451	1.2	−6.8

　　资料来源：台湾"财政部统计处"《进出口贸易统计》。

（三）贸易地区重心继续在亚洲新兴市场，与东盟贸易略有下降

　　2018 年台湾对主要国家和地区进出口除对东盟出口和自香港进口有所下降外，其余均表现增长。其中对美国出口、进口分别年增 7.5%、14.9%，贸易出超 49.7 亿美元，年减 25.9%；对欧洲出口、进口分别年增 9.4%、10%，贸易入超 29.9 亿美元，年增 31.9%；对大陆与香港出口、进口分别年增 6.3%、7.1%，贸易出超 430 亿美元，年增 10.4%；对日本出、进口年增 11.1%、5.3%，贸易入超 210.7 亿美元，年减 0.4%；对东盟出口减少 0.6%，进口增加 11.3%，贸易出超 236.8 亿美元，年减 14%。2018 年台湾对外贸易地区重心继续在亚洲新兴市场，与东盟贸易略有下降。

　　以经济区域划分（见表 1–4），2018 年台湾前 5 大出口地区依次为大陆及香港（41.2%）、东盟（17.3%）、美国（11.8%）、欧洲（9.4%）、日本（6.9%），约占台湾对外出口总额的 86.6%。其中，大陆及香港、东盟、日本等亚洲地区所占的比重就高达65.4%。

　　进口来源地方面（见表 1–5），以经济区域划分，2018 年台湾前 5 大进口来源地区分别为大陆及香港（19.3%）、日本（15.4%）、欧洲（12.1%）、美国（12.1%）、东盟（12%），占台

湾进口总额的 70.9%。其中，大陆及香港、东盟、日本等亚洲地区所占比重约为 46.7%。

表 1-4 2018 年台湾出口目的地构成与变化

单位：百万美元；%

主要出口目的地	金额	构成比	与上年比较变化率
大陆及香港	138391	41.2	6.3
其中：大陆	96797	28.8	8.8
香港	41594	12.4	0.9
东盟	58211	17.3	−0.6
美国	39701	11.8	7.5
欧洲	31572	9.4	8.3
日本	23093	6.9	11.1

资料来源：台湾"财政部统计处"《进出口贸易统计》。

表 1-5 2018 年台湾进口来源地构成与变化

单位：百万美元；%

主要进口来源地	金额	构成比	与上年比较变化率
大陆及香港	55207	19.3	7.1
其中：大陆	53798	18.8	7.5
香港	1410	0.5	−6.8
日本	44162	15.4	5.3
欧洲	34564	12.1	10.0

| 美国 | 34733 | 12.1 | 14.9 |
| 东盟 | 34532 | 12.0 | 11.3 |

资料来源：台湾"财政部统计处"《进出口贸易统计》。

二、2018 年台湾利用外资概况与特点

利用外资是台湾当局促进岛内经济增长及就业的重要手段。根据台湾利用外资的情况，可将其分为侨外投资（华侨及外国人的投资）及陆资两大部分。

（一）核准侨外投资概况与特点

根据台湾"经济部投审会"统计，2018 年全年台湾核准侨外投资件数为 3621 件，较上年增加 206 件；投（增）资金额计 11440234 千美元，较上年增加 52.3%。

从投资来源地角度看。2018 年台湾侨外投资前 5 大地区依次为荷兰、日本、加勒比海英国属地、德国、英国。这前 5 名合计约占全年台湾核准侨外投资总额的 67.85%(参见表 2–1)。与 2017 年相比，2018 年台湾核准侨外投资前 5 大来源地有所变化：德国取代萨摩亚，进入前五，位居第四位；英国从去年的第三位退至第五位；日本取代 2017 年加勒比海英国属地第二位的位置，加勒比海英国属地退居第三位。2018 年台湾核准侨外投资案件，仍以荷兰 3496177 千美元为首，同比增加 84.46%，占全年核准侨外投资的比率为 30.56%。其后依序为：日本 1525402 千美元，同比增加 138.11%，占比 13.33%；

加勒比海英国属地 1487325 千美元，同比减少 13.17%，占比 13%；德国 642367 千美元，同比增加 313.05%，占比 5.61%；英国 611171 千美元，减少 25.91%，占比 5.34%。2018 年，台湾核准"新南向"国家赴台投资件数为 643 件，较上年同期增加 10.86%，金额计 3 亿 9154 万 6 千美元，较上年同期增加 43.33%；其中澳大利亚（成长比率为 142.02%）、泰国（成长比率为 942.09%）、菲律宾（成长比率为 393.52%）越南（成长比率为 100.04%）及缅甸（成长比率为 4640%）赴台投资金额均较去年同期大幅度成长。

从投资业别角度看。2018 年台湾侨外投资制造业 5918828 千美元，较去年增加 94.17%，占比 51.74%，由去年的"服务业为主"转变为"制造业为主"。前 5 大产业依次为电子零组件制造业、金融及保险业、化学材料制造业、批发及零售业、不动产业，这 5 名合计约占全年台湾核准侨外投资总额的 85.24%。与 2017 年相比，发生了一些显著变化：电子零组件制造业 3643207 千美元，仍居第一位，占比 31.85%，同比增加 70.7%；金融及保险业从去年的第三位升至第二位，核准金额 3244134 千美元，占比 28.36%，同比增加 245.23%；化学材料制造业取代信息及通信业的前五位置，位居第三位，核准金额 1516968 千美元，占比 13.26%，较去年增长 1023.54%；批发及零售业（金额 894841 千美元，占比 7.82%，增加 1.85%；）与不动产业（金额 452653 千美元，占比 3.96%，减少 36.87%）位置不变。

表 2-1　2018 年台湾核准侨外投资前五大地区统计表

单位：千美元；%

来源地	件数	金额（比重）	上年同期金额	与上年同期比较	
				金额	成长率
荷兰	29	3496177（30.56）	1895393	1,600,784	84.46
日本	525	1525402（13.33）	640642	884,760	138.11
加勒比海英国属地	309	1487325（13.00）	1712913	−225,588	−13.17
德国	48	642367（5.61）	155518	486,849	313.05
英国	59	611171（5.34）	1129812	−518,642	−45.91

资料来源：台湾"经济部投审会"统计。

表 2-2　2018 年台湾核准侨外投资前五大业别统计表

单位：千美元；%

投资业别	件数	金额（比重）	上年同期金额	与上年同期比较	
				金额	成长率
电子零组件制造业	77	3643207（31.85）	2134308	1508899	70.70

金融及保险业	301	3244134（28.36）	939703	2304430	245.23
化学材料制造业	12	1516968（13.26）	135016	1381952	1023.54
批发及零售业	1,354	894841（7.82）	878607	16235	1.85
不动产业	164	452653（3.96）	717029	−264376	−36.87

资料来源：台湾"经济部投审会"统计。

（二）核准陆资入台投资概况与特点

据台湾"经济部投资审议委员会"统计，陆资入台投资方面，2018年全年核准陆资入台投资件数为141件，较2017年增加1件；投（增）资金额计231242千美元，较2017年减少12.97%。

台湾"经济部投资审议委员会"统计显示，自2009年6月30日开放陆资来台投资以来，截至2018年12月底，累计核准陆资入台投资案仅1228件，投（增）资金额约2187791千美元。

从台湾核准陆资入台投资的业别来看。2009年7月至2018年12月核准陆资入台投资案件，前5名分别为批发及零售业596348千美元（占累计核准陆资入台金额的27.26%）、电子零组件制造业283046千美元（占12.94%）、银行业201441千美

元（占比 9.21%）、港埠业 139108 千美元（占比 6.36%）、机械
设备制造业 114040 千美元（占比 5.21%）。对这五大业别的投
资约占大陆对台湾总投资额的 60.97%(参见表 2–3)。数据显示，
陆资入台投资以服务业为主。

　　从台湾核准陆资入台投资的类别来看。2009 年 7 月至 2018
年 12 月核准陆资入台投资类别案件共 1441 件，共 2187791 千
美元。其中，新设公司类 818 件，计 450826 千美元；投资现有
公司类 251 件，计 1047375 千美元；设立分公司类 159 件，计
204413 千美元；增资类 213 件，计 485177 千美元。

表 2-3　台湾核准陆资投资主要业别统计表（截至 2018 年底）

业别	件数	比重	金额（千美元）	比重
批发及零售业	814	66.29%	596348	27.26%
电子零组件制造业	58	4.72%	283046	12.94%
银行业	3	0.24%	201441	9.21%
港埠业	1	0.08%	139108	6.36%
机械设备制造业	31	2.52%	114040	5.21%
研究发展服务业	9	0.73%	112135	5.13%
计算机、电子产品及光学制品制造业	33	2.69%	110791	5.06%
电力设备制造业	8	0.65%	109383	5.00%
金属制品制造业	10	0.81%	103089	4.71%
信息软件服务业	79	6.43%	97911	4.48%

住宿服务业	4	0.33%	89723	4.10%
化学制品制造业	5	0.41%	67241	3.07%
餐饮业	54	4.40%	30077	1.37%
废弃物清除、处理及资源回收业	7	0.57%	21318	0.97%
纺织业	2	0.16%	18108	0.83%
食品制造业	2	0.16%	13775	0.63%
医疗器材制造业	2	0.16%	12868	0.59%
化学材料制造业	5	0.41%	12562	0.57%
塑料制品制造业	14	1.14%	7051	0.32%
汽车及其零件制造业	2	0.16%	6846	0.31%
产业用机械设备维修及安装业	6	0.49%	4960	0.23%
会议服务业	19	1.55%	4478	0.20%
橡胶制品制造业	2	0.16%	4002	0.18%
未分类其他专业、科学及技术服务业	3	0.24%	3794	0.17%
专业设计服务业	11	0.90%	3637	0.17%
技术检测及分析服务业	6	0.49%	3190	0.15%
运输及仓储业	20	1.63%	3048	0.14%
成衣及服饰品制造业	2	0.16%	2947	0.13%

未分类其他运输工具及其零件制造业	4	0.33%	2103	0.10%
创业投资业	1	0.08%	1994	0.09%
租赁业	2	0.16%	939	0.04%
废污水处理业	5	0.41%	385	0.02%
家具制造业	1	0.08%	40	0.00%
广告业	1	0.08%	6	0.00%
其他制造业	2	0.16%	5405	0.25%
小计	1228	100.00%	2187791	100.00%

资料来源：台湾"经济部投审会"统计。

表 2-4　台湾核准陆资投资类别统计表（截至 2018 年底）

投资类别	件数	金额（千美元）
新设公司	818	450826
投资现有公司	251	1047375
设立分公司	159	204413
增资	213	485177
小计	1441	2187791

资料来源：台湾"经济部投审会"统计。

三、2018 年台湾对外投资概况与特点

台湾是亚太地区重要的资本输出地。对外投资不仅延续了岛内部分产业的生命周期，也有力促进了台湾经济的转型升级。根据台湾方面的有关规定，台湾对外投资主要包括对海外投资（除祖国大陆以外其他国家和地区投资，含港澳）及对大陆投资两大部分。

（一）核准对海外投资概况与特点

根据台湾"经济部投审会"统计，2018 年全年台湾核准（备）对外投资件数为 638 件，较上年增加 27.09%；投（增）资金额计 14294562 千美元，较上年增加 23.51%。

从台湾核准对海外投资的地区分布看。2018 年台湾对海外投资前 5 大地区依次为加勒比海英国属地、美国、荷兰、越南、百慕大。这前 5 名合计约占全年申报对外投资总额的 74.12%(参见表 3–1)。与 2017 年相比，2018 年台湾对海外投资前 5 大地区有明显变化：加勒比海英国属地仍位居第一位；对荷兰与百慕大投资大幅度增加，荷兰与百慕大取代新加坡与澳大利亚进入前五，分别位于第三位、第五位；对美国投资从去年的第三位上升至第二位。2018 年 1—12 月申报对海外投资案件，以加勒比海英国属地 5914261 千美元为首，与上年同期相比减少 0.1%，占全年核准对外投资的 41.37%。其后依序为：美国 2038975 千美元，同比增加 143.71%，占比 14.26%；荷兰 1114426 千美元，较上年增加 7822.74%，占比 7.8%；越南 901441 千美元，同比增加 31.96%，占比 6.31%；百慕大

625720 千美元，较上年增加 444.1%，占比 4.38%。可见，2018 年台湾对美国、荷兰、百慕大的投资有较大增长。

从台湾核准对海外投资业别分布看。2018 年台湾对海外投资产业分布以服务业为主。前 5 项产业分别为金融及保险业、基本金属制造业、批发及零售业、机械设备制造业、金属制品制造业。这前 5 名合计约占全年核准对外投资总额的 84.28%（参见表 3–2)。与 2017 年相比，2018 年台湾对海外投资前 5 大业别发生了明显变化：金融及保险业依然位居第一位；批发及零售业从第二位退至第三位；基本技术制造业从第四位上升至第二位；机械设备制造业、金属制品制造业取代矿业及土石采取业与电子零组件制造业进入前五，分别位居第四、第五位。2018 年 1—12 月申报对海外投资案件，以金融及保险业 8865068 千美元为首，同比增长 10.61%，占全年核准对外投资的 62.02%。其后次序为基本金属制造业 1355639 千美元，同比增加 212.18%，占比 9.48%；批发及零售业 647480 千美元，同比减少 22.7%，占比 4.53%；机械设备制造业 595905 千美元，增长 1922.73%，占比 4.17%；金属制品制造业 583019 千美元，增加 1137.64%，占比 4.08%。

表 3-1　2018 年台湾核准对外投资前五大地区统计表

单位：千美元；%

投资地区	件数	金额（比重）	上年同期金额	与上年同期比较	
				金额	成长率
加勒比海英国属地	91	5914261（41.37）	5920314	−6053	−0.10

美国	83	2038975（14.26）	836641	1202334	143.71
荷兰	6	1114426（7.8）	14066	1100360	7822.74
越南	65	901411（6.31）	683092	218318	31.96
百慕大	1	625720（4.38）	115000	510720	444.10

资料来源：台湾"经济部投审会"统计。

表 3-2　2018 年台湾核准对外投资前五大业别统计表

单位：千美元；%

投资业别	件数	金额（比重）	上年同期金额	与上年同期比较	
				金额	成长率
金融及保险业	149	8865068（62.02）	8014536	850531	10.61
基本金属制造业	9	1355639（9.48）	434250	921390	212.18
批发及零售业	141	647480（4.53）	837573	−190093	−22.70
机械设备制造业	9	595905（4.17）	29460	566444	1,922.73

金属制品制造业	17	583,019（4.08）	47,107	535,912	1,137.64

资料来源：台湾"经济部投审会"统计。

（二）核准对大陆投资概况与特点

一是台商对大陆投资意愿与动能明显不足，投资金额继续减少并少于对外投资金额。根据台湾"经济部投审会"统计，2018 年全年核准（备）对大陆投资件数为 726 件，较上年增加25.17%；核准投（增）资金额计 8497730 千美元，较上年减少8.12%。大陆要素成本上升、产业转型升级等压力因素自 2014年以来继续迫使台商选择向其他经济体投资，台湾对大陆投资继 2015 年开始继续减少。

二是对福建、山西、江苏、上海、重庆、湖南、安徽、北京、四川、河北、山东等地投资减少，对黑龙江、吉林、河北、辽宁、江西、湖北、浙江、天津、广东的投资有所增加。从台湾核准对大陆投资的地区分布看（表 3–3），2018 年台湾核准对大陆投资案件地区分布与 2017 年相比发生了一点变化：江苏、广东仍分别位居第一位、第二位。浙江从第五位升至第三位；上海从第三位降至第五位。2018 年对陆投资主要集中于江苏省2193040 千美元，与上年同期相比减少 5.68%，约占全年核准对大陆投资金额的 25.81%，依然位居第一位；其次顺序为：广东省 1297432 千美元，同比增长 16.7%，占比 15.27%；浙江省1189548 千美元，同比增加 75.86%，占比 14%；福建省 976728千美元，同比减少 3.32%，占比 11.49%；上海市 963766 千美元，同比减少 7.15%，占比 11.34%。这前 5 名合计约占全年台湾核准对大陆投资总额的 77.91%（参见表 3–3）。数据显示，台商增加了对西北、东北地区的投资额，对华东、中南、西南以及华北的投资额较去年减少。

三是对制造业投资仍是主流，对金融及保险业投资继续减少退出前五。从台湾核准对大陆投资业别分布看。2018 年台湾核准对大陆投资案件 726 件，较上年增加 25.17%。与 2017 年相比，前五位发生显著变化：电子零组件制造业取代仍位居首位；批发及零售业从第五位上升至第二位；计算机、电子产品及光学制品制造业位置不变，仍居第四位；化学材料制造业与基本金属制造业取代非金属矿物制品制造业与金融及保险业进入前五，分别位于第三位、第五位。金融及保险业投资继续减少，退出前五位于第六位。2018 年对大陆投资业别以电子零组件制造业 1846135 千美元为首，与上年同期比较减少 3,36%，约占全年核准对大陆投资金额的 21.73%。其后依序为：批发及零售业 1188919 千美元，同比增加 12.18%，占比 13.99%；化学材料制造业 794503 千美元，同比增加 77.84%，占比 9.35%；计算机、电子产品及光学制品制造业 763804 千美元，同比减少 28.63%，占比 8.99%；基本金属制造业 677632 千美元，同比增加 137.69%，占比 7.97%。这前 5 名合计约占全年台湾核准对大陆投资总额的 62.03%（参见表 3–4）。数据显示，2018 年台商投资大陆仍以制造业为主但有所减少，对金融及保险业、计算机与电子产品及光学制品制造业、非金属矿物制品制造业投资大幅缩减。

表 3-3　2018 年台湾核准对大陆投资前五大地区统计表

单位：千美元；%

投资地区	件数	金额（比重）	上年同期金额	与上年同期比较	
				金额	成长率
江苏省	174	2193040（25.81）	2325097	−132056	−5.68
广东省	138	1297432（15.27）	1111762	185670	16.70
浙江省	60	1189548（14.00）	676413	513135	75.86
福建省	51	976728（11.49）	1010262	−33534	−3.32
上海市	140	963766（11.34）	1037939	−74173	−7.15

资料来源：台湾"经济部投审会"统计。

表 3-4　2018 年台湾核准对大陆投资前五大业别统计表

单位：千美元；%

投资业别	件数	金额（比重）	上年同期金额	与上年同期比较	
				金额	成长率
电子零组件制造业	56	1846135（21.73）	1910318	−64183	−3.36

批发及零售业	209	1188919 （13.99）	1059867	129052	12.18
化学材料制造业	11	794503 （9.35）	446749	347753	77.84
计算机、电子产品及光学制品制造业	23	763804 （8.99）	1070136	−306332	−28.63
基本金属制造业	18	677632 （7.97）	285089	392543	137.69

资料来源：台湾"经济部投审会"统计。

（作者单位：厦门大学台湾研究院）

2018 年台湾社会综述

陈 星

摘要： 2018 年的台湾选举传达了社会再结构进程加速的重要信号。台湾社会面临着劳保基金改革等社会危机，沉重的债务危机又加重了这些社会危机的阴影。不过，经过民进党两年多激进执政风格的实践，台湾社会已经对悲情动员和激进主义思想与路线进行反思，并通过 2018 年底的选举清晰地表达出来。总体来看，台湾社会传统的价值系统和社会意识结构正在加速嬗变，这将对台湾未来的社会发展产生深远影响。

2018 年是台湾社会情绪集中爆发的一年。自 2016 年民进党重新上台以来，经济发展并无太大起色，依旧维持着"闷经济"格局，乏善可陈，而台湾社会的诸多隐性与显性问题短期内也没有解决的可能，潜在的社会危机正在酝酿之中。同时，民进党当局强硬推动政治路线和社会改造计划，从"一例一休、同性婚姻、燃煤反核、陆客消失、年金改革、清算异己、酬庸亲信、选择性执法、错乱史实、操弄族群、分化世代，甚至所谓转型正义、追讨党产等等，几乎都是政治摆中间，经济放一边，"在岛内引发强烈反弹。[1]2018年"九合一"选举为民意变化提供了一个展示的舞台，民进党在这次选举中遭遇惨败。从社会变迁的视角来看，这次选举结果的意义无须过度解读，反而是反映社会意识结构变化的一些信号，值得进一步分析。

一、债务阴影下的年金危机

台湾的年金问题涉及大部分人的利益，举凡这些问题的风吹草动，均能牵动民众神经。台湾有关年金的讨论已经持续经年，是引发社会焦虑的重要社会问题。现在台湾社会关注比较多的是军公教年金改革问题，盖因为军公教的年金改革引起了激烈的社会对抗，甚至成为改变政治生态发展走向的关键触媒。其实，军公教的年金问题不过整个年金问题的冰山一角，包括军、公、教、劳、农等部分的年金改革，都已经到了刻不容缓的地步，其中问题比较严重、潜藏负债最大的当属劳保基金。[2]劳保基金因为涉及广大劳工阶层的利益，涉及层面更广，一旦展开改革，引发的社会争议更多，甚至不排除会引发政治动荡，因而劳保基金的改革被视为台湾社会的一颗不定时炸弹。

根据台湾当局"年改委员会"预估的数字，按照目前的收支情况测算，2018年劳保收入将低于支出，2027年劳保基金就可能出现约2051亿元（新台币，下同）的缺口，到2037年缺口将扩大到大到5.2万亿元，2064年时的缺口是45万亿元。如果不能改革或者增加新的财源，劳保基金显然无法应付这种庞大的支出，台湾上千万劳工的晚年生活根本无法保障。因此有学者专家及寿险业者不断呼吁："光靠劳退及劳保，恐怕退休后每月可用的财源只有工作时收入的 3 成，若不尽早自备退休金，未来恐要牺牲 8 成以上的生活质量，不能上馆子、没有休闲生活，要省吃俭用度余生。"[3] 劳工的退抚制度如何改革，使其能够永续发展，在台湾一直是关注度极高的问题。

劳保基金出现的问题在相当大程度上与台湾人口老龄化程度加深有关。与世界大部分国家与地区的情况相同，台湾劳保基金走的也是"工作者支付、退休者领取"的道路，再加上以资金运作等方式带来的收益，成为劳保制度的基本内容。从本质上来说，这个模式能够正常运作的前提就是后面缴上来的资金可以覆盖支出，也就是说前者一定要大于后者。不过由于台湾老龄化程度加深，劳保基金的缴交数量开始下滑，收入逐步低于支出，整个基金运作自然就出现困难，如果没有新的财源，劳保基金的破产只是时间问题。当然，劳保基金可以通过资金运作取得部分收益，但获得收益的可能却与风险同在，从长期来看无法指望。台湾"劳动基金运用局"对劳保基金的操作，2018 年前 10 年月就亏了 37 亿余元，引起社会的广泛关注，最后相关人员不得不出面说明"绝对不会吃掉老本"。[4] 但以目前劳保基金 7000 余亿元的规模，如果未来劳保基金操作再失利，甚至不排除引起社会恐慌。

劳保基金危机的阴影逐步显现，但改革措施却一直无法出台。2017 年 3 月曾有关于劳保改革方案的草案送到"立法院"，不过最后无疾而终。以目前的情况来看，以财政收入填补劳保基金缺口基本没有可能。台湾这些年来一直推行赤字财政政策，负债已经上升到了触目惊心的地步。2015 年台湾当局尚有财政盈余 171 亿元，不过随着所谓"前瞻计划"等大规模财政计划的推进，负债又随即上升，2016 年财政透支 544 亿元 、2017 年为 250 亿元。[5] 相关部门的数据显示，2017 年台湾当局 "中央政府" 债务 5.4 万亿元，加计地方政府后的各级政府债务高达 6.2 万亿元，十年成长四成，若再加计非营业基金债务 6378 亿元，总债务接近 7 万亿元。[6]2018 年为拼 "九合一" 选举，民进党当局又大量撒钱，从桥头科学园区、台南捷运线，到桃捷延伸线等，预算总额超过 5800 亿元，导致财政赤字进一步扩大。有论者指出，2018 年 "中央政府" 总预算岁入岁出已短差 476 亿元，加上还本需调度 1269 亿元，全数以举债支应，到年底公共债务未偿余额将超过 5.6 万亿元，举债续创新高。而且各级政府债务余额超过 6.5 万亿元，加计潜藏债务逾 24 万亿元，平均每人负债达 104 万元。[7] 以这样的财政状况，显然没有办法对劳保基金进行补贴，况且用财政拨付劳保还会引起其他相关年金类比等道德问题。

因此劳保基金的改革只能从劳工自身入手，无外乎延后退休年龄、减少给付或增加现有提存三种方式。不过这三种方式都很难为社会所接受。前两种自然会受到劳工的反对，即便是第三种方式，也是应者了了。按照目前台湾的规定，劳工可在所得 6% 的范围自提退休金，可免计入当年所得税课税，但目前整体提存率不到 10%，劳工并不积极自存退休金。因此有学者呼吁，应尽速开放劳工退休金自选平台，让劳工可以依自身需求选择相应工具或投资标的累积退休金，同时给予个人储蓄、投资或商业保险税负优惠，这个措施目的在于 "让有工作能力、收入多时，可多投资、多储蓄、多投保，既有节税功能，又能累积退休金，到退休时再依所得课税，也能减少退休老人成为社会问题和政府负担的可能。"[8] 简而言之，行政当局无法解决劳保基金的问题，最后只能是以违约的方式进行处理。因此前"劳保局副总"段继明认为，在财政困难下，还是自己准备退休金、保险规划比较实在。[9] 从政治利益的角度考虑，执政当局不敢得罪劳工阶层，因而只能微调的方式缓解这个问题。这些年劳保费率一直在缓慢升高，2019 年费率又调高 0.5%，但精算报告仍显示潜藏债务持续攀升。[10] 在这种情况下，政治人物倾向于选择能拖就拖的策略。

台湾的年金问题是诸多社会问题中的一个重要侧面，反映了台湾社会发展到一定阶段后出现的结构性矛盾正在逐步展现，同样也反映了社会与政治经济互动的复杂性。民进党当局按照对立的逻辑处理军公教年金问题，其实是效果最差的一条方式。"因多数军公教非铁票，民进党才能没有感情地挥刀砍下，"而"面对反对者，民进党除了贴上反改革标签，就是透过舆论将反年改打成'蓝绿对抗'的反政府运动"[11]。其实不管是谁在台上，涉及如此庞大的利益改革均会遇到阻力，而以对立的方式处理显然会大解决问题的难度。不过从更深的层面而言，年金危机等社会问题已经推动了台湾社会对社会治理和政治生态的反思，这种反思未来无疑会对台湾政治社会发展产生深远的影响。

二、激进主义一定程度回落

2018 年"九合一"选举中，绿营提出的几个"公投"议题遭到民众否定，"公投"结果与民进党在"反核"、同婚乃至"台独正名"上标举的"进步价值"悖反，一般认为是沉默庶民对统治精英的反弹，而反弹之大，执政者却未能料及。[12] 这是远比这次选举结果重要的一个事实，其反映出的社会表达就是对激进主义的否定。长期以来，激进主义路线在台湾成为主流的话语形式，这与台湾社会在剧烈变迁过程中的政治斗争与权力争夺有关。反对者往往以激进话语动员群众，凝聚支持者并发起对敌对势力的攻击。而从社会政策诉求上来说，激进话语强调剧烈的社会变革甚至是社会改造，往往是用崇高的理念与高尚的诉求为社会大众描画美好的愿景，并与现实比较，营造巨大的落差，形成剧烈的社会意识变迁，甚至挑动起社会的不满然后形成集结风潮。在民进党长期发展过程中，激进路线一直是主流选择，对于该党夺取执政权产生了不容忽视的影响。

激进主义路线的动员力来源于其话语形式。比较而言，激进主义话语因为对未来的美好擘画而比保守主义的话语具有天然的吸引力，结合了现状缺陷建构出来的"现实不美，未来可期"口号远比立足于现实的社会改革计划更能引起底层社会的共鸣。经过长期建构，激进主义话语形成了压制性的力量，具体表现就是台湾社会被形容成"民意"的话语符号系统，这些话语被赋予了"正义""进步价值"的道义标签，具有不容挑战的"价值正当性"。林谷芳认为，在台湾的文化圈，这些年有四个议题具有不能被挑战的"先验正当性"，即"反核""台独""同婚""废死"。不用说一般下层民众，即便是社会精英往往也不敢在这些议题上表达不同的想法，"这些社会精英许多人的想法其实与民进党不同，只是平时听不到他们的声音罢了。这样的人不少，更可能是'沉默的多数'。沉默，是因话语权被垄断；沉默，更因出头就被指为封建落伍、反改革"[13]。这种话语权垄断会反过来推动政党向激进主义方向发展。有学者认为赖清德自称是"台独工作者"的行为就展现"激进路线正在侵蚀中间温和路线并试图取得主导权"的逻辑。[14] 可以说，在台湾的政治和社会发展过程中，激进主义扩张是一条起到关键性影响的主线。

但激进主义一旦取得执政权，困境立即就会显现出来。民进党上台以后，仍然摆脱不了激进主义的路径依赖，无论在"反核""年金改革"，还是"同婚""转型正义"等问题上，均希望以激进的路径解决。年金改革显然是一个典型例子。周阳山认为"这是一场真正的民粹革命"，象征着台湾社会摆脱"亚洲四小龙"的繁荣印记，从民生均富走向均贫社会，而且这种均贫社会是苍白的民粹主义民主与黯淡的平均主义正义为特征。"这场革命借均贫手段，让更穷困的农民、工人和底层社会的失业者内心觉得比较公平、舒坦，掩饰执政无能的困境。它也体现了执政党的核心价值，也就是扬弃中华人文传统、清算国民党遗产、落实均贫主义，并激化社会矛盾和阶级对立。"[15] 事实证明激进主义破坏有余，建设能力不足，陷入困境自然没有什么意外。

激进主义理想诉求与现实问题之间的落差多数情况下是无法填补的，而这种落差的长期存在则给予社会以反思的空间，特别是下层社会因为激进主义路线而利益受损时，认知转向的速度更快。张宇韶认为："民进党固然高举民主政治与转型正义的价值，但执政以来开展一系列改革运动后疲态已露，许多人来不及享受改革的成果，却得面对经济停滞与社会冲突的成本；在张天钦令人哗然的争议中，转型正义理念尚未实现，却已沦为权斗工具。此外，在两岸关系的僵局下，有识之士已经重新思考台湾的战略选择，因为深绿"独"派高举的传统'国族主义'建构与群众运动路线，实在无法带领台湾走出当下困境。"[16]激进主义以美好的诉求赢得民众，却无法将这种诉求予以兑现。同时，因为激进主义结构性改造的基因极有可能造成社会的割裂与对抗，遭遇阻力可以想见，现实执政中接连碰壁自然没有什么意外。

泛绿阵营"反核"神话被打破正是这种现实与理想冲突的结果。核能问题在台湾已经辩论很久，绿营经过长期经营建构起了关于"废核"的强大话语优势，"非核家园"成为绿营的神主牌，更是无坚不摧的政治口号。民进党上台后"废核"理念"入法"，进入了务实推行阶段。但民进党当局却无法解决因"废核"而出现的电力紧缺问题，因重启煤电而引起的空污问题成为执政的痛点。因此这次"九合一"选举中，"台湾的百姓纵使在露天或太阳下，须排队一个多小时，也务必完成'公投'，就是要清楚而明白地告诉现今执政党：非核家园的理想我 OK，但我不同意你激进的非核家园政策"[17]。其他类似"同婚"议题引起的伦理争议，以及"卡管"事件对学术自由和学术自治的分割，均引起了社会广泛反思，"九合一"选举中民众对"公投"议题的态度直接反映了这些反思的结果。这种价值观念上的反思对民进党和泛绿阵营来说才是真正的危机，对泛绿阵营是极大的打击。

当然，激进主义是否就此退出台湾的历史舞台，还是一个值得持续观察的问题。就台湾而言，激进主义能够存在的条件主要有两个：一是剧烈的社会分歧，二是民众缺乏对激进主义口号的评价能力，这两个情况在台湾还一定程度上存在，激进主义仍有其存在的社会基础。张宇韶认为，在蓝绿盘根错节的恩怨情仇中，主张蓝绿和解目前可能是一厢情愿的奢望。最务实的做法就是扬善抑恶与理性对话，如此方能发挥"良币驱逐劣币"的效果，"并逐渐改变当下的政党文化"。[18] 从这个意义上说，台湾社会出现对激进主义的反思，不过是激进主义消退和保守主义上升的滥觞而已。

三、"悲情化社会"逐渐消退

社会悲情一直是台湾社会政治的一个特殊现象，对台湾政治生态的影响也是深远的。台湾的社会悲情情结来源于威权时代向民主时代过渡时期的刻意建构，其物质基础则是国民党退台后长期存在的省籍差别，即本省人长期大量被排斥在政治资源分配系统之外。随着台湾政治变迁的展开，以政治资源分配差序结构为核心的治理体系已经改造完毕，本省人在整个政治结构中已经居于主导地位。如果按照一般的逻辑，依附于省籍情结的悲情情结也应该相应消退，不过在台湾社会悲情意识仍长期存在，可以认为这是政治变迁过程中的路径依赖，同时更是泛绿阵营长期刻意建构与动员的结果。"省籍情结就像藏匿在人们心里的阴影，在选战激化下，阴影成了鬼魅，在你我之间制造对立，分化族群，"[19] 悲情意识正是由此而来。不过，这种没有物质基础依托的悲情意识萎缩是必然的。2018 年的选举中民进党鼓吹悲情意识并没有得到多少选民的同情。

悲情意识的建构是长期政治动员的副产品。悲情意识的核心内容是仇恨与歧视，在这个框架下政治动员显然会更加有效力，政党和政治人物以激进的政治论述吸引民众，比较稳定的政治支持也于焉形成。因此罗智强认为："民进党心心念念的就是想把台湾留在 70 年前的悲情。你也别以为民进党在乎的是历史，民进党真正在乎的只有一件事，只要把台湾倒退到 70 年前的悲情，永远框陷在那样的仇恨之中，民进党就可以无尽地消费这样的悲情，永远执政。"[20] 另一方面，悲情意识及悲情动员还可以被相关政治人物作为紧急情况下的政治避难所。"政治人物用迷眩人心的口号操弄悲情，真正的算计是麻醉人民的理性判断。须知当过去的悲情重于未来的幸福，执政者的治理失能就可以逃避究责，悲情是治理失败的最佳借口。"[21] 不过，由于悲情意识不利于社会发展，特别是悲情者得势之后的一系列清算行为，引起了社会的普遍担忧，悲情意识的时代也就接近落幕了。

悲情的消退同样来自于其与现实的冲突。从逻辑上来说，悲情只是建构了一种矛盾，而动员者在进行动员时则预设了"悲情代言人"的定位以及"自家人"的角色担当，当然如果进一步追索的话还会看到"代表自家人利益而努力"的预设。但现实的发展却往往并不会按照悲情动员所预设的道路前进，随着时间的推移，两者之间的矛盾会越来越大。有学者分析高雄民进党失败的原因时说，民进党多年来应许给绿营选民一个"独立的美丽岛"，但高雄人等了 30 年，原本工商发达，如今百业萧条，北漂、西漂、海外到处漂。民进党的"进步高雄"变成"国王的新衣"。因而高雄人"闷锅"爆炸，"美丽岛事件"已如明日黄花，南台湾转向无色经济选民，"九合一"成为民进党"最痛的领悟"。[22] 政治过程一旦进入到社会治理的范畴，悲情就会进入到一个自我消退过程，时间越长，这种效应就越明显。

悲情一般以特定结构为中心展开，一旦这一特定结构被打破，悲情自然也就失去了存在的基础，在台湾这种结构的打破主要表现为大量年轻人政治参与的扩大。"美丽岛事件"曾是悲情动员的重要依托，不过随着年轻世代进入政治领域，这种悲情动员逐渐失去了效力。任思云认为，"美丽岛事件"对许多人来说，已经是遥远的记忆，"对大量的年轻人来说，如果书念得不好不多，可能都不知道台湾发生过美丽岛事件"[23]。在这种情况下，突破悲情结构的政治人物因时而起，柯文哲就是典型个案。有论者认为"对手很难打柯文哲主要是因为他讲话不受过去窠臼局限，总能从去政治化的脉络看待两岸发展，替很多议题留有转圜，没有绿的教条，也没有蓝的一厢情愿"。柯文哲说："你谅解我的困难、我谅解你有困难，大家各退一步"，"很难说这种说法有什么深度，但却可以清楚感觉到这不是蓝绿制式说法，而票就是这样来的"[24]。其实柯文并非"去政治化"，而是一定程度上的"去结构化"，即在压制与反压制的悲情结构之外展开论述，因而能够获得民众的支持，而这也可以认为是台湾社会悲情开始消退的一个具体表征。

新的传播方式快速普及是悲情消退的重要催化剂。新的传播方式重要特点是参与性与交互性，即受众可以直接与信息发布者进行沟通与交流，这对台湾政治和社会发展产生了深刻影响。"就政治动员来说，网络社群和新媒体释放比政党更迅猛的能量，拒绝文青、草根当红。"在"九合一"选举中，韩国瑜

"孩子回家""海草舞"等短片，开拓选举文宣的新视野，粉丝自制的 kuso 片、改歌、贴图，创意惊人。"反观民进党的文宣竟还在炒抹黑、抹红的冷饭，网军自陷蔡英文设下的泥巴阵中，反遭乡民围剿，网络霸凌者反而指控被霸凌，自己玩垮了绿军原本的绝对优势。"[25] 以此而言，新媒体兴起事实上改变了台湾政治生态结构，即传统的政党功能开始下降，"新兴网络论政潮创造足以与政党匹敌的公民社群动员能量"。[26] 这一方面撕裂了传统的政党结构，同时也意味着新的政治势力具有获取政治生存空间的可能，从这个意义上来说，悲情时代的落幕既是必然，同时也构成这一变局的重要组成部分。

四、"社会再结构"逐步展开

"社会再结构"系指社会结构解构重组的过程，即在整个社会系统中，新的变量出现或者旧有变量运动方式改变后，系统结构本身运作方式也相应产生调整。事实上，台湾社会自 1980 年代已经发生了数次社会再结构过程，其中 1980 年代到 1990 年代初的社会再结构过程最为典型。杨渡在述及这种变化时说："1980 年代，我们拥有污染的环境、杂乱的社会、冲突的文化、激情的梦想，充满荷尔蒙和生命力，也充满随时爆发的街头暴力、社会危机。1980 年代的社会运动，从民间底层的反抗开始，进行一个社会'再结构'的工程。它不是要革命造反，推翻重来，而是要求一个现代化社会的制度性建构。因此，在蒋经国的宣告'解除戒严、开放党禁 报禁，开放两岸探亲'之后，台湾很快平静下来，走入下一个阶段。"[27] 从结构性视角来看，这个时期可以认为是台湾社会再结构的开端。

此后，1990 年代初到 2000 年是社会再结构的一个重要阶段，主要特征是台湾政治结构随着民粹主义的发展而嬗变，2000 年民进党上台意味着传统的政治结构已经发生了根本性变化。2000 年至 2016 年则是社会再结构的另外一个重要阶段，这一段时期主要集中于社会动员结构的调整，是民粹式动员大行其道的时期。与民粹动员相适应，社会意识的建构循着对立与冲突的路线向前推进，反映到政治结构外则是壁垒分明的蓝绿对立结构。

自 2016 年以来，台湾社会进入对激进主义与民粹主义反思的阶段，民进党的激进执政风格加快了这种反思的推进速度，从而出现了社会群体意识的快速变迁，进而影响到了政治结构的变化。有论者认为，"滥用民粹者，终会被民粹反噬"。蔡英文当局就是比较典型的例子，"太阳花学运"后，"蔡英文要国民党以怜悯心容忍抗争群众，执政后更对涉案者撤告。当她决定这样做，就注定未来某一天，必将有另一批'公民团体'会循相同模式重演抗争"。[28] 民粹主义一旦动员起来，自然具有自我繁殖机能，而民粹主义的力量却又无法被某一政党长期掌握，因而这股力量就成为台湾社会几乎类似于独立的存在，一旦遇到了合适的时机，就会掀起较大的风浪。从一定程度上说，"九合一"选举中高雄出现的"韩国瑜现象"可以认为是这股力量推动的结果，因为从投票率上来看，高雄的投票率明显高于其他地区，而高雄青年投票率也相应较高。

台湾社会再结构过程中，社会运动的角色与功能相应发生变化，不再是社会再结构的重要推动力量。究其原因，由于社会运动的扩张，社会运动本身所蕴含的悲情因素之效应已经大为减弱，当前社会运动不得不通过营造悲情来推动运动发展。包正豪描述这种情形时说，当前台湾的社会运动和街头抗议的悲壮气氛都是烘托出来的，譬如配上煽情的音乐，像是"岛屿天光"、Do You Hear the People Sing 之类的，在心理上塑造"不义政府压迫"的情绪。[29] 从根本上说，社会运动赖以存在的社会对抗，特别是长期存在的族群对立与对抗已经日渐消解，社会运动自然失去了承载其运行的物质与能量基础。不过，台湾社会运动可能会长期存在，但这些社会运动应该主要是针对特定议题展开，很难形成比较集中的指向性，也很难形成风潮。当然，因为资源分配不均以及累积性社会矛盾长期存在，类似劳保基金改革等问题仍可能引发比较大规模的抗议，甚至引发执政权更迭，但这些社会运动仅能将力量集中于政治生态结构的调整，对整个社会的价值系统未必能够产生根本性影响。

社会价值结构的重构在整个社会再结构过程中扮演着关键角色。台湾社会对社会价值系统的反思对于未来社会再结构进程具有关键性意义。长期以来，由于剧烈的政治变迁以及激进主义大行其道，台湾社会的社会价值系统已经支离破碎。"民进党选举政权的取得，如今回头来看，一路都是靠着'颠倒是非、抹红抹黑'的手段迷乱社会价值、遮蔽民众判断。"可一旦执政之后，"各种'破坏体制影响深远'的政策言行"，对疲弱的社会价值造成严重冲击。[30] 另一方面，在以对抗为内容的社会运动冲击下，传统社会价值系统早已不再完整。有学者在论及"太阳花运动"的影响时说，"这事件让大学生更愿意参与及为公共议题发声，不过在课堂上，老师却因此没权威、没尊严，学生不太接受老师和他们谈传统道德，整个教育陷入价值混乱的状况。"[31] 更为严重的是，"台湾社会的氛围正在教导下一代无论对事、对人都针锋相对，导致容忍与抗压力下滑，人与人之间变得不好共处，一些传统的价值都被否定，长此以往，台湾将由群体社会变成个人社会。"[32] 台湾社会的价值系统变迁正在进入到一个关键时段，旧有的传统价值崩解，而新的价值系统正处于生长阶段，这也意味着台湾社会的价值系统处于碎片化的状态之中，其发展方向对台湾社会再结构进程将会产生深远影响。

结语

从 2018 年发展情况来看，台湾社会价值系统的碎片化倾向明显，激进主义的发展路径被深刻反思，悲情动员和民粹主义动员模式也被重新检视。但这是否意味着台湾社会已经走向理性，却是一个值得继续观察的问题。张亚中教授认为，台湾政治乱象背后的核心问题是政党和民众的理盲、民粹、媚俗、懦弱、缺少良善价值的信仰所致。"在我来看，'无色觉醒'的本质应为'理性觉醒'，如果这个社会不再以理性挂帅，是不会有救的。"[33] 但要达到台湾社会"理性挂帅"的目标显然非短期可竟之功。以台湾社会的现实来看，事实上处于社会再结构的一个关键时期，具体表现为社会价值系统与社会结构的重构已经展开，却没有完成。原来在以对抗与夺权为中心的社会运动冲击下形成的社会思维习惯也需要经过时间的焠炼然后才有可能形成比较稳定的公民社会思维。在这个过程中，各种价值与思维的冲突会长期存在，台湾社会对这些问题的反思也会持续展开。相应地，台湾社会的政治生态结构也会发生剧烈变化，类似传统政党的式微和第三势力的兴起以及动员方式的变化，不过为这些变化提供了注脚而已。

注释：

[1]　钱得龙：《吴主席如何满足人民期待》，（台湾）《中国时报》，2018 年 12 月 10 日，A14 版。

[2]　朱真楷：《年改掀社会对立得不偿失》，（台湾）《中国时报》，2018 年 3 月 3 日，A4 版。

[3]　彭祯伶：《10 年后缺口估逾 2000 亿　退休金靠自己最安心》，（台湾）《工商时报》，2018 年 8 月 4 日，C8 版。

[4]　吕淑美：《"劳动基金运用局"：绝对不会吃掉老本》，（台湾）《工商时报》，2018 年 12 月 8 日，A3 版。

[5]　林昱均：《差短 250 亿　我去年财政透支 10 年次低》，（台湾）《工商时报》，2018 年 10 月 27 日，A9 版。

[6]　于国钦：《缥缈的岁计剩余》，（台湾）《工商时报》，2019 年 1 月 13 日，C12 版。

[7]　陈建仲：《蔡"政府"才是北风》，（台湾）《中国时报》，2018 年 8 月 21 日，A14 版。

[8]　彭祯伶：《10 年后缺口估逾 2000 亿　退休金靠自己最安心》，（台湾）《工商时报》，2018 年 8 月 4 日，C8 版。

[9]　洪凯音：《做好保险规划　老年生活更安心》，（台湾）《中国时报》，2018 年 12 月 3 日，A16 版。

[10]　林昭祯：《税收分红　应帮劳工顾老本》，（台湾）《中国时报》，

2019 年 1 月 9 日，A15 版。

[11] 朱真楷：《年改掀社会对立得不偿失》，（台湾）《中国时报》，2018 年 3 月 3 日，A4 版。

[12] 林谷芳：《"进步价值"是谁说了算？》，（台湾）《中国时报》，2018 年 12 月 14 日，A16 版。

[13] 林谷芳：《"进步价值"是谁说了算？》，（台湾）《中国时报》，2018 年 12 月 14 日，A16 版。

[14] 柳金财：《当"阁揆"与"总统"打架》，（台湾）《中国时报》，2018 年 4 月 5 日，A14 版。

[15] 周阳山：《通往均贫社会的民粹革命》，（台湾）《中国时报》，2018 年 6 月 26 日，A14 版。

[16] 张宇韶：《柯文哲、韩国瑜、郑文灿》，（台湾）《中国时报》，2018 年 9 月 28 日，A16 版。

[17] 单骥：《核能：务实的真民意与政党纯理想间的挣扎》，（台湾）《工商时报》，2018 年 11 月 28 日，A6 版。

[18] 张宇韶：《柯文哲、韩国瑜、郑文灿》，（台湾）《中国时报》，2018 年 9 月 28 日，A16 版。

[19] 崔慈悌：《韩流终结奥步　经济选民决定未来》，（台湾）《中国时报》，2018 年 12 月 10 日，A3 版。

[20] 罗智强：《沉溺悲情，台湾岂有明天》，（台湾）《中国时报》，2018 年 3 月 12 日，A14 版。

[21] 中国时报社论：《用选票教训民主内战操弄者》，（台湾）《中国时报》，2018 年 4 月 6 日，A15 版。

[22] 陈建仲：《韩流带动的小市民革命》，（台湾）《中国时报》，2018 年 11 月 25 日，A23 版。

[23] 任思云：《吕秀莲的美丽岛何在？》，（台湾）《中国时报》，2018 年 2 月 4 日，A14 版。

[24] 邱师仪：《终于选到蓝绿都崩盘》，（台湾）《中国时报》，2018 年 8 月 6 日，A14 版。

[25] 陈建仲：《韩流带动的小市民革命》，（台湾）《中国时报》，2018 年 11 月 25 日，A23 版。

[26] 中国时报社论：《2018 台湾新世代领袖诞生年》，（台湾）《中国时报》，2018 年 10 月 5 日，A17 版。

[27] 杨渡：《我们需要一本有温度的台湾史》，（台湾）《中国时报》，2018 年 7 月 4 日，A14 版。

[28] 朱真楷：《不沟通 不反省 倒果为因 自食恶果 以暴制暴 奢谈化解遍地烽火》，（台湾）《中国时报》，2018 年 4 月 27 日，A3 版。

[29] 包正豪：《是改革　还是耍猴戏？》，（台湾）《中国时报》，2018 年 2 月 28 日，A14 版。

[30] 王尚智：《绿色执政，动荡保证》，（台湾）《中国时报》，2018 年 4 月 23 日，A15 版。

[31] 林志成：《太阳花大鸣大放 影响高教 学生更敢发声 是非却没了标准》，（台湾）《中国时报》，2018 年 12 月 27 日，A5 版。

[32] 崔慈悌、廖德修《"单身世代"社会危机浮现 去年结婚少万对 离婚飙新高》，（台湾）《中国时报》，2018 年 2 月 12 日，A4 版。

[33] 张亚中：《台湾需要一次理性觉醒》，（台湾）《中国时报》，2018 年 5 月 8 日，A14 版。

（作者单位：北京联合大学台湾研究院）

2018 年涉台法律事务综述

季　烨

摘要：2018 年，两岸两会沟通协商机制继续停摆。大陆方面在坚定反对"台独"的同时，集中出台了以《关于促进两岸经济文化交流合作的若干措施》为代表的惠台举措，推动两岸经济社会融合发展，但也受到民进党当局的抵制，两岸民间交流的法制对抗加剧，统"独"法律斗争更加尖锐。在中美关系竞争性加剧的背景下，民进党当局试图火中取栗，却最终难以突破一个中国的国际格局，对外关系遭遇更大挫败。

2018 年，两岸关系对抗加剧。民进党当局依然故我，拒不承认体现一个中国原则的"九二共识"，破坏两岸关系和平发展的共同政治基础，两岸沟通协商机制继续停摆。大陆方面在坚定反对"台独"的同时，集中出台了以《关于促进两岸经济文化交流合作的若干措施》为代表的惠台举措，以更大诚意深化两岸民间交流合作，推动两岸经济社会融合发展。上述举措虽然得到了岛内民众的普遍欢迎，但也在意料之中地受到民进党当局的抵制。同时，民进党当局凭借立法和行政权力，以所谓"转型正义""国家安全"为名，通过法律手段压制打击岛内异己力量，"台独"声浪更加喧嚣。此外，在中美关系竞争性加剧的背景下，民进党当局试图火中取栗，却最终难以突破一个中国的国际格局，对外关系遭遇更大挫败。民进党当局在"九合一"选举中的颠覆性溃败，集中反映了广大台湾同胞要求改善两岸关系下行、专注经济民生发展的善良愿望。在此背景下，两岸法学法律界的持续学术交流合作成为两岸法律事务交流中难得的"正能量"，在恰逢两岸法学交流合作30年之际，两岸法律人也肩负着维护两岸关系和平发展的更大责任。

一、大陆出台系列规章，促进两岸交流

党的十九大提出大陆秉持"两岸一家亲"理念，愿意率先同台湾同胞分享大陆发展的机遇，将扩大两岸经济文化交流合作，实现互利互惠。为此，国务院台办、国家发展改革委经商中央组织部等29个部门，于2月28日发布实施《关于促进两岸经济文化交流合作的若干措施》（以下简称"31条措施"），加快给予台资企业、台湾同胞在大陆的同等待遇。各级地方政府也持续推动惠台政策落实，已有22个省区市60个地方制定落实"31条措施"的具体办法。时值海南建省和兴办经济特区30周年之际，4月印发实施的《中共中央国务院关于支持海南全面深化改革开放的指导意见》明确提出，加强与台湾地区在教育、医疗、现代农业、海洋资源保护与开发等领域的合作，允许台湾地区技术技能人员按照规定在海南就业、永久居留，为琼台合作提供了难得的机遇。5月，国务院印发《进一步深

化中国（福建）自由贸易试验区改革开放方案》，提出加强闽台
金融合作，为台湾金融业者分享福建自贸试验区发展成果带来
新契机。11月，山东省人大常委会通过的《山东省台湾同胞投
资保护条例》将惠台政策与山东发展战略政策结合，在加强台
胞权益保护方面引入诸多创新性规定。对此，台湾当局消极回
应，渲染所谓"国家安全"风险和"不确定性"。[1]

8月6日，国务院办公厅印发《港澳台居民居住证申领发
放办法》，为港澳台居民申领居住证提供了法律依据，持证台湾
居民能享受国家和居住地提供的3项权利、6项基本公共服务
和9项便利。对此，民进党当局则宣称居住证是大陆"统战"
措施的一环，可能产生个人资料外泄风险，甚至以所谓"国家
安全"为由提出修订"台湾地区与大陆地区人民关系条例"（简
称"两岸人民关系条例"），增订申报登记制度，试图限制申领
者任重要敏感公职或参政的权益。[2]

8月31日，十三届全国人大常委会决定修改《中华人民共
和国个人所得税法》。该法借鉴国际惯例，将在境内居住时间这
一判定居民纳税人的标准，由现行1年调整为183天，以更好
地维护国家税收权益。台湾当局则声称上述修法将加重在大陆
的台湾同胞的纳税义务，甚至恐吓持居住证的台湾居民未来会
被要求就全球所得缴税。[3] 对此，大陆有关主管部门明确指出，
二者没有对应关系，台湾居民不会因申领居住证而改变其在大
陆的纳税身份和纳税义务，也不会仅因领取了居住证而在大陆
负有全球所得纳税义务。[4] 此外，配套修订的《个人所得税法
实施条例》将包括台湾居民在内的境外人士缴纳境外所得税的
五年优惠期延长为六年，同时增加规定，单次离境超过30天的

无住所个人连续居住年限可重新起算，这实际上对台湾居民在大陆境内居住累计时间的计算给予了更优惠安排。

为保障在大陆居住、就业和就读台胞的社会保险权益，10月25日，人力资源和社会保障部公布《香港澳门台湾居民在内地（大陆）参加社会保险暂行办法（征求意见稿）》。对此，台湾地区陆委会则污称，大陆相关规定仅免除养老与失业保险，仍保留医疗保险，实际增加台胞两岸"双重参保"的负担。但事实上，该办法不但扩大了在大陆参加社会保险的台湾居民的范围，还进一步规定，已在台湾参加相关社会保险并继续保留社会保险关系的台胞，可持相关授权机构出具的证明，不在大陆参加养老保险和失业保险。

大陆方面持续为台湾同胞尤其是台湾青年在大陆创业、就业提供同等待遇和便利。8月3日，国务院宣布取消台湾居民在大陆就业需办理台港澳人员就业证的相关规定，可以工商营业执照、劳动合同、工资支付凭证或社会保险缴费记录作为就业证明材料，依法享有各项劳动保障权益。在失业后可按规定进行失业登记，享受公共就业服务。又如，3月，中国银行推出"大陆台生和内地港生专项计划"，上海等地5家中国银行分行将招收少量在大陆就读的台湾应届毕业生。6月，厦门海沧完成第三批台胞社区主任助理招聘工作，35名台湾青年最终入选。上述缓解岛内就业难的举措，却受到台湾当局的抵制。台湾当局污称中国银行是"国务院所属事业单位"，社区居民委员会是大陆基层行政组织，二者均属"两岸人民关系条例"第33条第2项公告禁止的"党政军机构"，台湾居民担任上述职务有触法之虞。尽管如此，陆委会同时又表示，将持续检讨并更新关于禁止台湾居民任职的机关机构清单。[5] 可见，台湾当局也不得不承认，上述禁止性规定的时效性和妥当性不无疑问。

二、台当局打压两岸交流，靠向"法理台独"

面对大陆方面持续推动惠台措施，台湾当局不得不以所谓"国安"为由，严格管制两岸民间交流和人员往来作为反制。4月，台湾地区文化部门以大陆某节目在台"未经申请违法广告"为由，对3家业者进行行政处罚。5月30日，"移民署联审会"以"统战嫌疑"为由，驳回10位申请赴台出席第十届海峡百姓论坛的大陆人士。6月1日，"移民署"以"两岸气氛不佳"为由，拒绝大陆人士赴台参加"京台青年创新创业大赛"复赛；一名大陆记者赴台驻点采访的申请被拒，创下了两岸互派驻点记者采访以来的恶例。9月，台湾地区行政机构会议通过"两岸人民关系条例"第93条修正草案并函请立法机构审议，加强对陆资赴台的管制和处罚，以遏止所谓"违法投资"。此外，陆委会还公开表示，申请赴台宣传青创或招揽人才，配合呼应"31条措施"，都是"有特定政治目的的疑虑案件"，原则上均不予同意。[6] 台湾当局不但严审大陆人员赴台，也阻碍台湾人员来大陆参加民间交流活动。例如，5月上旬，中国国民党申请拟由副主席兼秘书长曾永权率团出席海峡论坛，但"移民署"以指标性退离职人员赴大陆参加对台宣传活动具有敏感性为由不予许可。新党青年成员王炳忠等来大陆参加海峡论坛的出境申请也遭台当局拒绝。

台湾当局还以中美"贸易战"为契机，附和美国的单边主义政策。3月，美国以源自包括中国在内的进口钢铁和铝产品危害美国"国家安全"为由，宣布对进口钢铁产品和铝产品加征关税。台湾地区财政部门随后对大陆产制销台的5项钢铁制品进行反补贴与反倾销调查，试图以此向美方争取加征关税豁免待遇。4月，美国商务部以中兴通讯违反制裁规定为由，禁止美国厂商在7年内向中兴供应关键的芯片元器件和技术，台湾当局随即禁止联发科向中兴提供任何智能手机零部件，直至5月初才解除禁令。10月，台湾地区行政机构负责人宣称，希望利用中美贸易摩擦，让大陆台资企业回台投资。12月，面对美国对华为的调查，民进党籍民意代表在立法机构审查预算时也随之起舞，台湾地区"公共工程委员会"负责人表示，根据"政府采购法"的最新规定，只要是办理涉及当局安全的采购，主管机关都可以限制招标条件并严加审查。[7]

为了给阻挠两岸交流的政策找托词，民进党当局还大肆炒作所谓"共谍"司法案件。6月13日，台湾地区检察机关宣称，新党王炳忠等4人接受大陆有关机关的资助，"意图危害当局安全及社会安定"，依违反"非法发展组织罪"起诉。对此，国台办明确回应："有关说法完全是无中生有、别有用心，彻底暴露了民进党当局一边放任纵容'台独'分裂行径，一边打压主张统一的台湾人士的政治本质。"[8]另一方面，一段时期以来，台湾间谍情报机关特别瞄准大陆赴台青年学生群体，安插人员哄骗利诱学生从事间谍情报活动。为此，2018年，国家安全机关组织开展"2018—雷霆"专项行动，破获百余起台湾间谍案件，有效维护了国家安全利益。

三、两岸围绕统"独"的法律斗争趋于尖锐

　　2018 年新年伊始，台湾当局便试图以妨害两岸民间交流的方式"胁迫"大陆方面放弃"九二共识"。1 月 4 日，中国民航局发布公告，宣布启动 M503 航线北上运行及相关衔接航线。对于这一旨在缓解海峡西岸空域流量压力、早在 2007 年便获得国际民航组织批准的举措，台湾当局却以"飞行安全"为由，要求在"不涉政治前提"的基础上进行两岸协商。在上述诉求被大陆方面拒绝后，台湾当局于 1 月 29 日以东航、厦航使用该航线为由，决定不批准其 176 班春节加班机计划，致使 5 万旅客而且大部分是台胞的权益受损，也为新一年的两岸关系埋下阴影。8 月以来，台湾当局不断炒作非洲猪瘟疫疫情，明知两岸两会协商沟通机制中断却要求大陆依照《海峡两岸农产品检疫检验合作协议》通报疫情。对此，国台办表示，台湾地区长期以来没有进口大陆猪肉，两岸非贸易农产品疫情信息交换不适用上述机制，此前相关民间渠道也因其自身人员变动和业务转型而无法履职。[9] 此外，面对岛内各县市自发的"登陆"浪潮，台湾方面陆委会声称城市交流应由两岸官方沟通处理、不设"政治前提"、经联审许可，试图为两岸交流合作"踩刹车"。但上述政策无法得到普遍支持，"九合一"选举后多位县市长当选人公开承认"九二共识"，对民进党当局滞后的两岸政策形成巨大的民意压力。

　　台湾当局不断推行"去中国化"的行径，侵蚀两岸关系和平发展的基础。4 月初，台湾当局"侨委会"正式将"华侨"

改称"侨民",将"华侨热心公益自动捐献奖励要点"修改为"侨民热心公益自动捐献奖励要点",将"海外华侨团体联系登记作业要点"修改为"海外侨民团体联系登记作业要点"。台湾地区立法机构通过"国际刑事司法互助法",将台湾地区与祖国大陆及香港和澳门之间的刑事司法互助请求准用"国际刑事司法互助法"。6月,台湾地区行政机构以提高行政机构效能为由,宣布自2019年起,"台湾省政府""台湾省咨会"以及"福建省政府"等三个"省级"机关预算归零,员额与业务也将自7月1日起转由"国发会"等相关"部会"承接,"省政府"正式走入历史。8月,台湾地区行政机构负责人在接受媒体专访时表示,要推动将"中文"与"英语"并列为官方语言。同月,台湾地区教育主管部门"课审大会"审议决定,将台湾地区现行高中历史课纲的台湾史、中国史及世界史等"同心圆"架构改成台湾、东亚及世界等三部分且以断代史的方式呈现,进一步淡化中国史观。12月,台湾地区文化主管部门牵头起草的"国家语言文字法"经立法机构审查通过。该法刻意制造普通话和所谓"本土语言"的对立,认为过去"一元化的语言政策压抑了本土语言的发展",声称将在"文化多元、文化平权"的理念下落实"本土语言主流化"政策。

在过去的一年,不但台湾地区领导人蔡英文多次明确否认"九二共识",台湾地区行政机构负责人赖清德也继2017年在立法机构发表"台独"言论之后,于2018年3月30日在立法机构质询时再次表示自己是"台独工作者"。在民进党当局的纵容甚至暗助下,岛内"台独"言行甚嚣尘上。2018年4月,岛内极"独"组织"喜乐岛联盟"成立。该组织创办人此前即宣称将在 2019 年推动所谓"独立公投",并以"公民投票法"修正与以"台湾"名义"加入"联合国为该组织主要诉求。7 月,民进党举行党代表大会,各式针对两岸议题的提案纷纷出笼,包括所谓"维持现状"纳入党纲案、反制航空公司更名案、以"台湾"名义参加国际赛事案等。9 月,陈水扁在接受日本媒体访问时称,台湾应早日"公投"以表示"不想成为中国的一部分"。10 月,"时代力量"拟具的"公民投票法"修订草案在民进党的掩护下交付委员会审查,新草案将所谓"领土变更"及制定"新宪法"等列入"公投"适用事项。11 月,所谓"奥运正名公投"案被否决,再次证明搞"台独"不得人心,注定失败。

四、民进党当局在岛内以法律为名进行政治清算

"转型正义"的政治清算本质愈发受到岛内舆论的挞伐。2018 年 5 月,台湾当局"促进转型正义委员会"(简称"促转会")挂牌成立。8 月,为因应"九合一"选举,时任"副主委"张天钦在内部会议上将"促转会"自比为"东厂",并点名要打击中国国民党籍新北市市长候选人,曝光后引发舆论哗然,涉事人员及"促转会"负责人均不得不辞职以示负责。但继任的代理负责人仍然宣称,将以推进中正纪念堂转型为第一任务,"去除威权崇拜"。5 月,台湾地区行政机构通过"政治档案条例"草案并函请立法机构审议。未来,包括当局机关、政党、附随组织及党营机构都要交出特定期间内政治档案及文件,特别是涉及戒严体制、"动员戡乱体制"及"二二八事件"的文件

都需移交档案局管理。舆论认为，国民党党史馆的众多档案将首当其冲。6月，台湾地区立法机构通过"财团法人法"。该法设立"买回机制"，即因接受民间捐赠转为民间捐助的财团法人在该法施行后3年内，如未实现社会公益目的或规避监督，可回复为公办。据此，"蒋经国际学术交流基金会"以及萧万长成立的"财团法人中技社"可能面临被收归公有的风险。[10]

"不当党产处理"议题不断遭遇司法挑战。台湾地区"不当党产处理委员会"（简称"党产会"）以董事多数由国民党人员兼任并实质控制为由，认定民族基金会、民权基金会、"国家"发展基金会和"中国青年救国团"为中国国民党的附随组织，并冻结名下财产。对此，相关团体陆续提起行政诉讼，司法机关则以"政党及其附随组织不当取得财产处理条例"（简称"不当党产条例"）相关条文有"违宪"疑义为由裁定停止审理，并申请"司法院大法官解释"。事实上，台湾地区监察机构也以行使调查权为由针对"不当党产条例"提出"释宪"声请，但"司法院大法官会议"于10月决议，以不符合"法律适用"要件为由不予受理。

民进党当局还陆续对具有蓝营背景的人士发起行政、司法调查或诉讼。最具代表性的，莫过于针对台湾地区前领导人马英九的司法案件。此前，马英九背负的多个案件已经法院认定并无不法或经检察机关侦结不起诉，但在民进党执政后均被翻案并重新立案侦查。7月，台北地检署认定，国民党在"三中案"中损害上市控股公司的利益，宣布将马英九等7人以涉嫌违反"证券交易法"非常规交易等罪起诉。而泄密案部分，检方不服一审法院的无罪判决提起上诉，台湾地区高等法院于5

月二审改判有罪。随后，马英九提出上诉，目前仍在审理中。曾在马英九执政时期担任"国发会"负责人的管中闵原定2018年2月1日正式接任台湾大学校长，却遭民进党当局驳回，历经论文抄袭、违规兼任独董、违规赴大陆高校兼职等争议却无法证实。民进党当局的上述立场被普遍质疑干预"大学自治"，台湾地区教育主管部门三任负责人因此下台，并不得不于12月24日无奈宣布"勉予同意"。

五、涉外事务"一中"法理格局稳固

一个中国原则得到更多国家认同，成为国际社会的普遍共识。5月和8月，多米尼加、布基纳法索以及萨尔瓦多等三国政府先后与我签署联合公报，建立或恢复大使级外交关系，明确承认世界上只有一个中国，中华人民共和国政府是代表全中国的唯一合法政府，台湾是中国领土不可分割的一部分。至此，世界上已有178个国家同中国建立外交关系，台湾当局所谓"邦交国"仅剩17个。与此同时，中国政府加强对外警务合作和司法合作力度，重拳打击跨境电信网络诈骗行为，成功从菲律宾、西班牙等国引渡和遣返台湾地区犯罪嫌疑人并依法审判，彰显司法主权，维护民众权益。[11] 中国领事保护与服务工作继续实现港澳台居民全覆盖。9月，受台风"飞燕"影响，近3000名旅客被困日本大阪关西国际机场。中国政府驻大阪总领事馆迅速启动应急机制，及时协助包括台湾同胞在内的中国公民撤离困境。

随着中美关系中的竞争性因素加剧，美国国会涉台法案层出不穷，美国政府大打"台湾牌"。3月16日，美国总统特朗普签署"与台湾交往法"，旨在提升台湾当局与美国间的"高层交流"。8月13日，特朗普签署《2019财年国防授权法》，其中的涉台条款包括：要求美国国防部加强与台湾的防务关系，帮助提升台湾的自卫能力；要求美方对台湾军力进行全面评估，支持台湾购买防御性武器。该法还以"国会意见"的方式提出，美国防部长应推动与台湾军方的交流，强化台湾安全。12月，《亚洲再保证倡议法》经特朗普签署生效。在涉台问题上，该法重申美国基于"与台湾关系法"及"六项保证"的对台安全承诺，支持美台经济、政治与安全关系，定期对台军售，鼓励美国高层官员访问台湾。其中，"六项保证"是继《2019财年国防授权法》后再次入法。在萨尔瓦多与我建交后，美国政府指责中方"片面改变现状"，甚至召回驻拉美三国大使"磋商"。美国的上述过激反应，连美国学者都认为违反了其"一个中国政策"，逼近了台湾当局所谓"主权"或"独立"的红线。[12]

在上述背景下，台湾当局也不断加强美台关系，配合美国对华战略。"与台湾交往法"生效5天后，美国国务院东亚暨太平洋事务局副助卿黄之瀚就出席美国商会活动，成为"与台湾交往法"通过后美国首位访台官员。6月，"美国在台协会台北办事处"内湖新馆落成，美国国务院主管文化教育事务的助理国务卿罗伊斯、"美国在台协会主席"莫健出席。9月，美国宣布包含F-16战机备件在内的总价值达3.3亿美元的对台军售。10月，在亚太经济合作组织会议期间，中华台北代表张忠谋与美国副总统彭斯会面。尽管如此，上述姿态纯属"口惠而实不至"，远不构成民进党当局所期待的美国对台政策的实质性突破。例如，岛内绿媒于 7 月大肆炒作美国海军陆战队将于 9 月"进驻""美国在台协会"新馆，但美方随即回应，新馆的安保将与先前做法一样。9 月以后，台湾当局多次表示，希望台美之间能够针对自由贸易协议进行讨论，但被美方以美猪、美牛等议题悬而未决为由予以回避。

台日关系更趋沉寂。虽然台湾当局所谓的"驻日代表"于 5 月在明治大学演讲时公开声称，台日之间也需有一个"基本法"，但并未得到日本官方的回应。相反，日本首相安倍晋三在 10 月访华前夕接受中国媒体书面采访时重申，关于台湾问题，日本一贯坚持在 1972 年《中日联合声明》中所表明的立场。11 月底，日台透过民间团体签署 5 项书面文件，包括相互承认优质企业的协议，以及医疗器材质量管理系统合作、档卷信息交换相互合作、中小企业支持与促进以及年轻研究者共同研究等 4 份备忘录。12 月 5 日，蔡英文会见"日华亲善协会"会长，希望促成台湾加入日本主导的"跨太平洋伙伴全面进步协议"（CPTPP）。仅两天之后，日本外相河野太郎明确立场，对台湾"公投"反对福岛等日本五县食品进口解禁表达遗憾，台湾也因此无法参加 CPTPP。

台湾地区参与国际组织活动的空间进一步收窄。11 月，台湾地区外事部门就民间团体参加国际活动的名称与地位问题专门发布规定，要求优先使用"中华民国""中华民国（台湾）"等名称，避免使用所谓"矮化"的称谓。与此形成对比的是，应中国民航局的要求，44 家外国航空公司纠正了其官网中违反中国法律、违背一个中国政策的错误内容，在其官网的"国家"列表中将港澳台地区删除或修正。2018 年，台湾当局继续以"共同建立全球防疫安全"为由，谋求参加世界卫生大会，但再次被拒之门外。在岛内"台独"势力发起"奥运正名公投"之际，东亚奥林匹克委员会以"公投"使台中 2019 年东亚青年运动会面临极大政治风险和政治干扰为由，取消了台中市的举办权。国际奥委会也分别于 5 月和 10 月两度致函中华台北奥委会，表明"不予核准任何中华台北奥林匹克委员会名称的改变"。在巴布亚纽几内亚举行的亚太经济合作组织年会暨领袖峰会期间，台湾当局委派台积电创办人张忠谋出席会议，但由于两岸关系氛围不佳，两岸已无往日互动。

在对外协议方面，6 月台湾地区与斯威士兰签署经济合作协议，但实质性的市场准入仅限于有限的货物贸易，其他多为软性的合作或努力条款。继台菲投资保障协议于 2018 年 3 月生效后，台湾地区与印度尼西亚透过民间机构于 11 月签署"全面性经济合作谅解备忘录"，推动在基础建设及特别经济区、经贸、产业、投资、农业及官员培训等议题方面的合作。台北驻印度经济文化中心与印度——台北协会于 12 月签署投资协议及优质企业相互承认协议。这些协议也成为台湾当局"新南向政策"的有限点缀。

六、两岸法学界积极交流

2018 年正值两岸法学交流合作 30 周年纪念。为此，中国法学会和东吴大学于 7 月 19 日至 20 日在北京共同主办第七届两岸和平发展法学论坛暨两岸法学交流合作 30 周年纪念研讨会。本届论坛以"两岸法学交流合作回顾与展望"为主题，来自两岸法学界 240 余位专家学者，包括台湾地区近 20 个法学组织 100 多位专家学者与会，分别从各部门法学切入，围绕两岸人民权益保障、两岸执法司法合作、两岸经贸合作和两岸协商谈判等方面进行深入研讨。诚如主办方所言，30 年来，尽管两岸关系跌宕起伏、几经风雨，但两岸法学界交往、交流、合作的步伐从未停止，往来人数、人员层级、研讨主题、合作领域等，都在既有基础上不断提升、拓展、深化。

　　本年度的两岸法学界交流总体保持积极态势，两岸在民法、刑法、税法、保险法、社会法、国际法等部门法学的既有学术平台得以延续，在两岸法学相互借鉴与发展过程中发挥了重要作用。在台海局势复杂严峻的重要时刻，两岸法学人理应扮演更重要的角色，发出更为理性的声音，为维护两岸关系和平发展做出应有贡献。

注释：

　　[1]　黄以谦、方浚哲：《因应大陆对台 31 项"政院"推"八大强台策略"》，《中时电子报》2018 年 3 月 16 日。

　　[2]　《有关中国大陆自 9 月 1 日起全面推行台湾民众得申领居住证之说明》，台湾地区陆委会新闻参考资料，2018 年 9 月 1 日。

　　[3]　《陆委会呼吁：陆方应尽速明确响应台商关切大陆个人所得税新法的相关疑虑》，台湾地区陆委会新闻参考 2018 年 10 月 2 日。

　　[4]　《国台办：〈港澳台居民居住证申领发放办法〉与相关税收规定无对应关系》，新华社北京 2018 年 9 月 1 日电。

　　[5]　倪鸿祥：《陆委会：将检讨研议公告禁止任职机构》，中评社台北 2018 年 4 月 3 日电。

[6] 倪鸿祥：《传京台青创大赛被卡？陆委会：两岸气氛不佳》，中评社台北 2018 年 6 月 1 日电。

[7] 黄义书：《吴泽成："国安"考虑可限制华为投标》，联合新闻网 2018 年 12 月 10 日。

[8] 石龙洪、刘欢：《国台办：警告"台独"势力不要玩火自焚》，新华社北京 2018 年 6 月 27 日电。

[9] 《国台办新闻发布会辑录（2018-12-26）》，http://www.gwytb.gov.cn/xwfbh/201812/t20181226_12126351.htm，2019 年 1 月 10 日访问。

[10] 黄筱筠：《将充公蒋经国基金会？蓝呛买回机制土匪条款》，中评社台北 2018 年 6 月 27 日电。

[11] 刘奕湛、李鲲：《78 名台湾电信网络诈骗犯罪嫌疑人从菲律宾被押解回国》，新华社天津 2018 年 4 月 4 日电；郭求达：《中西警方共同举行"长城行动"证据移交仪式》，新华社马德里 2018 年 6 月 1 日电。

[12] Steven M. Goldstein, The U.S. Reaction to El Salvador's Recognition of the P.R.C, Taiwan Insight, 22 September 2018。

（作者单位：厦门大学台湾研究院）

2018 年台湾教育综述

【内容摘要】2018 年台湾地区的教育政策基本延续了 2017 年的思路，即以"以发展教育、体育与青年发展事务，提升整体教育质量及竞争力"为发展愿景，提出八项教育施政重点，在发展学前教育、推进落实"十二年国民基本教育"计划、高等教育"国家化"以及终身教育等方面均有进展。同时，随着"惠台 31 条"政策的逐步推进，两岸教育交流情况也稳步回升。但受"108 课纲"影响，民进党当局"文化台独"政策的负面影响短时间内仍难以消除。

2018 年，台湾教育发展以"学习权取代教育权，实现以学习者为中心的教育"为中心理念，通过规划适性学习教育措施，着力培养学生解决问题、独立思考、团队合作及多元创新能力。[1]总体来看，台湾教育在多个领域取得了诸多进步和发展，两岸教育合作交流水平也有回升，但民进党"文化台独"政策带来的负面影响仍不可小觑。

一、应对"少子女化"问题，
学前教育资源持续投入

"少子女化"是台湾社会面临的重要问题。为因应"少子女化"问题，台湾教育部门以"拓展平价教保服务"及"减轻家长负担"为基本原则，计划通过加大公立学前教育投入，降低家庭的学前教育负担，进而增强民众的生育意愿，推动解决"少子女化"问题。

台湾教育主管部门计划自 2017 年起，利用四年时间增设公共化幼儿园 (班) 计 1247 个，目前已经累计增设超过 500 个；计划在 2021 年至 2022 年间，再规划增设公立幼儿园 (班) 计 1000 个。[2] 此外，台湾还计划进一步落实"准公共幼儿园"项目，以缓解公立学前教育资源不足带来的压力。所谓"准公共幼儿园"项目，即当局与符合"收费""教师及教保员薪资""基础评鉴""建物公共安全""教保生师比"及"教保服务质量"等 6 项标准的私立幼儿园合作，以公立幼儿园的收费标准向家长收费，每人每月不超过 4500 元新台币，幼儿园实际收费与家长缴费之间的差额，则由财政承担，以此来降低家长负担。截至 2018 年 9 月 15 日，台湾的"准公共幼儿园"已达 200 个。台湾教育主管部门已经决定从 2019 年起全面推广"准公共机制"，到 2022 年实现 2 岁至 5 岁幼儿进入公共化及"准公共幼儿园"就读比例提升到 68%、2 岁至 5 岁幼儿入园率增加到 70% 的目标。[3]

除了增加公立学前教育资源的投入，台湾教育主管部门还拿出专项资金向没有子女进入公立幼儿园或"准公共幼儿园"就学，且税务部门核定最近 1 年所缴综合所得税税率未达20%，同时未领取育婴职停薪的家庭发放育儿津贴。台湾教育主管部门已经在 2018 年 5 月举办 4 场听证会，向社会说明"发放 2 岁至 4 岁育儿津贴"政策，并计划将自 2019 年 8 月起向符合条件的家庭发放每月 2500 元新台币育儿津贴，第 3 名以上子女每月加发 1000 元新台币，从而全面扩大发放 2 岁至 4 岁育儿津贴，以此减轻家长的学前教育负担。[4]

二、推动落实"十二年国民基本教育"计划，构建优质基础教育

自 2014 年以来，"十二年国民基本教育"计划的推进与落实一直是台湾基础教育工作的重中之重。2018 年，"十二年国民基本教育"计划继续在岛内稳步推进，并且已经取得了部分阶段性成效。

1. 落实优先免试，推广高中就近入学。台湾教育主管部门通过设立"十二年国教学生适性入学资料管理平台——志愿选填试探与辅导系统"，以志愿试选填的方式，由学校教师协助初中毕业年级学生进行学习生涯规划。同时逐步推动"扩大高中职优先免试"及"试办学习区完全免试入学"方案，旨在通过高中教育资源的优化分配，让学生愿意依其兴趣就近入学，以达成"十二年国民基本教育"计划提出的适性、就近、免试入学的目标。

相关政策目前已经得到阶段性落实。2018 年，台湾高中免试入学名额比率进一步扩大。在试点推行高中优先免试入学的

基北、竹苗、宜兰、彰化、桃连、台南、高雄共 7 个学区，免试入学学生名额占总招生名额比率已经增加到 9%（2017 年为 7%）；总计有 49 所公、私立高中参与试点免试入学，较 2017 年增加 34 人，报名学生达 4822 人（2017 年为 1111 人），录取人数 4273 人，总录取率 88.6%。[5] 此外，2018 年台湾 15 个学区总计有 77.77% 的初中毕业生被前三名志愿学校录取，初中学生适性辅导政策业已初显成效。[6]

2. 推动资源共享，发展优质高中教育。为提高高中办学质量，台湾教育主管部门以"伙伴优质"、"资源共享"和"适性探索"为政策重点，持续投入资源、强化区域内高中的资源共享，以此为建构优质高中教育的路径。目前，"优质化辅助方案累计"已经累计补助高中 470 所；台湾高中平均每校办理跨校合作课程科目数已经超过 5 门；超过 60% 的高中已经与高校开展了课程合作。[7]

3. 发展科学、艺术和体育教育，提高中小学生综合素质。为提升中小学生的科学素养，2018 年台湾继续推动"前瞻基础建设——数位建设计划"的落实，共建成 9 所新兴科技区域推广中心及 22 所促进学校，协助提升中小学生对新兴科技（如人工智能等）的认识。台湾教育主管部门还投入专项资金，补助各县市成立"自造教育及科技中心"，服务及协助周围的中小学校园开展科技教育活动，整合相关资源提高科普教育成效。截至 2018 年底，已经核定并补助 53 所"自造教育及科技中心"。台湾教育主管部门还在 2018 年启动了"中小学行动学习计划"，即移动通讯工具和无线网络等数字化工具，发展、创新教学模式，培养学生运用网络技术的能力。2018 年，台湾已有 228 所中小学校（高中40所，高职9所，初中45所，小学134所）的1313个班级，约31994名学生参与了"中小学行动学习计划"。[8]

开展丰富的艺术教育活动，提高学生的美学素养，是台湾开展素质教育的另一重点工作。台湾教育主管部门积极推动跨学年段与跨区域"美感课程教学体验计划"，在台湾22个县市设置艺术类样板课程。同时，台湾教育主管部门还大力资助高中以下学校开展艺术教育和艺术类活动，2018年全年共核定补助26所学校开展艺术教学，补助艺术类活动1321场次，共计117万9693人次受益。[9]

4. 构筑多元化升学路径。"十二年国民基本教育"计划强调，教育内容不应当固定，学生是学习的主体，因此台湾教育主管部门采取了一系列措施，推动学生选拔标准从单一标准考评走向综合考评。具体措施包括：申请入学时程渐进延后，其中第二阶段考试时间分阶段逐步延后，从2018年起先延后19天办理；降低学生考试压力，从2018年起学科能力测验的科目数量降低为4科，并提前公布申请各大学各专业所需要的科目，用以帮助高中生提前准备；推动"大学招生专业化发展试办计划"强化大学招生系统，透过专业培训机制协助大学建立从校级到系所级的适性选才机制，提升大学招生专业化与审查有效性；推动"命题精进与题库建置计划"，发展综合素质导向的命题及阅卷，通过建立各科题库及数据库的方式推动高中升学研究；建立"大学选才与高中育才辅助系统"，协助高中师生规划教学活动等。

三、增强高等教育竞争力，提高高校科研能力和国际化水平

2018 年，台湾高等教育以"发展创新特色的高等教育，培育宏观视野的国际人才"为目标，旨在提升台湾高等教育的全球竞争力。[10] 其政策发展重点，在于加速人才引进与培养、提升台湾高校的国际化水平。

1. 推动"玉山计划"，吸引高层次人才。2018 年台湾正式启动"玉山计划"，该计划包含"玉山学者""弹性薪资"及"教授学术研究加给提高 10%"三大方案，旨在通过提供具有竞争力的薪资待遇，吸引国际人才赴台湾高校任教，并拿出专项资金提高台湾高校现任优秀教学与研究人员待遇，引导学校投入补助款用于弹性薪资及扩大弹性薪资差距，用以防止人才流失。此外，台湾教育主管部门还设立了"台湾精英奖学金"，用于资助台湾学生赴海外高校攻读博士学位，培育青年学者。

目前共有 46 位学者通过了"玉山（青年）学者"（"玉山学者" 21 位、"玉山青年学者" 25 位）申请。台湾教育主管部门计划在增加薪资和行政补助的基础上，持续核给玉山学者 3 年、玉山青年学者 5 年的额外资助。资助期间每年由所在学校对受资助学者进行考核，资助期满后则由台湾教育主管部门根据该学者的绩效决定是否继续提供资助。

为避免人才流失，台湾教育主管部门还在薪资方面出台了具体的政策。2018 年，修正后的"延揽及留住大专校院特殊优秀人才实施弹性薪资方案"正式出台，方案规定：为保障年轻教师获得弹性薪资资源，各校应明确副教授职称以下实施弹性

薪资的人数比例，并须于完成校内程序后报备教育主管部门；从 2018 年 1 月 1 日起，公立大专校院专任教授每月增加研究补助 5445 元新台币；对于愿意按照公立大学学校标准提高学术研究资助金额的私立大学，台湾教育主管部门将按照经费提高前后差额的 50% 提供补贴。

2. 落实"深耕计划"，提高科研水准。除了"玉山计划"，台湾还在 2018 年正式启动了"高等教育深耕计划"。该计划包含"全面性提升大学质量及促进高教多元发展"及"协助大学追求国际一流地位及发展研究中心"两部分，计划在五年内投入经费 836 亿元新台币，改善高校教学质量，全面提高高校的人才培养能力。2018 年，台湾教育主管部门通过该项目共计补贴一般大学 71 所、职业技术类院校 85 所；为增加大学对所在地区的社会贡献，对涵盖 52 所大学的 102 项高校—地方合作项目提供资助；为协助大学追求世界一流地位，共计对涵盖 24 所大学的 65 个研究机构提供研究资助。

除了提供资金支持，台湾教育主管部门还计划在"深耕计划"框架下，着手建立"高等教育长期资料库"，对台湾各个高校的教学及研究进行客观的数据分析，在以具体的实证资料检验高校办学成效的同时，进一步简化审查流程，建立更有效的经费分配模式，为各大学提供更大、更有弹性的多元发展空间。

3. 依托"新南向"政策，提高与印度和东南亚国家的高等教育交流合作水平。2018 年，台湾教育主管部门积极借助"新南向"政策，深化"新南向人才培育推动计划"，寻求高等教育国际化水平的进一步提高。具体措施包括：推动台湾学术型联盟组织与东盟南亚国家相关组织开展学术合作；深化产学合作，鼓励、资助台湾高校学生赴东盟、印度台商企业或跨国企业实习；实施多元化的招生政策，鼓励台湾高校面向东南亚地区持续、扩大招收境外学生，鼓励台湾高校在东南亚国家和印度开办先修班(含语言、基础学科、技能训练)，吸引当地学生赴台留学；继续推动"华语文八年计划"，提升海外汉语教育机构的数量和质量，开拓海外汉语教学市场等。

台湾各高校也加强了同印度和东南亚国家的交流，2018 年，台湾各高校共计接待来自印度、马来西亚、越南、菲律宾、印度尼西亚及泰国等国家的教育部门官员、大学校长或其他具有影响力的访问团共计 21 个、280 人次。目前台湾在校大学生已有 1389 人次前往"新南向"国家当地的企业进行实习，6021 人次参与体验学习、深度研习、海外志愿者服务、创新创业交流等活动。[11]

除了利用"新南向"政策，强化与印度和东南亚高校的联系，台湾还继续强化与全球其他国家和地区的合作往来，以求增加其在全球范围内的影响力和竞争力。2018 年，台湾与美国的夏威夷州、缅因州、新墨西哥州签订备忘录、与比利时续签教育文化备忘录，新增与波兰签订高等教育合作协议，持续提高对外教育交流合作水平。

四、构建高质量社会教育，
完善终身教育机制建设

台湾以社区和乡镇为单位，整合社会学习机构和各项资源，完善家庭和老年教育机制，用以优化社会教育机构的服务效能。

1. 发展社区大学。台湾目前共拥有社区大学 87 所，参加学习学员已累计达到 40 万 2000 人次。为促进社区大学发展，台湾教育主管部门在 2018 年制定并公布"社区大学发展条例"和"补助奖励及辅导社区大学发展办法"，对 86 所社区大学提供资金补助，并计划研究制定"社区大学学习证书发给准则"草案，以建立完善的社区大学学员学习成绩认证机制。

2. 完善家庭教育机制。2018 年 8 月 9 日，台湾教育主管部门发布"第二期推展家庭教育中程计划"，用以完善台湾的家庭教育机制。目前台湾各县市均已经设置有家庭教育中心，用以提供电话咨询服务，并落实"学校 4 小时家庭教育课程"活动。为促进家庭教育专业化，台湾还推动家庭教育专业人员的培训与资格认证工作，截至 2018 年 9 月，已接受培训并完成认证的具有职业资格的家庭教育人员共计 2316 人。[12] 此外，台湾教育主管部门通过出版幼儿亲职教育教材 (含东南亚 7 国语言译文版)、设置"高中以下学校家庭教育课程参考大纲"；设置家庭教育学习网站、提供少数民族家庭教育方案等方式，发展多元家庭教育。

3. 建设完善的老年教育体系。人口老龄化问题是台湾社会亟待应对的社会问题，如何迎合老年人的教育需求也成了台湾发展社会教育的重点问题。2018 年，台湾教育主管部门在 360 个乡、镇、市区设置 368 所"乐龄中心"，包含 11 所"乐龄学习示范中心"、6 个"乐龄学习优先推动区"。[13] 各"乐龄学习中心"持续招募志愿者，采取"老人带老人"的形式，将高龄人力资源灵活运用于社会教育。2018 年，台湾陆续成立了 1112 个"乐龄学习服务社团"，让老年人实现就近学习。台湾教育主管部门还进一步落实了"高龄自主学习团体带领人培训计划"，截至 2018 年 8 月，已经累计培训 355 人用以协助偏远贫穷地区终身学习的发展。台湾的老年教育与大学校园进行对接，通过推动"乐龄大学计划"，鼓励大学面向老年人群体，设置以高龄相关、健康休闲、学校特色及生活新知为主的课程。2018 年，台湾教育主管部门共补助 107 所大学，总计 4415 名老年人参与课程；补助 4 所大学校院，组成 5 个辅导团，强化老年教育专业化，提升老年教育从业者的专业素养。

五、推进校园安全建设，保障弱势群体受教权益

近年来，台湾校园毒品泛滥状况十分严重，吸毒人口年龄下降，其中青少年吸毒人口暴增 3 倍，毒品对校园安全的威胁越来越受台湾当局重视。同时，台湾教育主管部门持续推动保障弱势群体就学工作。

1. 落实"新世代反毒策略"。台湾行政主管部门于 2017 年 5 月 11 日提出"新世代反毒策略"，通过加强学校与区域派出所合作，建立吸食毒品热点巡逻网；加重校长、学校防毒责任；就学生吸毒个案进行"一人一案辅导"，计划到 2020 年实现"零毒品入校园"。[14]2018 年，高中以下学校与警察机构合作建立的毒品巡逻网已经达 98.4%；129 所高中以下学校推动了拒绝毒品健康校园方案；开展了 17000 余场次的宣讲互动。[15]

2. 推进偏远地区教育发展。2017 年 12 月 6 日，台湾立法机构通过了"偏远地区学校教育发展条例"，进一步推进偏远地区教育发展。提出了包括改善偏远地区学校硬件设施、规定教

师留任年限、改革教师聘任制度、减轻学校行政业务等政策。2017—2018 学年度，台湾教育主管部门与偏远地区政府合计聘请 74 位中学教师，并成功推动 34 位教师对偏远地区学校的访问支持。同时，台湾偏远地区 662 所学校的硬件设施得到改善，共计改善 1037 栋宿舍。偏远地区教育环境和质量有所提升。

3. 推动弱势学生升学、就学补助工作。台湾教育主管部门于 2015 年开始推动"大学办理特殊选才招生试办计划"，2018 年该计划纳入正式入学管道，用以补助偏乡与弱势学生的升学。在保障学生就学方面，自 2018 年 9 月 1 日起台湾教育主管部门改进学生就学贷款制度，通过"只缴息不还本""放款缓缴门槛"等措施，减轻学生的还款负担。同时加强对困难学生的补助，2017—2018 学年度补助低收入家庭及中低收入家庭在校生 43034 人次、补助特殊境遇家庭子女及孙子女学生 2772 人次、补助身心障碍学生及身心障碍人士子女 30960 人次。[16]

六、"惠台 31 条"初见成效，两岸教育交流稳中有进

2016 年蔡英文当局上台后，台湾当局拒不承认"九二共识"，破坏了两岸关系，冲击了两岸教育交流合作。但 2018 年 3 月，国台办公布了《关于促进两岸经济文化交流合作的若干措施》（简称"惠台 31 条"），为两岸教育交流与合作提供了新的发展契机。

1. 大陆高校吸引力增强，台湾师生赴大陆求学求职意愿提高。随着"惠台 31 条"的逐步落实以及大陆高等教育水平的不

断提升，大陆高校对于台湾师生的吸引力越来越强。2018 年，报名申请来大陆就读大学的台湾学生人数明显上升，比去年增加了两倍左右。[17] 大陆名校对于台湾青年的吸引程度尤为引人关注。以中山大学为例，2018 年，有 600 位台湾高中毕业生向中山大学提出报名申请，其中符合报名条件者 563 人，较往年增加了约 4 倍。[18]

台籍教师赴大陆求职的意愿也正在逐步提高。"惠台 31 条"明确提出，"鼓励台湾教师来大陆高校任教，其在台湾取得的学术成果可纳入工作评价体系"，各地方也先后出台了相关措施、举办相关活动，为台籍教师来大陆从教提供便利条件。以福建省为例，2018 年 6 月 15 日，福建省台办、教育厅、中国海峡人才市场联合举办福建省台湾教师专场对接会，65 所在闽高校发布引进台湾教师岗位需求 536 个，现场洽谈台湾博士 337 人次，收到求职简历 260 份，其中 68 名台湾博士受邀参加了考察面试，47 人通过面试。[19]

2. 校际合作稳中有升，特色活动成效显著。"惠台 31 条"出台后，两岸校际交流合作热度有所回升。截至 2018 年 9 月，大陆的 2321 所学校已经与台湾的 370 所学校（大学 77 所、职业技术学校 79 所、专科学校 8 所、高中 73 所、特殊教育学校 13 所、小学和初中 120 所），签订交流合作协议共计 15787 份，其中 2018 年新增协议 630 份。[20]

除了传统的校际交流合作外，各地区和高校还结合本地区的文化特色和高校的专业特长，面向台湾师生开展了诸多特色交流活动，成果丰硕。福建省利用闽台之间的文化联系，组织开展海峡两岸大学校长论坛和百名中小学校长论坛、海峡两岸中小学生八闽文化之旅、闽台职业教育年会等常态化交流活动；湖北省举办"极目楚天舒"鄂台高校荆楚文化研习活动、华中师范大学发挥自身专业所长，与台湾师范大学等 18 所高校合作开展 2018 "阳光支教·孔子行脚"海峡两岸暨香港、澳门大学生偏乡支教活动。

3. 青年交流稳步推进，相关活动有序开展。2018 年暑期，两岸之间开展了多个重大青年交流合作活动，包括国台办组织在大陆就读台生和部分岛内高校学生约 300 余人分赴多地国有大型企业和知名民营企业开展暑期实习；海协会邀请 16 批次 739 名台湾青年学生来大陆各地参加中华文化研习营；全国台企联组织 290 余名台湾大学生到北京、上海等地交流参访；760 余名台湾青年参与了大陆 20 家金融机构提供的暑期实习岗位；两岸青年交流合作北京峰会、2018 年台胞青年千人夏令营、第三届京台青年创新创业大赛总决赛、台湾青年新经济研习营等活动在京成功举办；广州、昆山等地也积极组织台湾大学生到当地进行暑期实习等。此外，两岸之间的青年文体交流也如火如荼，第二届海峡两岸武术交流会和海峡两岸（德州）八极拳技艺交流大会分别在河北石家庄和山东德州举行；"第五届海峡两岸暨港澳大学生运动交流赛"在上海复旦大学举行，1200 名两岸大学生参加；第二届海峡两岸学生棒球联赛复赛（台湾）在台中市举行，10 所大陆高校的 270 余名学生棒球选手赴台参赛。[21] 一系列青年交流活动的开展，极大地促进了两岸青年的相互了解，为推动海峡两岸的心灵契合创造了有利的发展条件。

七、台湾当局继续推动"去中国化"，
"文化台独"影响恶劣

自 2016 年民进党执政以来，台湾当局持续推动"去中国化"进程。在学校教育领域，试图通过修改历史课纲，构造以台湾为主体的历史，人为割裂两岸的历史文化联系。在社会教育领域，通过构造"台湾本土意识"，突出台湾的"自我地位。

2018 年 8 月 13 日，台湾教育主管部门"课审大会"决定，对中学课纲进行修改，其中，高中"中国史"教学中不再使用传统的朝代编年史，并将"中国史"放在"东亚史"架构下呈现。此外，在新的语文课纲中，文言文的比例也被大幅度缩减。

李登辉时期，台湾当局开始将中国元素逐步从历史课纲中剔除，陈水扁执政时期，台湾史开始与中国史并列，使台湾史脱离中国史范畴；蔡英文当局则将中国史并入东亚史，并大幅删减中国史内容。岛内"台独"势力修改课纲的实质，是人为地割裂祖国大陆与台湾在文化和血缘上的联系，强调台湾在历史和文化上的独立性，抹杀台湾青年对于中国的家国意识，达成其文化上"去中国化"的目标。课纲修订，是蔡英文当局"台独"分裂行径的又一实证，不仅荼毒台湾年轻一代，更进一步破坏两岸关系，加剧两岸对抗。[22] 在教育领域，破除民进党当局"文化台独"政策的不利影响，任重道远。

注释：

[1]　台湾教育主管机构 2018 年度"施政计划"，https://depart.moe.edu.tw/ED2100/News.aspx?n=B32992AF2BCEC98B&sms=8E6F0C08E

17D8910

[2]　台湾:《"教育及文化委员会第九届第六会期"报告》,第 4 页,
https://ws.moe.edu.tw/001/Upload/3/relfile/6397/61214/8bf6c42b-4d53-45f1-
a295-2e5deae82a06.pdf

[3]　台湾:《"教育及文化委员会第九届第六会期"报告》,第 5 页,
https://ws.moe.edu.tw/001/Upload/3/relfile/6397/61214/8bf6c42b-4d53-45f1-
a295-2e5deae82a06.pdf

[4]　台湾:《"教育及文化委员会第九届第六会期"报告》,第 6 页,
https://ws.moe.edu.tw/001/Upload/3/relfile/6397/61214/8bf6c42b-4d53-45f1-
a295-2e5deae82a06.pdf

[5]　台湾:《"教育及文化委员会第九届第六会期"报告》,第 8 页,
https://ws.moe.edu.tw/001/Upload/3/relfile/6397/61214/8bf6c42b-4d53-45f1-
a295-2e5deae82a06.pdf

[6]　台湾:《"教育及文化委员会第九届第六会期"报告》,第 8 页,
https://ws.moe.edu.tw/001/Upload/3/relfile/6397/61214/8bf6c42b-4d53-45f1-
a295-2e5deae82a06.pdf

[7]　台湾:《"教育及文化委员会第九届第六会期"报告》,第 10 页,
https://ws.moe.edu.tw/001/Upload/3/relfile/6397/61214/8bf6c42b-4d53-45f1-
a295-2e5deae82a06.pdf

[8]　台湾:《"教育及文化委员会第九届第六会期"报告》,第 62 页,
https://ws.moe.edu.tw/001/Upload/3/relfile/6397/61214/8bf6c42b-4d53-45f1-
a295-2e5deae82a06.pdf

[9]　台湾:《"教育及文化委员会第九届第六会期"报告》,第 15 页,
https://ws.moe.edu.tw/001/Upload/3/relfile/6397/61214/8bf6c42b-4d53-45f1-
a295-2e5deae82a06.pdf

[10] 台湾教育主管机构：2018 年度"施政计划"，https://depart.moe.edu.tw/ED2100/News.aspx?n=B32992AF2BCEC98B&sms=8E6F0C08E17D8910

[11] 台湾 :《"教育及文化委员会第九届第六会期"报告》，第 92 页，https://ws.moe.edu.tw/001/Upload/3/relfile/6397/61214/8bf6c42b-4d53-45f1-a295-2e5deae82a06.pdf

[12] 台湾 :《"教育及文化委员会第九届第六会期"报告》，第 87 页，https://ws.moe.edu.tw/001/Upload/3/relfile/6397/61214/8bf6c42b-4d53-45f1-a295-2e5deae82a06.pdf

[13] 台湾 :《"教育及文化委员会第九届第六会期"报告》，第 85 页，https://ws.moe.edu.tw/001/Upload/3/relfile/6397/61214/8bf6c42b-4d53-45f1-a295-2e5deae82a06.pdf

[14] 台湾 :"新世代反毒策略"，https://www.ey.gov.tw/Page/5A8A0CB5B41DA11E/47bbd6cf-5762-4a63-a308-b810e84712ce

[15] 台湾 :《"教育及文化委员会第九届第六会期"报告》，第 43 页，https://ws.moe.edu.tw/001/Upload/3/relfile/6397/61214/8bf6c42b-4d53-45f1-a295-2e5deae82a06.pdf

[16] 台湾 :《"教育及文化委员会第九届第六会期"报告》，第 70 页，https://ws.moe.edu.tw/001/Upload/3/relfile/6397/61214/8bf6c42b-4d53-45f1-a295-2e5deae82a06.pdf

[17] 国台办 :《国台办新闻发布会辑录（2018-04-11）》，http://www.gwytb.gov.cn/xwfbh/201804/t20180411_11941944.htm

[18] 央视网 :《台湾学生热衷大陆高校　报考人数成数倍的激增》，http://news.cctv.com/2018/05/20/ARTIZuI0aBRBYCeQeIYYN8yu180520.shtml

[19] 国台办 :《国台办新闻发布会辑录（2018-06-27）》，http://www.gwytb.gov.cn/m/speech/201806/t20180627_11969528.htm

[20] 台湾 :《"教育及文化委员会第九届第六会期"报告》，第101页，https://ws.moe.edu.tw/001/Upload/3/relfile/6397/61214/8bf6c42b-4d53-45f1-a295-2e5deae82a06.pdf

[21] 国台办 :《国台办新闻发布会辑录（2018-09-12）》，http://www.gwytb.gov.cn/xwfbh/201809/t20180912_12058957.htm

[22] 国台办 :《强改课纲将中国史纳入东亚史是"台独"行径又一实证》，http://www.gwytb.gov.cn/m/news/201808/t20180815_12047575.htm

（作者单位：华中师范大学）

2018 年台湾文学艺术综述

张　羽

摘要：2018 年，台湾文化领域在人才培养、图书展览、奖项颁发和艺文外译等领域，有意接轨台当局的"新南向"政策。台湾艺文资料整理汇编与报刊复刻取得新进展。台湾经典文学的跨界推广重在影像化与戏曲再现。台湾艺文奖项在活化艺文环境，推介文坛新人新作，推动文艺作品出版，分享创作经验等方面起到重要作用。一些台湾出版社和文学展馆经过多年在地深耕，在资料整理与文学传播等领域，做出了重要贡献。

一、2018 年度台湾艺文记事

2018 年，台湾文化领域接轨台当局的"新南向政策"。台湾艺文研究资料汇编与报刊复刻取得新进展，2010 年启动，至 2018 年累积推出"台湾现当代作家研究资料汇编"一百册，《台湾民报》（1923—1927 年）复刻出版。台湾文学跨界推广重在影像化、舞台剧、戏曲化与游戏脚本。

（一）台湾文化领域的"新南向"发展

根据台湾"内政部"统计数据，至 2018 年 11 月底累计台湾新住民人口数为 543262 人，其中陆配 342866 人，越南籍 104926 人，印度尼西亚籍 29962 人，泰国籍 8872 人。自 2016 年台湾当局发布"新南向政策"以来，台湾与东南亚人员往来与经贸互动日益密切。为了响应台湾当局的"新南向政策"，满足东南亚新住民的文化需求，台湾文化领域在人才培养、图书展览、奖项颁发、艺文外译等领域，显现出接轨"新南向政策"的态势。

在人才培养方面，通过在东南亚广设"台湾教育橱窗"、新增"东盟南亚奖学金计划"等招生模式吸引东南亚学生，同时发布"移民劳工"政策，让外籍生毕业后能在台湾工作生活；在台湾基础教育领域，新加入东南亚国家语言基础教育课程，在台湾推广东南亚文化，培养东南亚人才。[1]

在图书展览和书市活动方面，台湾积极参与东南亚国家举办的各类书展、书市活动。如参加"2018 新加坡书展"和"第 13 届马来西亚海外华文书市"，展出台版图书 1500 余种，逾 15000 册，共有百余家出版社、台湾数位出版联盟、台湾电子书协会等参展，向读者呈现台湾出版的科技化。参展方表示："新加坡与马来西亚是台湾原创作品重要输出地，透过书展将台湾文学引介给东南亚读者。"[2]"东南亚国家作为华文生活圈的一部分，一直都是台湾深耕华文市场的重要板块之一。"[3]

与将台湾文化输出至东南亚国家同步的是，以文学奖项的方式将东南亚国家的文学、文化输入台湾。如台北举行"第五届移工文学奖"，最初是由东南亚教育科学文化协会理事长张正先生倡议，台湾文学馆共同主办。该奖项设立宗旨是"接纳移工、移民文学也是台湾文学的一部分"。童子贤指出：新住民"是全球化浪潮下台湾社会的重要组成，更别说新移民及其下一代，也是在这种认知下踏出的第一步"[4]。

在台湾艺文外译方面，2017 年起，有重点地将文学推广扩大至东南亚国家。2018 年叶石涛所著《台湾文学史纲》越南版本出版，"不仅可让越南人了解台湾文学的发展，更可了解台湾的历史与人民，这是有别于纯文学译本的意义。"[5] 台湾布袋戏也出现"新南向"，布袋戏剧本《决战西拉雅》被翻译为越南文，这是台湾布袋戏剧本首次越南出版。《决战西拉雅》"结合现代文学与音乐，呈现属于台湾人的在地故事"[6]。

（二）台湾艺文研究资料汇编与报刊复刻取得新进展

"台湾现当代作家研究资料汇编"达百册。2010 年，台湾文学馆启动了"台湾现当代作家研究资料汇编"计划，至 2018 年已完成一百位作家的研究资料整理，累积超过十万笔资料。"从当初的'新文学之父'赖和、苏雪林，到编号九十九号的张晓风、一百号的王拓，这群文学家以不同角度和方向，有的开拓台湾新文学，有的写尽小人物辛酸，为社会弱势发声"[7]。资料汇编收入重要照片、手稿、作品目录、小传、年表、研究综述，选入重要评论文章，附有评论资料目录等，成为研究台湾作家作品的重要工具书。其重要意义在于——"建构台湾文学的样貌，对于台湾新文学史有填补缝隙之效"[8]，"大致可看出百年来台湾文学的发展脉络与演变，并充分彰显台湾文学香火的生生不息，其学术价值不容忽视"[9]。

《台湾民报》（1923—1927 年）复刻八册出版。台湾历史博物馆（简称台史博）将 1923 至 1927 年《台湾民报》报刊资料复刻出版。此前，东方文化书局复刊出版过《台湾民报》的影印本，该版本是由文史家娄子匡、王诗琅与黄天横等人辑录。此次计划"由台史博透过黄天横先生家属黄隆正，将当时报纸编辑林呈禄父子所遗留之原版《台湾民报》资料借予馆方，部分缺漏则由民间史料保存室六然居资料室的档案补上"[10]。1923年，《台湾民报》在日本东京创刊，语言有闽南语、日语与白话汉文。直到 1927 年，才获准移回台湾发行。《台湾民报》对于日据时期台湾"影响甚巨，内容横跨社会运动、文学与政治等，鼓吹劳工、妇女争取权益，亦支持学生及文化启蒙，对新文学提倡也有不少贡献。自台湾议会设置请愿运动以来的政治、社会运动均热烈支持"[11]。

施懿琳主编《日据时期南社诗选》出版。此套书"完整呈现前代文人文学风采，展现珍贵文学史料"[12]。施懿琳表示："主要收录 1906 至 1945 年间南社社员作品，选录原则考量艺术性、在地性、时代性及议题性等面向，尤以南社的课题击钵、社友间唱和及记录台南习尚旧事等作品为主，诗词所述胜景、活动仪典及信仰习俗等，从传统汉诗看见台南文化胜景。"[13]"南社"是日据时期台湾三大诗社之一，1906 年，由蔡国琳、赵钟麒、胡殿鹏、连横、谢维岩等人发起组织的古典诗社，极盛时社员有百余人。

（三）台文馆推出多个艺文展览促进民众深度理解作家作品

"扩增文学·数位百工"特展让参观者变身作家。台文馆以流行的手游和动画为媒介，将特展设计成"冒险游戏"，参观者担任"收集文学古物的任务，以作家身份闯关"[14]，该特展共设置了"复制作家""扩增文本""文学 P．K．战""百工联盟""深切漫游""作家现身""字的力量"和"数位百工图"八个展区。在"复制作家"展区，参观者可以扮演蔡培火、赖和、张深切、刘呐鸥、叶陶、杨逵和龙瑛宗等作家；在"扩增文本"展区，以动画形式演出刘呐鸥的电影剧本《永远的微笑》、吴浊流《亚细亚的孤儿》等六个文本；在"文学 P．K．战"展区，戏仿日据时期"新旧文学论争"、台湾文化协会的分裂论争及台湾"乡土文学论战"等三个重要文学论争；在"百工联盟"展区，让玩家加入台湾文化协会、台湾文艺联盟两个文化组织，寻找宝物线索等。[15]

"魔幻鲲岛，妖鬼奇谭"台湾鬼怪文学特展让民众认识"魔岛"台湾。该特展展示了 17 世纪至今的台湾鬼怪文学，从蛇首妖魔、火鳄，魔神仔、竹篙鬼，到林投姐、虎姑婆等让民众了解鬼怪故事与自己生活关连。[16]"第一位以'魔幻写实'的笔法描绘台湾的诗人——孙元衡将台湾视为一座'魔岛'。日据时期，台湾与日本民俗学者以文化人类学的精神整理台湾各地、各族群的鬼怪传说故事……在民间文学方面，则以'说唱艺术'的传唱方式，成为鬼怪传说流传民众之间的重要媒介。"[17]鬼怪文学反映"台湾的海岛特质让鬼怪文化产生族群融合、迁徙的痕迹，为了填补当代社会运作空缺而'出席'的鬼怪，将是奇幻文学最好的摹本，丰富的文化、族群、历史素材或许会孕育出当代最重大的文化事业"[18]。在绘画、音乐、影像、游戏等方面，台湾鬼怪也是多方呈现。例如，角斯《台湾妖怪地志》图绘台湾妖魔；台北地方异闻工作室《说妖》以桌游方式讲述妖怪故事；何敬尧《妖怪鸣歌录 Formosa》以小说与手游跨界讲述妖怪的奇幻故事。"这些创作实验，除了试图挖掘古老传说的精神核心，同时也希望让作品拥有新时代的意义，甚至可能与文化问题、环境保护、社会运动的概念互相结合。"[19]

苏硕斌接任台湾文学馆馆长。2018 年 10 月，台文馆馆长进行交接典礼，新任馆长由台大台湾文学研究所苏硕斌教授接任第五任馆长廖振富。苏硕斌指出："如何架设轨道，展现台湾文学之美，而台湾如今拥有更多族群，发展也将兼容并蓄，将在现有基础下，加强典藏、研究，并将接地气，和社会以及国际交流。"[20]台湾文学馆历任馆长有郑邦镇、李瑞腾、翁志聪、陈益源、廖振富。

（四）台湾文学跨界推广重在影像化、舞台剧、戏曲化与游戏脚本

明华园推出文学与歌仔戏跨界新戏《侠猫》。明华园获得"文学跨界推广征选"计划，与故事工厂导演黄致凯合作，特邀中正大学中文系教授王琼玲加入编剧。结合历史典故、小说文本等，以现代剧和歌仔戏方式呈现《侠猫》。《侠猫》讲述"台湾抗日第一猛"林少猫屡屡战胜日军的故事。导演黄致凯指出："《侠猫》用民间流传的'宋江阵''流民拳'，是贴近历史、根植于在地的武侠精神，结合歌仔戏与现代剧，将最具规模的抗日事件搬上舞台"[21]。

重现内台歌仔戏《月夜情愁》。歌仔戏《月夜情愁》的创作灵感来自邱坤良的报导文学作品《西皮福路的故事》："北管两种派别西皮与福路之争，两路人马经常大打出手。有对戏班恋人，也因为上一代的这些恩恩怨怨而无法相恋，如同罗密欧与朱丽叶。"[22] 早在 1920 年代，台湾内台歌仔戏就很前卫，采用

"连锁剧"形式，吊足观众的期待感，风行一时。剧中也可看见传统歌仔戏《薛丁山与樊梨花》，以及邱坤良所编写的歌仔戏《魂归离，恨天》和《怜香惜玉》。歌仔戏融合电影和戏剧，充满剧场张力。

《嫁妆一牛车》同名舞台剧。阮剧团与日本小剧场导演流山儿祥合作，由林孟寰、卢志杰改编，推出改编自王祯和小说《嫁妆一牛车》的同名舞台剧。小说《嫁妆一牛车》讲述了失聪的万发和阿好在乡间过着平静的贫苦生活，新搬来的阿简却和阿好发生暧昧情感，刻画了底层小人物的悲哀。阮剧团过去以改编西方经典和原创居多，改编台湾文学是首次。团长汪兆谦认为："悲剧拉远来看就是喜剧"，要提出新世代对台湾文学的崭新观点。流山儿祥被誉为日本的"小剧场天王"，他表示："这部小说描写小人物的心境，我从中读到一股属于台湾的土地力量，那正是我们这个年代的人需要的；这是半世纪以前的作品，可见半世纪过去，人们并没有更进步，反而遗失了那些源自心灵的、原乡的价值。"[23]

作家吕赫若的《台北歌手》戏剧与文学的对话。客家电视台将被誉为"台湾第一才子"的吕赫若的生平及其作品，改编为连续剧《台北歌手》上映。台湾文学馆举办了《台北歌手》的主题展览，展出吕赫若的文学作品与手稿图片，介绍了楼一安导演所展示的吕赫若文学生命与思想追求，串联出吕赫若的短篇小说《牛车》《蓝衣少女》《暴风雨的故事》《清秋》和《冬夜》等作品。该展览主要呈现"其短暂的人生，书写出音乐的、戏剧的、社会观察与批判的各类创作，努力为台湾社会争取正义的青春热血，化身为一抹不能被遗忘的文学力量"。[24]

台湾文学与游戏脚本。为了让参观者积极参与并推广台湾文学，了解台湾文学作家作品，台湾文学馆首次推出征选游戏脚本的活动，需以文学馆所提供的藏品如林海音的像偶、姚一苇的皮箱、张深切徒步旅行之名人题字录、龙瑛宗的轮椅、叶石涛的藤椅为设计的必要元素，将文学融入数位内容，设计游戏脚本，并说明游戏玩法（角色关系、关卡流程等），让游戏赋予深度的文学魂。[25] 社会组金奖获得者是陆如淑的作品《1940》，"从刘呐鸥日记内的麻将牌延伸，发展出对未来世界的奇幻想象，庞大且完整的架构"[26]。学生组金奖得主是来自台湾师范大学的潘莹真与台南大学的潘秋如作品《梦兽之岛》，"结合自身所学的文学、戏剧背景，在生活中感受时代脉动，场景的一草一木、角色绝招、任务情节等"[27]。

二、2018 年度台湾文艺奖项观察报告

每年台湾艺文奖项的公布都会对文艺界产生强劲的推动力，吸引更多的关注。各类文艺奖项在活化艺文环境，推介文坛新人新作，推动文艺作品出版，分享创作经验等方面起到重要作用。

（一）2018 年台湾文学"金典奖"

"金典奖"在台湾文坛具有指标性意义。12 月 8 日，2018 台湾文学奖公布："长篇小说金典奖"颁给林俊颖《猛暑》，"散文金典奖"颁给谢旺霖《走河》，"剧本类金典奖"颁给冯翊纲《谎然大误》，"闽南语散文"奖颁给吕美亲，"客语散文"颁给谢锦绣，"少数民族汉语散文"颁给游以德。《猛暑》是"一部

类似异托邦的作品，虚构与异质空间的交错叙述，显然开启了当代小说的全新领域"[28]。冯翊纲是知名的剧场表演艺术家，创办并经营"相声瓦舍"团体，剧本《谎然大误》"以'文中文'手法布局，以三个故事述说爱情与分离，有些微奇幻色彩，台词行云流水，让阅读充满乐趣"[29]，"描绘老人、华贵公子，一个爱说故事、一个爱听故事，两人随着故事，扮演故事里的角色，然而，角色、说书人，乃至于观众，逐渐发现故事里'谎言'成分，到后来，连自己都快要不能分辨真假，是该穿透谎言，还是沉迷下去？"[30]

（二）第 42 届金鼎奖

2018 年 8 月 29 日，金鼎奖公布，文学图书奖颁给黄崇凯《文艺春秋》、谢海盟《舒兰河上》、周芬伶《花东妇好》、平路《袒露的心》，特别贡献奖颁给九歌出版社总编辑陈素芳。金鼎奖是台湾出版界的最高荣誉，"金鼎"即"金言九鼎、文化薪传"。黄崇凯《文艺春秋》提到"钟理和、聂华苓、袁哲生等文学前辈，有向过往大师致敬的概念"[31]。周芬伶《花东妇好》勇敢为妇女情爱立传。平路《袒露的心》贴近内心，坦诚底层真相。陈素芳在九歌出版社担任编辑近四十载，"担任过余光中、琦君、沈君山的编辑，近年更挖掘因《花甲男孩》爆红的新生代作家杨富闵"[32]。陈素芳表示："这就是文字的力量。面对挫折，那些不能妥协的时刻，就是生命中最坚定的核心，文学就是我的核心。"[33]

（三）2018 年"台北国际书展"大奖六位作家获奖项

"小说类"获奖作品有大陆作家金宇澄《金宇澄作品选辑：轻寒、方岛、碗》、周芬伶《花东妇好》、黄崇凯《文艺春秋》。

"非小说类"获奖作品有林育立《欧洲的心脏：德国如何改变自己》、李欣伦散文集《以我为器》、李玟萱《无家者：从未想过我有这么一天》。其他奖项包括编辑奖自制类由王梵、庄瑞琳《亿万年尺度的台湾：从地质公园追出岛屿身世》获得；编辑奖非自制类为嘉世强、郑雅菁、张玮庭以文学为主轴的《我们一无所有》《行过地狱之路》《呼唤奇迹的光》获奖。童伟格认为：《文艺春秋》这部小说，实践一位'迟到者'，对这种地景的读取，与个人化的亲熟。就最根本层次，这种感觉结构，与作者思维在虚构场域里的重新结成，也许能使我们发现，我们对所谓'作者本真'的琢磨，可以不仅是一种散文式的自我伤耗。"[34] 李欣伦散文集《以我为器》"精准细腻审视女性各生命阶段身体与心理变化"[35]，"像李欣伦这样，当女性主义者、作家、学者、母亲、人妻等多重角色，在同一个时期交缠于一身，当身体论述与身体实践直接碰撞，向来所信奉的真理似乎不敌现实时，心中不免疑惑喟叹"[36]。

（四）第五届《联合报》文学大奖

2018 年 7 月 3 日，第五届联合报文学大奖由骆以军获奖，代表作《匡超人》。1989 年，骆以军开始发表作品，少作《降生十二星座》《我们自夜闇的酒馆离开》甫一问世就引起文坛轰动，其爆发力和想象力让他一出道便成为文学青年的偶像。此后，他陆续发表长篇小说《月球姓氏》《遣悲怀》《西夏旅馆》《女儿》《匡超人》。其散文书写也深受读者欢迎，著有《经验匮乏者笔记》《脸之书》与《小儿子》等书。第五届联合报文学大奖评审团由王德威、陈芳明、邱贵芬、梅家玲、詹宏志、杨泽与钟文音组成。王德威评价《匡超人》说："骆以军用心连锁

《儒林外史》和《西游记》和他自己身处的世界。'匡超人'典出《儒林外史》最有名的人物之一。匡超人出身贫寒，侍亲至孝，因为好学不倦，得到马二先生赏识，走上功名之路。然而一朝尝到甜头，匡逐渐展露追名逐利的本性。他夤缘附会，包讼代考，不仅背叛业师故友，甚至抛弃糟糠。"[37] 评审团认为："骆以军崩坏体"已修炼完备，自《西夏旅馆》囊括许多大奖之后，《匡超人》成功突围，"小说深邃又好看"，其科幻、次文化与古典元素的交错与挪用，以骆以军式的"有机腐败的华丽"与"百科全书式的无赖"，描绘了当代"瑰丽萎靡'如何中国'的荒谬剧场"。评审写道："骆以军在这座岛这座城，我以为是一场天才与庸才的战争，他是天才型（且还是用功型）的小说战神，是入世的小说神猴。"[38]

（五）第 39 届"时报文学奖"

由旺旺中时媒体集团主办的第 39 届"时报文学奖"，新推出的影视小说组的第一名由来自台湾的张英珉凭借《雪线》获得，新诗组第一名由来自澳门的袁绍珊凭借《快照亭》获得，散文组第一名则由来自台湾的白樵《当我成为静物并且永远》获得。"时报文学奖"自 1978 年创办，"以放眼大陆、热爱台湾、胸怀天下为目标，每年时报文学奖名单公布都会引起全球华人讨论，在台湾几乎所有重要作家都跟时报文学奖有关，多年来除了颁给黄春明、余光中、林文月、郑清文等重要作家，……1994 年也颁给张爱玲特别成就奖"[39]。旺旺·时报文学奖颁奖典礼现场，纸风车剧团演出《记得当年时报文学奖》节目，串联宋泽莱《打牛湳村》、廖辉英《油麻菜籽》、黄春明《放生》、陈映真《山路》、郝誉翔《午后电话》和李仪婷《走电人》等作品，"以歌舞及短剧串起时事及文学氛围，宛如一段快闪版的台湾近代文学史"[40]。

（六）第四十九届吴浊流文学奖

小说正奖黄崇凯《文艺春秋》。新诗奖正奖骚夏《淤积的字》等十首；新诗奖佳作林婉瑜《万圣节派对》等十首、崔舜华《口信》等十首。评审认为：黄崇凯"以动人的文学姿态捡拾台湾历史碎片，纪实与虚构交错，却又层层逼近现实，书写句法饶富趣味"。评审认为：骚夏"对于性、性别、家庭、人我关系，一贯有着深刻崭新的挖掘"。评审认为：林婉瑜"准确拿捏比例，使诗在能解之外，犹保留可耐寻味的余地"。评审认为：崔舜华"透过大量名词，自现实的裂缝，思想的开口，情感的针孔，在诗中砌造出一个异质的（失）乐园"[41]。

三、台湾重要艺文出版社活动

（一）台文馆 15 周年记录台湾文学发展

10 月至 12 月，为庆祝台湾文学馆十五岁，推出了文学创意市集、集字活动、捐赠感谢、修护室参观、书展、影展、小旅行和美食活动等系列馆庆活动，馆庆当日也是台湾文化协会成立之日，邀请小文青加入"文协足迹在台南"主题小旅行活动。"她说：漂泊与定根"主题书展、戏剧展演等，结合在地文学和饮食，让文学更充满想象。台文馆表示，此次馆庆以"人"为主轴，并和台南企业文化艺术基金会合作，以"循环经济"为主题，以二手衣物制作野餐垫、活动袋等物品，是异业结合的崭新尝试，另有影展、讲座、新书发表会等。[42]苏硕斌表示：

"成立十五年的台文馆，纪录三百余年的台湾文学史，从稿纸到如今以电脑书写，甚至人工智慧也已在书写，更彰显以往文字、墨水之美，台文馆也将做好收藏写作痕迹工作，这将是未来台文馆身处这个转捩点的重要课题。"[43]

（二）九歌 40 年出版多套文学大系

2018 年 1 月，九歌 40 周年社庆，汇集不同世代、40 位作家书写与九歌的情谊与文学因缘，出版《九歌 40》。1978 年，九歌出版社成立，在台湾出版业最蓬勃的 20 世纪 80 年代，余光中、杏林子、琦君等文学名家都在九歌出书。创办人蔡文甫曾长期担任《中华日报》的副刊主编，"当年蔡文甫的慧眼不只打造了王鼎钧、杏林子、琦君等文学名家，也陆续挖掘出林清玄、朱少麟、80 后的杨富闵等作家。余光中的作品在 80 年代后也多交由九歌出版"[44]。多年来，九歌始终重视台湾文学大系的出版与编撰。例如，1989 年出版了余光中担任总主编的《中华现代文学大系》15 册；1998 年策划了"台湾文学二十年集"四册；2003 年又推出了《中华现代文学大系·贰》12 册；2008年出版《台湾文学 30 年精英选》七册，系列丛书的出版建构了"二十世纪后半的台湾文学佳构。这种大规模的编选、大成本的制作，彰显了九歌作为文学出版社的大气魄"[45]。2017 年 8 月，余光中遗作《由不惑到坚守——祝福九歌四十岁诞辰》中写道："Forty 意为 40，但其引申语 fortitude 则意为'坚强不屈'。谨以此语为九歌祝福。"[46] 林清玄说："我有 26 篇文章被收录在大陆的小学到大学课本中，大部分都是来自在九歌出版的书。"[47] 作家张晓风也表示："九歌挖掘、出版的文学作品，如今正在'返供'大陆。"[48]

（三）《文讯》35 年建构文学森林

2018 年《文讯》35 周年庆，隶属台湾文学发展基金会的"文艺资料研究及服务中心"正式开放，该中心的宗旨目标是"每一位作家，就是一个文库"，以作家全集暨资料汇编的方式典藏重点，不同版本、出版社的作家作品，以及其手稿、书信、照片、评论等相关资料。从 2003 年迄今，"《文讯》已然成为台湾文学界信赖的文学公共论域。通过对不分党派和意识形态的作家的关心、对文学史料的收藏与保存，也通过台湾作家研究资料的整建，犹如一座包罗万象、涵容巨细的台湾文学森林"[49]。"这么多不同年龄、背景、理念的人聚集在《文讯》共同来评说一位作家，堪称一大文坛奇观。这些评说有褒也有贬，丰富而多元。所有褒扬者，几乎都提到一个关键字：'人'，特别是对人的尊重和关爱。文学以'人'为关注和描写的对象，这是文学不同于政治而能包容广大的关键所在。"[50]《文讯》做了两件有意义的事："其一是促使时装模特儿的现身。这是指介绍新锐作者的出场，尤其是台湾文学系所的研究者可以初试新声，新人能够出场，就是获得拉拔，不管以后的造化如何，这番安排，绝对是功不唐捐。……其二是用心地产出石刻雕像的制成品，这是指对已逝作家制作的专题和导读文章而言。虽然今天已经没有'儒林列传'的机制，但作家最高的荣誉就是作品能够广传，为人所诵读；经典作家最好还需要有人为之注解释义，也就是今天我们所说的'导读'的功能。……对作家而言是最好的寂寞身后事的献礼。"[51]

四、结语

纵观 2018 年台湾艺文界，台湾文化领域在人才培养、图书展览、奖项颁发和艺文外译等领域，有意接轨台当局的"新南向政策"。台湾艺文资料整理汇编与报刊复刻取得新进展。台湾经典文学的跨界推广重在影像化、有声化与戏曲再现。台湾艺文奖项在活化艺文环境、推介文坛新人新作、推动文艺作品出版、分享创作经验等方面起到重要作用。一些台湾出版社和文学展馆经过多年在地深耕，在资料整理与文学传播等领域，做出了重要贡献。此外，李敖、"诗魔"洛夫、台湾文史学者林瑞明、武侠小说作家萧逸、军中作家张拓芜都在今年逝世，文坛损失重大。

注释：

[1]　彭翔、罗阳、周睿琪：《台湾"新南向政策"的现状及前景分析》，《中国评论》月刊 2017 年 11 月号。

[2]　凌美雪：《台湾馆　从纯文学到常民家庭阅读》，《自由时报》2018 年 5 月 22 日，第 D06 版。

[3]　《组团参与海外华文书市　台湾作家 6 月来马交流》，《星洲日报》（马来西亚）2018 年 5 月 23 日。

[4]　廖振富：《台湾文学的春光》，《台湾文学馆通讯》2018 年第 3 期，总第 58 号，卷首。

[5]　林福来：《台湾文学史纲越南文译本出版》，《台湾时报》2018 年 10 月 2 日，第 17 版。

[6]　刘婉君：《布袋戏剧本〈决战西拉雅〉发表越南文版》，《自由时报》2018 年 8 月 13 日，第 A17D 版。

[7]　《8 年百册 台湾文学展硕果　台文馆选辑研究百位重要作家　为文学与时代留影 宛如一部台湾现代与当代文学史》，《中华日报》2018 年 1 月 12 日，D05 版。

[8]　许俊雅：《群星光耀文坛，明珠佳惠学界——我思我见〈台湾现当代作家研究资料汇编〉》，《文讯》2018 年 1 月号，第 132 页。

[9]　廖振富：《标志时代意义的巍然巨作》，《文讯》2018 年 1 月号，第 114 页。

[10]　陈昱勋：《台湾民报复刻出版　看见 1920 年代社会运动精神》，《自由时报》2018 年 12 月 4 日，第 D07 版。

[11]　陈昱勋：《台湾民报复刻出版　看见 1920 年代社会运动精神》，《自由时报》2018 年 12 月 4 日，第 D07 版。

[12]　林雪娟：《日据时期南社诗选出版》，《中华日报》2018 年 8 月 10 日，第 B04N 版。

[13]　林雪娟：《日据时期南社诗选出版》，《中华日报》2018 年 8 月 10 日，第 B04N 版。

[14]　林雪娟：《数位百工玩转文学　台文馆推特展》，《中华日报》2018 年 1 月 5 日，第 D05 版。

[15]　洪瑞琴：《扮演文学家　台文馆特展邀你闯关》，《自由时报》2018 年 1 月 5 日，第 A14D 版。

[16]　《台系妖魔鬼怪　台文馆开趴踢》，《中华日报》2018 年 3 月 29 日，B01N 版。

[17]　王嘉玲：《"魔幻鲲岛・妖鬼奇谭"策展绮谭》，《台湾文学馆通讯》2018 年 6 月号，第 35 页。

[18] 潇湘神：《鬼怪、文化、奇幻文学谈——台湾鬼怪学的未来》，《台湾文学馆通讯》2018 年 6 月号，第 37 页。

[19] 何敬尧：《传统与创新：简述台湾鬼怪史》，《台湾文学馆通讯》2018 年 6 月号，第 44 页。

[20] 林雪娟：《台大教授苏硕斌接任台文馆长》，《中华日报》2018 年 10 月 2 日，第 C05 版。

[21]《孙翠凤率青年军登场 明华园新作〈侠猫〉跨界演出》，《中国时报》2018 年 1 月 22 日，第 A13Y 版。

[22]《邱坤良 + 唐美云 重现内台歌仔戏〈月夜情愁〉新颖又时尚》，《中国时报》2018 年 2 月 21 日，第 A16 版。

[23]《日本"小剧场天王" + 阮剧团 改编嫁妆一牛车 流山儿祥爱土味》，《中国时报》2018 年 6 月 18 日，第 A16 版。

[24] 杨蕙如：《〈台北歌手〉戏剧与文学的对话》，《台湾文学馆通讯》2018 年 6 月，第 102、103 页。

[25] 吴孟珉：《台文馆游戏脚本征件》，http://www.cdns.com.tw/news.php?n_id=1&nc_id=2382662018-7-1。

[26] 林雪娟：《台文馆数位游戏脚本征选 颁奖 社会组陆如淑〈1940〉学生组台师大潘莹真与南大潘秋如〈梦兽之岛〉荣获金奖》，《中华日报》2018 年 8 月 19 日，第 D02 版。

[27] 林雪娟：《台文馆数位游戏脚本征选 颁奖 社会组陆如淑〈1940〉学生组台师大潘莹真与南大潘秋如〈梦兽之岛〉荣获金奖》，《中华日报》2018 年 8 月 19 日，第 D02 版。

[28]《林俊颖长篇小说 获台文馆金典奖》，《真晨报》2018 年 12 月 10 日，第 05A 版

[29] 林雪娟：《冯翊纲三度夺台湾文学奖 剧本〈谎然大误〉获金典

奖 "文中文"布局／以三个故事述说爱情与分离 充满乐趣》,《中华日报》2018年12月6日,第C05版。

[30] 林雪娟:《冯翊纲的相声人生奖不完……相声瓦舍三十年 每年百场演出 仍孜孜不倦写剧本》,《中华日报》2019年1月6日,第C05版。

[31] 凌美雪:《台北"国际书展"大奖得主公布 老将新秀各有胜书》,《自由时报》2018年1月10日,第D06版。

[32]《获金鼎奖殊荣 出版推手陈素芳36年编千本书》,《中国时报》2018年10月5日,第A18版。

[33]《获金鼎奖殊荣 出版推手陈素芳36年编千本书》,《中国时报》2018年10月5日,第A18版。

[34]《对谈:倾力去传递那无法触及的事物》,《印刻文学生活志》2018年3月,第175号,第49页。

[35] 凌美雪:《台北"国际书展"大奖得主公布 老将新秀各有胜书》,《自由时报》2018年1月10日,第D06版。

[36] 果子离:《欲望和孕育,以及知识集散之地:读李欣伦〈以我为器〉》,《文讯》2018年2月号,第152页。

[37] 王德威:《洞的故事 阅读〈匡超人〉的三种方法》,《联合报》2018年1月5日,第D3版。

[38] 陈宇昕整理:《骆以军获颁联合报文学大奖》,《联合早报》(新加坡)2018年7月16日。

[39]《旺旺 时报文学奖 台湾夺两座首奖》,《工商时报》2018年12月23日,第A4版。

[40]《纸风车歌舞热场 串起得奖作品》,《旺报》2018年12月23日,第A13版。

[41]《第四十九届吴浊流文学奖揭晓》,《自由时报》2018年3月21

日，第 D10 版。

[42] 林雪娟：《台文馆连 3 月欢庆 15 周年　创意市集、集字活动、捐赠感谢、书展等　欢迎民众同乐》,《中华日报》2018 年 10 月 10 日，第 D04 版。

[43] 林雪娟《台文馆 15 岁 文坛人士庆生》,《中华日报》2018 年 10 月 18 日，第 C05 版。

[44]《当年文学五小 只剩 3 家独撑》,《中国时报》2018 年 1 月 31 日，第 A16 版。

[45] 向阳：《九歌四十，再造盛世》,《文讯》2018 年 2 月号，第 99 页。

[46] 余光中：《由不惑到坚守——祝福九歌四十岁诞辰》,《文讯》2018 年 2 月号，第 80 页。该文是余光中先生遗作。

[47]《九歌 40 岁 林清玄感谢蔡文甫知遇》,《中国时报》2018 年 1 月 31 日，第 A16 版。

[48]《九歌 40 岁 林清玄感谢蔡文甫知遇》,《中国时报》2018 年 1 月 31 日，第 A16 版。

[49] 向阳：《在台湾文学的森林中不断前进——为〈文讯〉开放"文艺资料研究及服务中心"喝彩》,《文讯》2018 年 7 月，第 61 页。

[50] 朱双一：《每位作家，就是一个文库》,《中国时报》2018 年 6 月 28 日，第 C4 版。

[51]《35 年云和月》,《联合报》2018 年 7 月 1 日，第 D3 版。

（作者单位：两岸关系和平发展协同创新中心）

台湾大事记

李 砚

2018 年台湾大事记

1 月

3 日　北检称已掌握马英九在"三中案"中涉嫌出售"中视"的录音等"关键证据"，拟于春节前正式起诉马。马办回应该案四年前已经侦结并无不法。

4 日　中国民航局宣布，启用 M503 北上及衔接航线，以缓解海峡西岸现有航线流量压力。台当局以该航线靠近所谓的"海峡中线"为由，向大陆表达抗议。

陆委会认为台北西门町播放的《信中国》节目为"违法"宣传片，要求其停播。

5 日　台"总统府"称"辽宁号"航母编队进入台湾海峡"冲击伤害区域安全稳定与两岸关系"。

7 日　蔡英文召集当局相关官员研商 M503 航线事宜，称"大陆片面启用争议航线是破坏挑衅区域安全的不负责任做法"，要求大陆尽快与台恢复"技术性协商"。

8 日　台"国防部"证实有意筹建具隐形功能的微型导弹突击艇，称此案是"考虑未来敌情威胁"，依"滨海决胜、滩岸歼敌""发挥不对称战力"等构想立项。

9 日　台"中央社"报道，根据伦敦顾问公司公布的签证自由度指数，台湾"护照"排名在 218 个国家与地区中位列第 32 名，较去年下降 1 名，可免签进入 134 国。

10 日　美国联邦众议院通过中文字面为"台湾旅行法案"（Taiwan Travel Act，H.R.535）的法案及"支持台湾参与世界卫生大会法案"（H.R.3320）。TTA 是 2017 年 1 月由甫宣布将在年底退休的美国众议院外交委员会主席罗艾斯（Ed Royce）、众议员夏波（Steve Chabot）与薛尔曼（Brad Sherman）共同提出的。

11 日　高雄市长陈菊力挺的刘世芳宣布放弃竞选高雄市长。

13 日　国民党举办蒋经国逝世 30 周年纪念会。此前宋楚瑜出书《蒋经国的秘书》。

"时代力量"举行台中市中西区服务处揭牌记者会，该党台中党部主委徐永明称征召原民进党籍台中市西区吉龙里里长李国祯担任中西区主任。

15 日　"2020 东京奥运台湾正名行动联盟"与"2020 东京奥运台湾正名行动小组"在台大校友会馆举办"2020 东京奥运台湾正名公投记者会"，宣布"公投"主文"你是否同意以'台湾'（Taiwan）为全名申请参加所有国际运动赛事及 2020 年东京奥运？"台湾财团法人"希望基金会"董事长纪政作为主要发起人。"时代力量"称将在"立法院"协助推动。

16 日　"立法院行使"监察委员同意权"投票，蔡英文提名的陈师孟等 11 人获同意任"监委",任期将至 2020 年 7 月 31 日。

17 日 "立法院"三读修正通过"农田水利会组织通则",农田水利会改制为公务机关,将停止办理会长及会务委员选举,会长任期届满由当局指派;准用"公务人员行政中立法"。

18 日 台"民航局"称暂不批准使用 M503 航线的东方航空与厦门航空的两岸春节加班机申请。随后陆委会、海基会呼大陆"尽速与台湾进行技术性协商"。

"总统府"发言人黄重谚称,前"总统府秘书长"曾永权申请前往大陆,但考虑曾永权涉密管制原因未消除,且未于出境前 20 天前提出,因此"未予同意"。

19 日 辜宽敏公开表示:"蔡英文当 4 年'总统'就好,让赖清德选 2020 年'总统'。"

22 日 公安部公布 8 项出入境便利措施,包括放宽大陆各省办理往来台湾通行证等出入境证件及签注、自助办理往来港澳台旅游签注等做法,将于 2 月 1 日起施行。

台湾三立新闻播出蔡英文电视专访。蔡谈及两岸、"内政"等议题,再次强调不接受"有条件或前提的沟通",并对"第三势力"进行"招安"。

23 日 "建国党"主席古文发宣布参选台北市长。

27 日 台北市长柯文哲 27 日启程前往欧洲 4 国参访,此行最大重点是他 31 日将到位于比利时布鲁塞尔的欧洲议会沙龙,发表包括 15 分钟演说,成为史上首位登上欧盟议会演讲的台湾地方首长。

30 日 "北京市涉台商事纠纷调解中心"举行揭牌仪式,

国台办官员表示，该中心的设立是为了贯彻落实中央依法治国及党的十九大会议精神，是"依法推进台胞权益工作法制化、多元化的创新举措"。

台"立法院"通过"2018 年度总预算案"，收入 19192 亿元新台币，支出 19668.6 元。

31 日　台高等法院庭审周泓旭涉犯"共谍案"，决定将于 3 月 2 日传讯新党党员王炳忠及王父王进一步作证，另择期传林明正、侯汉廷以及陈斯俊。此前台北地检署将周泓旭涉嫌利用新党青年军王炳忠等人成立的"星火秘密小组""燎原新闻网"在台发展组织案，以与吸收"外交人士"未遂案为裁判上一罪关系为由，移请高等法院并案审理。

2 月

1—2 日　2018 年对台工作会议北京举行。中共中央政治局常委、国务院副总理汪洋出席会议并讲话，指出当前及今后一个时期台海形势更加复杂严峻，对台工作面临风险挑战，强调深入学习贯彻党的十九大精神和习近平总书记对台工作重要论述，是当前及今后一个时期对台工作的首要政治任务。

台"行政院""2018 年施政方针"报告送抵"立法院"，报告为"全力提振岛内经济、加强投资台湾"方面列出七大重点置作，包括产业转型、执行"前瞻基础建设计划"、推动能源转型等，并特别强调要加强与美、日、欧盟等合作关系，强化推动"新南向政策"。

柯文哲在访欧行程中提出"台北价值"概念，回应蔡英文此前所提的"台湾价值",强调台北"将西方社会进步价值涵纳进华人社会"。

2日 嘉义市议会议长萧淑丽宣布退出国民党,以无党籍身份投入嘉义市长选举。国民党主席吴敦义表示提名仍在评估协调阶段,希望萧回到党内讨论。

5日 台"立法委员"蔡适应、庄瑞雄、吴焜裕等5人组团访问梵蒂冈,会见了教廷国务院部分官员并转达了蔡英文对教皇访台的邀请,还表示了与马耳他骑士团的合作期望。

台电申请启动去年12月完成大修的核二厂2号机,以应对冬季岛内电力供应持续紧张局面,引发外界关于蔡英文当局"非核家园"政策破产的质疑。

前桃园县县长吴志扬宣布因父亲吴伯雄反对和"郑文灿现任政绩无人望其项背",不参选桃园市市长。

6日 花莲发生规模6.0强震。次日国台办发出声明,强调高度关切花莲地震灾情,国台办、海协会已经紧急启动涉台突发事件应急机制。国台办主任张志军与花莲县县长傅崐萁通话,表示愿意派遣救援队赴台协助救灾,并愿意即时提供各方面必要协助;海协会会长陈德铭也致电台湾有关方面,向在地震中遇难的台湾同胞表达沉痛哀悼,向受伤受灾的台湾同胞表达慰问,强调愿意提供救灾协助。

美国联邦参议院外交委员会今天无异议通过"台湾旅行法"(TTA),法案鼓励台美所有层级官员互访。由于参议院外委会采用的是众议院版本,意味着参议院院会若是通过,将不需要两院再协商新版本,可直接送白宫由总统签署后生效。

9日 福建省政府今天通报表示要继续推进对台综合实验

区平潭岛的开放开发，将赋予台湾民众居民待遇、赋予台资企业同等待遇，并引进 1000 名台湾专才。

　　12 日　　花莲发生强烈地震，造成重大人员伤亡和财产损失。包括大陆机电商会台北办事处、海贸会台北办事处、中国银行台北分行等共八家大陆在台机构、企业，向花莲地震受灾民众捐款新台币 1005 万元。

　　13 日　　台湾《远见杂志》发表最新"2018 台湾民心动向大调查"，"赞成台湾独立"的比率创下调查以来的 10 年新低（21.1%），而"赞成与大陆统一"的比率攀上 10 年新高（14.8%）。此外，有将近一半、高达 47.5％的受访者赞成"九二共识"。

　　14 日　　美国太平洋司令部司令哈里斯（Harry Harris）出席联邦众议院军事委员会"印亚太区的军事态势与安全挑战"听证会称，持续与定期对台军售及训练台湾军队，是美国政策的重要部分，美国必须持续协助台湾防卫，并妄称"任何迫使台湾人民统一的想法是不可接受的"。哈里斯表示，美国太平洋司令部在空军、飞弹防御、海事安全、运补及联合演训各方面，持续支持跟台湾进行广大范围的合作行动。

　　15 日　　美国务院亚太助理国务卿提名人董云裳出席参议院外交委员会提名听证会时表示"美国不承认台湾是个独立国家，不承认中华民国是与美国有官方关系的国家"。对于美政府网站出现"青天白日满地红旗"后被移除，董辩称是网站承包商所为，但称美国的一贯政策是政府网站不显示"青天白日满地红旗"。

　　20 日　　台大教授发起的"自主行动联盟筹备会"召集 40

多位"中研院院士"、400多位教授与4000多名台大学生参与"抗议政治力介入台大,坚守大学自主"连署活动,以抗议当局蛮横阻挠管中闵任台大校长。

21日 蔡英文在"大陆台商春节联谊活动"致辞中重弹其"三不"旧调。陆委会、海基会也称将为台商回台布局和转型升级提供力所能及的必要协助与服务。

蔡英文会见美参议院"台湾连线共同主席"英霍夫(JanlesI湘此)率领的共和党参众议员访问团,双方触及战略、防务和经贸合作问题。美方向蔡传达了加强战略协调、军售合作和能源合作的意见。

22日 针对上海市台办主任李文辉日前申请赴台未被核准,陆委会副主委兼发言人邱垂正表示,李文辉赴台频率较高,引发台湾内部争议也较多,这是"联审会"综合考虑后共同决定,当局欢迎两岸正常健康有序交流,希望大陆赴台从事相关活动不要带有特定政治目的或意图,进而引发社会歧见、争议。

由于不满台北市市长柯文哲"两岸一家亲"言论,"台联党"和"基进党"表示不支持柯竞选连任。

23日 当局进行"内阁"改组:"国安会秘书长"严德发接替冯世宽出任"国防部长","总统府秘书长"吴钊燮接替李大维出任"外交部长",高雄市副市长许铭春接替林美珠出任"劳动部长",台大"国发所"教授陈明通接替张小月出任陆委会主委,前"参谋总长"邱国正接替李翔宙出任"退辅会主委"。李大维将接任"国安会秘书长",而"总统府秘书长"暂由"总统府副秘书长"刘建忻代理。

26日 杨金龙接替彭淮南正式就任台"央行总裁"。

27 日　国民党表示今年"国共论坛"预计在 4 月下旬登场，双方拟讨论大陆台商公平投资保障与待遇、陆生赴台维持质量、陆客人数维持稳定等三大议题。日前国民党大陆事务部主任周继祥已前往大陆磋商举办事宜，而吴敦义能否成行须经"总统府"核准。

两岸今年首度在马祖南竿福澳港互遣私渡犯。台"内政部移民署"交接 10 名大陆私渡犯予陆方，并接回台湾民众 1 名。

由退役军人组成的反"年改"团体"八百壮士"冲击"立法院"并与警方发生冲突，一名退役军官重伤。

28 日　国务院台办、国家发展改革委经商中央组织部等 29 个部门，发布实施《关于促进两岸经济文化交流合作的若干措施》，总共包含 31 条惠及台资企业、台商和台湾同胞的具体政策措施，涵盖领域之多、开放力度大、涉及部门之多前所未有，其核心是为台企、台胞享受与大陆企业、大陆同胞同等待遇，率先分享大陆发展机遇，推动两岸经济社会进一步融合发展。

美国参议院全院无异议通过"台湾旅行法"（TTA）草案。

前"台独联盟"美国本部主席郭倍宏召开记者会，称将于 4 月 7 日郑南榕自焚纪念日成立"喜乐岛联盟"，该组织目标是"独立公投，正名入联"，并将明年 4 月 6 日举行"独立公投"。李登辉、吕秀莲、黄国昌、"台湾团结联盟党"主席刘一德、社民党召集人范云等人出席记者会，陈水扁、彭明敏以影片致辞。

3 月

3 日　全国政协十三届一次会议召开，俞正声主席代表政协第十二届全国委员会常务委员会向大会报告过去五年工作并提出今后工作建议，指出过去五年政协系统"加强与台湾民意代表机制化交流，在坚持体现一个中国原则的'九二共识'基础上推动两岸关系和平发展，就台资企业转型升级、在大陆就读台湾学生就业等开展调研，坚决反对'台独'分裂行径"。

5 日　国务院总理李克强做政府工作报告，指出过去五年，港澳台工作取得新进展，尤其是实现两岸领导人历史性会晤，同时坚决反对和遏制"台独"分裂势力，有力维护了台海和平稳定。国台办主任张志军在全国两会的"部长通道"对媒体表示，不仅要把惠台 31 条措施落实到位，还会根据新情况新需求研究出台更多含金量更高的政策措施。

6 日　民进党公布嘉义县县长初选民调，前"农委会副主委"翁章梁击退嘉义市议长张明达，代表民进党参选嘉义县县长。

7 日　民进党中央公布高雄市市长初选民调结果，"立委"陈其迈高票胜出。

8 日　富士康工业互联网股份有限公司首次公开发行 IPO 获得通过，距富士康申报 IPO 材料仅过 36 天，创下 A 股市场首次公开发行的历史新速度

11 日　台"中华港澳之友协会"举行第 7 届第一次会员大会选出理监事，随后举行理监事会议，选出第 7 届会长，由桃

园市市长郑文灿出任。中华港澳之友协会 1992 年由港澳之友委员会扩大改组成立，目前是台湾唯一涉及港澳交流事务的民间机构。第 6 届会长是淡江大学大陆研究所副教授张五岳。

12 日　美国国务院主管澳大利亚、新西兰及太平洋岛国事务副助卿马志修访台，拜会台当局相关"部会"及商界人士，就台美经贸关系及亚太区域经济合作等议题交换意见。

孙文学校由总校长张亚中率团，前往江苏省南京市谒陵，以纪念孙中山逝世 93 周年。

13 日　台高等法院二审判"时代力量立委"黄国昌、"反服贸运动"学生陈为廷等无罪。

14 日　"环保署环评委员会"审核修正通过"深澳发电厂更新扩建案"，"行政院长"赖清德辩解称"深澳电厂用的是干净的煤"，引发舆论批评。

16 日　美国总统川普今天签署"台湾旅行法"（大陆方面依其性质翻译为"与台湾交往法"），该法正式生效。前"美国在台协会主席"卜睿哲表示，这项法案对行政部门没有约束力。

台"行政院"召开"中国大陆对台 31 项措施因应对策记者会"，称将严肃面对"31 项措施"，涉及公权力运作并可能影响"国家安全"及"伤害人民基本权益"的措施，将予控制，属正常交流者不会干涉。"行政院"并公布所谓"优化就学就业强化留才揽才"等"四大方向"及"提升学研人才奖励"等八大"强台策略"。

18 日　高雄市市长陈菊以市政考察的名义率团赴美，先后在华盛顿智库"战略暨国际研究中心"（CSIS）、纽约"台湾会馆"等地发表演说，并与美国国务院代理亚太助卿董云裳等人见面。

台湾作家李敖去世，享年 82 岁。

20 日 国家主席习近平在十三届全国人大一次会议闭幕会的讲话中指出，坚持一个中国原则和"九二共识"，推动两岸关系和平发展，扩大两岸经济文化交流合作，同台湾同胞分享大陆发展的机遇，增进台湾同胞福祉，推进祖国和平统一进程。中国人民有坚定的意志、充分的信心、足够的能力挫败一切分裂国家的活动。国务院总理李克强在闭幕会结束后的中外媒体记者会上指出，保持两岸和平发展是两岸民众的福祉所在，我们会坚定按这条路走下去，不能容忍任何"台独"的企图、主张和行径，也不能允许外国势力打"台湾牌"。

20—22 日 美国国务院东亚暨太平洋事务局副助卿黄之瀚（Alex Wong）访台。黄在台期间提出"美国对台湾三个确定"，即所谓"确定台湾的民主制度与相关发展为印太地区树立典范；确定美、台和其他志同道合的伙伴可以一同合作，加强本区域以规则为基础的秩序；确定美国对台湾人民、安全和民主的承诺无比坚定"。

21 日 刘结一任中共中央台湾工作办公室主任、国务院台湾事务办公室主任。

前国民党主席、新北市市长朱立伦率领市政团队到大陆进行交流，并拜会新任国台办主任刘结一。

蔡英文召集"国安"首长会议，称"民主对台湾不仅是一种生活方式，也是台湾立足国际的优势"，并要求"国安会"对于相关情势发展要密切掌握，做好观察、情搜及研判工作。

22—27 日 美国商务部掌管制造业的副助理部长史宜恩

（Ian Steff）抵台访问，就拓展美台贸易、商务和投资关系与台湾有关政商界人士会谈。

24 日　陈水扁支持者成立"扁联会"，宗旨是所谓"一边一国、台湾入联、平反阿扁"。陈水扁未到场，但以视讯致辞。理事长为郭正典。

25 日　国民党提名全台首位陆配县议员（南投县）参选人、"台湾外籍陆配福利发展协会理事长"史雪燕。

26 日　"与台湾交往法"重要推手美国众议院外交委员会主席罗伊斯访台，蔡英文、"立法院长"苏嘉全等人与其会面，台"立法院"并授其"国会外交荣誉奖章"，罗成为第一位获得这项奖章的美国国会议员。

27 日　海基会董事会通过由前陆委会主委张小月接任海基会董事长人事案。

28 日　针对中美贸易战争端，台"行政院秘书长"卓荣泰表示，当局会持续与美国沟通与协商，确保贸易利益不会受影响；他并提出 4 大因应策略，包括加大台湾研发和生产比重、全力加速内需投资、提高创新能量以及多元布局。

29 日　台湾"中华航空事业发展基金会"与美国世界飞安基金会举办合作签署仪式，宣布明年世界飞安高峰会（International Air Safety Summit，IASS）将首度移师台北举办。有过 2007 年的前车之鉴，台湾这次争取世界飞安高峰会由航发会申办，以降低官方色彩。

30 日　美国贸易代表署公布" 2018 年对外贸易障碍评估报告"，持续点名台湾对美国猪肉及牛肉的进口限制，要求台方"立即根据科学制定标准"。

蔡英文提名高等法院台中分院检察署检察长江惠民为"最高法院检察署检察总长",以接替任期届满的颜大和。

31日 "行政院"公布首届"促进转型委员会""主委""副主委"与部分"委员"名单。前"监察委员"黄煌雄、陆委会副主委张天钦分别担任"促转会""主委"副主委。

亲民党在台北市松江路的新中央党部欢庆18岁生日,宋楚瑜率领亲民党"立法院"党团总召李鸿钧、亲民党组织部主任张硕文等党、公职人员召开记者会,公布年底地方选举第一波被提名人名单共18人。

4 月

2日 国台办发言人马晓光针对赖清德"台独工作者"等言论指出:"赖清德以台湾当局行政机构负责人身份,顽固坚持'台独'立场,多次公然发表'台独'言论,狂妄挑战两岸关系现状,严重挑衅两岸主流民意,危害台海和平稳定,危害两岸同胞特别是台湾同胞的根本利益,这是十分危险,也是不自量力的。"

2—6日 国民党前主席、中华青雁和平教育基金会董事长洪秀柱访问陕西。4日,中共中央台办、国务院台办主任刘结一在西安分别会见了洪秀柱、新党主席郁慕明。双方就坚持"九二共识"、反对"台独"及在一个中国原则政治基础上推动两岸关系和平发展等交换了意见。5日,刘结一与洪秀柱、郁慕明以及300多名台湾各界同胞共同出席公祭典礼。

7日 美国国务院通知台"驻美代表处",将公告台湾"潜舰国造"的行销核准证（marketing license），同意潜舰技术及装备的相关厂商可以赴台进行洽谈。

"台独"组织"喜乐岛联盟"在高雄成立，李登辉、彭明敏、张俊雄、黄国昌等人出席，陈水扁则以录像方式发表谈话说。

金门县洋山净水厂新建工程开工，以尽快让金门民众喝到大陆供水。

8日　博鳌亚洲论坛2018年年会开幕，本次年会以"开放创新的亚洲，繁荣发展的世界"为主题。会议期间，国家主席习近平以及中共中央台办、国务院台办主任刘结一分别会见前来出席论坛的台湾两岸共同市场基金会荣誉董事长萧万长。

9日　蔡英文在接受台湾电视节目《新闻面对面》专访时，在谈到美台关系时妄言"我们自己也是棋手"。

国民党高雄市党部主委韩国瑜正式宣布参选高雄市市长。

台"立法院内政委员会"审查"国家安全法"修正案，通过民进党"立委"管碧玲所提修正动议，由于修正后的规范内容与日前新党发言人王炳忠等人卷人所谓"共谍"案情节相符，被视为"王炳忠条款"。

10日　"浙江省海峡两岸经济文化发展促进会台商台企专门委员会"在杭州成立，这是大陆首个台商台企专委会。

台"内政部"表示，台湾65岁以上老年人口于3月底突14%，台湾正式宣告迈入"高龄社会"。

11日　高雄市市长陈菊出任"总统府秘书长"。

12日　马英九以"台湾当前三项挑战"为题，受邀在美国史丹福大学演讲。主办单位依照马英九的意见，称马英九的头衔为"中华民国（台湾）前总统"（"former President of the Republic of CHINA [Taiwan]"）。

13 日 蔡英文到苏澳基地视察海军操演，这是蔡上任以来首次登舰出海。

14 日 台"教育部长"潘文忠发表声明辞去"部长"一职。台东华大学前校长吴茂昆 19 日接任。

15 日 "统盟"举行 24 届第 2 次盟员大会。"统盟"主席戚嘉林表示，今年是"中国统一联盟"创立 30 周年，两岸关系进入"一国两制"，"这是历史必然的宿命"。

自称"务实台独工作者"的赖清德解释"务实"是指：台湾是"主权独立国家"，不必另外宣布"台独"等 3 个方向以及"巩固捍卫台湾主权""维护台湾自由、民主、人权"等 6 个内容。

16 日 中共中央台办、国务院台办主任刘结一在出席两岸企业家峰会举办的郑州论坛时，会见了两岸企业家峰会台湾方面理事长萧万长一行。对将在大陆福建沿海举行军事演习，刘结一明确表示："我们举行军演，是为了捍卫我们祖国主权和领土完整的一次行动。"

17 日 蔡英文对非洲所谓"邦交国"斯威士兰展开为期 4 天 3 夜的访问，这是蔡上任以来第四次出访，也是首度出访非洲。因台湾另一个非洲"邦交国"布基纳法索婉拒，此次出访只访一个国家且无过境行程。

国台办主任刘结一在京会见台南投县县长林明溱一行。18 日，刘结一会见台花莲县县长傅昆萁一行。

18 日 中国人民解放军在 8 时至 24 时在台湾海峡水域范

围内进行实弹射击军事演习，引发岛内高度关注。

20 日　美国国务院公布的"2017 年度人权报告"称，台湾法律规定劳工组建和参加工会、罢工与集体谈判的权利，但台湾工会的密度仅 5.8%，远低于经济合作暨发展组织 (DECD)16% 的平均值。

23 日　"美国在台协会台北办事处处长"梅健华（Kin Moy）今天表示，美国支持台湾对国际社会有意义的实质贡献，包括继续支持台湾以观察员身份参与世界卫生大会。

台"外交部"颁赠特种"外交"奖章给美国"传统基金会"创办人佛讷博士（Dr. Edwin J. Feulner）。

台湾退休警察、消防员发起"警消不服从"反"年金改革"抗议游行。

25 日　国台办主任刘结一在北京会见国民党主席特别顾问、国民党大陆事务部主任周继祥率领的国民党台商党代表联谊会参访团一行。

27 日　在"汪辜会谈"25 周年之日，海基会表示，25 年前两岸在开放交流初期，海基会与海协会尚能在不预设政治前提下求同存异，开启对话之门，时至今日面对新的情势，即使双方仍有歧见，也仍应继续对话，共同寻求互动的新模式。

在美国打压中国第二大电信设备制造商中兴通讯后，台"经济部"今天表示，已经把中兴通讯及中兴康讯列为台湾战略性高科技货品出口管制对象，要求台湾业者遵守相关输出规定。

台"教育部"正式以有经济法律上重大利益未回避的疑虑为由，驳回"遴选管中闵为台大校长"的结果。

27 日　朝韩领导人举行会晤。蔡英文表示，"台湾作为区域的一员，非常关注，也非常期待在区域内的每一分子都能恪尽自己的责任，维持区域和平稳定"，并表示"只要没有设政治前提，而且在对等原则之下，相信没有一个任何的台湾领导人会拒绝两岸领导人会面"。

28日 蔡英文、赖清德与新任"总统府秘书长"陈菊在高雄市出席"海洋委员会"揭牌仪式。"海委会"为"中央二级机关"，下设"海岸巡防署""海洋保育署"及"国家海洋研究院"。任务主要是：健全海洋法制，做好生态保育工作；配合政策推动海洋产业；强化海洋研究能量，培育海洋人才。"海委会"也是第一个在高雄成立的"中央部会"，前成功大学校长黄煌辉担任首任"主任委员"。

30日 台军举行为期5天的"汉光34号计算机辅助指挥所演习"，演习模拟"共军进犯台澎金马地区"，主要训练指挥决策、参谋计划能力。由退役空军上将小爱德华·赖斯率领的美军观摩团抵台观摩。

5月

1日 台"国防安全研究院"挂牌成立，由"国防部前部长"冯世宽出任董事长，董事包括"国安会副秘书长"蔡明彦、"外交部次长"吴志中、陆委会副主委邱垂正等人。该院将对"国家安全、区域安全情势、中共政治军事"等议题进行研究并提出建议，并从事"国际"智库交流。

多米尼加宣布与中华人民共和国建交，台"外交部长"吴钊燮在发表的声明中全文都用"中国大陆"，当年与圣多美普林西比"断交"时，台"外交部"声明称"中国大陆"；巴拿马与台"断交"时，台"外交部"声明称"北京当局"，而今天声明吴则用"中国"称呼，并以"台湾"取代"中华民国"。台"邦交国"剩下 19 个。

台"内政部"宣布现行大陆地区人民赴台从事马拉松等三项体育活动，明天起得以"小三通"旅行事由申请入境。海基会董事长张小月表示，当前两岸关系紧绷，"小三通"再升级有必要。

岛内工会、劳工团体等组成的"五一行动联盟"举行抗议游行，抗议"劳基法修正案"，呼吁民众支持"废止劳基新法公投"，当局被迫表示"鼓励企业加薪"。

2 日　国民党公布台北市市长党内初选民调结果，前"立委"丁守中以 47.6% 支持率胜出。9 日国民党中常会中确认提名丁参选台北市市长。

4 日　由国民党与亲民党"立法院"党团等发起的"前瞻释宪"案被台"司法院"以作为声请人之一的"无党团结联盟""立委"高金素梅未参与表决为由驳回。

陈水扁出席"凯达格兰基金会 13 周年感恩募款餐会"，并卖出"台湾勇哥"铜雕，发表近 8 分谈话。同日，"法务部矫正署"核准陈第 14 次的保外就医。

7 日　蔡英文接受台视和非凡电视的《台湾大未来》节目专访，提出"两岸领导人会谈"应"对等、相互尊重、不设政治前提"。

台"国防部长"严德发称、绝对禁止台军使用大陆品牌的智能型手机。第二天"国防部发言人"陈中吉称，严禁大陆手机进入营区，且任何手机进入营区都会列管并装设 MDM 软件。

8 日 台"国防部长"严德发在"立法院"接受质询时称，台军"当然不会"为"台独"而战，只会为"中华民国"而战。

台高等法院维持一审，判处周泓旭 1 年 2 个月有期徒刑。由于刑期与押期相同，周泓旭被当庭释放。

岛内电商龙头 Pehome 表示旗下公司商店已向柜买中心申请股票下柜，这是台湾首家私有化下柜电商。

10 日 国民党主席吴敦义在台北宴请历任党主席，前主席连战、吴伯雄、马英九、朱立伦出席，洪秀柱另有行程没有出席。前主席均表示将加入"中央助选团"，全力配合吴敦义。

"台美国防产业论坛"在高雄汉来大饭店登场，台"经济部长"沈荣津、"美台商会会长"韩儒伯、台湾"国防产业发展协会理事长"韩碧祥、"前国防部长"杨念祖、美国陆军太平洋司令部前司令威尔辛斯基（Francis J. Wiercinski）。赴台与会的国际军火厂商，包括美、英、德、日、巴西、印尼等共约 20 余家，台湾厂商计有百余家与会。

桃园地检署对"台湾民政府"进行搜查，认为该组织以等待美国接管为口号吸收 3 万 6 千成员，发身份证、车牌，涉嫌诈骗超过新台币 5 亿元，依"诈欺、洗钱防制法"侦办，桃园地方法院法官次日裁定该组织秘书长林志升与林妻林梓安、"台湾民政府"中央会馆的建物与土地所有权人游象敬 3 人收押禁见。

11 日 大陆空军机群双向绕台，向俄罗斯新购的苏 –35 战斗机也参与部分航程。同一时间，大陆海军也派出俄制现代级驱逐舰"宁波"号、自制 054A 巡防舰"湘潭"号，进入台湾东北方海域，最近时离岸仅 30 浬。

台"外交部长"吴钊燮为"亚太司印太科"进行揭牌，称"让印太地区的民主国家，在经贸上、自由价值上面有更多合作，台湾一定要朝这方面努力，这是印太科接下来的工作方向"，"不只强化新南向政策，也要让新南向政策与国际战略相搭配"。

12 日　针对外传美国国家安全顾问博尔顿将于 6 月访台，陆委会副主委张天钦表示，不认为博尔顿 6 月会赴台，并表示蔡英文还是希望向大陆释善意，不愿惹麻烦。

13 日　大陆第 2 艘航空母舰"001A"清晨出港进行海上航行试验，引发岛内高度关注。

14 日　蔡英文称坚持在"对等、不设政治前提"下两岸领导人会面，并称其主张有"九二会谈"的事实存在，至于"九二共识"，事涉"主权"问题，不能轻易让步。

15 日　台湾高等法院将马英九被控"泄密"从一审无罪改判为有罪，判刑 4 个月。马英九表示上诉到底。

16 日　由共和党籍的众院外委会主席罗艾斯（Ed Royce）及众院外委会民主党首席议员恩格尔（Eliot Engel）领衔 172 名众议员签署一封长 13 页的联名信，以美国联邦众议院名义寄给世界卫生组织（WHO）秘书长谭德塞（Tedros Adhanom Ghebreyesus）。声称应无条件让台湾以观察员身份，参与今年与往后的世界卫生大会及相关技术性会议。次日，美国 13 位联邦参议员也首度致函世卫秘书长，要求他邀请台湾以观察员身分无条件参与本届世卫大会。

民进党"选对会"决定自提人选参加台北市市长选举。28日"选对会"建议征召民进党"立委"姚文智选台北市市长。

30 日民进党中执会正式通过征召姚文智选台北市市长。

19 日 岛内"独派"推动举办"东京奥运正名公投",试图以"台湾"为台湾体育代表团名称参加东京奥运会。中华奥委会秘书长沈依婷表示,国际奥委会已于 5 月 5 日将"不会核准名称更改"的决议以正式信函通知中华奥委会,来函已转给"体育署"等相关单位。

"时代力量"党主席黄国昌在脸书上公开发表给蔡英文的一封信,认为蔡英文执政两年"并未坚守曾高举的价值和承诺,令人失望透顶"。

20 日 所罗门群岛总理何瑞朗夫妇访台。台"总统府"发言人林鹤明称台湾将在"互惠互助"的"踏实外交"政策下,协助所罗门举行太平洋运动会。

"扁联会"在凯达格兰大道举行记者会,"台湾国"等"独派"团体与会声援。陈水扁透过预录影片称,"319 枪击案"已经过去 14 年,呼吁蔡英文当局公布"319 枪击案"的调查结果。

台"总统府"公布续聘"资政""国策顾问"名单,聘期至 2020 年 5 月 19 日止。"资政"续聘人员包括亲民党主席宋楚瑜等 7 人,"国策顾问"续聘 66 人。

21 日 第 71 届世界卫生大会在瑞士日内瓦举行。台湾当局因为拒绝承认体现一个中国原则的"九二共识",今年再次被世卫大会拒之门外。

"美国在台协会台北办事处处长"梅健华表示,美国"基于中美三个联合公报、与台湾关系法'的'一中政策'不变",因此有关'AIT 在台办事处'维安策略维持不变。

台"侨务委员会委员长"吴新兴表示,约 2 个月前将相关行政规定中的"华侨"改用"侨民"，是采用"宪法"用语，以"宪法"精神、相对中性字眼来包容"华族""台侨"等不同的名词。

国民党高雄市党部主委韩国瑜在高雄市长初选民调中胜出，代表国民党与民进党籍"立委"陈其迈角逐高雄市市长。

22 日　台"内政部移民署联审会"今天未许可前"总统府秘书长"曾永权及前海基会董事长林中森赴大陆申请。陆委会称指标性退离职人员赴大陆参加活动具敏感性，尤其不宜配合陆方宣传。对此国民党表达强烈遗憾，强调此举无助化解两岸交流停滞的僵局，反而加深两岸关系对峙的鸿沟，而且民进党在野时期公职人员密集访问大陆，执政之后反而阻碍国民党赴大陆交流，根本是昨是今非、自我矛盾。

24 日　布吉纳法索与台"断交"。这是蔡英文上台后第 4 个与台"断交"的"邦交国"。

美国国务院首次称中国大陆正在改变台海的现状，妄称"破坏数十年来得以维持和平、繁荣与发展的架构"，并一改过往对第三国决定不予置评的立场，对布吉纳法索"表示失望"。

美众议院通过"2019 年国防授权法案 (HR5515)"。该法案第 1253 条涉及美国防部长应与台湾相对部门协商，全面评估台湾军力等内容。

陆委会副主委兼发言人邱垂正表示，台湾民众若在大陆设籍、领用大陆居住证，依法将丧失台湾居民身份。据统计，2004 至 2017 年共有 567 人因上述原因丧失台湾居民身份。

大陆空军两架轰 6–K 型轰炸机于凌晨 4 时穿越巴士海峡飞抵台湾东方的西太平洋上空，再经宫古海峡由东海返航，创下首次夜行绕台的纪录。

27 日　民进党举行第 16 届县市党部主委、党代表选举及第 18 届全台党代表、少数族群党代表选举，共选出 29 个二级党部主委和 334 个党代表。

29 日　台"中选会"通过"立法委员选区变更案"，台南市及新竹县各增加一席，高雄市及屏东县各减少一席，经"立法院"同意后发布实施。

台"教育部长"吴茂昆因"卡管案"引发的质疑请辞获准，吴也是任期最短的"教育部长"。

海地总统莫伊兹率团访台，并与台当局签署"联合公报"，由台湾资助海地进行大型建设。

30 日　陆委会发布书面声明，称当局向来并不同意大陆方面在台举行海峡论坛相关分支活动，此一立场从未改变。

美军印太司令部（原太平洋司令部）举办司令交接典礼，由戴维森上将（Philip Davidson）接替哈里斯上将（Harry Harris, Jr）出任此职。台"国防部副部长"沈一鸣、"参谋总长"李喜明参与此次典礼，并依照惯例身着西服。

表态争取台北市市长选举提名的吕秀莲宣布退党。民进党中央对于吕秀莲的宣布，只是表明"遗憾，但是尊重，没有评论"，并未有挽留的意思。

《远见杂志》公布 2018 年"县市长施政满意度大调查"，郑文灿高居榜首，与林智坚、傅崐萁、黄健庭、刘增应等蝉联"五星级县市长"。

31 日　"行政院促进转型正义委员会"揭牌成立，首任"主任委员"为黄煌雄。

6 月

1 日   国民党"立委"江启臣、杨镇浯等 10 人,至北京与国台办主任刘结一会面,强调"九二共识"是两岸关系和平发展的基础。

陆委会主委陈明通针对"行政院"提出的"新经济移民法规划重点"表示,陆委会会积极争取将港澳居民纳入其中,协助其赴台。

2 日   上海市台协在台北举办了第二届征才博览会。125 家上海台资知名企业赴台参展,提供涉及教育培训、金融投资、连锁服务等多个产业约 2000 个岗位。

4—8 日   台军进行"汉光 34 号"第二阶段实兵演习,重点是操演所谓"不对称"战争。

6 日   第十届海峡论坛在厦门开幕,中共中央政治局常委、全国政协主席汪洋,中国国民党副主席郝龙斌,新党主席郁慕明等两岸重要嘉宾出席大会并致辞。这是十九大后首次举办的两岸大规模交流活动。本届论坛以"扩大民间交流、深化融合发展"为主题。

8 日   蔡英文会见斯威士兰国王姆斯瓦蒂二世,并邀其一起观看"汉光"军事演习。双方正式签署"经济合作协定(ECA)",台湾据此将提供斯威士兰部分产品优惠关税待遇。

10 日   台"外交部"澄清当局从未有将太平岛租借给外国的计划。当局一直推行蔡英文 2016 年 7 月 19 日关于南海议题提出的"四点原则"及"五项做法"等政策,致力建设太平岛为"人道救援与国际科研的基地"。

美国国务院主管教育文化的助理国务卿马里·罗艾斯（Marie Royce）访台，代表美国政府出席"美国在台协会（AIT）"内湖新址启用典礼。美国联邦众议院"台湾联机"共同主席哈博（Gregg Harper）一行3人也应邀访台出席"AIT"新馆落成典礼。

12日 "美国在台协会（AIT）"内湖新馆落成。

13日 国民党中常会决议征召新竹县副县长杨文科为新竹县长参选人。至此，国民党全台县市长参选人全部确定。

台湾与韩国宣布今年底台湾居民到韩国将"自动通关"。

14日 国家主席习近平在北京人民大会堂会见美国国务卿蓬佩奥，表示希望美方慎重妥善处理台湾、经贸摩擦等敏感问题，防止中美关系受到大的干扰。

国民党中生代"立委"江启臣战胜资深"立委"费鸿泰，当选该党"立法院党团总召"。

15日 《美丽岛电子报》董事长吴子嘉再次提案要求民进党根据"维持现状"论述提出新党纲以取代"台独党纲"和两份"台独决议文"。

16日 台北高等行政法院判定"政党及其附随组织不当取得财产处理条例"有"违宪疑义"，裁定"行政院不当党产处理委员会"与中投、欣裕台公司之间的行政诉讼案停止诉讼并声请"大法官"解释。

18日 美国参议院通过2019年国防授权法草案，其中第1243条要求美国国防部长应当推动加强与台湾的安全交流政策，包括适当参与台湾军演，像是年度汉光演习，台湾也应适当参与美国军演，并基于"与台湾交往法"，促进美台高阶与一般官员往来；美台应当扩大人道主义救援与救灾合作，美国国防部长也应考虑支持美国医疗船前往台湾访问，作为年度"太平洋伙伴"（Pacific Partnership）任务的一部分，以改善救灾计划与准备工作，并加强美台间合作。

19 日　"喜乐岛联盟"在台中首次举行召集人大会，该联盟总召集人郭倍宏声称将在明年 4 月 6 日举行"独立公投"，具体题目为"建立正常化的国家，国家名称叫'台湾'"。

20 日　民进党中执会通过下一届参选人资格案，包括中执委及中评委均为同额竞选。

21 日　美国国会"台湾联机"共同发起人之一罗拉巴克（Dana Rohrabacher）提出决议案，妄称美国政府应与台湾恢复"外交"关系，放弃"一中政策"，改采"符合现状"的"一中一台"政策，承认台湾为所谓"主权独立国家"。此后不久美国联邦众议员约霍（Ted Yoho）也呼应称美国应面对"一个中国、一个台湾"的所谓"现实"。

民进党不顾在野党强烈反对，强行三读通过"陆海空军官士官服役条例"修正草案。

21 日　海基会通过"总统府副秘书长"姚人多转任海基会副董事长兼秘书长的补选案。以往海基会秘书长多由陆委会副主委兼任，这是第一次从"总统府副秘书长"转任海基会秘书长的例子。

22 日　李登辉到冲绳活动。国台办发言人指出李出席相关台籍日本二战士兵追悼会之举是"美化日本过去对台湾的殖民地统治"。

24 日　陆委会对国民党主席吴敦义有关"1992 年发生的

'九二共识'是历史事实"书面回应称，吴敦义所说的"九二共识35字箴言"没有在官方文件完整及连续的呈现，"更非两岸签署或认可的文字"。

25日　蔡英文接受"法新社"（AFP）专访，通篇以"中国"称大陆，诬称"中国正在试图改变现状，也让我们长久以来两岸之间的平衡，受到威胁"，并重申"只要是对等、尊严、没有政治前提，作为台湾的领导人，作为台湾的'总统'，我很乐意，而且也有责任与对岸领导人坐下来，好好地谈一谈"。

27日　国家主席习近平在北京会面来访的美国防部长马提斯，特别就美国打"台湾牌"提出警示，强调在涉及主权和领土完整问题上，中国政府态度是坚定也是明确的，"老祖宗留下来的领土一寸也不能丢，别人的东西我们一分一毫也不要"。

华盛顿战略暨国际研究中心（CSIS）主任葛来仪（Bonnie Glaser）在推特表示，台湾将加入美国在所罗门群岛的海军演习。

针对一名陆媒记者入台采访申请被拒，陆委会称当局"尊重并保障新闻自由，但绝不容许陆媒记者以制造假新闻方式，散布不实言论"。

日本《产经新闻》报导专访台"外交部长"吴钊燮的内容，吴呼吁台日进行安全保障对话。中国驻日使馆向《产经新闻》提出抗议，指出台湾是中国的一部分。

"立法院"临时会三读通过"财团法人法"。该法对民间捐助的财团法人采低密度管理，对当局捐助的财团法人采高密度管理。两类财团法人都被要求建立健全的人事制度，董监事或是执行长职务需有资格限制，且有强制公开财务的机制。

28 日　"行政院长"赖清德决定称自明年起将台湾省级机关预算归零，人员与业务将自今年 7 月 1 日起移拨至"国发会"等部门。"行政院发言人"徐国勇称"省府机关是宪法规定的行政机关，不能没有"，"台湾省主席、台湾省咨议会咨议长、福建省主席还是会存在，未来尽量由政务委员兼任"。

7 月

1 日　台当局开始实施军公教"年金改革"，引发社会更强烈反弹。以反蔡为主诉求的"全民拔菜总部"从台南发起"全台走透透"抗议行动。

2 日　台"大陆委员会组织法"正式施行，"行政院大陆委员会"更名为"大陆委员会"。更名后，陆委会由原先任务编组专责机关改为法定机关，与"行政院"各"部会"同等位阶。除主任委员 1 人外，设 3 名副主委，其中 2 名为政务官、1 名为常务文官，不再设"特任副主委"。

3 日　蔡英文为即将离任的"美国在台协会台北办事处长"梅健华颁赠"大绶景星勋章"。郦英杰继任。

台"监察院"认定前"教育部长"吴茂昆在东华大学校长任内以学校专利到美国开设生技公司并申请国际专利一事违规，全票通过弹劾吴并移送"公务员惩戒委员会"。

4 日　由中华泛蓝联盟主办的"中华泛蓝之声"召开开播记者会。国民党前主席洪秀柱表示期盼通过这样发声的机会宣传理念。

高雄、屏东、云林、嘉义、南投 5 县市农民北上"立法院"

与"行政院"陈情，呼吁当局建立两岸稳定关系，为台湾农产品打开销路。

7日 美军2艘驱逐舰DDG-89、DDG-65上午由台湾南部海域航经台湾海峡向东北航行。对此国台办主任刘结一表示，大陆方面坚决反对任何危害中国国家利益的事情，他批评美国近期一直在打"台湾牌"，并指美国这种做法伤害台湾同胞的利益、伤害全体中国人民的利益，当然也应该受到两岸同胞的共同反对，并提出希望"台湾同胞应该认清形势及美国行动的真实目的，千万不要有人去帮助美国打'台湾牌'，伤害两岸同胞的利益、伤害台湾同胞的根本利益"。此后美国国防部亚太助理部长薛瑞福称，台湾海峡"是国际公海"，美国有权派出航空母舰通过。台"外交部"呼应称，不评论有关航舰的议题，但当局支持"国际公海自由航行、飞行的自由"。

第4届台日交流高峰会在高雄展览馆举行，台"行政院长"赖清德、"总统府秘书长"陈菊、驻台代表谢长廷等人出席。

8日 前"立委"潘维刚当选国际兰馨交流协会美洲联盟（SIA）主席，将于9月上任，成首位来自台湾的这一国际妇女组织主席。

9日 台"驻美代表"高硕泰代表台当局向美国主导的"全球反制伊斯兰国联盟"捐款100万美元，用于支持联盟在叙利亚与伊拉克的扫雷任务。

第2届"台法高等教育论坛"在法国举行，双方介绍高等教育发展政策，讨论高等教育创新、加强伙伴关系与国际合作策略等议题。

12日 台当局公布新"内阁"名单。

美国环保署首席副助理署长西田珍访台，称将进一步推动台美"国际环境伙伴计划"。

蔡英文会见中美洲议会议长莱福尔，称感谢中美洲议会支持台湾参与国际活动，将在乡村发展、农业、医药卫生和妇女权益等领域与中美洲"友邦"开展合作计划。

台"监察院"召开联席会议，决议将对"军公教年改"是否违反"法律不溯既往""信赖保护"等原则，向"司法院大法官"声请"释宪"。

13 日　中共中央总书记习近平在人民大会堂会见中国国民党前主席连战率领的台湾各界人士参访团时强调，大道之行、人心所向，势不可挡。我们有充分的信心和足够的能力，牢牢把握正确方向，坚定不移推动两岸关系和平发展、推进祖国和平统一进程。

全国政协主席汪洋在钓鱼台国宾馆会见国民党前主席连战时表示，大陆有信心办好自己的事，对两岸统一做实事；大陆坚持两岸和平统一的立场没有改变，只是时间和方式要因应时势而调整；对大陆来说，统一是堆砌而成，要一点一点地做，历史到了点上就自然水到渠成。

国台办主任刘结一在"共担民族大义，共谋民族复兴"座谈会上表示，两岸要携手共担民族大义，共同反对"台独"；全国台湾研究会会长戴秉国表示，两岸中国人不仅要致力打造两岸命运共同体，也要为构建人类命运共同体做出贡献，这也是中华民族伟大复兴的应有之义。

14 日　国民党举办"22 县市长参选人首次合体造势"记者会，以"拼经济、顾生活"为要求，宣示选战正式开打。党部将启动"辅选列车",7月5日起从台中市出发,一连举办10场"行动中常会"造势,8月19日在新北市举行"全代会"进行"大会师"。

15日 民进党召开第18届第一次党员代表大会,选出新一届的中执委、中常委和中评委,经过各派系协调,今年首度出现中执委和中评委同额竞选局面,"总统府秘书长"陈菊以35票拿下中执委选举的最高票。经过党内各派系协调,选出10席中常委包括陈菊("新系")、沈发惠("新系")、张宏陆("苏系")、陈胜宏("绿色友谊连线")、陈明文("英系")、王定宇("海派"加"英系")、黄承国("海派"加"谢系")、郑宝清(苏嘉全、郑文灿支持)、高志鹏("正国会")、黄秀芳("正国会")。

16—23日 陆委会主委陈明通访问美国。会见白宫、国务院、国防部官员。18日上午在美国传统基金会发表演讲,称蔡英文推动两岸关系和平稳定发展,立场一贯而坚定;感谢美国对台的支持,再次呼吁两岸进行务实沟通对话。外交部发言人今天表示,陆方反对美台任何形式官方往来,呼吁美方慎重处理台湾议题。

16日 新任台北故宫博物院院长陈其南称要将故宫打造成"台湾化的故宫"。

17日 台"行政院"发布"试办金门马祖澎湖与大陆地区通航实施办法",条文修正包括便利大陆民众家庭旅游,"小三通"团体最低人数限制由现行5人调降为3人。规定自8月15日起施行。

18日 国民党中常会通过设置"大陆工作咨询委员会",

下设"大陆台商服务中心""大陆台生服务中心"与"陆配服务中心",强化对台商、台生、陆配的服务。

在台北地检署侦办"三中交易案",以违反"证券交易法"、涉嫌"背信罪"起诉台湾地区前领导人马英九后,马受邀出席国民党中常会说明"三中案",批北检司法不公。

针对日本教改方案拟将钓鱼岛列为日本领土,台"外交部"发表声明称,"钓鱼台列屿为中华民国的领土,不会因为任何国家于教科书中将钓鱼台收录为领土,而有任何改变"。

19 日   美国国防部亚太助理部长薛瑞福称,美国"自由与开放的印太战略"不是要反对或对抗任何国家,而是具"包容性、积极与正面的战略",而台湾是其中"重要的伙伴"。

21 日   桃园地院开审"228 慈湖蒋介石陵寝泼漆案"。数名"独派"青年硬闯台北市"中正纪念堂",再度对蒋介石铜像泼洒红漆,并高喊"去除'支那威权'""创建台湾共和国"等口号。

22 日   美参众两院针对"2019 年财政年度国防授权法"草案 (HR5515) 达成一致版本,内容较为接近参议院版本。

24 日   东亚奥林匹克委员会 (EAOC) 决议,鉴于会员国担忧台湾正在进行的"2020 东京奥运台湾正名公投"连署行动引发政治干扰体育,经 8 个会员国举手表决决定停办原定 2019 年在台中市举办的东亚青年运动会。台湾当局表示将申诉,并"暂缓"原定于 8 月 5 日举行的金门县通水典礼,以示报复。

国民党"立委"林为洲宣布参选新竹县县长。国民党新竹县党部决定开除其党籍。

25 日   台"立法院长"进入法国国民议会议场,在台对外关系史上创下首例。

达美航空、美国航空、联合航空等 3 家美籍主要航空公司陆续修改完涉台标注。至此，44 家外航企业已全部根据中国民航局整改要求修改涉台标注。

26 日　对于美国航空公司更改官网上对台湾的名称一事，"美国在台协会（AIT）"发言人孟雨荷（Amanda Mansour）称，美方持续向中国政府表达美国政府"强烈反对中国强迫私人企业在其公开可见的内容上，使用政治性质的特定语言"。

27 日　"马英九文教基金会"成立，这是马英九在"新台湾人文教基金会""敦安社福基金会"外再成立的一个基金会，其成立宗旨为"期盼成为国际社会文化推动者与中华文化领航者"。

"美国在台协会（AIT）"今天正式宣布由美国资深外交官郦英杰（William Brent Christensen）接任"AIT 新任处长"。

台"驻美代表"高硕泰出席由美国国务院举办的"宗教自由"部长级会议。这项会议全球有超过 80 个国家组团参加。

28 日　民进党启动全台范围内第一波选举造势活动，蔡英文赴新竹县、嘉义县、嘉义市、云林县、台北市、宜兰县与新北市等地向民进党提名候选人授旗，标志 2018 年"九合一"选举民进党辅选列车正式开动。

31 日　"台湾团结联盟"主席刘一德召开记者会称，"东京奥运正名公投"连署目前才签了约 10 万份，到 8 月 24 日必须签出 28 万份，要求民进党发动所有民进党党员响应。

8 月

1 日　美国参议院以 87 票对 10 票，通过 2019 年国防授权法案，法案第 1257 条要求美国国防部长应与台湾相关部门协商，针对台湾军队，尤其是后备军力，进行全面评估并提出建议，以提升台湾自卫能力。

2 日　针对中美贸易纠纷升级，台"经济部长"沈荣津提出四点应对措施，即对协助业者移转生产基地、降低关税障碍、提升产业竞争力及避免违规转运与倾销。

3 日　国务院 3 日发布取消"台港澳人员在内地就业许可"，台湾民众赴陆工作，不用再事先申办就业证。

5 日　福建向金门供水工程正式通水。国台办主任刘结一，福建省委书记于伟国、省长唐登杰出席通水仪式。

6 日　自担任"行政院长"以来即以"务实台独工作者"自居的赖清德，在 Yahoo TV 播出的专访内容中，首度将"务实台独"与"台湾前途决议文"画上等号，称"其实我所谓的'务实台独'，就是民进党的'台湾前途决议文'"。

7 日　台北地检署调查中华统一促进党资金流向及有无违反"组织犯罪条例"，今天到统促党办公室等处搜索，并查扣相关文件 10 多箱。到场关心的新党发言人王炳忠受访表示，在台湾一个自诩民主自由的社会，竟对合法登记政党进行迫害，若要质疑资金来源，就必须拿出真凭实据和进行合法程序。

"中选会"宣布，前台湾"中社社长"刘曜华未于期限内进行补正相关手续，依法驳口"禁挂五星旗公投案"。

8 日　国台办发言人马晓光表示，台湾居民来大陆工作将和大陆居民一样，不再需要办理专门的《台港澳人员就业证》。在大陆工作的台胞可以工商营业执照、劳动合同等作为就业证明材料，依法享有各项劳动保障权益。

9 日　美国共和、民主两党联邦参议员正式提出"台湾盟邦国际保障与强化倡议"（Taiwan Allies International Protection and Enhancement Initiative Act），简称"台北法案"（TAIPEI Act），授权美国国务院对相关国家采取减少援助等措施，以阻止台湾剩余"邦交国"与台"断交"转与中华人民共和国建交。

9 日　桃园市市长初选失利的国民党前"立委"杨丽环宣布退出国民党，随后在 18 日宣布参选桃园市市长。

12—20 日　蔡英文展开"同庆之旅"，出访"友邦"巴拉圭和贝里斯，共计 9 天 8 夜，去程过境美国洛杉矶，回程过境休斯敦。在美国期间，蔡参访侨教中心，在里根图书馆发表公开讲话，开放随团媒体实时报导。外交部表示，关于台湾地区领导人在美国过境，中国已多次表明坚决反对美国或其他与中国建交的国家安排此类过境。

13 日　美国总统特朗普签署国会两院最近通过的 2019 财年"国防授权法"，该法授权的 2019 财年美国国防经费高达 7160 亿美元，将从今年 10 月 1 日开始实施。该法包含许多遏制中国大陆、支持台湾的条款。

14 日　台"外交部"、"美国在台协会台北办事处"及"法务部调查局"在"台美全球合作暨训练架构"（GCTF）下，于台北举办为期两天的"打击跨境犯罪及美钞、护照鉴识国际研习营"。该研习营是"台美 GCTF"成立以来首次针对执法合作议题合办的训练计划。

台南市"慰安妇人权平等促进协会"于"国际慰安妇纪念日"当天，在岛内落成首座慰安妇铜像并举行揭幕仪式。由于日本内阁官房长官菅义伟通过"日本台湾交流协会"表示"令人极为遗憾"。台南市政府"新闻及国际关系处"称，该活动由国民党一手促成，台"外交部"也称台南竖立慰安妇铜像一事与当局无关。

15 日 由于蔡英文"过境"洛杉矶时在台当局安排下前往85°C 咖啡店，该店大陆官网发表声明强调坚定支持"九二共识"的立场未改变，秉持"两岸一家亲"信念。16 日，国台办副主任龙明彪表示，"欢迎台湾企业来大陆投资兴业或发展，但也绝对不允许任何企业一方面在大陆赚钱，一方面支持'台独'势力和活动"。

16 日 "中选会"发布有关 2018 年"九合一"选举时期公告。

18 日 对于大陆将印发"港澳台居民居住证申领发放办法"并于 9 月 1 日正式实施，蔡英文在出访贝里斯时表示，居住证只是一张卡片，是生活上便利性的东西，"不代表我们对这张卡片后面的发行单位，或它所代表的政治主体的认同"。

21 日 中国政府与萨尔瓦多政府正式签署建立大使级外交关系的公报。台"邦交国"降至 17 个。

23 日 台"国防部"在金门太武公墓举办"八二三炮战"60 周年纪念活动。

萨尔瓦多宣布与台湾"断交"后，白宫继国务院之后以发言人的名义发表声明，称美国将重新评估与萨国关系。

25 日　美国参议院军事委员会主席麦凯恩病逝。由于其生前与台关系密切，蔡英文发表声明表示哀悼。

26 日　新党在新北市举行创党 25 周年党庆大会。新党主席郁慕明提出"自信心、包容心、进取心"和"高度、宽度、深度"的"三心三度"原则，主张以和平统一为基础，将两岸中国人都容纳进来。新党并首度表态支持国民党台北市市长参选人丁守中。

27 日　台"行政院长"称明年将确立"双语国家"政策，让台湾成为使用中文与英文的所谓"双语国家"，以提升"国际"竞争力。

29 日　原来坚持脱党参选的林为洲在国民党"立法院"党团成员陪同下宣布退出新竹县县长选举。

30 日　台陆委会称，领用大陆居住证尚无违反"两岸人民关系条例"第九条之一的规定，不会有注销台湾户籍的问题。

台湾"远景基金会"、美国"新美国安全中心"、日本长世川平和财团合作举行的"2018 印太安全对话"于台北举行。台"外交部长"吴钊燮与美国白宫前副国安顾问沙德罗等人出席，以"共同推动自由与开放的印度太平洋区域"为题进行印太安全对话。

台"卫生福利部长"陈时中在华盛顿和美国卫生部长艾萨（Alex Azar）见面，这是台美卫生部门负责人首次在华盛顿会谈。

9 月

1 日　国务院办公厅印发的《港澳台居民居住证申领发放办法》正式实施，符合条件的台湾居民与香港、澳门同胞可以申领大陆 18 位编码的居住证，全国共设 6572 个港澳台居民居住证申办受理点，并且自受理之日起 20 个工作日内发放居住证。

台"立法院长"苏嘉全出席在美国国会山庄及国家大教堂举行的对美国联邦参议院军事委员会主席马侃（John McCain）吊唁活动。

3 日　"2020 东京奥运台湾正名公投"经过将近 5 个月的连署正式送交"中选会"。台中市市长林佳龙同日称，将在明年暑期举办国际性的"亚太青年运动会"。

"太平洋岛国论坛年会"在瑙鲁共和国举行。台"外交部长"吴钊燮率团出席，宣布在台湾既有定期派遣的医疗团外，特别提拨专案经费成立医疗基金，强化对太平洋岛国的医疗服务。

4 日　国民党开除违纪参选桃园市市长的前"立委"杨丽环的党籍。

"台湾联合国协进会"在"立法院"举行记者会，称今年将再度组宣达团前往美国宣达"入联"。台"外交部"则称今年仍延续近 10 年的做法，不会请"邦交国"提案"让台湾参与联合国"。

蔡英文会见日本东京大学"两岸关系研究小组"松田康博

教授一行，称"台海现状的维系不是台湾单方的责任"。

5日 陆委会主委陈明通称，"中华民国台湾"是"现状"，也是"现阶段最大公约数"，是"共同底线"，更是"台湾人民团结基础"，当局始终坚持"捍卫国家主权"以及"台湾人民选择权"。

6日 日本右翼团体"慰安妇之真相国民运动组织"代表藤井实彦到国民党台南市党部，要求立即撤除铜像并用脚踹铜像，引发台湾社会强烈指责。

7日 美国国务院发言人诺尔特表示，美国已经召回驻多米尼加、萨尔瓦多大使与驻巴拿马代办，了解这三国与台湾"断交"的决定，讨论面对中美洲与加勒比海地区，美国应如何"支持强劲、独立且民主的机制与经济"。

10日 台"中研院院士"胡佛病逝，享年86岁。

12日 "促转会副主委"张天钦称"促转会"是"东厂"，应以"转型正义"为名，打击国民党新北市市长参选人侯友宜。事件曝光后舆论哗然，张被迫辞职下台。

台湾"最高法院"驳回花莲县县长傅昆萁上诉，确定傅必须入狱服刑8个月。台"内政部"表示即日起解除傅职务，由"行政院"指派代理县长人选。

台"教育部"要求"台大校长遴选案"退回5位候选人阶段，重新开会厘清争议。

台湾清华大学前校长、物理学家沈君山病逝，享年87岁。

中共中央台办、国务院台办主任刘结一在杭州会见国民党前主席吴伯雄。

14日 台"驻大阪办事处处长"苏启诚因台湾游客受困滞

留日本关西机场而饱受外界指责，不堪舆论重负选择轻生。

15 日　中央电视台《新闻联播》对国家安全机关部署开展"2018 雷霆行动"进行报道，中央电视台《焦点访谈》栏目连续播出两期揭批台湾间谍情报活动的专题新闻节目。

17 日　吕秀莲在"国际青年商会中华民国总会"举办的"2018 全球新世代领袖论坛"致辞时称，将在 2019 年正式启动"台湾和平中立公投"。

18 日　"中选会"表示，"九合一"选举及"公投"投票，采取"选举领、投，公投领、投"方式进行，选民先领地方公职人员选举选票、投票，再领"公投"票、投票。开票程序为先办理地方公职人员选举开票，再办理"公投"票开票。

19 日　民进党中常会通过"选举对策委员会"提案，决议民进党各级党公职及参选人，不应参加及参与"喜乐岛联盟"的"全民公投反并吞"活动，民进党将另组成小组与"喜乐岛联盟"共同讨论相关议题。

20 日　"台独"组织"喜乐岛联盟"在台北市举行所谓"拒绝中国霸凌，全民公投反并吞"活动。民进党与本土社团代表开会后，同一天在高雄市举办另一场所谓"反并吞、护台湾"大游行。

21 日　已故"台独联盟主席"黄昭堂的纪念公园在台南市七股区庄下山仔寮落成。这是全台第一座纪念"台独运动者"的纪念公园，2017 年 4 月 21 日在台南市前市长赖清德任内动工，由市政府耗资 3000 多万元新台币建成，面积约 1.23 公顷。

24 日　美国国防安全合作署（DSCA）通知美国国会总值约 3.3 亿美元的对台军售案，其中包含 F–16 的战机备件在内。

25日 蔡英文会见美国前副国务卿阿米蒂奇率领的"2049计划研究所"访问团。

"时代力量立法院党团"提出"台湾地区与大陆地区人民关系条例部分条文修正草案",提出领有大陆发放的港澳台居民居住证者须主动申报,且丧失在台湾地区选举罢免、创制、复决、担任军职、公职等权利,并注销台湾的户籍,只有放弃居住证,才能恢复台湾户籍及相关权益。

26日 台美签订黄豆采购意向书,预计到2019年共采购约390万吨黄豆,总值约15.6亿美元,比去年台湾承诺采购的金额增加30%。

彰化县政府强制拆除碧云禅寺,并称基于三大理由拆除寺院:"魏明仁当年取得建物的程序可议","寺院变成中共爱国基地,伤害台湾人民情感","违章建筑对国土环境与人员安全都构成威胁"。

10 月

3日 蔡英文宣布由台积电创办人张忠谋担任2018年APEC经济领袖会议代表,张2006年也曾担任APEC代表。

4日 美国副总统彭斯(Mike Pence)在华府保守派智库哈德逊研究所(Hudson Institute)发表"反华亲台"演说。

6日 台"促进转型正义委员会主委"黄煌雄宣布请辞。

8日 台"环保署"环评大会审查通过桃园市观塘工业区"中油"第三天然气接收站环境影响差异分析案。

9日 台"监察院"以14票赞成、11票反对的结果通过

"年改释宪案"，拟函请"司法院""大法官""释宪"。但"大法官" 8 月驳回花莲、金门等 6 县市政府针对"年金改革案"的"释宪"申请案。

10 日　蔡英文发表演说称"外在力量企图单方面改变台海现状的做法，不可能被台湾人民接受，任何违反普世价值的主张，也绝不会获得国际社会的认同和支持"。她保证"不会贸然升高对抗，也不会屈从退让。不会因一时的激愤，走向冲突对抗，而让两岸关系陷入险境。也不会背离民意，牺牲台湾的'主权'"。

对此国台办发言人表示，台湾当局领导人的这篇讲话充斥着"两国论"的分裂谬论和针对大陆的对抗思维，暴露出配合西方反华势力，遏制大陆的险恶用心。如此充满敌意的挑衅言论，进一步证明民进党当局是两岸冲突的制造者，台海和平稳定的破坏者，只会进一步恶化两岸关系，将台湾带向更加危险的境地。

11 日　台股暴跌破万点大关，盘中下挫 600 多点，爆出史上最大跌点。

11—12 日　美国环保署首席副助理署长西田珍 (Jane Nishida) 访问台湾，并与台"环保署""卫福部""教育部"官员见面，推动"美台间国际环境伙伴计划"(IEP) 合作。

12 日　"行政院长"赖清德宣布停建深澳电厂，称未来供电将以天然气为主。

14 日　"行政院长"赖清德针对"立委"提问时称，"太平岛属于台湾"。

15 日　无党籍台北市议员参选人、台北市大安文山区市议员候选人、"台湾人民抗日协会"理事长、中华爱国同心会副会长郑建炘登上台湾最高峰玉山山顶，拉起五星旗并录下视频发布在脸书上，引发媒体关注。郑建炘接受媒体访问时表示，有人在玉山顶拉起美国、日本、"台独"旗帜，为何不能有五星旗？他从小就是大中国思想，大陆、台湾都是大中国的领土。

15—18日　美国海军研究办公室（Office of Naval Research）排水量3250吨的科学研究船汤玛斯号（Thomas G. Thompson（T-AGOR-23）停靠于高雄港9号码头。据称这是该船第4次停泊高雄港。

16日　"行政院长"赖清德在"立法院"答询时称，不会把领有大陆居住证、在大陆高喊支持"祖国统一"的台湾人列入黑名单。

16—17日　"第8次台日渔业委员会之专家会议"在日本东京召开。台方代表提出渔业界多年来希望纳入的八重山群岛200海浬重叠经济海域议题，但双方无共识。

16—21日　美国国务院民主、人权和劳工事务局副助理国务卿斯科特·巴斯比（Scott Busby）首次赴台访问，与台当局官员、学者和"公民社会的领袖"会面。

20日　"喜乐岛联盟"在台北举行"全民公投反并吞"游行。民进党于同日在高雄举行"反并吞护台湾、反介入顾高雄"游行，云林以南党部与党提名候选人被要求支持高雄的游行。

21日　新党为庆祝台湾光复73周年在中山纪念馆举办音乐会，同时为投入双北议员选举的党籍候选人造势。国民党前主席洪秀柱、"立委"费鸿泰等也前来致意，同时新党也警告绝不容许美国在台海搞军演。

"台湾铁路管理局"发生了近 40 年来死伤最严重的车祸事故，造成 18 人遇难、187 人受伤，伤员包括 1 名美籍旅客和 2 名陆客。

23 日 萨尔瓦多与台"断交"，台湾当局将原在萨尔瓦多的技术团 6 项合作计划都转移至尼加拉瓜。

27 日 台"外交部长"吴钊燮接受德国媒体南德日报专访称，"当北京无法处理内部问题时，有可能会利用台湾来转移焦点，我们很担心这样的发展"。

28 日 台"内政部"发布新闻稿称，为营造友善外来人口生活环境趋势及落实当局积极推动吸引、延揽外籍人才政策，决定将"外来人口统一证号"编码格式，比照身份证的编码格式修正，让在台居留的外来人才"留得住，生活有尊严"。

28—30 日 "美台国防工业会议"在美国马里兰州安纳波利斯举行，台方由"国防部副部长""张冠群、"国安会副秘书长"陈文政等人参加。

31 日 "美国在台协会台北办事处处长"郦英杰举行上任后的首场记者会，并称未来美台关系有"四个增进"，分别为"增进台美安全合作""增进台美经济与商业关系""增进台湾在全球社会的角色"及"增进台美人民关系"。

11 月

2 日 台"外交部长"吴钊燮在接受《联合报》专访时强调，台湾在美中对抗中应站在自己利益的一方，绝对不成为两岸争端中"挑衅的一方"，以最大限度维护台湾利益。

4 日　"美国在台协会主席"莫健率团访问台湾，会见蔡英文及当局高层，8 日出席台美"全球合作暨训练架构"（GCTF）联合委员会会议。

5 日　对于太平岛码头是否可能让美方军舰停泊，台"国防部长"严德发在"立法院"首度表示，这是假设性议题，但人道救援应该可以；不过，若对区域安全稳定造成影响，应该再考虑。

6 日　中共中央政治局常委、全国政协主席汪洋在北京会见以王文渊为代表的台湾工业总会理监事参访团一行。

屏东小琉球、东港、宜兰南方澳、苏澳、高雄旗津等全台各地上千渔民集结"农委会"抗议，不满"远洋渔业三法"罚金过高、当局护渔不力。

7 日　马英九提出"新三不"论述，即"不排斥统一，不支持'台独'，不使用武力"。7 日至 8 日"马英九基金会"还在台湾大学法学院举行主题为"习马会'三周年：两岸关系何去何从"政策研讨会，从两岸政治、国际关系、"国家安全"、经济社会等领域探讨两岸关系走向。

台陆委会主委陈明通称，为应对"九合一"选举，对大陆人士赴台申请将加强审查，采取"事前逐案严审、入境后掌握在台动态、事后注参管制"的管理手段。

中华全国台湾同胞联谊会在北京台湾会馆举行"见证大陆改革开放 40 周年两岸媒体分享交流会"，近百位两岸媒体记者参加。

8 日　蔡英文视察台海军左营基地，声称要"确保国家安全、守护台湾民主"。

9日　　中共中央政治局委员、中央外事工作委员会办公室主任杨洁篪同美国国务卿蓬佩奥、国防部长马蒂斯在华盛顿共同主持第二轮中美外交安全对话。中方全面阐述了在台湾问题上的原则立场，强调台湾问题事关中国主权和领土完整，是中美关系最重要最敏感的核心问题。美方重申美国政府将继续奉行"一个中国政策"，遵守中美三个联合公报。

蔡英文参加庆祝第72届工业节大会后，向媒体声称马英九提出的"新三不"论述是对大陆和国际社会发出"错误信息"，这是件伤害"台湾主权"的事情。第二天赖清德也称，"新三不"论述违背了马英九过去一贯主张。但国民党主席吴敦义则表示马英九的说法符合"宪法增修条文"的精神。

13日　　海峡两岸及港、澳各界共700多人参加在香港举办的纪念《告台湾同胞书》发表40周年活动。

15日　　蔡英文出席"国家通讯暨网际安全中心 (NCCSC)"揭牌仪式。

16日　　国际奥委会副执行长皮尔米洛致函台湾"中华奥委会主席"林鸿道及台"体育署长"高俊雄，就"东京奥运台湾正名公投"一事，呼吁勿以政治干预体育。

17日　　台湾导演傅榆在第55届金马奖颁奖典礼上发表相关"台独"言论，受到两岸各界广泛批评。

台当局出席APEC会议代表、台积电创始人张忠谋在会场边上见到美国副总统彭斯时，代表台当局向美国提出双方签订"自由贸易协定"的建议。

18日　　蔡英文在"脸书"上发文称，"从来没有接受过中国台湾这个说法"，"也不会接受这个说法"。

19 日　台湾媒体报道，"美国在台协会主席"莫健日前会见蔡英文时，表示"美国对'东奥正名'帮不上忙"，并认为台湾可能因此被开除出国际奥委会。

19 日—25 日，台"农委会""内政部""经济部""环保署"等相关单位联合举办"2018 年国际湿地大会"，会议期间，"世界自然基金会"(WWF)宣布将在台设立分会。

20 日　蔡英文会见美国智库"战略暨国际研究中心"访问团，称"希望台湾与全球理念相近的国家进一步强化合作"。

台"中选会"公布具 2018 年"九合一"选举权人数为19102502，有"公投"投票权的人数是 19757067 人。

21 日　台"国发会主委"陈美伶称，"内政部"已研议修正"外来人口统一证号编码原则"，拟实施"外来人口居留证比照台湾民众身份证"措施。

21 日—23 日，台"海岸巡防署东南沙分署"所辖"南沙指挥部"，连续两日在环太平岛海域进行射击训练，引发周边相关国家关注。

24 日　台湾地区"九合一"选举结果揭晓，在 22 个县市长席位中，国民党夺得 15 席，民进党 6 席，无党籍 1 席。当天蔡英文宣布辞去民进党主席，为败选负责。

25 日　国台办发言人马晓光表示，我们注意到这次选举的结果。这一结果反映了广大台湾民众希望继续分享两岸关系和平发展"红利"，希望改善经济民生的强烈愿望。我们将继续坚持"九二共识"，坚决反对"台独"分裂势力及其活动，团结广大台湾同胞，走两岸关系和平发展的道路。在对两岸关系性质、两岸城市交流性质有正确认知的基础上，我们欢迎台湾更多县市参与两岸城市交流合作。

27 日　"上海市海峡两岸民间交流与发展研究会（海民会）"今天在上海社会科学院举行成立大会，表示要构建"具有上海特色的两岸交流与发展新格局"。

28 日　美军一艘作战舰、一艘补给舰从台湾东北部海域进入台湾海峡向西南航行，并在晚间脱离台湾海峡。这已是美国军舰今年第三度通过台湾海峡，第一次为 7 月 7 日，美军 2 艘驱逐舰马斯廷号（USS Mustin，DDG–89）、班福特号（USS Benfold，DDG–65）通过；第二次是 10 月 22 日，柯蒂斯．威尔伯号驱逐舰（DDG–54）与安提坦号巡洋舰（CG–54）通过台湾海峡。

28 日　民进党召开中会，推举基隆市市长林右昌代理民进党党主席。蔡英文在会中称，将深切反省，也会做一个"不一样的总统"。

29 日　蔡英文会见"日本台湾交流协会会长"大桥光夫一行，称期盼未来台湾在日本政府的支持下，参与"跨太平洋伙伴全面进步协定"(CPTPP) 第二轮谈判。

30 日　蔡英文会见"美国外交政策全国委员会访问团"，称期待台美间持续密切合作。

12 月

3 日　台"陆委会主委"陈明通在 2018 台港经贸论坛致辞称，针对"九二共识"，当局按"宪法""两岸人民关系条例"处理两岸事务，"是有法律约束力的，把两岸政治基础放在台湾社会有争议的方面并非务实，少谈政治多拼经济才是人民的愿望"。

台湾裕隆集团董事长严凯泰因罹患食道癌去世，享年 54 岁。

大陆首个以研学、亲子、两岸青年融合为主要内容、福建首批 "1(对台研学总部)+X(课程基地)" 对台研学基地在厦门集美区正式启用。

4—5 日 2018 两岸企业家峰会 4、5 日在厦门市举办，全国政协主席汪洋出席开幕式，提出 "三点不变"，包括两岸经济合作稳定发展大势没有变、两岸经济优势互补大格局没有变、对台商提供良好服务没有变。

4 日 国民党 "立法院" 党团总召江启臣在美国众议院发表演讲时表示，台湾把大陆视为重要的经济机会，台湾人对台海关系越来越谨慎和实际，并称 "国民党从来都是亲美的"。

民进党代理党主席、基隆市市长林右昌表示，民进党两度成为执政党，人民已不欠民进党，称 "我们自己不要再提民进党过去对台湾民主的贡献了！"。

美国《商业内幕》网站发布 2018 年度全球军力排行榜，美国、俄罗斯和中国占据榜单前 3 名，台湾地区排名第 24，略高于加拿大。

5 日 两岸企业家峰会在厦门圆满闭幕，中共中央政治局常委、全国政协主席汪洋出席大会开幕式并发表重要讲话。

马英九参加东吴大学严家淦法学讲座时强调，"不要排斥统一的可能性，是顺着'宪法'的方式讲，而且程序要民主、方法要和平，不能揠苗助长"。

民进党发言人林琼盛表示，将于 12 月 10 日至 14 日办理党主席补选登记，30 日举行候选人电视政见发表会，2019 年 1 月 6 日办理党员投票，9 日公告当选名单。

6 日　蔡英文就民进党的执政状态、"白绿合作"、"公投" 结果等政治议题发表首次 "回廊谈话"。

7 日　日本外务大臣河野太郎在记者会上，针对台湾反福岛等 5 县食品进口解禁 "公投" 过关，接下来两年可能无法解禁一事强调，日本不排除向 WTO 提告，台湾已表态有意加入的跨太平洋伙伴全面进步协定（CPTPP)，因此事而无法加入也将让人感到遗憾。 这是河野首度表明食品进口问题将使台湾无法加入 CPTPP。

7—9 日　第六届两岸文化发展论坛一青年论坛在福州市举行。

8 日　上海市台协会会长李政宏表示，"双城论坛" 的议题主要是大健康、互联网与环保议题，让企业家能透过该平台探索新经济形势下的商机。

9 日　台湾地区副领导人陈建仁出席 "世界人权日纪念活动"，称 "转型正义是让每一个人都有了解真相的权利与机会，并让和解从了解真相开始"。

10 日　海基会前董事长江丙坤去世。国台办主任刘结一，海协会会长张志军，海协会前会长陈云林、陈德铭等向江丙坤家属发出唁电。陈云林随后赴台吊唁。

台 "外交部" 发布受当局补助的民间单位外出交流、开会的名称原则，称该避用 "中华台北"，以 "中华民国" 或 "中华民国（台湾）" 为优先，在以 "国名" 排序时，应该以英文字母 T 排序，而非 C，"避免被矮化成为陆方的一部分"。

加拿大外交部部长方慧兰（Chrystia Freeland）称考虑与台湾洽谈投保协议，这是加官方首度做此公开表态。

主张"台湾独立"的右派政治团体"福和会"举办成立记者会，该组织原本将美国前副总统钱尼的副国安顾问叶望辉（Stephen Yates）列为共同创办人，但叶望辉发表声明否认有关。

11日　第四届中华文化论坛在北京大学英杰交流中心开幕，中华全国台湾同胞联谊会会长黄志贤、文化部原部长蔡武、国务院台办原副主任王在希等领导出席了开幕式。

12日　台湾面包师吴宝春日前表示支持"九二共识"，以身为中国人为傲，结果在台遭围攻，蔡英文称这是大陆的"政治压迫"。对此国台办发言人表示，民进党当局一再企图通过政治操作来制造悲情、煽动对抗，两岸民众不必随之起舞。

"台湾民意基金会"董事长游盈隆宣布参加民进党党主席补选。

13日　蔡英文与台北市市长柯文哲公开会面，就台北市政问题交换意见。

14日　民进党籍桃园市市长郑文灿、屏东县县长潘孟安、新竹市市长林智坚、台南市市长当选人黄伟哲、嘉义县县长当选人翁章染与前"立委"陈其迈联名推举"行政院秘书长"卓荣泰参选民进党主席。

蔡英文会见"日华议员恳谈会"会长古屋圭司众议员一行，期盼该社团持续协助深化台日关系。

17日　台湾"主计总处"公布台湾人才境外就业最新统计报告，称共有73.6万人才在境外工作，人数创历年新高。

18日　深蓝团体"蓝天行动联盟"到马英九办公室，声明反对马再次参选台湾地区领导人，称只要马下一个公开行程不宣布弃选，将如影随形抗议。

前"行政院长"江宜桦在台湾大学演讲时遭到拥护"反服贸运动"学生抗议而提前结束演讲退场。

20 日　"2018 年台北上海城市论坛"在台北举行，上海市常务副市长周波率团出席论坛。台北市市长柯文哲重申"两岸一家亲""五个互相"。

马英九举办口述新书《八年执政回忆录》发表会。

21 日　国民党"立委"蒋万安接任台"立法院"第 27 届"厚生会"会长．

24 日　台"教育部长"叶俊荣宣布"勉予同意"聘任管中闵为台湾大学校长。

台北地方法院今天首次开庭审理国民党台北市市长候选人丁守中提选举无效诉讼。

对于韩国瑜在专访中指出未来在两岸政策上"中央要跟着地方走"，陆委会回应称，两岸关系发展及政策方向是"中央"职权，"地方政府应依循法令、在法定权责内推动业务"。

25 日　卸任新北市市长的朱立伦宣布将投入 2020 年台湾地区领导人选举。

台"观光局"宣布，东森旅行团本月 21 日至 23 日陆续接待 4 团越南旅行团，全团团员共 153 人，今日却逃逸了 152 人，只剩下 1 名领队。这成为台湾近 3 年来最大宗外来旅行团脱团事件。

全台各地方议会举行正副议长选举。在议长选举方面，国民党拿下 19 县市，无党籍斩获台南市与嘉义市议会，民进党只拿下嘉义县议会。相较 4 年前议长选举结果（国民党籍议长 15 名、民进党籍议长 3 名与无党籍议长 4 名），国民党有微幅成长。

蔡英文会见来访的日本自由民主党青年局局长佐佐木纪众议员一行，并盼日本支持台湾加入"跨太平洋伙伴全面进步协议"（CPTPP）。

26 日 "监察院"公布 2017 年度民进党政治献金收入有新台币 1 亿 4780 万 5987 元，支出 1 亿 3606 万 9388 元；国民党的政治献金收入共 3337 万 753 元，支出则为 7531 万 4037 元；"时代力量"政治献金收入 1135 万余元，支出 509 万余元；亲民党收入 505 万余元，支出 220 万余元。

27 日 多个"台独"社团举行记者会，要求蔡英文不要竞选连任，若她执意要出来选，"独派"社团跟支持者绝对不会投给她，并点名赖清德出战。

第三届"台日海洋事务合作对话会议"在东京召开，针对海难搜救合作、海洋科学调查、渔业等领域的合作议题协商。台方由"海洋委员会""行政院农业委员会渔业署""科技部""外交部"派员组团与会，由"台湾日本关系协会秘书长"张淑玲担任团长，邱义仁担任顾问。

28 日 台湾"公民监督国会联盟"票选 2018 年"立法院"年度代表字暨 10 大新闻结果出炉。年度 10 大新闻榜首是"2018 大选投票一团乱，蓝绿立委怒轰中选会"，年度代表字第一名是"乱"。

31 日 美国总统特朗普签署"亚洲再保证倡议法"（ARIA）。该法称美国总统应定期办理对台出售防御性武器，并鼓励美国高层官员访台。特朗普随后发表总统声明特别指出，关于台湾的部分他认同国会对于维护美国安全与实力的目标，但相关法案涉及美国对外军事与外交事务，这是美国总统作为三军统帅专属的宪政职权。2018 年版本的"亚洲再保证倡议法"草案今年 4 月由参院外委会亚太小组主席贾德纳（Cory Gardner）提出，同一小组的民主党籍首席参议员马基（Ed Markey）与共和党籍参议员鲁比欧（Marco Rubio）是共同提案人。

祖国大陆对台重要文献

郑 三 辑

习近平谈台湾问题

3月20日，第十三届全国人民代表大会第一次会议在北京人民大会堂闭幕。中共中央总书记、国家主席、中央军委主席习近平发表重要讲话。全文如下：

各位代表：

这次大会选举我继续担任中华人民共和国主席，我对各位代表和全国各族人民给予我的信任，表示衷心的感谢！

担任中华人民共和国主席这一崇高职务，使命光荣，责任重大。我将一如既往，忠实履行宪法赋予的职责，忠于祖国，忠于人民，恪尽职守，竭尽全力，勤勉工作，赤诚奉献，做人民的勤务员，接受人民监督，决不辜负各位代表和全国各族人民的信任和重托！

一切国家机关工作人员，无论身居多高的职位，都必须牢记我们的共和国是中华人民共和国，始终要把人民放在心中最高的位置，始终全心全意为人民服务，始终为人民利益和幸福而努力工作。

各位代表！

人民是历史的创造者，人民是真正的英雄。波澜壮阔的中华民族发展史是中国人民书写的！博大精深的中华文明是中国人民创造的！历久弥新的中华民族精神是中国人民培育的！中华民族迎来了从站起来、富起来到强起来的伟大飞跃是中国人民奋斗出来的！

中国人民的特质、禀赋不仅铸就了绵延几千年发展至今的中华文明，而且深刻影响着当代中国发展进步，深刻影响着当代中国人的精神世界。中国人民在长期奋斗中培育、继承、发展起来的伟大民族精神，为中国发展和人类文明进步提供了强大精神动力。

——中国人民是具有伟大创造精神的人民。在几千年历史长河中，中国人民始终辛勤劳作、发明创造，我国产生了老子、孔子、庄子、孟子、墨子、孙子、韩非子等闻名于世的伟大思想巨匠，发明了造纸术、火药、印刷术、指南针等深刻影响人类文明进程的伟大科技成果，创作了诗经、楚辞、汉赋、唐诗、宋词、元曲、明清小说等伟大文艺作品，传承了格萨尔王、玛纳斯、江格尔等震撼人心的伟大史诗，建设了万里长城、都江堰、大运河、故宫、布达拉宫等气势恢弘的伟大工程。今天，中国人民的创造精神正在前所未有地迸发出来，推动我国日新月异向前发展，大踏步走在世界前列。我相信，只要 13 亿多中国人民始终发扬这种伟大创造精神，我们就一定能够创造出一个又一个人间奇迹！

——中国人民是具有伟大奋斗精神的人民。在几千年历史长河中，中国人民始终革故鼎新、自强不息，开发和建设了祖国辽阔秀丽的大好河山，开拓了波涛万顷的辽阔海疆，开垦了物产丰富的广袤粮田，治理了桀骜不驯的千百条大江大河，战胜了数不清的自然灾害，建设了星罗棋布的城镇乡村，发展了门类齐全的产业，形成了多姿多彩的生活。中国人民自古就明白，世界上没有坐享其成的好事，要幸福就要奋斗。今天，中国人民拥有的一切，凝聚着中国人的聪明才智，浸透着中国人的辛勤汗水，蕴涵着中国人的巨大牺牲。我相信，只要13亿多中国人民始终发扬这种伟大奋斗精神，我们就一定能够达到创造人民更加美好生活的宏伟目标！

——中国人民是具有伟大团结精神的人民。在几千年历史长河中，中国人民始终团结一心、同舟共济，建立了统一的多民族国家，发展了56个民族多元一体、交织交融的融洽民族关系，形成了守望相助的中华民族大家庭。特别是近代以后，在外来侵略寇急祸重的严峻形势下，我国各族人民手挽着手、肩并着肩，英勇奋斗，浴血奋战，打败了一切穷凶极恶的侵略者，捍卫了民族独立和自由，共同书写了中华民族保卫祖国、抵御外侮的壮丽史诗。今天，中国取得的令世人瞩目的发展成就，更是全国各族人民同心同德、同心同向努力的结果。中国人民从亲身经历中深刻认识到，团结就是力量，团结才能前进，一个四分五裂的国家不可能发展进步。我相信，只要13亿多中国人民始终发扬这种伟大团结精神，我们就一定能够形成勇往直前、无坚不摧的强大力量！

——中国人民是具有伟大梦想精神的人民。在几千年历史长河中，中国人民始终心怀梦想、不懈追求，我们不仅形成了小康生活的理念，而且秉持天下为公的情怀，盘古开天、女娲补天、伏羲画卦、神农尝草、夸父追日、精卫填海、愚公移山等我国古代神话深刻反映了中国人民勇于追求和实现梦想的执着精神。中国人民相信，山再高，往上攀，总能登顶；路再长，走下去，定能到达。近代以来，实现中华民族伟大复兴成为中华民族最伟大的梦想，中国人民百折不挠、坚忍不拔，以同敌人血战到底的气概、在自力更生的基础上光复旧物的决心、自立于世界民族之林的能力，为实现这个伟大梦想进行了 170 多年的持续奋斗。今天，中国人民比历史上任何时期都更接近、更有信心和能力实现中华民族伟大复兴。我相信，只要 13 亿多中国人民始终发扬这种伟大梦想精神，我们就一定能够实现中华民族伟大复兴！

同志们！有这样伟大的人民，有这样伟大的民族，有这样的伟大民族精神，是我们的骄傲，是我们坚定中国特色社会主义道路自信、理论自信、制度自信、文化自信的底气，也是我们风雨无阻、高歌行进的根本力量！

我国是工人阶级领导的、以工农联盟为基础的人民民主专政的社会主义国家，国家一切权力属于人民。我们必须始终坚持人民立场，坚持人民主体地位，虚心向人民学习，倾听人民呼声，汲取人民智慧，把人民拥护不拥护、赞成不赞成、高兴不高兴、答应不答应作为衡量一切工作得失的根本标准，着力解决好人民最关心最直接最现实的利益问题，让全体中国人民和中华儿女在实现中华民族伟大复兴的历史进程中共享幸福和荣光！

各位代表！

人民有信心，国家才有未来，国家才有力量。中国特色社会主义进入了新时代，勤劳勇敢的中国人民更加自信自尊自强。中国这个古老而又现代的东方大国朝气蓬勃、气象万千，中国特色社会主义道路、理论、制度、文化焕发出强大生机活力，奇迹正在中华大地上不断涌现。我们对未来充满信心。

历史已经并将继续证明，只有社会主义才能救中国，只有坚持和发展中国特色社会主义才能实现中华民族伟大复兴。国内外形势正在发生深刻复杂变化，我国发展仍处于重要战略机遇期。我们具备过去难以想象的良好发展条件，但也面临着许多前所未有的困难和挑战。中国共产党第十九次全国代表大会描绘了决胜全面建成小康社会、开启全面建设社会主义现代化国家新征程、实现中华民族伟大复兴的宏伟蓝图。把蓝图变为现实，是一场新的长征。路虽然还很长，但时间不等人，容不得有半点懈怠。我们决不能安于现状、贪图安逸、乐而忘忧，必须不忘初心、牢记使命、奋发有为，努力创造属于新时代的光辉业绩！

我们要适应我国发展新的历史方位，紧扣我国社会主要矛盾的变化，高举中国特色社会主义伟大旗帜，全面贯彻党的十九大和十九届二中、三中全会精神，坚持以马克思列宁主义、毛泽东思想、邓小平理论、"三个代表"重要思想、科学发展观、新时代中国特色社会主义思想为指导，坚持稳中求进工作总基调，坚持以人民为中心的发展思想，统揽伟大斗争、伟大工程、伟大事业、伟大梦想，统筹推进"五位一体"总体布局，协调推进"四个全面"战略布局，奋力开创新时代中国特色社会主义事业新局面！

我们的目标是，到本世纪中叶把我国建成富强民主文明和谐美丽的社会主义现代化强国。

我们要以更大的力度、更实的措施全面深化改革、扩大对外开放，贯彻新发展理念，推动经济高质量发展，建设现代化经济体系，不断增强我国经济实力、科技实力、综合国力，让社会主义市场经济的活力更加充分地展示出来。

我们要以更大的力度、更实的措施发展社会主义民主，坚持党的领导、人民当家作主、依法治国有机统一，建设社会主义法治国家，推进国家治理体系和治理能力现代化，巩固和发展最广泛的爱国统一战线，确保人民享有更加广泛、更加充分、更加真实的民主权利，让社会主义民主的优越性更加充分地展示出来。

我们要以更大的力度、更实的措施加快建设社会主义文化强国，培育和践行社会主义核心价值观，推动中华优秀传统文化创造性转化、创新性发展，让中华文明的影响力、凝聚力、感召力更加充分地展示出来。

我们要以更大的力度、更实的措施保障和改善民生，加强和创新社会治理，坚决打赢脱贫攻坚战，促进社会公平正义，在幼有所育、学有所教、劳有所得、病有所医、老有所养、住有所居、弱有所扶上不断取得新进展，让实现全体人民共同富裕在广大人民现实生活中更加充分地展示出来。

我们要以更大的力度、更实的措施推进生态文明建设，加快形成绿色生产方式和生活方式，着力解决突出环境问题，使我们的国家天更蓝、山更绿、水更清、环境更优美，让绿水青山就是金山银山的理念在祖国大地上更加充分地展示出来。

我们要坚持党对人民军队的绝对领导，全面贯彻新时代党的强军思想，不断推进政治建军、改革强军、科技兴军、依法治军，加快形成中国特色、世界一流的武装力量体系，构建中国特色现代作战体系，推动人民军队切实担负起党和人民赋予的新时代使命任务。

我们要全面准确贯彻"一国两制"、"港人治港"、"澳人治澳"、高度自治的方针，严格依照宪法和基本法办事，支持特别行政区政府和行政长官依法施政、积极作为，支持香港、澳门融入国家发展大局，增强香港、澳门同胞的国家意识和爱国精神，维护香港、澳门长期繁荣稳定。我们要坚持一个中国原则，坚持"九二共识"，推动两岸关系和平发展，扩大两岸经济文化交流合作，同台湾同胞分享大陆发展的机遇，增进台湾同胞福祉，推进祖国和平统一进程。

维护国家主权和领土完整，实现祖国完全统一，是全体中华儿女共同愿望，是中华民族根本利益所在。在这个民族大义和历史潮流面前，一切分裂祖国的行径和伎俩都是注定要失败的，都会受到人民的谴责和历史的惩罚！中国人民有坚定的意志、充分的信心、足够的能力挫败一切分裂国家的活动！中国人民和中华民族有一个共同信念，这就是：我们伟大祖国的每一寸领土都绝对不能也绝对不可能从中国分割出去！

各位代表！

我们生活的世界充满希望，也充满挑战。中国人民历来富有正义感和同情心，历来把自己的前途命运同各国人民的前途命运紧密联系在一起，始终密切关注和无私帮助仍然生活在战火、动荡、饥饿、贫困中的有关国家的人民，始终愿意尽最大努力为人类和平与发展作出贡献。中国人民这个愿望是真诚的，中国决不会以牺牲别国利益为代价来发展自己，中国发展不对任何国家构成威胁，中国永远不称霸、永远不搞扩张。只有那些习惯于威胁他人的人，才会把所有人都看成是威胁。对中国人民为人类和平与发展作贡献的真诚愿望和实际行动，任何人都不应该误读，更不应该曲解。人间自有公道在！

中国将继续高举和平、发展、合作、共赢的旗帜，始终不渝走和平发展道路、奉行互利共赢的开放战略。中国将继续积极维护国际公平正义，主张世界上的事情应该由各国人民商量着办，不会把自己的意志强加于人。中国将继续积极推进"一带一路"建设，加强同世界各国的交流合作，让中国改革发展造福人类。中国将继续积极参与全球治理体系变革和建设，为世界贡献更多中国智慧、中国方案、中国力量，推动建设持久和平、普遍安全、共同繁荣、开放包容、清洁美丽的世界，让人类命运共同体建设的阳光普照世界！

各位代表！

中国共产党领导是中国特色社会主义最本质的特征，中国共产党是国家最高政治领导力量，是实现中华民族伟大复兴的根本保证。东西南北中，党政军民学，党是领导一切的。全国各党派、各团体、各民族、各阶层、各界人士要紧密团结在党中央周围，增强"四个意识"，坚定"四个自信"，万众一心向前进。

中国共产党要担负起领导人民进行伟大社会革命的历史责任，必须勇于进行自我革命，坚持立党为公、执政为民，深入推进全面从严治党，坚决扫除一切消极腐败现象，始终与人民心心相印、与人民同甘共苦、与人民团结奋斗，永远保持马克思主义执政党本色，永远走在时代前列，永远做中国人民和中华民族的主心骨！

各位代表！

"等闲识得东风面，万紫千红总是春。"在中国共产党领导下，经过近 70 年奋斗，我们的人民共和国茁壮成长，正以崭新的姿态屹立于世界东方！

新时代属于每一个人，每一个人都是新时代的见证者、开创者、建设者。只要精诚团结、共同奋斗，就没有任何力量能够阻挡中国人民实现梦想的步伐！

我们要乘着新时代的浩荡东风，加满油，把稳舵，鼓足劲，让承载着 13 亿多中国人民伟大梦想的中华巨轮继续劈波斩浪、扬帆远航，胜利驶向充满希望的明天！

谢谢大家。

（新华社 2018 年 3 月 20 日）

中共中央总书记习近平 4 月 10 日上午在海南博鳌会见前来出席博鳌亚洲论坛 2018 年年会的台湾两岸共同市场基金会荣誉董事长萧万长一行。

习近平欢迎萧万长先生和各位台湾工商界朋友来到博鳌，共话亚洲地区合作发展大计。他表示，今年是祖国大陆改革开放 40 周年，中国特色社会主义进入了新时代。台湾问题攸关中华民族的根本利益，岛内工商界朋友要旗帜鲜明地坚持"九二共识"、反对"台独"，坚定推动两岸关系和平发展。两岸一家亲，我们愿意继续同台湾同胞分享大陆发展机遇，深化两岸经济文化交流合作，让广大台胞台企获得实实在在的好处。希望两岸同胞共担民族大义，共推祖国和平统一进程，共圆中华民族伟大复兴的中国梦。

（新华社 2018 年 4 月 10 日）

中共中央总书记习近平 7 月 13 日上午在人民大会堂会见中国国民党前主席连战率领的台湾各界人士参访团时强调，大道之行、人心所向，势不可挡。我们有充分的信心和足够的能力，牢牢把握正确方向，坚定不移推动两岸关系和平发展、推进祖国和平统一进程。希望两岸同胞共同努力，坚持体现一个中国原则的"九二共识"，坚决反对和遏制"台独"，扩大深化两岸各领域交流合作，增进同胞亲情福祉，在新时代携手同心书写中华民族伟大复兴新篇章。

习近平指出，"不畏浮云遮望眼，自缘身在最高层。"只要大家登高望远，就能看清主流、把握大势，共同推动两岸关系克难前行。我们对两岸关系未来充满信心，因为推动两岸关系和平发展、携手致力民族复兴，是符合民族整体利益、顺应时代潮流、造福两岸同胞、得到两岸同胞拥护的正确道路；因为不管经历多少风雨，两岸同胞在民族、文化认同和情感上从未分离；因为尽管数十年来两岸关系跌宕起伏，但总体趋势是向前发展的；因为两岸是密不可分、休戚与共的命运共同体。两岸同胞对更加美好生活的共同追求，对两岸关系走近走好的一致向往，是任何人都阻挡不了的。

习近平指出："不忘初心，方得始终。"正确道路要坚持走下去。特别是在当前台海形势下，两岸同胞更要坚定信心，团结前行。

第一，坚定不移坚持"九二共识"、反对"台独"。"台独"损害国家主权和领土完整，破坏台海和平稳定，只会给两岸同胞带来祸害。我们决不容忍"台独"势力兴风作浪，决不容许任何"台独"图谋得逞，一切分裂祖国的行径都是注定要失败的！两岸同胞要坚决反对和遏制"台独"分裂图谋和行径，以实际行动展现正义的力量和声音。

第二，坚定不移扩大深化两岸交流合作。扩大交流，深化合作，符合两岸同胞共同利益，对两岸都有利。两岸同胞对一些问题的看法分歧，不应影响两岸正常交流合作，更不应成为阻挠限制两岸交流合作的借口。我们完全理解台湾同胞的特殊心态，充分尊重台湾同胞现有的社会制度和生活方式。同样，大陆同胞历经长期努力、不懈奋斗，走上了中国特色社会主义道路，取得了举世瞩目的巨大成就，也值得台湾同胞尊重。两岸同胞要推己及人、将心比心，增进理解认同，实现心灵契合。

第三，坚定不移为两岸同胞谋福祉。两岸一家亲，都是中国人，台湾同胞是我们的骨肉天亲。改革开放40年间，两岸同胞始终同舟共济、砥砺前行。中华民族伟大复兴展现更加光明的前景，我们为同胞谋福祉的能力更强、条件更多。逐步为台企台胞提供与大陆企业、大陆同胞同等的待遇是我们的庄严承诺。今年2月，我们发布实施了促进两岸经济文化交流合作的31条措施，两岸各界反应良好。我们还会深入研究，适时推出更多新的政策措施，把同等待遇逐一落到实处。

第四，坚定不移团结两岸同胞共同致力民族复兴。民族强盛是同胞共同之福，民族弱乱是同胞共同之祸。实现中华民族伟大复兴是近代以来中华民族最伟大的梦想，是一代又一代中国人为之不懈奋斗的共同事业。民族复兴道路上，台湾同胞不应该缺席，也一定不会缺席。两岸同胞要顺应历史大势、共担民族大义，共同推动两岸关系和平发展、推进祖国和平统一进程，共圆中华民族伟大复兴的中国梦。

连战提出一个中国、两岸和平、互利融合、振兴中华四点主张。他表示，2005 年国共两党共同发布两岸和平发展五项愿景，基于坚持"九二共识"、反对"台独"的共同认知，推动两岸关系走上和平发展正轨。当前，台海形势陷入不稳定，正在对台湾民众的安全与福祉造成危害。两岸人民同属中华民族，曾经走过休戚与共的历史，本即一家人，不应再内耗，应当相偕以行，为追求两岸和平共荣而献策献力，共建和平的海峡及繁荣的两岸。

连战表示，两岸应在"九二共识"基础上巩固政治互信，重启对话，循序渐进处理历史所遗留的政治分歧。同时，通过经济合作、文化交流、民间往来，不断扩大互利，厚植两岸人民的同胞情谊、兄弟情怀，持续增进融合，共同促成振兴中华、民族复兴的美好未来。

（新华社 2018 年 7 月 13 日）

李克强谈台湾问题

　　国务院总理李克强3月5日在作政府工作报告时说，要继续全面准确贯彻"一国两制"方针，严格依照宪法和基本法办事。全力支持香港、澳门特别行政区政府和行政长官依法施政，大力发展经济、持续改善民生、有序推进民主、促进社会和谐。支持香港、澳门融入国家发展大局，深化内地与港澳地区交流合作。我们坚信，香港、澳门一定能与祖国内地同发展、共繁荣。

　　李克强说，要继续贯彻对台工作大政方针，坚持一个中国原则，在"九二共识"基础上推动两岸关系和平发展，推进祖国和平统一进程。坚决维护国家主权和领土完整，绝不容忍任何"台独"分裂图谋和行径。扩大两岸经济文化交流合作，逐步为台湾同胞在大陆学习、创业、就业、生活提供与大陆同胞同等待遇。两岸同根，骨肉相亲。两岸同胞顺应历史大势、共担民族大义，必将共创中华民族伟大复兴的美好未来！

（新华社2018年3月5日）

　　3 月 20 日上午十三届全国人大一次会议闭幕后，国务院总理李克强在人民大会堂三楼金色大厅会见采访十三届全国人大一次会议的中外记者并回答记者提出的问题。

　　台湾东森电视台记者：我们知道近年来由于种种原因，两岸关系充满着严峻的挑战，前景令人担忧，我的问题是面对这样的形势，大陆未来还要怎样维护两岸关系的和平发展？以及如何维护两岸同胞的福祉？谢谢。

　　李克强：保持两岸和平发展，这是两岸民众的福祉所在，我们会坚定按这条路走下去。我们对台湾同胞一直在考虑怎样为他们到大陆来工作、学习、生活，创造同等的待遇，因为我们是一家人。正因为我们同属于一个中国，那就不能容忍任何"台独"的企图、主张和行径，也不能允许外国势力打"台湾牌"，这会给两岸同胞、给两岸关系都带来困难。我们愿意和认同体现一个中国原则的"九二共识"的台湾政党、团体开展对话、协商，共同商谈解决两岸同胞关心的问题，维护两岸关系和平发展，最终实现祖国和平统一。这是民族大义所在。谢谢。

　　　　　　　　　　　　　　　　　（新华社 2018 年 3 月 20 日）

汪洋谈台湾问题

　　2018 年对台工作会议 2 月 1 日至 2 日在京举行。中共中央政治局常委、国务院副总理汪洋出席会议并讲话。他强调，深入学习贯彻党的十九大精神和习近平总书记对台工作重要思想，是当前及今后一个时期对台工作的首要政治任务。习近平总书记对台工作重要思想是习近平新时代中国特色社会主义思想的重要组成部分，是开展新时代对台工作的基本遵循和行动指南。我们必须长期坚持、一以贯之，在学懂弄通做实上下功夫，在对台工作中坚决贯彻落实，推动对台工作在新时代有新气象、新作为。

　　汪洋表示，党的十八大以来，以习近平同志为核心的党中央准确研判形势、科学决策部署，主导两岸关系大局。在各地区各部门共同努力下，对台工作稳中有进，经受了重大考验，取得了重要进展。

　　汪洋指出，当前及今后一个时期台海形势更加复杂严峻，对台工作面临风险挑战。要坚持一个中国原则和"九二共识"，坚决反对和遏制任何形式的"台独"分裂，积极扩大两岸经济文化交流合作，持续深化两岸经济社会融合发展，逐步为台湾同胞在大陆学习、创业、就业、生活提供与大陆同胞同等的待遇，推动两岸同胞共同弘扬中华文化，促进心灵契合。

汪洋强调，我们要更加紧密地团结在以习近平同志为核心的党中央周围，不忘初心，牢记使命，以时不我待、只争朝夕的精神状态，奋发有为，攻坚克难，贯彻落实好中央对台决策部署，为推动两岸关系和平发展、推进祖国和平统一进程作出新贡献。要始终坚持党对对台工作的集中统一领导，坚持全面从严治党，加强党风廉政建设，建设一支对党忠诚、业务专精、纪律严明的高素质对台工作队伍。

中共中央政治局委员、国务委员杨洁篪主持会议。

中共中央台办、国务院台办主任张志军作工作报告。中央党政军有关部门和各地有关负责同志出席会议。

（新华网 2018 年 2 月 2 日

海峡两岸关系协会第四届理事会第一次会议 4 月 27 日在北京举行。中共中央政治局常委、全国政协主席汪洋会见全体代表并讲话。汪洋充分肯定海协会第三届理事会的工作，对第四届理事会成立表示祝贺。他强调，对台工作事关国家发展大局，要深入学习贯彻党的十九大精神，以习近平总书记对台工作重要思想为根本遵循和行动指南，把党中央对台工作各项决策部署贯彻好落实好，维护和推动两岸关系和平发展。当前，台海形势复杂严峻，新一届理事会要积极主动作为，在继承中发展，在发展中创新，加强与台湾同胞的联系交流，促进两岸经济文化交流合作，妥善处理两岸民众交往中产生的问题和急难救助事项，团结广大台湾同胞共同奋斗，推进祖国和平统一进程，共圆中华民族伟大复兴的中国梦。

（新华社 2018 年 4 月 27 日）

　　第十届海峡论坛 6 月 6 日在厦门隆重举行。中共中央政治局常委、全国政协主席汪洋出席论坛开幕式并致辞。

　　汪洋指出，海峡两岸同胞同根同源、同文同种，是骨肉相亲、血脉相连的一家人，推动两岸关系和平发展是两岸同胞的共同心愿。坚持体现一个中国原则的"九二共识"，是确保两岸关系和平发展的关键，也是我们同台湾当局和各政党进行交往的基础和条件。只要做到这一点，任何政党和团体同大陆交往都不会存在障碍。"台独"分裂势力及其活动损害国家主权和领土完整，煽动两岸同胞敌意和对立，是台海和平稳定的最大威胁，必须坚决反对。

　　汪洋指出，两岸经济联系密切、互补性强，扩大深化经济合作、促进经济融合是两岸关系和平发展的强大动力。我们愿意优先同台湾企业分享大陆发展的机遇，将认真落实《关于促进两岸经济文化交流合作的若干措施》，在相关政策方面对台企实行与大陆企业一视同仁的待遇。

　　汪洋指出，密切人文交流、促进心灵契合，是两岸关系和平发展的牢固纽带。我们欢迎更多台湾同胞参与到两岸大交流中来，将认真落实惠及两岸同胞的各项政策措施，扩大两岸民众的受益面和获得感，尤其要为两岸基层民众、青年创业就业提供更多机会。

汪洋强调，两岸同胞同属中华民族，这种天然的血缘纽带任何力量都切割不断；两岸同属一个中国，这一基本事实任何力量都无法改变；两岸交流合作得天独厚，这种双向利益需求任何力量都压制不住；包括两岸同胞在内的中华儿女有决心通过自己的不懈奋斗自立于世界民族之林，这种全民族共同愿望任何力量都阻挡不了。只要两岸同胞共同努力，两岸关系和平发展道路一定能越走越宽广，中华民族伟大复兴的中国梦一定能够实现。

中国国民党副主席郝龙斌等在发言中表示，两岸关系形势越是严峻，两岸同胞越要坚定信心、排除干扰，开大门、走大路。要坚持"九二共识"、反对"台独"，进一步密切经济合作与文化交流，在巩固通邮、通商、通航成果的基础上，大力促进通学、通婚、通就业，使"两岸一家亲"的理念更加深入人心。

论坛开幕前，汪洋会见了出席论坛的部分两岸嘉宾和主办单位代表。汪洋勉励他们共担民族大义，共享发展机遇，共促交流合作，为两岸关系和平发展奉献更多心力。

（新华社 2018 年 6 月 6 日）

中共中央政治局常委、全国政协主席汪洋 7 月 3 日在北京会见了饶颖奇率领的台湾民意代表交流参访团一行。

汪洋说，多年来，政协委员与台湾民意代表形成了定期互访的活动机制，建立了坦诚务实的合作平台，打造了民意交流的重要品牌，在增进同胞相互理解、促进两岸交流合作等方面发挥了积极作用。

汪洋强调，祖国统一是大势所趋，民族复兴是人心所向。大陆对台大政方针是明确的、一贯的、稳定的，我们推动两岸关系和平发展的方针政策不会改变，促进两岸交流合作和心灵契合的理念不会改变，制止"台独"分裂图谋的坚强意志不会动摇，为台湾同胞办实事、办好事的政策力度不会削弱。希望持续深化政协委员与台湾民意代表交流，在继承中发展，在发展中创新，带动更多新生力量参与交流，夯实两岸关系和平发展的民意基础。

（新华社 2018 年 7 月 3 日）

中共中央政治局常委、全国政协主席汪洋 7 月 3 日下午在北京会见了蔡衍明董事长率领的台湾旺旺中时媒体集团访问团一行。

汪洋指出，维护国家统一是民族大义，任何力量都不能阻挡。我们将坚定坚持体现一个中国原则的"九二共识"，坚决反对和遏制"台独"分裂活动，推动两岸关系和平发展，推进祖国和平统一进程。两岸同胞是血脉相连的一家人。我们愿意扩大两岸经济文化交流合作，率先同台湾同胞分享大陆发展机遇，为台湾同胞在大陆发展提供同等待遇，使两岸同胞关系更密切、交流更深入、利益更融合。

汪洋表示，两岸关系和平发展符合两岸同胞的共同利益，只有两岸关系好，台湾同胞才能好。希望旺旺中时媒体集团秉持一贯立场，坚守民族情怀，善尽社会责任，积极倡导"两岸一家亲"理念，继续为推动两岸关系和平发展营造良好舆论环境。

（新华社 2018 年 7 月 3 日）

中共中央政治局常委、全国政协主席汪洋 7 月 13 日下午在京会见了中国国民党前主席连战率领的台湾各界人士参访团。

汪洋指出，今天上午习近平总书记会见了连战主席并发表重要讲话，全面深刻分析了当前台海形势，指明了两岸关系正确发展方向，对两岸同胞共同致力于中华民族伟大复兴具有重要指导意义。我们将认真贯彻落实习近平总书记重要讲话精神，与广大台湾同胞一道推动两岸关系和平发展与祖国和平统一进程。

汪洋强调，两岸同胞是命运与共的骨肉兄弟，是血浓于水的一家人。民进党当局处心积虑设置障碍，阻挡不住两岸同胞交往交流的脚步。我们秉持"两岸一家亲"理念，愿意率先同台湾同胞分享大陆发展机遇，落实促进两岸经济文化交流合作的各项措施，为台湾同胞前来大陆学习、创业、就业、生活提供更多便利，逐步享有与大陆企业、大陆同胞同等的待遇，促进两岸同胞心灵契合。

连战表示，中华文化和民族认同深植于台湾广大台胞心中。当前台海形势不稳、危机潜伏，使热心两岸关系和平发展的各界人士深感忧虑，不符合台湾同胞根本利益。所有中华儿女不能沉默无为，应共担民族大义，致力追求台海和平稳定，共谋民族复兴。

（新华社 2018 年 7 月 13 日）

中共中央政治局常委、全国政协主席汪洋 11 月 6 日在京会见了王文渊率领的台湾工业总会理监事参访团一行。

汪洋充分肯定台湾工业总会为促进两岸经济合作、推动两岸关系和平发展作出的积极贡献。他指出，改革开放是当代中国发展进步的必由之路，也是两岸关系和平发展的重要动力。今年是大陆改革开放 40 周年，我们推出了一系列新的改革开放举措。在昨天举行的首届中国国际进口博览会上，习近平总书记强调共建创新包容的开放型世界经济，宣布了中国扩大开放的新举措，相信一定会让包括台企在内的各类市场主体有更好的发展条件和更多的获得感。大陆经济长期稳中向好的总体态势没有改变，两岸经济优势互补的特征没有改变，台企台胞在大陆发展前景更加广阔。

汪洋强调，国家统一、民族复兴是包括台湾同胞在内的全体中华儿女的共同期盼。两岸中国人要顺应历史大势，共担民族大义，坚定维护国家主权和领土完整，坚决反对和遏制"台独"分裂图谋和行径，以实际行动推动两岸关系和平发展、推进祖国和平统一进程，共圆中华民族伟大复兴的中国梦。

（新华社 2018 年 11 月 6 日）

中共中央政治局常委、全国政协主席汪洋 12 月 4 日在 2018 两岸企业家峰会年会上的演讲，全文如下：

各位同胞，各位嘉宾：

上午好！很高兴与大家相聚在美丽的厦门，共同出席 2018 两岸企业家峰会年会。我谨代表中共中央和习近平总书记，对本次年会的召开表示热烈祝贺！向与会嘉宾特别是来自宝岛台湾的朋友们，表示诚挚的欢迎、致以亲切的问候！

两岸企业家峰会是为两岸企业家量身订制的民间交流合作平台，旨在促进两岸经济交流融合、共享两岸和平发展的商机。今年恰逢大陆改革开放 40 周年，年会以"融合新举措 共享新商机"为主题，具有特殊的意义。这次年会安排在厦门举行，是两岸有识之士排除困难、共同努力的结果。今天的会场座无虚席，数百位台企台胞如期而至，参会人数超乎预期，充分说明两岸同胞沟通交流、携手合作的愿望是强烈的，两岸经济社会融合发展的大势任何力量都无法阻挡！

今年以来，世界局势波诡云谲，台海形势严峻复杂，大陆经济运行稳中有变，构成了这次年会的"背景板"。今年我多次会见台湾工商界人士，刚才同台湾企业家代表见了面，大家最关心国际经济走势和大陆经济变化对台湾企业的影响，关心两岸经济合作前景特别是台湾企业在大陆的发展前景，有人信心不减，也有人忧心忡忡。究竟如何看？我愿在这里传递三条清晰的信息。

第一，国际局势一直在变，但两岸经济合作稳定发展的大势没有变。回首过去三四十年，和平与发展是世界主题，但天下并不太平，亚洲金融危机和国际金融危机影响深远，地区热点问题此起彼伏，传统安全与非传统安全威胁相互交织。台海形势也一波三折、跌宕起伏。但不管经历多少风雨，两岸交流合作的大潮始终滚滚向前。40 年前，两岸贸易只有 4600 万美元，预计今年将首次突破 2000 亿美元，增长了 4000 多倍，大陆连续 17 年成为台湾最大出口市场，每年为台湾带来大量顺差；大陆也是台商岛外投资的第一大目的地，各类投资额累计约 1300 亿美元。今年，保护主义、单边主义的阴霾笼罩全球，但两岸经贸合作逆势上涨，前 10 个月贸易额同比增长 18.6%，台商在大陆各类投资项目数同比增长 34.7%。这都说明，虽然台湾企业对外部市场和全球供应链依存度高，容易受到国际局势变化的影响，但大陆经济是一片大海，狂风骤雨可以掀翻小池塘、不能掀翻大海，两岸经济合作能够经受住国际风云变幻的考验，不断结出丰硕的果实。

第二，大陆经济增长方式深刻转变，但两岸经济优势互补的大格局没有变。两岸经济在资金、市场、技术、人才等方面各具优势。大陆经济增速有所放缓，但仍保持中高速增长，对世界经济增长的贡献率超过 30%，基本面并没有改变。需要强调的是，大陆经济转向高质量发展阶段之后，两岸经济合作空间不是缩小了，而是扩大了。台湾企业技术先进、创意多、管理经验丰富，符合大陆产业转型升级的需求。大陆中等收入群体不断扩大，居民消费结构由满足温饱向追求品质全面升级，对台湾优质产品和优质服务的需求与日俱增。大陆已是台湾农产品的最大出口市场，香蕉、凤梨、芒果正在源源不断摆上大陆同胞的餐桌。大陆居民去年出境旅游超过 1.3 亿人次，境外消费超过 1 万亿元人民币，我们乐见台湾分到其中更大的一块

"蛋糕"。我们中国人都知道"近水楼台先得月"的道理。只要我们秉持"两岸一家亲"的理念，加强开放合作，不用舍近求远，就能够实现共同发展。

第三，大陆的投资环境的确在变，但为台商提供良好服务的政策取向没有变。与改革开放初期相比，现在大陆劳动力开始贵了，土地约束严了，规划、环境执法和市场监管要求高了。特别是大陆党风政风正在进行根本性重塑，像过去那样公关团队找市长、市长一拍胸脯事就搞掂的状况少了，大陆的同类企业也在发展，钱不容易赚了。有些台商感到了经营压力，感到生意不如过去好做了，这个感受是真实的。不过大家看看，有哪一家大陆企业不是这样的感受呢？但这不等于说大陆投资环境变差了。透过现象看本质，我们推进反腐败、加强污染防治、规划土地管理、强化法治化监管，都是为了营造更好的投资环境，为企业长期可持续的发展创造条件。根据世界银行的最新报告，大陆营商环境在世界的排名比去年大幅提升30多位。今年以来，习近平总书记在博鳌亚洲论坛、首届中国国际进口博览会、亚太经合组织领导人非正式会议、二十国集团领导人峰会等多个场合都宣示了改革开放永不停步的坚定决心，宣布了改善营商环境的一系列重大举措。两岸同胞是手足兄弟，大陆对外开放愿意率先对台湾开放，因为我们是一家人！今年2月我们出台了促进两岸经济文化交流合作的"31条措施"，随后几个月又取消了台港澳人员就业证，实施了台湾居民居住证，这些都是送给台企台胞的"大礼包"。我们言必信、行必果，说到的一定会做到。目前，各地各部门都在按照习近平总书记的要求，顺应台湾同胞的期待，努力地抓落实，福建就出台了含金量颇高的 66 条配套措施。回顾两岸经济合作走过的路，一句话，大陆对台湾企业的政策和服务没有最好，只有更好，一定会越来越好。

各位同胞、各位嘉宾！

再过二十多天，就是全国人大常委会发表《告台湾同胞书》40 周年。这份重要文告铿锵有力地指出，"实现中国的统一，是人心所向，大势所趋"，"每一个中国人，不论是生活在台湾的还是生活在大陆的，都对中华民族的生存、发展和繁荣负有不可推诿的责任"。让我们携起手来，顺应历史大势，共担民族大义，坚持体现一个中国原则的"九二共识"，坚决反对和遏制"台独"，把民族命运、同胞福祉牢牢掌握在自己手中，为两岸关系和平发展加油助力，为实现中华民族伟大复兴的中国梦贡献力量！

最后，预祝本次峰会年会圆满成功！

谢谢大家。

（国务院台办 2018 年 12 月 7 日）

刘结一谈台湾问题

　　国务院台办主任刘结一4月11日在博鳌论坛国台办招待午宴上致辞，全文如下：

尊敬的萧万长荣誉董事长、钱复最高顾问、詹火生董事长，

尊敬的陈德铭会长，

各位台湾企业家朋友：

　　一年之计在于春，我们相聚博鳌，聚焦两岸同胞交流合作，很有意义。我谨代表中共中央台办、国务院台办对前来出席博鳌亚洲论坛的各位台湾朋友表示热烈欢迎，向长期以来支持两岸关系和平发展的海峡两岸各界表示衷心感谢！

　　昨天上午，习近平总书记在博鳌亚洲论坛年会开幕式上，发表题为"开放创新的亚洲，繁荣发展的世界"的主旨演讲，深刻总结祖国大陆改革开放40年来的辉煌成就和对人类和平发展事业的重大贡献，深刻阐释各国人民携手共建亚洲和人类命运共同体，共创和平、安宁、繁荣、开放、美丽的亚洲和世界的理念，郑重宣示新时代全体中国人民的使命担当。习近平总书记宣布四大方面扩大开放重大举措，为各方合作共赢创造了新的重要机遇。我们坚持开放共赢，勇于变革创新，在全面建设社会主义现代化强国、实现中华民族伟大复兴中国梦的进程

中，努力为共创亚洲和世界的美好未来、为构建人类命运共同体注入新能量，作出新贡献。

习近平总书记昨天亲切会见大家并语重心长地指出，在中国改革开放浪潮中，两岸同胞砥砺前行、同舟共济。祖国大陆的发展，功劳簿上要记上我们台胞台企的一笔。两岸的前景一定是很光明的，虽然会历经一些风雨坎坷，这些都不足为惧。我们就是要坚持"九二共识"，反对"台独"，这样两岸的路会越走越宽，前景会非常好。我们应该共同推进祖国和平统一大业，共圆中华民族伟大复兴的中国梦。

习近平总书记的主旨演讲和对大家的重要讲话，为我们推动两岸关系和平发展、深化两岸经济文化交流合作具有重要指导意义。

今年是全面贯彻中共十九大精神的开局之年，是改革开放40周年，是决胜全面建成小康社会、实施"十三五"规划承上启下的关键一年。我们践行新发展理念，深入推进供给侧结构性改革，加快完善市场经济体制，进一步激发市场主体活力，提升经济发展质量。我们深入实施创新发展战略，落实完善创新激励政策，大力推动大众创业、万众创新，不断增强经济创新力和竞争力。我们继续拓展全面开放新格局，以高水平开放推动高质量发展。这是充满希望的新时代，必然为广大台湾企业和台湾同胞带来新的发展机遇，为两岸经济合作开辟更广阔空间，提供更强劲动力。

两岸同胞是血浓于水的一家人，共享机遇、共谋发展、共创辉煌是应有之义。最近，国务院台办、国家发展改革委等31个部门出台《关于促进两岸经济文化交流合作的若干措施》。这是我们贯彻落实中共十九大精神和习近平总书记对台工作重要思想，为广大台胞台商办实事、办好事的具体举措。这些惠及广大台湾同胞的措施正在加紧落实，许多措施已经到位，广大台资企业和台湾同胞已经并将会有更多切实的获得感。

各位朋友，

当前台海形势更加复杂严峻。我们继续坚决贯彻中央对台工作大政方针，坚持一个中国原则和体现这一原则的"九二共识"，推动两岸关系和平发展，推进祖国和平统一进程。我们将继续扩大两岸经济文化交流合作，同台湾同胞分享大陆发展的机遇，增进台湾同胞福祉。我们坚决维护国家主权和领土完整，绝不容忍任何"台独"分裂图谋和行径。只要两岸同胞相向而行，携手合作，就一定能共同做大做强中华民族经济，共同实现中华民族伟大复兴的中国梦！

各位朋友都是台湾工商界知名人士，多年来为促进两岸经济交流合作作出重要贡献。希望大家把握历史大势、共担民族大义，继续发挥积极影响，为促进两岸同胞交流合作、推动两岸关系和平发展、推进祖国和平统一进程作出新贡献。

让我们共同举杯，为两岸同胞共同福祉，为中华民族的伟大复兴，为各位身体健康、事业兴隆、家庭幸福，干杯！

（国务院台办 2018 年 4 月 11 日）

中共中央台办、国务院台办主任刘结一 4 月 16 日在 2018 两岸智能装备制造郑州论坛开幕式上致辞，全文如下：

尊敬的曾培炎理事长、王国生书记、陈润儿省长，

尊敬的萧万长理事长、江丙坤副理事长，

各位嘉宾，各位朋友：

很高兴来到郑州参加由两岸企业家峰会举办的2018两岸智能装备制造郑州论坛。我代表中共中央台办、国务院台办，对此次论坛的举办表示热烈祝贺，向各位来宾特别是台湾同胞致以诚挚问候！

两岸企业家峰会成立五年来，在双方理事长、副理事长带领下，秉持"深化两岸产业融合、促进两岸关系和平发展"的宗旨，充分发挥峰会作为两岸之间最重要的企业交流合作民间平台优势，为两岸产业合作牵线搭桥，为促进两岸优势产业发展出谋划策，取得了丰硕合作成果，赢得了两岸业界信赖和尊重，也为推动两岸关系和平发展作出积极贡献。峰会走过的历程，也是三十多年来两岸经济合作的缩影。几天前，习近平总书记在博鳌会见萧万长先生一行时表示，在大陆改革开放浪潮中，两岸同胞砥砺前行、同舟共济。祖国大陆的发展，功劳簿上要记上我们台胞台企的一笔。习总书记的讲话高度肯定了广大台企台胞为大陆经济发展作出的贡献。这也是对在座的各位台湾工商界朋友的评价。

习近平总书记在博鳌亚洲论坛年会开幕式上，发表题为"开放创新的亚洲，繁荣发展的世界"主旨演讲，深刻总结祖国大陆改革开放40年来取得的辉煌成就和对人类和平发展事业做出的重大贡献，深刻阐释各国人民携手共建亚洲和人类命运共同体，共创和平、安宁、繁荣、开放、美丽的亚洲和世界的理念，郑重宣示新时代全体中国人民的使命担当。习近平总书记

宣布我们将在大幅放宽市场准入、创造更有吸引力的投资环境、加强知识产权保护、主动扩大进口等四个方面推出重大举措，并尽快付诸实施。这些重大举措将为广大台资企业和台湾同胞提供更好发展机遇和更大发展空间，为两岸业者和民众带来更多利益和福祉。广大台资企业和台湾同胞把握机遇，顺势而为，就一定有更加广阔的发展前景。

去年以来，我们陆续公布实施一系列为台湾同胞在大陆发展提供更好待遇的政策措施，为促进两岸经济文化交流合作发挥了重要作用。今年 2 月 28 日，我们发布实施 31 条促进两岸经济文化交流合作的措施。这是秉持"两岸一家亲"理念，同台湾同胞分享大陆发展机遇，逐步为台湾同胞在大陆学习、创业、就业、生活提供同等待遇的新举措。我们将一以贯之地做下去，不仅把惠及广大台胞的 31 条措施落实好，还将持续大力促进两岸经济文化交流合作。31 条措施的第一条就是"台资企业参与'中国制造 2025'行动计划适用与大陆企业同等政策"，对台商来大陆投资设立高端制造、智能制造、绿色制造等企业予以税收、投资等方面的支持。此次论坛以"智能装备制造链接两岸引领未来"为主题，与 31 条措施高度契合，希望两岸企业界顺势而上，加强合作，共同参与"中国制造 2025"行动计划，推动制造业不断迈向高端。

大陆与台湾是不可分割的命运共同体，我们的命运从来都是紧紧连在一起的。祖国统一是人心所向、大势所趋，是中华民族整体利益和两岸同胞根本利益所在，将为广大台湾同胞带来前所未有的机遇。当前两岸关系更趋复杂严峻。台湾当局拒不承认"九二共识"，纵容"去中国化""渐进台独"，阻挠干扰两岸交流合作，个别人肆意鼓吹"台独"，这些不仅破坏两岸关系和平发展，也损害广大台湾同胞的切身利益。希望各位台湾朋友同我们一道，坚持体现一个中国原则的"九二共识"，坚决反对任何形式的"台独"分裂活动，共同推动两岸关系和平发展、推进祖国和平统一进程，共圆中华民族伟大复兴的中国梦。

各位嘉宾，各位朋友！

河南是中华民族与华夏文明的发祥地，是中部地区重要的人口大省、经济大省、文化大省，区位优势得天独厚。近年来，中原经济区、河南自贸区等国家战略落地河南，为河南推动经济转型升级、提升制造业发展水平提供了强劲动力和支撑。在河南省委、省政府的高度重视和大力支持下，豫台两地交流合作持续深化，人员往来日益密切，经济联系日趋紧密。大批台湾企业落户河南，快速发展。希望各位台商朋友借助此次论坛获得新的收获，实现更大发展。

最后，预祝 2018 两岸智能装备制造郑州论坛圆满成功！祝各位嘉宾身体健康、事业兴旺！谢谢大家。

（中国台湾网 2018 年 4 月 16 日）

中共中央台办、国务院台办主任刘结一 5 月 16 日在全国台企联政策说明会上发表讲话。全文如下：

尊敬的王屏生会长，张文潭监事长，

张汉文、郭山辉、丁鲲华荣誉会长，

各位来宾，各位朋友：

大家好!

3 个月前，我应邀出席全国台企联新春座谈会，今天再次与大家见面，的确倍感亲切。我谨代表中共中央台办、国务院台办对全国台企联成立 11 周年表示热烈祝贺。

全国台企联成立以来，始终旗帜鲜明地坚持一个中国原则，坚决反对“台独”，团结带领广大台商为促进两岸经济交流合作、推动两岸关系和平发展作出积极贡献，得到两岸同胞的普遍认可。去年 5 月，习近平总书记致信祝贺台企联成立 10 周年，勉励台企联再接再厉，坚持一个中国原则，广泛团结台湾同胞，共同开拓进取，为维护两岸关系和平发展、实现中华民族伟大复兴作出新的贡献。今年 4 月，习近平总书记在海南博鳌会见台湾两岸共同市场基金会荣誉董事长萧万长一行时表示，在大陆改革开放浪潮中，两岸同胞砥砺前行、同舟共济。祖国大陆的发展，功劳簿上要记上台胞台企的一笔。只要坚持“九二共识”，反对“台独”，两岸的路会越走越宽，前景会非常好。我们应该共同来推进祖国和平统一大业，共圆中华民族伟大复兴的中国梦。习近平总书记的讲话高度肯定了台企联和广大台商台企为两岸同胞交流合作作出的重要贡献，也提出了两岸共推祖国和平统一大业、共圆中华民族伟大复兴中国梦的殷切期望。

两岸是割舍不断的命运共同体。我们践行“两岸一家亲”理念，不断为台湾同胞分享大陆发展机遇创造更好的条件，逐步为台湾同胞在大陆学习、创业、就业、生活提供与大陆同胞同等的待遇。今年 2 月发布实施的 31 条促进两岸经济文化交流合作措施已经产生实效，很快将全部落实到位。上海、福建、广东、浙江、江苏等台企台胞聚集的重点省市已经或正在采取进一步惠及台胞的行动。最近，多家台企参与"中国制造2025"项目、多位台胞获评省级劳动模范和"三八红旗手"。部分省市正在进一步探索实行台胞台企同城待遇措施。我们推进两岸同胞交流合作的步伐不会停息，一些地区和领域在提供同等待遇方面先行先试会有新进展，在推动两岸产业共同发展方面会有新实效，台湾同胞在大陆发展的机遇会更大，天地会更广阔。

今年是改革开放40周年。我们坚持全面深化改革，贯彻新发展理念，推动经济实现更高质量发展，建设现代化经济体系。4月，习近平总书记在博鳌郑重宣布，我们将在大幅放宽市场准入、创造更有吸引力的投资环境、加强知识产权保护、主动扩大进口等四个方面推出重大举措，并尽快付诸实施。祖国大陆深化改革、扩大开放带来广阔空间、巨大机遇，广大台商台企可以率先分享，"近水楼台先得月"。希望广大台商台胞增进对祖国大陆新发展理念、新发展战略的了解，抢抓新机遇，实现更大、更好发展。

40年来，广大台商是两岸关系发展的先行者、两岸交流合作的实践者，也是两岸和平红利的获益者。你们投身两岸交流合作、支持两岸关系和平发展，不仅实现了自身价值，也是为广大台湾同胞的福祉打拼，更是为中华民族伟大复兴作贡献。相信大家通过切身经历都能深刻体会到，两岸关系走近走好，台湾的前途才会好，台商台企才能发展得更好。两岸关系的政治基础是一个中国原则。在大是大非问题上，广大台商应当立场坚定、态度鲜明，坚持体现一个中国原则的"九二共识"，坚决反对"台独"分裂，积极推动两岸关系和平发展，推进祖国和平统一进程。这是从根本上维护广大台湾同胞的利益，为广大台湾同胞创造更加美好的未来。

当前，台海形势更加复杂严峻。民进党当局拒不承认"九二共识"，放任纵容"去中国化""渐进台独"，阻扰限制两岸交流合作。极少数"台独"分子蓄意制造两岸对立敌意，企图推动"奥运正名公投""独立公投"等等。这些图谋和行径危害两岸关系和平发展，破坏台海地区和平稳定，损害中华民族的整体利益和广大台湾同胞、台商台企的切身利益。随着"九合一"选举临近，此类图谋和行径还会变本加厉。希望广大台商朋友对此高度警惕，坚决反对。希望大家共担民族大义，以实际行动让广大台胞认清"台独"分子害台的本质，认清这些人是两岸关系政治基础的破坏者、两岸和平发展和交流合作的麻烦制造者；以实际行动壮大岛内坚持"九二共识"、反对"台独"、推动两岸关系和平发展、推进祖国和平统一的政治力量。

两岸同胞是血脉相通的一家人，我们的前途和命运紧密相连。国家统一、民族复兴是人心所向、大势所趋。我们要凝聚两岸同胞的力量和智慧，持续扩大两岸同胞各领域交流合作，共同推动两岸关系和平发展，推进祖国和平统一进程，共圆中华民族伟大复兴的中国梦。

谢谢大家。

（中国台湾网 2018 年 5 月 16 日）

　　中共中央台办、国务院台办主任刘结一6月12日出席第七届云台会开幕式并致辞。全文如下：

尊敬的阮成发省长，

尊敬的洪秀柱主席，

各位嘉宾，各位朋友：

　　大家好！

　　很高兴来出席第七届云台会。我代表中共中央台办、国务院台办，对云台会的举办表示热烈祝贺，向各位来宾，特别是台湾同胞致以诚挚问候！

　　云台会自2012年以来已连续举办六届，取得了丰硕成果，成为独具特色的两岸经贸文化交流合作平台，见证了许多台胞把握云南发展的良机，做大自身事业，创造更多价值，实现更大发展的历程。他们的经历是台胞台企在大陆发展的缩影。

　　今天，台湾同胞来大陆发展面临前所未有的机遇。中国特色社会主义进入新时代，中华民族迎来了从站起来富起来到强起来的历史性飞跃。今年是改革开放四十周年。四十年来，广大台胞台企搭乘祖国大陆发展的快车，在广阔的天地中实现自身价值，道路越走越宽。许多台胞讲，他们今天的成就远远超出当初的预期。我们全面贯彻中共十九大精神，践行新发展理念，深入推进供给侧结构性改革，加快完善市场经济体制，进一步激发市场主体活力，提升经济发展质量。我们深入实施创新发展战略，落实完善创新激励政策，大力推动大众创业、万众创新，不断增强经济创新力和竞争力。我们不断拓展全面开放新格局，以高水平开放推动高质量发展。这些都为广大台胞台企在大陆发展提供了更加广阔的前景和机遇。

　　两岸同胞是不可分割的命运共同体。近年来，我们持续推出惠及台湾同胞的措施，同台湾同胞率先分享大陆发展机遇。今年 2 月 28 日，国务院台办、国家发展改革委等 31 个部门出台《关于促进两岸经济文化交流合作的若干措施》。这是秉持"两岸一家亲"理念，同台湾同胞分享大陆发展机遇，逐步让台湾同胞在大陆学习、创业、就业、生活与大陆同胞享有同等待遇，不断增进台湾同胞福祉的新举措。这些措施正在全面落实，已经为台湾同胞带来更多实实在在的利益。例如，一些台企已经参与"中国制造 2025"，享受大陆扶持科技创新的政策；一些台企抓住"一带一路"的机遇，通过"中欧班列"将货物销往中亚、欧洲市场；一些企业利用大陆优惠政策，到中西部地区发展，完善产业布局；一些企业在大陆上市，借助大陆资本市场获得新发展动力；有些台湾同胞获得劳动模范、"三八红旗手"、青年五四奖章等荣誉称号。今年台湾学生申请到大陆高校就读的人数成倍增长，其中很多人是第一次踏足大陆。他们期待到祖国大陆发展，迈出人生追梦的重要一步，一定能够获得更多更好的机遇。不少省市落实 31 条措施的同时，先行先试，让台胞台企有更多获得感。比如，上海最近推出 55 条、福建推出 66 条、厦门推出 60 条措施，其他一些省市也正在结合本地区情况推出更多惠及台胞的措施。我们会不断为台胞台企在大陆发展创造更好的环境和条件。

　　两岸关系好，台湾才会有前途，台湾同胞才能有更好发展前景和福祉。推动两岸关系和平发展是两岸同胞的共同心愿，关键是坚持体现一个中国原则的"九二共识"，维护两岸关系的政治基础。当前，两岸关系复杂严峻。民进党当局拒不承认

"九二共识"，放任纵容"去中国化""渐进台独"，阻挠限制两岸交流合作，企图在两岸同胞之间制造敌意和对立，不仅威胁台海和平稳定，也严重危害台湾同胞的切身利益和福祉。希望两岸同胞共担民族大义，旗帜鲜明地坚持"九二共识"，反对形形色色的"台独"图谋，清除阻碍两岸交流合作的"绊脚石"，推动两岸关系和平发展，推进祖国和平统一进程，为实现中华民族伟大复兴的中国梦共同努力。

云南是我国通往东盟、南亚的窗口和门户，具有推进"一带一路"建设、实施乡村振兴战略、西部大开发、沿边开发开放等多种政策叠加优势，生态资源、民族文化资源丰富，发展潜力巨大。云南省委、省政府高度重视并大力支持云台经贸文化交流合作，相信台胞台企能在云南实现更大、更好发展。中共中央台办、国务院台办将一如既往地支持云台两地不断扩大深化经济文化交流合作。

预祝第七届云台会圆满成功，祝各位身体健康、事业兴旺！谢谢大家！

（国务院台办 2018 年 6 月 13 日）

国务院台办主任刘结一 7 月 5 日出席第十一届津台会开幕式并致辞，全文如下：

尊敬的李鸿忠书记、张国清市长，

尊敬的郝龙斌副主席，

各位嘉宾、各位朋友、女士们、先生们：

大家好!

首先我代表中共中央台办、国务院台办,对第 11 届津台投资合作洽谈会暨 2018 年天津·台湾商品博览会开幕表示热烈祝贺,向各位来宾特别是台湾嘉宾致以诚挚问候!

2008 年首次举办以来,津台会规模不断扩大,内容不断充实,影响不断提升,成效日益显著,成为两岸经贸交流合作的品牌活动。本届津台会具有鲜明特色。一是对接国家发展战略,服务京津冀协同发展和雄安新区建设规划。京津冀台四地企业家峰会、知名品牌发展对接会、人才交流研讨会、大健康创新科技研讨会等系列活动,为台胞台企用好京津冀协同发展机遇搭建了多领域平台。二是锐意创新,先行先试,释放制度红利。本届津台会将展示天津推进自由贸易试验区建设、深化服务贸易创新发展、建设滨海新区配套改革试验区等多项政策叠加优势,推进京津冀一体化通关等创新政策,为两岸企业合作发展拓宽通道,为两岸产业融合发展创造条件。

本届津台会的两大特色,正是我们秉持"两岸一家亲"理念、率先同台湾同胞分享大陆发展机遇的生动体现。海峡两岸是利益相关、命运相通的共同体,两岸同胞是血脉相连、骨肉相亲的一家人,理应携手发展、融合发展,共谋民族复兴。近年来,我们持续推出大量惠及台湾同胞的政策措施。今年 2 月出台促进两岸经济文化交流合作的"31 条措施",出发点和落脚点就是逐步为台胞台企提供与大陆同胞、大陆企业同等的待遇,增进台湾同胞福祉,让台湾同胞在祖国大陆的广阔天地实现更好的发展。

在全面落实"31 条措施"的同时,不少省市结合本地区实

际，发布进一步惠及台湾同胞的具体措施。比如上海推出 55
条、福建推出 66 条、厦门推出 60 条、宁波推出 80 条措施等。
天津市刚刚公布了 52 条措施，围绕津台经济合作、社会文化交
流、台胞学习实习就业创业和在津生活配套推出实施细则，确
保对台惠民措施尽快落实到位。"31 条措施"发布 4 个多月以
来，许多台胞拿到就业证、准考证、资格证、市民证、老年证、
奖学金、荣誉称号等，许多台企获得营业许可、税收减免、资
金补贴等，他们深深感受到同等待遇、同城待遇的亲情、实实
在在的获得感和充满机遇的发展空间。中央台办将同各地区各
部门一道，为深化两岸经济文化交流、加强两岸同胞心灵契合
继续努力。

今年是改革开放 40 周年。习近平总书记 4 月在博鳌宣布，
我们将在大幅放宽市场准入、创造更有吸引力投资环境、加强
知识产权保护、主动扩大进口等四个方面推出重大举措，并尽
快付诸实施。一个拥有 13 亿多人口的世界最大市场和第二大经
济体，将实现更高质量、更有效率、更加公平、更加开放、更
可持续的发展。这为深化两岸经济文化交流合作、为台胞台企
融入祖国大陆发展展现出空前机遇和前景。

两岸关系好，台胞台企才会好，台湾才会有前途。两岸关
系和平发展是维护两岸和平、促进共同发展、造福两岸同胞的
正确道路。一个中国原则是两岸关系的政治基础。坚持体现一
个中国原则的"九二共识"、反对"台独"，是确保两岸关系和
平发展的关键。当前，台海形势更加复杂严峻，民进党当局拒
不承认体现一个中国原则的"九二共识"，推行"去中国化""渐
进台独"活动，蓄意阻挠两岸同胞交流合作，在危险的道路上

越滑越远。这些图谋和行径严重危害两岸关系，直接威胁台海地区和平稳定，损害中华民族的根本利益和广大台胞的切身利益，是不可能得逞的。两岸同胞要共担民族大义，以实际行动坚决反对和遏制"台独"分裂活动，推动两岸关系和平发展，推进祖国和平统一进程，为实现中华民族伟大复兴的中国梦而共同努力。

津台会也是推动两岸青年交流的平台。青年代表着未来。近期岛内民调显示，台湾300多万青年中，约60%愿意来大陆发展。今年报考南开大学等大陆知名高校的台湾高中毕业生数倍于往年，暑期还将有成千上万的台湾青年要来大陆实习，台湾青年选择到大陆就业创业更是蔚然成风。我们欢迎台湾年轻人到祖国大陆来追逐梦想、实现梦想，将继续为他们多创造条件，帮助他们路走得更顺，梦圆得更美。希望两岸青年多交流、多合作，共享事业发展的成功，共同传承中华文化，携手创造中华民族更加美好的未来。

天津是全国改革开放先行区、金融创新示范区、自由贸易试验区、先进制造业研发基地，处于"21世纪海上丝绸之路"支点和新亚欧大陆桥经济走廊重要节点，区位优势明显，发展空间广阔。天津市委市政府历来高度重视并大力支持津台经济社会文化交流合作。随着"31条措施"和天津市"52条措施"不断落实执行，来津发展的台胞台企必将享受到更美好的生活，拥有更广阔的发展前景。中央台办、国务院台办将一如既往支持津台两地不断扩大深化各领域交流合作。

预祝第11届津台会暨2018年台博会圆满成功，祝各位身体健康、事业兴旺！

谢谢大家。

（国务院台办 2018 年 7 月 5 日）

　　中共中央台办、国务院台办主任刘结一 7 月 8 日出席首届
海峡两岸青年发展论坛开幕式并致辞，全文如下：
尊敬的车俊书记，
尊敬的中国国民党前主席洪秀柱女士，
各位嘉宾，青年朋友们：
　　大家上午好！
　　很高兴与海峡两岸的青年朋友们在杭州相聚，共同参加首
届"海峡两岸青年发展论坛"。在此，我谨代表中共中央台湾工
作办公室、国务院台湾事务办公室对首届"海峡两岸青年发展
论坛"的顺利召开表示祝贺！向来自海峡两岸的各位嘉宾、青
年朋友们致以热烈的欢迎和诚挚的问候！
　　"海峡两岸青年发展论坛"是两岸青年交流合作新平台，应
运而生，乘势而起，受到两岸各界的广泛关注。首届论坛以
"携手共创新时代"为主题，聚焦新形势下两岸青年的共同责任
和使命，为他们加强交流、增进了解、凝聚共识、共谋发展提
供助力，对推动两岸关系和平发展，促进两岸同胞心灵契合具
有积极意义。
　　近年来，我们秉持"两岸一家亲"的理念，持续扩大两岸
经济文化交流合作，逐步为台湾同胞特别是青年一代在大陆学
习、创业、就业、生活提供与大陆同胞同等待遇，不断扩大台

湾同胞的受益面和获得感。我们积极推动落实关于促进两岸经济文化交流合作的 31 条措施，一些省市陆续发布更为具体、更有特色和更具操作性的实施办法，让相关措施落地生效。刚才，车俊书记宣布了浙江省关于落实 31 条的具体措施，共有 76 项之多，涉及方方面面。前不久，宁波市也发布了 80 条具体措施。这些措施都将为广大台湾同胞来浙江发展提供更为良好的政策环境，带来更多实实在在的好处。

今年是祖国大陆改革开放 40 周年。我们坚持全面深化改革，贯彻创新、协调、绿色、开放、共享的新发展理念，推动经济发展以提高质量和效益为中心，把增强民生福祉作为社会发展的根本目的，各项事业不断取得令人瞩目的成就。大陆经济转方式、调结构，新兴产业蓬勃发展，社会发展活力和创新活力明显增强，国际影响力和感召力日益提升。

祖国大陆的快速发展为两岸同胞尤其是台湾青年提供了前所未有的大好机遇和广阔的发展平台。我们持续为台湾青年来大陆发展营造更好的环境，持续优化政策，积极搭建平台，相继授牌设立了 75 个两岸青年就业创业基地和海峡两岸青年就业创业示范点，成为两岸青年交流的桥梁和台湾青年来大陆实习、就业、创业的重要载体。我们真诚欢迎台湾青年分享大陆发展的机遇，在祖国大陆广阔天地施展才华、实现抱负。

当前，两岸关系形势复杂严峻。民进党当局推行"去中国化"和"渐进台独"，纵容"台独"势力搞分裂活动，极力阻挠限制两岸交流和人员往来。这些图谋和行径严重危害两岸关系，严重损害两岸同胞特别是台湾同胞的根本利益。两岸关系发展历程充分说明，台湾同胞的福祉，特别是青年一代的发展，与两岸关系息息相关。两岸关系好，台湾才有前途。两岸关系改善发展，进而实现统一，台湾才会有广阔发展空间，台湾青年一代也才会获得更大、更好的发展机遇和舞台。破坏两岸关系，就是破坏台湾同胞特别是青年一代美好生活的前景和希望，必将遭到历史和人民的唾弃。

青年兴则国家兴，青年强则国家强。青年是时代的先锋，是最富活力、最具创造性的社会群体。青年一代有理想、有本领、有担当，国家就有前途，民族就有希望。两岸青年是与新时代共同前进的一代，要以"家国天下"为己任，共同承担时代赋予的历史责任。

——要做两岸关系和平发展的推动者。两岸关系和平发展是造福两岸同胞的康庄大道，也为两岸青年深化交流、携手共赢提供了广阔天地。两岸关系和平发展，就要坚持体现一个中国原则的"九二共识"、反对"台独"。坚持一个中国原则的政治基础，两岸的路会越走越宽，前景会愈加光明。两岸关系和平发展离不开两岸青年的积极参与和倾心投入，两岸青年在交流中加深了解、增进感情、加强合作，也为两岸关系和平发展注入了新动力。两岸青年要从民族大义的更高站位看待两岸关系，把握两岸大势，以实际行动推动两岸关系和平发展，共同开创两岸关系美好未来。

——要做中华优秀传统文化的弘扬者。五千年历史长河，积淀了独具特色、灿烂辉煌的中华文化。这是中华民族生生不息的精神支撑，是中华儿女的精神纽带，也是两岸青年共同的宝贵财富。中华优秀传统文化植根于两岸同胞内心深处，是两岸同胞的"根"与"魂"。两岸青年同根同源、同文同种，共同在中华文化的滋养下成长，肩负着向世界传承和发展中华文化的历史使命。两岸青年要增强中华民族自信、中华文化自信，共同向世界讲好"中国故事"，共同赋予中华文化以新的时代内涵。

——要做实现中华民族伟大复兴"中国梦"的贡献者。中华民族正在实现从站起来、富起来到强起来的伟大飞跃，我们比历史上任何时候都更接近、更有信心和能力实现中华民族伟大复兴的目标。这是两岸同胞共同的荣耀，也是包括广大台湾同胞在内的全体中华儿女的共同愿望和神圣责任。两岸同胞都是民族复兴的参与者、推动者和获益者，中华民族正以崭新的姿态屹立于世界的东方，我们真诚希望台湾同胞搭上民族自强的列车，广大台湾青年不能也更不应该缺席。两岸青年要团结奋斗、勇于担当、携手共进，以"主人翁"的姿态共同加入到实现中华民族伟大复兴的历史进程中来，携手共圆"中国梦"。

海峡两岸一脉相承，两岸同胞血浓于水。希望两岸青年顺应历史大势、共担民族大义，共同为推动两岸关系和平发展，为实现祖国统一和中华民族伟大复兴贡献力量。

最后，预祝首届"海峡两岸青年发展论坛"取得圆满成功！谢谢大家！

（国务院台办 2018 年 7 月 8 日）

中共中央台办、国务院台办主任刘结一出席"共担民族大义、共谋民族复兴"座谈会并致辞，全文如下：

尊敬的连战主席，

尊敬的戴秉国会长，

各位嘉宾、专家学者：

大家下午好！

海峡两岸关系研究中心与两岸和平发展基金会共同主办"共担民族大义、共谋民族复兴"座谈会，探讨当前形势下两岸同胞共同致力于实现中华民族伟大复兴的主题，很有意义。我谨代表中共中央台办、国务院台办，对座谈会召开表示祝贺！向出席座谈会的两岸各界人士、专家学者致以诚挚问候！

连主席胸怀民族、心系两岸，长期推动两岸关系和平发展、致力于中华民族伟大复兴，为两岸关系发展作出历史性贡献。我要特别向连主席致以敬意。

今天上午，习近平总书记会见连主席和台湾各界人士时发表了重要讲话，对两岸同胞全面认识当前台海形势、把握两岸关系发展主流和大势、在新时代携手同心书写中华民族伟大复兴新篇章，具有重大指导意义。

遵循习近平总书记讲话精神，围绕本次座谈会主题，我就当前两岸关系形势和两岸同胞共担民族复兴使命谈四点看法。

第一，携手同心担大义。捍卫中华民族的整体利益和根本利益，是民族大义在历史长河中永恒的核心意涵。当前台海形势下，两岸同胞共担民族大义，就是要从全民族根本利益出发，坚定维护国家主权和领土完整，坚决反对和遏制"台独"分裂图谋和行径，推动两岸关系和平发展、推进祖国和平统一进程，为实现中华民族伟大复兴贡献力量。两岸同胞都是中华儿女，都对民族复兴充满期盼，都是民族复兴的参与者、推动者、获益者。只要两岸同胞都胸怀民族大义，相向而行，就能够排除干扰，携手同心维护好、建设好我们共同的家园，在共同致力于民族复兴的历史伟业中，共享中国人的荣耀。

第二，把握大势看主流。近 40 年来，在两岸同胞共同努力下，两岸关系从 1993 年"汪辜会谈"、2005 年国共两党领导人会谈、2014 年双方两岸事务主管部门负责人会面，到 2015 年两岸领导人历史性会晤，接连上了四个台阶，不断取得新的突破。两岸关系从持续 38 年的隔绝，走到全面直接"三通"，进而实现各领域交流合作广泛、利益交融深入、人员来往密切的良好局面。如此巨大的变化表明，无论历经怎样的风雨考验，无论"台独"分裂势力如何阻挠干扰，两岸关系向前推进、向上提升、走近走好，始终是两岸同胞的主流民意，是两岸命运共同体的集中体现，是不可阻挡的大势。1916 年 9 月，孙中山先生在海宁观赏钱塘江大潮后有感而发，写下"世界潮流，浩浩汤汤，顺之则昌，逆之则亡"的名句。两岸关系发展和祖国统一的浩荡大势，任何"台独"势力阻挡不住，都注定要失败。两岸同胞要增强必胜信念，勇于克难前行，坚定不移推动两岸关系和平发展，推进祖国和平统一进程。

第三，齐心协力反"台独"。当前台海形势严峻复杂，民进党当局拒不承认体现一个中国原则"九二共识"，破坏两岸关系的政治基础，顽固推行"去中国化"、"渐进台独"，阻挠限制两岸交流合作，打压认同"九二共识"、反对"台独"、支持祖国统一的政党、团体和人士，挟洋自重、制造麻烦，在危险的道路上越走越远。岛内"台独"势力推动所谓"奥运正名""制宪""公投"等分裂活动。这些行径损害两岸同胞的根本利益，尤其是台湾同胞的福祉，是不能得逞的。任何外部势力打"台湾牌"也是不可能得逞的。两岸关系好，台湾才有前途，广大台湾同胞才有光明未来。两岸同胞要团结一致，以实际行动坚决反对、制止任何"台独"分裂活动。

第四，以民为本谋福祉。中华民族从未如此接近伟大复兴，更有能力和条件为两岸同胞谋福祉。今年以来，我们秉持"两岸一家亲"理念，在率先向台湾同胞分享大陆发展机遇、为台企台胞逐步提供同等待遇上迈出大步，发布实施了促进两岸经济文化交流合作的 31 条措施。各地区各部门迅速抓紧落实，相继推出配套和具体措施，比如上海 55 条、福建 66 条、天津 52 条、浙江 76 条及厦门 60 条、宁波 80 条等等。这些措施受到广大台湾同胞的欢迎，已有很多台胞台企从中受益，收获了扎扎实实的"政策措施红利"。我们将进一步深化两岸经济文化交流合作，提升两岸同胞特别是台湾同胞的受益面和获得感，尤其要为台湾基层民众、青年朋友提供更多发展机会和平台，让广大台胞搭上祖国发展、民族复兴的快车。凡是对台湾同胞有利的事情，我们都会把实事办实、好事办好。

习近平总书记指出，只要大家登高望远，就能看清主流、把握大势，就有理由对两岸关系的未来充满信心。在座的两岸各界人士、专家学者是两岸关系发展的亲历者、见证者和推动者，希望大家围绕座谈会主题，集思广益，共同为中华民族伟大复兴的新时代篇章建言献策，贡献力量。

谢谢大家！

（国务院台办 2018 年 7 月 13 日）

中共中央台办、国务院台办主任刘结一 7 月 19 日出席第七届两岸和平发展法学论坛开幕式并致辞，全文如下：

尊敬的王乐泉会长、陈冀平书记，

尊敬的苏永钦理事长、潘维大校长，

海峡两岸的专家学者：

大家好！

很高兴出席第七届两岸和平发展法学论坛。我谨代表中共中央台办、国务院台办，对论坛的召开表示热烈祝贺，向与会嘉宾特别是来自台湾的专家学者致以诚挚问候！

本届论坛以"两岸法学交流合作回顾与展望"为主题，回顾两岸法学交流合作 30 年历程，聚焦两岸经济社会融合发展中的法律问题，研讨如何深化两岸法学交流合作，具有重要意义。希望本届论坛为巩固两岸关系的政治基础，凝聚两岸同胞的共识，促进两岸同胞的交流合作作出应有贡献。

今年是祖国大陆改革开放 40 周年。大陆同胞历经长期努力、不懈奋斗，走上了中国特色社会主义道路，取得了举世瞩目的巨大成就。我们始终坚持"和平统一、一国两制"基本方针，坚决反对"台独"分裂活动，深化两岸经济文化交流合作，保障两岸同胞合法权益，推动两岸关系和平发展，推进祖国和平统一进程。在这一历史进程中，两岸同胞包括法律界人士为厚植两岸同属一个中国的政治基础，增进两岸同胞理解认同，推动两岸关系克难前行作出了积极贡献。

中共十九大确定了决胜全面建成小康社会、全面建设社会主义现代化强国的宏伟蓝图，明确了全面推进依法治国的总目标，阐述了推进新时代对台工作、发展两岸关系的指导思想。7

月 13 日，习近平总书记在会见中国国民党前主席连战率领的台湾各界人士参访团时发表重要讲话，强调大道之行、人心所向，势不可挡，强调要坚定不移坚持"九二共识"、反对"台独"，坚定不移扩大深化两岸交流合作，坚定不移为两岸同胞谋福祉，坚定不移团结两岸同胞共同致力民族复兴。这对两岸同胞全面认识当前台海形势、把握两岸关系发展主流和大势、在新时代携手同心书写中华民族伟大复兴新篇章具有重大指导意义。

当前，台海形势复杂严峻，两岸同胞包括法律界人士十分关心如何排除干扰，推动两岸关系和平发展、深化两岸经济文化交流合作、促进两岸同胞心灵契合。我愿就此谈几点看法。

第一，恪守政治基础，捍卫一中原则。一个中国原则是两岸关系的政治基础。坚持体现一个中国原则的"九二共识"，是确保两岸关系和平发展的关键。中国的主权和领土完整从未分裂，两岸同属一个中国的事实从未改变，也不可能改变。民进党当局拒不承认"九二共识"，推行"去中国化""渐进台独"等等，阻挠限制两岸同胞交流合作，打压认同"九二共识"、反对"台独"、支持祖国统一的政党、团体和人士，放任纵容"台独"势力操弄所谓"公投""制宪"，挟洋自重、制造麻烦，在危险的道路上越滑越远。这些图谋和行径直接威胁台海和平稳定，严重危害两岸关系，损害中华民族根本利益特别是广大台湾同胞切身利益。两岸同胞要保持高度警惕，旗帜鲜明地坚持"九二共识"，坚定反对和遏制各种形式的"台独"分裂活动，以实际行动捍卫两岸关系的政治基础。

第二，强化法治保障，促进融合发展。两岸同胞是血脉相连、骨肉相亲的一家人，理应共享机遇、共谋发展。今年 2 月，我们出台促进两岸经济文化交流合作的 31 条措施，出发点和落脚点就是逐步为台胞提供与大陆同胞同等待遇，让台湾同胞在祖国大陆广阔天地实现更好发展。这些措施已经为台湾同胞带来实实在在的获得感。不少省市结合当地实际，陆续出台更大力度的地方性措施，赢得广大台胞赞许。我们的法律服务市场不断扩大开放，越来越多的台湾法律界人士前来执业发展。2008 年开放台湾居民参加国家司法考试以来，共有 3876 人次参加考试，334 人被授予法律职业资格，其中许多人已在大陆从事律师行业。我们在司法领域不断推出惠及台胞的措施，一些省市在台商投资区、台湾农民创业园、台湾青年就业创业基地设立了法官工作室、检察工作室、司法服务站，聘任台胞担任人民调解员、人民陪审员、检察联络员、社区矫正监督员等，为台湾同胞参与大陆法治建设创造了更好条件。祖国大陆进一步深化改革、扩大开放，给广大台胞带来更加广阔的发展机遇和前景。我们鼓励两岸法律界人士积极发挥专长，为深化两岸同胞交流合作提供优质法律服务和保障。

第三，弘扬法治文化，增进心灵契合。中华法治文化源远流长、底蕴深厚，是中华优秀传统文化的重要组成部分，是两岸同胞共同的精神财富。以民为本、明德慎罚、讲信修睦、天下为公等中华传统法治思想精髓，为两岸广大同胞共同尊崇。祖国大陆在法治建设过程中植根传统、立足现实，深入推进科学立法、严格执法、公正司法、全民守法，在加强人权法治保障、满足人民群众司法需求、推进信息化建设和大数据应用等方面实现了跨越发展。希望两岸法律界人士携手同心，共同传承中华法治文化优良传统，促进两岸同胞心灵契合。

解决台湾问题、实现祖国完全统一，是中华民族根本利益所在。两岸关系走近走好，台湾才有前途，广大台湾同胞才有光明未来。希望两岸法律界有识之士，坚定为两岸同胞谋福祉、为中华民族谋复兴的使命担当，为推动两岸关系和平发展、推进祖国和平统一进程作出应有贡献！

预祝本届研讨会圆满成功。谢谢大家！

（国务院台办 2018 年 7 月 19 日）

中共中央台办、国务院台办主任刘结一 8 月 23 日出席第 21 届京台科技论坛并致辞，全文如下：

尊敬的陈吉宁市长、王宁副市长，

尊敬的胡志强副董事长、郑崇华荣誉董事长，

各位嘉宾，各位朋友：

大家上午好！

今天，第 21 届京台科技论坛在美丽的雁栖湖畔开幕。京台科技论坛是两岸经贸科技交流合作的重要平台，举办 21 年来成果丰硕。本届论坛以"科技合作让两岸更美好"为主题，汇聚两岸高端创新要素，彰显科技创新引领作用，契合首都"四个中心"核心功能建设，必将推动两岸经贸科技交流合作迈上新台阶。我代表中共中央台办、国务院台办，对本届论坛开幕表示热烈祝贺，向出席论坛的两岸嘉宾致以诚挚问候！

让两岸更美好，是"两岸一家亲""两岸命运共同体"等重要理念的出发点和落脚点。多年来，我们紧扣广大台胞台企需

求，努力为台湾同胞分享大陆发展机遇创造有利条件，为台湾同胞办实事、做好事、解难事，持续推出一系列政策举措。

今年 2 月，我们发布促进两岸经济文化交流合作的"31 条措施"。各地区、各部门认真全面落实，结合本地区、本部门实际，推出具体措施，迄今已有 10 个省区市的 22 个地方出台更多具体惠台措施，得到广大台胞台企普遍肯定和热烈欢迎。据不完全统计，短短几个月来，仅江苏、浙江、福建三省就有 1000 余家台企享受高新技术企业等各类税收减免近 40 亿元人民币，近 100 家台企获得工业转型升级、绿色制造、智能制造、互联网产业联盟等国家各类科技专项资金支持。一些优秀台企参与了北京新机场、北京多条地铁项目施工建设，获得工程总承包方的肯定。800 多名台胞考取了大陆诸多热门行业职业资格，100 多名台湾同胞获得"五一劳动奖章""劳动模范"等各类荣誉，成为"两岸一家亲"的生动写照。

8 月 5 日，福建向金门供水工程正式通水，两岸同胞共同见证了这一重要历史时刻，场面十分感人。历史时刻展现了历史大势。大陆优质水源流入金门千家万户，为金门乡亲解燃眉之急、免后顾之忧，为两岸同胞情再添一段佳话。

不久前，国务院决定，台湾居民来大陆工作不再需要办理专门就业许可。在大陆工作的台胞凭借工商营业执照、劳动合同、工资支付凭证或社会保险缴费记录作为就业证明材料，依法享有各项劳动保障权益，享受公共就业服务。这为广大台胞在大陆兴业发展进一步提供了便利和保障。

9 月 1 日起，台湾同胞即可自愿申领台湾居民居住证。持证台胞在居住地依法享受 3 项权利、6 项基本公共服务和 9 项便利。具体讲，享受劳动就业、参加社会保险、缴存提取和使用住房公积金等 3 项权利；居住地政府及有关部门为其提供义务教育、基本公共就业服务、基本公共卫生服务、公共文化体育服务、法律援助和其他法律服务等 6 项基本公共服务；享受在居住地办理机动车登记，申领机动车驾驶证，报名参加职业资格考试，申请授予职业资格，办理生育服务登记，以及在大陆住宿旅馆、乘坐国内航班、火车等交通运输工具，办理银行、保险、证券和期货等金融业务，与大陆居民同等待遇购物，购买公园和各类文体场馆门票，进行文化娱乐商旅消费等 9 项便利。台湾居民居住证与大陆的社会公共服务系统普遍兼容，使用方便，回应了广大台湾同胞的普遍诉求，能够解决台湾同胞在大陆学习、生活、就业、创业的实际问题。便民、利民、落实同等待遇，是这项政策的意义所在。

我们坚持扩大深化两岸各领域交流，两岸同胞交流交往不断升温。今年台湾学生报考大陆高校人数和大陆高校录取台生人数均大幅增长，台生报考地域更广、专业更多，部分高校报考人数超过往年数倍。不久前，海峡两岸体育交流运动会成功在北京举办，1800 多名台湾青年前来参赛，在同场竞技中增进了同胞情谊。今年夏季，数千名台湾青年来大陆实习，很多人第一次踏足祖国大陆，迈出实现人生梦想第一步。

两岸是密不可分、休戚与共的命运共同体，台湾同胞是我们的骨肉天亲。我们将一如既往为广大台湾同胞真心实意谋福祉、实实在在谋利益。深化两岸经济文化交流合作，是两岸同胞的共同心声，为广大台湾同胞带来了扎扎实实的收获感。

两岸关系走近、走实、走好，是民心所向、民意所在。阻挠破坏两岸交流，企图割裂两岸历史文化联结，搞"去中国化"、"台独"分裂活动，迫害打压反对"台独"、支持统一的正义力量等等，损害两岸同胞的根本利益，损害台湾同胞的切身利益，是不能得逞的。故意制造事端、歪曲事实，挑动两岸同胞对立，是自欺欺人。广大台湾同胞看穿了这些行径的危害和背后图谋，两岸同胞对这些行径深恶痛绝。

两岸关系好，台湾老百姓才会好，台湾才会有前途。我们坚定不移坚持"九二共识"、反对"台独"；坚定不移扩大深化两岸交流合作；坚定不移为两岸同胞谋福祉；坚定不移团结两岸同胞共同致力民族复兴。两岸同胞要顺应历史大势、共担民族大义，共同推动两岸关系和平发展、推进祖国和平统一进程，共圆中华民族伟大复兴的中国梦。

首都北京是具有 3000 多年厚重历史积淀的文化名城，是政治中心、文化中心、国际交往中心、科技创新中心，具有独特的资源和优势。北京着力实施京津冀协同发展战略，打造建设国际一流和谐宜居之都，发展机遇前所未有。北京市委、市政府高度重视、大力支持京台合作，为台胞台企在北京投资兴业、实现更好发展提供了难得机遇。中共中央台办、国务院台办将一如既往大力支持，做好服务。我们欢迎更多台胞台企参与北京经济社会发展，搭乘祖国发展快车实现自身事业更大发展。

预祝本届论坛圆满成功！祝各位嘉宾身体健康、事业兴旺、生活幸福！谢谢大家！

（国务院台办 2018 年 8 月 23 日）

中共中央台办、国务院台办主任刘结一 9 月 12 日出席
2018 浙江·台湾合作周开幕式并致辞,全文如下:

尊敬的袁家军省长、林军秘书长,

尊敬的吴伯雄主席、江丙坤副理事长、王文渊理事长、赖正镒
理事长,各位嘉宾,各位朋友:

大家上午好!

今天,浙江与台湾一年一度的交流合作盛会在西子湖畔隆
重开幕。我代表中共中央台办、国务院台办,对 2018 浙江·台
湾合作周成功举办表示热烈祝贺,向出席活动的两岸嘉宾致以
诚挚问候!

本届浙江·台湾合作周以"共享机遇、融合发展"为主题,
紧扣国家对高质量发展的要求和浙江省"八八战略",聚焦两岸
新经济新产业合作和创新发展,举办智能制造、跨境电商、乡
村振兴等多场专题活动,科技创新含量高、两岸同胞参与面广,
必将在扩大深化两岸交流合作方面取得新的成果。

两岸同胞是命运与共、血浓于水的骨肉天亲。多年来,我
们秉持"两岸一家亲"理念,践行以人民为中心的发展思想,
持续推出一系列政策举措,为台胞在大陆学习、创业、就业、
生活提供与大陆同胞同等待遇,努力办实事、做好事、解难事,
率先同台湾同胞分享大陆发展机遇。

今年 2 月,我们出台关于促进两岸经济文化交流合作的
"31 条措施",力度之大、范围之广、涉及部门之多前所未有。
各地区各部门全面落实"31 条措施",已有 11 个省区市的 26
个地方出台了进一步具体措施。浙江省结合本省实际出台 76 条
措施并取得实效,全省已有数百家台企获得高新技术研发等各

类补贴；台湾文创企业在政府采购中脱颖而出，成为浙江文化名片之一"印象西湖"大型灯光秀的中标者；报考浙江大学的台生人数同比增长 3 倍以上；15 名台胞入选浙江省"千人计划"；近百名台湾博士在浙江工作；百余名在浙台胞获得大陆行医资格；在浙江长期从事幼教工作的台胞几天前光荣出席省妇代会。国家和浙江省相关政策措施受到广大台胞台企的热烈欢迎。

8 月初，我们克服干扰，实现福建向金门正式供水，解决了金门乡亲吃水用水问题。不久前，国务院决定，台湾居民来大陆工作不再需要办理专门的《台港澳人员就业证》，这为广大台胞依法享有各项劳动保障权益、享受公共就业服务进一步提供方便。

9 月 1 日，台湾居民居住证政策正式实施。这是我们回应台胞要求，便利台湾同胞在大陆生活、居住和就业，为广大台湾同胞排忧解难的又一重要举措。持证台胞在居住地依法享受 3 项权利、6 项基本公共服务和 9 项便利。具体讲，享受劳动就业、参加社会保险、缴存提取和使用住房公积金等 3 项权利；居住地政府及有关部门为其提供义务教育、基本公共就业服务、基本公共卫生服务、公共文化体育服务、法律援助和其他法律服务等 6 项基本公共服务；持证台胞享受在居住地办理机动车登记，申领机动车驾驶证，报名参加职业资格考试，申请授予职业资格，办理生育服务登记，以及在大陆住宿旅馆、乘坐国内航班、火车等交通运输工具，办理银行、保险、证券和期货等金融业务，与大陆居民同等待遇购物，购买公园和各类文体场馆门票，进行文化娱乐商旅消费等 9 项便利。各地台胞踊跃申领，三天内就有近万名台胞申领，一些台胞拿到居住证后已开始中秋假期出行网上预订，享受居住证带来的诸多权益和便利。

　　为帮助台商台企解决在大陆生产经营遇到的困难和问题，我们积极采取措施支持台企转型升级，如推动优质台企在大陆上市、帮助台商解决融资难问题、支持台企通过电商平台开拓内需市场、设立海峡两岸产业合作区等。总体来看，大陆台资企业效益良好、前景光明，新的台商投资项目不断增加，一批高科技大项目持续增资扩产。

　　我们心系台湾同胞，为身处海外的台胞扶危济困。无论是自然灾难还是战乱，每当我们组织撤侨避险，对台胞都热情提供协助。不久前，日本关西机场遭受台风袭击，在中国驻大阪总领事馆及时协助下，32 名台湾同胞同大陆及港澳同胞一道安全撤离。祖国是广大台胞的坚强后盾，对在海外受困有难的台胞，我们历来感同身受，全力帮助救助。

　　我们所做的上述种种一以贯之，出发点和落脚点都是为广大台胞实实在在地排忧解难、增进福祉。岛内"台独"势力和民进党当局无视广大台湾同胞的切身利益，企图靠造谣抹黑、设置障碍来阻挠两岸同胞深化交流合作，完全是徒劳的。在为台湾同胞谋福祉、谋利益、谋前途方面，谁在真干实干，谁在破坏捣乱，公道自在人心，两岸同胞心中自有评判。

　　历史和现实都告诉我们：两岸关系好，台湾同胞才会好，台湾才会有前途。民进党当局拒不承认体现一个中国原则的"九二共识"，顽固推行"去中国化""渐进台独"活动，蓄意阻挠两岸交流合作，损害了两岸同胞的根本利益。两岸同胞应携起手来，坚决反对和遏制各种"台独"分裂活动，共担民族大义，共同推动两岸关系和平发展、推进祖国和平统一进程，共圆中华民族伟大复兴的中国梦！

各位嘉宾，各位同胞，

我们全面深化改革，贯彻新发展理念，不断减税降费优化营商环境，积极鼓励"大众创业""万众创新"，推进京津冀协同发展、长江经济带发展、粤港澳大湾区建设等新战略，市场活力持续增强，经济一直保持中高速增长和高质量发展的稳健势头，发展前景长期向好。我们不断扩大对外开放，各自贸区积极先行先试高水平对外开放措施，近五年来同"一带一路"相关国家的货物贸易额累计超过 5 万亿美元、直接投资额累计超过 600 亿美元、包括浙江义乌班列在内的中欧货运班列累计超过 1 万列。越来越多的台胞台企从祖国大陆发展中直接受益，更获得前所未有的广阔发展空间。希望广大台胞台企充分利用各地区各部门各行业各领域助力企业发展的政策红利和制度红利，抓住机遇，加快发展，再创新的辉煌。

近年来，浙江省积极开展"最多跑一次"改革，着力打造审批事项最少、办事效率最高、投资环境最优、群众和企业获得感最强的省份。浙江省委省政府高度重视与台湾的交流合作，出台帮助台胞台企上市、上网、上榜和靠拢民企、外企优惠政策等"三上""两靠"政策，在全国率先建立台企法律服务顾问制度等。中央台办、国务院台办将一如既往支持浙台交流合作，欢迎更多台湾同胞到浙江投资兴业和学习生活。

最后，预祝本届合作周圆满成功，祝各位嘉宾身体健康、事业兴旺！谢谢大家。

（国务院台办 2018 年 9 月 12 日）

9月20日上午，2018两岸青年就业创业研讨会在江苏省昆山市开幕，中共中央台办、国务院台办主任刘结一出席开幕式并致辞，以下为致辞全文：

尊敬的郭金龙理事长、张平副理事长、黄莉新主席，

尊敬的萧万长理事长，

各位嘉宾、各位青年朋友：

大家上午好。

今天，两岸企业家峰会主办的2018两岸青年就业创业研讨会在江苏省昆山市开幕。我代表中共中央台办、国务院台办对研讨会的召开表示热烈祝贺，对研讨会的主办方——两岸企业家峰会表示衷心感谢，对各界与会嘉宾和青年朋友致以诚挚问候。

两岸企业家峰会自成立以来，始终坚持体现一个中国原则的"九二共识"，推动建立起两岸企业界经常性交流与产业对接机制，在深化两岸产业互利合作、密切两岸企业交流对接和推动台湾青年就业创业等方面取得了丰硕成果，已经成为两岸间最重要的企业交流合作平台，深受两岸各界高度肯定。

去年以来，峰会的两岸理事会相继完成换届，一批热心两岸经济交流合作、德高望重的政商界人士加盟理事会，为峰会注入新的活力。希望峰会更好发挥平台作用，深化两岸经济合作，促进同胞心灵契合，为推动两岸关系和平发展、推进祖国和平统一进程、团结广大台湾同胞共同致力于实现中华民族伟大复兴的中国梦作出新贡献。

此次青年就业创业研讨会是本届峰会理事会举办的首场重要活动，充分体现出峰会理事会对青年的重视与关爱。峰会关

心青年成长，发扬传承精神，带领两岸企业界搭建平台，为两岸青年共享机遇、共谋发展铺路搭桥，很有意义。

我们历来高度重视两岸青年交流合作和台湾青年在大陆的发展。习近平总书记强调，青年是民族的未来，也是两岸的未来。要为两岸青年学习、就业、创业、交流提供更多机遇、创造更好条件，使青年一代成为推动两岸关系发展、实现民族振兴的重要力量。

近年来，我们立足台湾青年实际需求，陆续出台政策举措、搭建服务平台，为台湾青年学习、实习、就业、创业不断创造有利条件。我们已经设立 76 个海峡两岸青年就业创业基地和示范点，为台湾青年创业创新提供辅导培训、融资支持、资源对接等专业服务，累计已有 1 万多名台湾青年在基地示范点就业实习创业。各类企事业单位不断为台湾青年提供更多就业实习岗位，今年提供了超过 2 万个岗位。今年台生报考大陆高校地域更广、专业更多，部分高校报考人数超过往年数倍，大陆高校为台生提供了更多择业领域和事业发展空间。

大陆改革开放以来，一批又一批的台湾青年带着梦想来祖国大陆创业，有些是白手起家、从零开始，他们创造了一个又一个商业奇迹。例如，经过近二十年的发展，台企呷哺呷哺已在祖国大陆开设门店 800 多家，两岸咖啡开设门店 500 多家，樱花卫厨开设 60 多家分公司、1500 多家专业服务中心。同当年青年台商一样，今天正有越来越多的台湾青年活跃在文创、互联网、电子信息、现代服务业等各个领域，在大陆书写自己的奋斗故事，有些青年已有可喜成就。慧幸智能科技、纸箱王、苏州杯面、桃桃喜等台湾青年创业项目发展势头良好，一大批青年就业创业"网红"近年脱颖而出。

　　不久前，北京、福建等地台青联合倡议在大陆发展"靠自己、接地气、不投机、重发展、促融合、赢未来"六原则，各地台青在新媒体上反响热烈。"六原则"既体现出台青享受大陆各项政策措施的获得感，更体现出他们积极进取、奋发有为的精神风貌和对未来的美好憧憬。相信广大台青的奋斗之花，必定会在祖国大陆这棵参天大树上结出累累硕果。

　　两岸同胞是命运与共的骨肉兄弟，是血浓于水的一家人。多年来，我们秉持"两岸一家亲"重要理念和"以人民为中心"发展思想，紧扣台胞台企的实际需求，努力办实事、做好事、解难事。

　　今年2月，我们出台关于促进两岸经济文化交流合作的31条措施，为台湾同胞在大陆学习、创业、就业、生活创造机遇、提供便利。"31条措施"体现出"以人为本""执政为民""同等待遇""排忧解难"等理念，体现出我们对台胞台企的关心关怀，广大台胞台企已经深有体会。13个省区市的28个地方出台进一步具体措施。江苏省结合本省实际出台"76条措施"并取得实效，昆山市等省内城市也纷纷出台本地措施。据不完全统计，全省已有近700家台资企业享受高新技术企业税收优惠，近600家台企享受小微企业减免税优惠，7名台胞入选国家"千人计划"，仅昆山登云科技职业学院、淮阴工学院、淮阴师范学院三所高校就累计招聘台湾青年教师近百人。台企研华科技研发的交通管理解决方案成功中标昆山"智慧城市"建设政府采购。国家和江苏省出台的各项措施受到广大台胞的热烈欢迎。

　　不久前，国务院决定，台湾居民来大陆工作不再需要办理

《港澳台就业许可证》，在大陆工作的台胞可以工商营业执照、劳动合同、工资支付凭证或社会保险缴费记录作为就业证明材料，依法享有各项劳动保障权益，享受公共就业服务。这为来大陆就业创业的台湾青年提供了更多便利。

9月1日起，台湾同胞可自愿申领台湾居民居住证，持证台胞在居住地依法享受3项权利、6项基本公共服务和9项便利。这是我们积极回应广大台胞台企诉求，为台胞在大陆居住、生活、学习、从业等提供权益、服务和便利的又一重要举措。经过认真调研台胞特别是台青需求，居住证解决了台青集中反映的入住各类酒店民宿、享受民航高铁购票便利、办理各类手续等问题。目前，各地台胞踊跃申领居住证，已经切身感受到居住证给他们工作和生活带来的诸多便利。

我们持续为两岸同胞和两岸青年合作发展创造有利条件，但"台独"势力和民进党当局却不断干扰破坏两岸交流合作，阻挠和限制台胞台青在大陆获得更大发展机会，甚至企图恫吓自愿申领居住证的台胞，这种损害两岸同胞共同利益和广大台湾同胞切身利益的行径不得人心，注定不能得逞。

两岸关系好，台湾才会好，台胞台青才会有光明前途。越来越多的台胞和台青深刻体会到，秉持民族大义，以实际行动推动两岸关系走实走近走好，才是真正的爱台湾。

各位嘉宾，各位青年朋友，

我们坚持全面深化改革，贯彻新发展理念，发展质量和效益不断提升，经济运行延续总体平稳、稳中有进、稳中向好的态势，世界上规模最大中等收入群体形成的消费市场潜力巨大。营商环境持续优化，"放管服"改革取得实效，减税降费措施落实到位，经济发展的活力持续增强。对外开放持续推进，各自贸区积极先行先试高水平对外开放措施，近5年来同"一带一路"沿线国家的货物贸易额累计超过5万亿美元、直接投资额累计超过600亿美元、中欧货运班列累计超过1万列。就业形势稳中向好，今年前7个月，城镇新增就业880万人，同比增加25万人。"大众创业、万众创新"不断升级，今年上半年日均新设市场主体1.81万家，创业创新将在更大范围、更高层次和更深程度上全面推进。这些都为广大台青施展抱负提供了广阔舞台和历史性机遇。

我们衷心希望广大台湾青年在祖国大陆行稳致远，实现梦想。希望你们在大陆发展机遇中明确自身发展目标，在融入大陆社会中促进两岸同胞心灵契合，在与大陆青年合作打拼中实现互利共赢。相信大家沿着这条大路锲而不舍地走下去，就一定能够收获成功，书写锦绣前程！

"红日初升，其道大光"。青年正如初升的红日，前途光明，责任重大。希望两岸青年携手同心，共担民族大义，共同推动两岸关系和平发展，推进祖国和平统一进程，共圆中华民族伟大复兴的中国梦！

最后，祝本次研讨会圆满成功。祝各位嘉宾、各位朋友中秋佳节愉快，阖家幸福。谢谢大家。

（国务院台办2018年9月20日）

中共中央台办、国务院台办主任刘结一 10 月 30 日出席第
十四届湘台经贸文化交流合作会开幕式并致辞，全文如下：
尊敬的许达哲省长、乌兰副书记、何报翔副省长，
尊敬的刘兆玄董事长、陈镇湘前副主席、
王屏生会长，
各位嘉宾，各位朋友：

大家上午好！

今天，第 14 届湘台经贸文化交流合作会隆重开幕。我代表
中共中央台办、国务院台办，向与会的两岸嘉宾表示热烈欢迎。

几天前，习近平总书记在广东考察时强调，进入新时代，
国际国内形势发生广泛而深刻的变化，改革发展面临着新形势
新任务新挑战，我们要抓住机遇、迎接挑战，关键在于高举新
时代改革开放旗帜，继续全面深化改革、全面扩大开放。越是
环境复杂，我们越是要以更坚定的信心、更有力的措施把改革
开放不断推向深入。这为祖国大陆推动经济社会向前发展指明
了方向，也为台胞台企在大陆发展创造了有利条件和新的机遇。

面对国内外复杂形势，我们践行新发展理念，坚持稳中求
进工作总基调，经济运行保持总体平稳、稳中向好的态势。经
济结构不断优化，质量效益明显提高，经济保持中高速增长和
迈向中高端水平的有利条件不断增多。今年前三季度，大陆
GDP 同比增长 6.7%，继续位于世界前列，制造业采购经理人
指数连续 26 个月位于荣枯线以上，货物贸易同比增长 16.6%。
日均新注册企业超过 1.8 万户，城镇新增就业达到 1107 万人，
新技术新产业新业态新模式等新动能不断壮大。

我们坚定不移推动经济实现高质量发展。深化"放管服"

改革，实施减税降费、出口退税、提升投资贸易便利化等举措，进一步降低企业成本，优化营商环境，激发企业活力动力。加快发展先进制造业，推动实体经济和数字经济融合发展，不断提升制造业的数字化、网络化、智能化水平。深入实施创新驱动战略，大力打造大众创业、万众创新升级版，积极培育壮大新动能，在大数据、人工智能、"互联网＋"等领域大力推广新技术、新业态、新模式，做大做强新兴产业集群。积极推进生态文明建设，统筹山水田湖林草系统治理。加快推动乡村振兴，带动乡村产业、人才、文化、生态和组织振兴。切实保障和改善民生，有效解决就业、教育、医疗、社保、住房、家政服务等问题。

祖国大陆经济高质量发展，给台胞台企提供了难得的新机遇，开辟了更广阔的空间，带来了更光明的前景。广大台胞台企对此高度关注、普遍看好、积极响应。今年前三季度，大陆新增台商投资项目 3764 个，同比增长 32.2%。大陆台企总体经营良好，不少技术含量高、规模大的台企继续增资扩产，在大陆高质量发展中进一步壮大自身事业。

我们践行"两岸一家亲"理念和"以人民为中心"的发展思想，紧扣台湾同胞的迫切诉求和切身利益，今年以来相继出台促进两岸经济文化交流合作的"31 条措施"、取消台港澳人员在内地就业许可事项、为自愿申领的台湾居民发放居住证等举措，逐步为台胞在大陆学习、创业、就业、生活提供与大陆同胞同等的待遇，率先同台湾同胞分享大陆发展机遇，努力扩大两岸经济文化交流合作，实现互利互惠，促进心灵契合。目前 18 个省区市的 40 个地方出台了进一步具体措施，广大台胞台企获得的同等待遇和各类发展机遇不断落实和扩大。

我们积极创造条件，不断扩大深化两岸产业合作，支持台胞台企积极参与大陆蓬勃发展的电子商务、大数据、"互联网＋"、人工智能等，加强两岸精致农业、医疗照护、金融及现代服务业合作，促进两岸中小企业和基层深度交流，帮助台湾青年在大陆实习就业创业，推动两岸同胞产业合作迈上新台阶，扩大合作的受益面，让更多两岸同胞共享合作成果。

我们一如既往为台胞台企办实事、做好事、解难事，不断为台胞台企分享祖国大陆发展机遇创造有利条件，帮助台胞台企抓住机遇，充分从各项有关政策中受益，搭乘祖国大陆发展快车，取得新的收获。我们希望台企积极转型升级，提升企业竞争力，更加注重拓展内销市场，积极到包括湖南在内的中西部地区、东北地区投资兴业。我们欢迎台胞台企与大陆业界合资合作、共同研发、共创品牌、共拓市场，实现强强联合、优势互补、融合发展、互利共赢，在祖国大陆广阔的天地里获得更好发展、长久发展。

两岸同胞是休戚与共的命运共同体，始终心心相印、守望相助。长期以来，众多台胞台企为促进两岸交流合作、推动两岸关系和平发展作出了积极努力。广大台胞深刻体会到，两岸关系好，台湾同胞才会好，台湾才会有光明的发展前途。当前，两岸关系形势复杂严峻。民进党当局拒不承认体现一个中国原则的"九二共识"，持续推行"去中国化"、"渐进台独"，迫害打压反对"台独"的正义力量，阻挠两岸交流合作，制造敌意，勾连外部势力，破坏两岸关系和平发展。这些行径损害两岸同胞的根本利益，2300万台湾同胞更是深受其害。人心不可违。

危害广大人民的利益，必将受到人民的惩罚。祖国统一是不可阻挡的大势。逆历史潮流而动，必将被历史抛弃。两岸同胞要共担民族大义，共同推动两岸关系和平发展、推进祖国和平统一进程，共圆中华民族伟大复兴的中国梦！

湖南省位于长江中游，自然资源、生态资源丰富，人杰地灵，具备"一带一路"、长江经济带建设和促进中部地区崛起等多种政策叠加优势。湖南省委、省政府高度重视湘台合作，出台深化湘台经济文化交流合作"59 条措施"，包括支持科技创新、支持优质项目和高端人才引进、支持两岸艺人同等参与广电文化交流等方面"真金白银"措施。本届湘台会以"深化创新合作、促进融合发展"为主题，聚焦两岸青年、文化、科技、旅游、农业交流合作，积极为台胞台企搭建平台，希望大家共同促成更多实质合作成果，实现共赢。

预祝本届湘台会圆满成功，祝各位嘉宾身体健康、事业兴旺！

谢谢大家。

（国务院台办 2018 年 10 月 31 日）

统计资料

宁 溪 辑

2018 年台湾重要经济指标统计表

经济增长率（%）	2.63
"国内生产总额"（GDP）（亿美元）	5894.74
人均"国内生产总额"（美元）	25229
工业生产增长率（%）	3.25
农业增长率（%）	2.03
服务业增长率（%）	2.56
民间消费增长率（%）	2.05
民间投资增长率（%）	1.46
侨外商投资金额（亿美元）	114.40
台当局核准的对外投资金额（亿美元）	142.95
年底新台币对美元汇价	30.73
年底外汇存底（亿美元）	4618
货币供给额 M1B 日均值（新台币亿元）	1720.53
上市公司数（家）	928
上市股票总面值（新台币千万元）	707785
上市股票总市值（新台币千万元）	3183194
股市成交值（新台币千万元）	2931845
失业率（%）	3.71
消费者物价上涨率（%）	1.35

对外贸易总额（百万美元）	622635.8	
其中出口	336022.9	
进口	286612.9	
贸易顺差	49409.0	
出口贸易结构（百万美元，%）	336022.9	100.0
出口资本财	42147.5	12.5
中间产品	263570.3	78.4
消费品	28468.4	8.5
其他	1836.6	0.5
进口贸易结构（百万美元，%）	286612.9	100.0
进口机器设备	43323.3	15.1
农工原料	203776.4	71.1
消费品	36062.3	12.6
其他	3450.9	1.2
美台贸易总值（百万美元）	74434.5	
其中台湾对美出口	39701.4	
台湾从美进口	34733.1	
台湾出超	4968.3	
港台贸易总值（百万美元）	43003.8	
其中台湾对香港出口	41594.2	
台湾从香港进口	1409.6	
台湾出超	40184.6	
日台贸易总值（百万美元）	67255.0	
其中台湾对日出口	23092.7	
台湾从日进口	44162.3	

台湾入超	-21069.6
台湾对欧洲贸易总值（百万美元）	66135.9
其中台湾对欧洲出口	31572.1
台湾从欧洲进口	34563.8
台湾出超	-2991.7
两岸贸易总值（百万美元）	226244.3
其中台湾对大陆出口	177597.6
台湾从大陆进口	48646.7
大陆贸易逆差	128950.9
大陆实际利用台资（亿美元）	13.9
台湾当局核准陆资投资项目（项）	141
核准投资金额（亿美元）	2.31
台湾民众赴大陆人次（万人次）	417.3
大陆民众赴台湾人次（万人次）	269.6

1977—2018 年台湾经济增长率

单位：%

年度　　项目	经济增长率	年度　　项目	经济增长率
1977	10.88	1998	3.47
1978	13.45	1999	5.97
1979	8.01	2000	6.42
1980	7.32	2001	-1.26
1981	6.46	2002	5.57
1982	3.97	2003	4.12
1983	8.32	2004	6.51
1984	9.32	2005	5.42
1985	4.07	2006	5.62
1986	11.00	2007	6.52
1987	10.68	2008	0.70
1988	5.57	2009	-1.57
1989	10.28	2010	10.63
1990	6.87	2011	3.80
1991	7.88	2012	2.06
1992	7.56	2013	2.20
1993	6.73	2014	4.02
1994	7.59	2015	0.81
1995	6.38	2016	1.51
1996	5.54	2017	3.08
1997	5.48	2018	2.63

1977—2018 年台湾人口统计表

单位：万人、%

项目 年度	总数	增长率	项目 年度	总数	增长率
1977	1681	1.8	1998	2193	0.85
1978	1714	1.9	1999	2209	0.75
1979	1748	2.0	2000	2228	0.83
1980	1781	1.9	2001	2241	0.58
1981	1814	1.9	2002	2252	0.51
1982	1846	1.8	2003	2260	0.37
1983	1873	1.5	2004	2269	0.37
1984	1901	1.5	2005	2277	0.36
1985	1926	1.3	2006	2288	0.47
1986	1945	1.0	2007	2296	0.36
1987	1967	1.1	2008	2304	0.34
1988	1990	1.2	2009	2311	0.31
1989	2010	1.0	2010	2316	0.18
1990	2035	1.2	2011	2323	0.27
1991	2061	1.0	2012	2332	0.39
1992	2080	0.96	2013	2337	0.25
1993	2010	0.93	2014	2343	0.26
1994	2118	0.87	2015	2349	0.25
1995	2136	0.85	2016	2354	0.20
1996	2153	0.79	2017	2357	0.13
1997	2174	0.10	2018	2359	0.08

1977—2018 年台湾工业增长率

单位：%

年度 \ 项目	工业增长率	年度 \ 项目	工业增长率
1977	13.3	1998	2.6
1978	22.5	1999	5.4
1979	6.4	2000	7.07
1980	6.8	2001	-7.05
1981	3.5	2002	10.54
1982	-0.9	2003	9.06
1983	12.7	2004	10.01
1984	11.8	2005	7.63
1985	3.0	2006	6.96
1986	14.4	2007	11.07
1987	12.3	2008	-0.37
1988	3.7	2009	-2.86
1989	3.5	2010	20.83
1990	0.1	2011	5.98
1991	5.9	2012	3.29
1992	5.8	2013	1.67
1993	3.2	2014	7.23
1994	6.0	2015	-0.54
1995	4.7	2016	2.79
1996	4.0	2017	4.59
1997	5.4	2018	3.25

1977—2018 年台湾农业增长率

单位：%

年度 / 项目	农业增长率	年度 / 项目	农业增长率
1977	5.5	1998	-6.3
1978	0.3	1999	2.7
1979	7.9	2000	1.82
1980	1.1	2001	-4.79
1981	-1.4	2002	8.02
1982	1.8	2003	-1.13
1983	4.0	2004	-5.12
1984	3.1	2005	-3.91
1985	2.1	2006	12.37
1986	0.0	2007	-0.02
1987	6.3	2008	0.02
1988	0.6	2009	-2.60
1989	-1.0	2010	2.25
1990	1.9	2011	4.52
1991	1.5	2012	-3.20
1992	-2.5	2013	1.35
1993	4.7	2014	1.55
1994	-4.4	2015	-8.42
1995	2.7	2016	-10.11
1996	-0.3	2017	8.35
1997	-1.9	2018	2.03

1977—2018 台湾服务业增长率

单位：%

年度 \ 项目	服务业增长率	年度 \ 项目	服务业增长 C 率
1977	15.6	1998	5.8
1978	15.8	1999	6.0
1979	21.2	2000	6.47
1980	31.2	2001	0.58
1981	22.9	2002	3.09
1982	9.7	2003	2.93
1983	8.5	2004	5.18
1984	9.9	2005	4.05
1985	6.7	2006	4.54
1986	10.5	2007	4.62
1987	13.4	2008	0.41
1988	11.7	2009	-1.02
1989	12.4	2010	6.28
1990	9.3	2011	3.07
1991	8.8	2012	1.27
1992	9.5	2013	2.29
1993	8.9	2014	3.25
1994	8.6	2015	1.24
1995	7.5	2016	1.34
1996	7.6	2017	2.54
1997	7.5	2018	2.56

1977—2018 年新台币兑美元汇率

年度 项目	1 美元折合新台币元	年度 项目	1 美元折合新台币元
1977	38.05	1998	32.22
1978	36.00	1999	31.40
1979	36.03	2000	32.99
1980	36.01	2001	33.80
1981	37.84	2002	34.58
1982	39.91	2003	34.42
1983	40.27	2004	33.42
1984	39.47	2005	32.17
1985	39.85	2006	32.53
1986	35.50	2007	32.84
1987	28.55	2008	31.52
1988	28.17	2009	32.05
1989	26.16	2010	31.64
1990	27.11	2011	29.46
1991	25.75	2012	29.61
1992	25.40	2013	29.77
1993	26.63	2014	30.37
1994	26.24	2015	31.90
1995	27.27	2016	32.32
1996	27.49	2017	30.44
1997	32.64	2018	30.16

1974—2018 年台湾三大产业比重表

单位：百万元新台币、%

项目 年度	GDP	农业所占比重	工业所占 比重	服务业所 占比重
1974	1461291	14.5	41.2	44.3
1975	1540571	14.9	39.1	46.0
1976	1747790	13.4	42.7	43.9
1977	1938019	12.5	43.4	44.1
1978	2199476	11.3	44.9	43.8
1979	2375737	10.4	45.1	44.5
1980	2549742	9.2	44.7	46.1
1981	2714355	7.10	42.91	49.99
1982	2822229	7.54	41.83	50.63
1983	3057050	7.12	42.83	50.05
1984	3341961	6.17	43.81	50.02
1985	3477891	5.63	43.81	50.57
1986	3860608	5.41	44.81	49.78
1987	4272887	5.18	44.49	50.34
1988	4510963	4.90	42.28	52.83
1989	4974759	4.75	39.58	55.67
1990	5316579	4.04	38.39	57.58
1991	5735769	3.65	38.02	58.33
1992	6169225	3.45	36.90	59.65
1993	6584559	3.49	35.90	60.61
1994	7084404	3.36	34.20	62.43
1995	7536283	3.33	32.78	63.89

续表

项目 年度	GDP	农业所占比重	工业所占 比重	服务业所 占比重
1996	7953510	3.05	32.42	64.53
1997	8389017	2.42	31.88	65.70
1998	8679815	2.36	31.22	66.42
1999	9198098	2.43	29.90	67.66
2000	10351260	1.98	31.28	66.74
2001	10158219	1.86	29.37	68.78
2002	10680883	1.82	31.12	67.11
2003	10965866	1.77	32.11	66.22
2004	11649645	1.66	32.73	65.64
2005	12092254	1.63	32.28	66.11
2006	12640803	1.61	32.38	66.06
2007	13407062	1.45	32.96	65.59
2008	13150950	1.55	31.30	67.15
2009	12961656	1.68	31.50	66.82
2010	14119213	1.60	33.78	64.63
2011	14312200	1.72	33.02	65.27
2012	14686917	1.67	32.75	65.58
2013	15230739	1.69	33.46	64.85
2014	16111867	1.80	34.79	63.41
2015	16770671	1.69	35.27	63.04
2016	17176300	1.79	35.54	62.68
2017	17501081	1.77	35.53	62.70
2018	17777003	1.60	35.20	63.20

1973—2018 年台湾进出口贸易统计表

单位：百万美元

项目 年度	进出口总额	出口	进口	顺差（＋）或 逆差（-）
1973	8275	4483	3792	+691
1974	12605	5639	6966	-1327
1975	11261	5039	5952	-643
1976	15765	8166	7599	+567
1977	17872	9361	8511	+850
1978	23714	12687	11027	+1660
1979	30877	16103	14774	+1329
1980	39544	19811	19733	+78
1981	43811	22611	21200	+1411
1982	41092	22204	18888	+3316
1983	45410	25123	20287	+4836
1984	52415	30456	21959	+8497
1985	50828	30726	20102	+10624
1986	64043	39862	24181	+15680
1987	88662	53679	34983	+18695
1988	110340	60667	49673	+10995
1989	118569	66304	52265	+14039
1990	121930	67214	54716	+12498
1991	139705	76563	63142	+13421
1992	154475	82122	72352	+9770
1993	163349	85957	77393	+8564
1994	179998	94300	85698	+8602

续表

项目 年度	进出口总额	出口	进口	顺差（＋）或 逆差（－）
1995	217354	113342	104012	+9330
1996	218312	117581	102922	+14659
1997	239126	124170	114955	+9215
1998	217825	112595	105230	+7366
1999	234929	123733	111196	+12537
2000	292682	151950	140732	+11218
2001	234285	126314	107971	+18344
2002	248562	135317	113245	+22072
2003	278611	150600	128010	+22590
2004	351128	182370	168758	+13613
2005	381046	198432	182614	+15817
2006	426715	224017	202698	+21319
2007	465929	246677	219252	+27425
2008	496077	255629	240448	+15181
2009	378046	203675	174371	+29304
2010	525837	274601	251236	+23365
2011	589695	308257	281438	+26819
2012	571654	301181	270473	+30708
2013	575338	305441	269897	+35544
2014	601942	320092	281850	+38242
2015	522563	285344	237219	+48124
2016	510889	280321	230568	+49753
2017	576515	317249	259266	+57983
2018	622636	336023	286613	+49410

2001—2018 海峡两岸间贸易金额之各种统计表

单位：百万美元

年度	大陆海关统计			台湾统计		
	出口	进口	总额	出口	进口	总额
2001	27340.4	5000.0	32340.4	25607.4	5903.0	31510.4
2002	44670.0	6590.0	51260	31528.8	7968.6	39497.4
2003	49362.3	9004.7	58367.0	38292.7	11017.9	49310.6
2004	64778.6	13545.2	78323.8	48930.4	16792.3	65722.7
2005	74690.0	16550.0	91230.0	56271.5	20093.7	76365.2
2006	87110.0	20740.0	107850.0	63332.4	24783.1	88115.5
2007	101020.0	23460.0	124480.0	74245.9	28015.0	102260.9
2008	103340	25880	129220	73977.8	31391.3	105369.1
2009	85722.9	20505.3	106228.2	54248.6	24423.5	78672.1
2010	115693.9	29676.6	145370.5	76935.1	35946.0	112881.1
2011	124919.9	35111.9	160031.8	83960.0	43596.5	127556.5
2012	132183.9	36779.1	168963.0	80714.3	40908.2	121622.5
2013	156636.9	34667.8	197280.5	81788.2	42589.3	124377.5
2014	152029.5	46284.8	189314.3	82119.8	48040.0	130159.8
2015	143655.2	44904.9	188560.1	73409.6	45266.0	118675.6
2016	139228.1	40367.3	179595.4	73878.9	43990.8	117869.7
2017	155397.9	43991.4	199389.4	88981.2	50042.7	139023.9
2018	177597.6	48646.7	226244.3	96796.7	53797.7	150594.4

注：表中"出口"系指台湾对祖国大陆出口金额，"进口"系指台湾自祖国大陆进口金额。

1973—2018 年台湾对美国贸易统计表

单位：千美元

项目 年度	进口	出口	贸易差额
1973	952533	1677106	724573
1974	1679905	2036638	356733
1975	1652129	1822737	170608
1976	1797540	3038699	1241159
1977	1963852	3636250	1672398
1978	2376063	5010378	2634315
1979	3380797	6562243	2271446
1980	4673486	6760300	2086814
1981	4765671	8163099	3397428
1982	4563255	8758912	4195657
1983	4646433	11333713	6687280
1984	5041650	14867717	9826067
1985	4746273	14773373	10027100
1986	5415800	19005995	13590195
1987	7629488	23660225	16030737
1988	13002029	23430965	10428936
1989	12002305	24036081	12033776
1990	12611479	21745734	9134255
1991	14113461	22320726	8207265
1992	15770446	23571245	7800799
1993	16722113	23587604	6865491
1994	18042050	24336456	6294406

续表

项目 年度	进口	出口	贸易差额
1995	20770791	26407092	5636301
1996	19971400	26866054	6894654
1997	23233346	29551445	6318099
1998	19678052	29376087	9698035
1999	19692069	30901285	11209217
2000	25125345	34814299	9688954
2001	18406871	28135945	9729074
2002	18255347	27364876	9109529
2003	16995023	26553388	9558365
2004	21780114	28750632	6970518
2005	21170843	29113853	7943010
2006	22664494	32360688	9696194
2007	26508055	32077102	5569047
2008	26326558	30790956	4464398
2009	18153900	23552856	5398956
2010	25379359	31466029	6086670
2011	25758792	36364294	10605502
2012	23603823	32976155	9372332
2013	25201256	32564305	7363409
2014	27422549	34866523	7443974
2015	29196170	34542810	5346640
2016	28597213	33523381	4926168
2017	30236796	36942293	6705497
2018	34733068	39701356	4968270

1973—2018 台湾对日本贸易统计表

单位：千美元

项目年度	进口	出口	贸易差额
1973	1427697	823784	-603913
1974	2214948	844005	-1370943
1975	1812220	694235	-1117985
1976	2451499	1094754	-1356745
1977	2624984	1120070	-1504914
1978	3678051	1570253	-2107798
1979	4561431	2248576	-2312855
1980	5353230	2173440	-3179790
1981	5928616	2478736	-3449880
1982	4780204	2377837	-2492367
1983	5586683	2477068	-3109615
1984	6441861	3186462	-3255399
1985	5548847	3450945	-2087902
1986	8254741	4559135	-3695606
1987	11840527	6978195	-4862332
1988	14824174	8762068	-6062106
1989	16030749	9064794	-6965955
1990	15998194	8337672	-7660522
1991	18858017	9188848	-9669169
1992	21764535	8893510	-12871025
1993	23185567	8977037	-14208530
1994	24785267	10220940	-14564327

续表

项目 年度	进口	出口	贸易差额
1995	30265386	13156516	-17108870
1996	27492379	13658547	-13733832
1997	29020988	11690800	-17330188
1998	27000146	9323801	-17676345
1999	30590096	11900082	-18690014
2000	38556955	16599056	-21957899
2001	25932814	13024580	-12908234
2002	27362758	12367773	-14994985
2003	32718847	12429627	-20289220
2004	43715711	13807650	-29908061
2005	46053319	15110778	-30942541
2006	46284409	16300328	-29984081
2007	45936862	15933592	-30003270
2008	46508013	17555991	-28952022
2009	36220017	14502259	-21717758
2010	51917431	18005979	-33911452
2011	52199740	18228117	-33971623
2012	47573642	18988778	-28584864
2013	43161752	19222455	-23939327
2014	41693439	19904097	-21789342
2015	38865170	19591846	-19273324
2016	40621605	19550943	-21070662
2017	41943167	20782356	-21160811
2018	44162344	23092732	-21069612

1973—2018 年台湾对香港贸易统计表

单位：千美元

项目 年度	进口	出口	贸易差额
1973	99542	295976	196434
1974	117031	338334	221303
1975	74795	363020	288225
1976	101409	610369	508960
1977	203303	638439	438136
1978	152708	857705	705997
1979	205361	1140352	934991
1980	249921	1550610	1300689
1981	308911	1896957	1588046
1982	307393	1565344	1257951
1983	298892	1643628	1344736
1984	370361	2087134	1716773
1985	319677	2539718	2220041
1986	387655	2921125	2533470
1987	753784	4117621	3363837
1988	1921692	5579666	3657974
1989	2205180	7042255	4837075
1990	1445841	8556174	7110333
1991	1946712	12430578	10483766
1992	1781286	15414757	13633471
1993	1728642	18454148	16725506
1994	1532864	21258881	19726017

续表

项目 年度	进口	出口	贸易差额
1995	1842757	26105550	24262793
1996	1704562	26787296	25082734
1997	1995844	28687724	26691880
1998	1951691	24819324	22867633
1999	2091880	26011642	23919762
2000	2185325	31335627	29150302
2001	2050054	28715536	26665482
2002	1914647	32958992	31044345
2003	1917039	30867642	28950603
2004	2309053	32895544	30586491
2005	2109729	34035551	31925822
2006	1880644	37381238	35500594
2007	1824902	37979705	36154803
2008	1492771	32689899	31197128
2009	1122556	29445233	28322677
2010	1627623	37807122	36179499
2011	1675452	40084464	38409012
2012	2658825	37932192	35273367
2013	1658862	39433377	37774515
2014	1684933	42532749	40847816
2015	1467783	39130418	37662635
2016	1330528	38397745	37067217
2017	1511905	41231546	39719641
2018	1409551	41594159	40184068